刘大年全集

历史学理论研究

一

国家出版基金项目
NATIONAL PUBLICATION FOUNDATION

长江出版传媒
湖北人民出版社

图书在版编目(CIP)数据

刘大年全集/刘大年著;张海鹏主编.
武汉:湖北人民出版社,2019.6
ISBN 978-7-216-09017-9
Ⅰ.刘… Ⅱ.①刘… ②张… Ⅲ.史学—文集 Ⅳ.K0-53
中国版本图书馆CIP数据核字(2016)第237803号

出版策划:姚德海 姚梅 王建槐 马骏 黄佑志
项目主持:王建槐 祝祚钦
责任编辑:祝祚钦 余兆伟 陈典 尉侯凯 谢嘉星 马骏 邹少雄
黄沙 丁雪 高承秀 杨猛 朱小丹 刘佳
封面设计:汪汉
责任校对:范承勇
责任印制:王铁兵

出版发行:湖北人民出版社　地址:武汉市雄楚大道268号
印刷:湖北新华印务有限公司　邮编:430070
开本:700毫米×1000毫米 1/16　印张:418
字数:6793千字　插页:87
版次:2019年6月第1版　印次:2019年6月第1次印刷
书号:ISBN 978-7-216-09017-9　定价:1980.00元(全十六卷)

本社网址:http://www.hbpp.com.cn
本社旗舰店:http://hbrmcbs.tmall.com
读者服务部电话:027-87679656
投诉举报电话:027-87679757
(图书如出现印装质量问题,由本社负责调换)

ISBN 978-7-216-09017-9
9 787216 090179

刘大年（1915—1999）

《刘大年全集》编委会

出版说明

一、2015年8月是马克思主义史学家刘大年先生诞辰100周年，学术界希望看到《刘大年全集》（以下简称《全集》）的出版。为了满足这一愿望，中国社会科学院近代史研究所组成《全集》编委会，将《全集》纳入本所创新工程项目，组织专家从事《全集》编辑工作。

二、《全集》收录著者文章、著作、日记、书信、笔记、随笔、回忆录、访谈录、诗集等类文字，编入了年谱、论著目录、图录等，另附录时人评论与研究，共16卷，大约680万字。

三、《全集》头三卷都是著者的文章，其中第一卷收录著者有关历史学理论的论文，第二卷收录著者有关中国近代史的论文，第三卷选收著者有关中国历史学思考的论文和一般文章。著者生前已认定的有错误的文章，未收入，仅存目。

四、《全集》第四卷至第七卷收入著者的著作。

著者生前出版的著作有：1.《美国侵华简史》（华北大学1949年8月；新华书店1949年11月）；2.《美国侵华史》（修订增补版）（人民出版社1951年8月初版，1954年12月再版；莫斯科外文出版社1951年和1953年俄文版；捷克斯洛伐克1955年布拉迪斯拉发斯洛伐克文版；德意志民主共和国1956年柏林德文版）；3.《台湾历史概述》（与丁名楠、余绳武合著，生活·读书·新知三联书店1956年5月初版，1962年12月再版；生活·读书·新知三联书店香港分店1978年10月）；4.《中国史稿》第四册（人民出版社1962年10月）；5.《中国近代史讲稿》（中共中央高级党校1964年5月印本）；6.《中国近代史诸问题》（人民出版社1965年10月初版，1978年5月再版，再版名《中国近代史问题》）；7.《中国近代史稿》三册（人民出版社1978年9月第一册，1984年6月第二、三册）；8.《赤门谈史录——论辛亥革命的性质》（人民出版社1981年7月）；9.《刘大年史学论文选集》（人民出版社1987年12月）；10.《刘大年史学论文选》（俄罗斯东方文献出版社1992年俄文版）；

11.《中国复兴枢纽——抗日战争的八年》(北京出版社1995年7月；日本樱井书店2002年11月日文版，书名改为《中国复兴之路——中国抗日战争史》)；12.《抗日战争时代》(中央文献出版社1996年8月)；13.《评近代经学》(《明清论丛》第一辑，紫禁城出版社1999年12月；日本汲古书院2007年7月日文版，书名改为《近代中国儒学思想史》)；14.《我亲历的抗日战争与研究》(中央文献出版社2000年8月)；15.《刘大年集》(中国社会科学出版社2000年12月)。

著者主编的书籍有以下三种：1.《范文澜历史论文选集》(中国社会科学出版社1979年4月)；2.《孙中山书信手迹选》(文物出版社1986年9月平装本，10月线装本一函二册)；3.《中日学者对谈录——卢沟桥事变五十周年中日学术讨论会文集》(北京出版社1990年8月)。

以上除主编三种未收入《全集》，其他15种都分别收入《全集》。其中《中国近代史诸问题》《刘大年史学论文选集》《刘大年史学论文选》《抗日战争时代》《我亲历的抗日战争与研究》《刘大年集》，分别是不同年代出版的论文集，所收论文已按性质分别编入《全集》第一至第三卷。

《中国史稿》第四册、《中国近代史稿》三册、《中国复兴枢纽——抗日战争的八年》三种著作，是在著者主持下完成的，他在其中花费了极大心血，除了编写提纲外，三种书中的主要观点和若干主要表述都是著者提出或修改定稿的。《全集》编者把这三种书也收入《全集》。《台湾历史概述》是合著的，也收入《全集》。

考虑到各卷分量应大体相近，《全集》第四至第七卷未严格按照原著出版时间顺序编排。第四卷编入《美国侵华简史》《美国侵华史》《台湾历史概述》《中国近代史讲稿》；第五卷编入《中国近代史稿》三册；第六卷编入《中国复兴枢纽——抗日战争的八年》；第七卷编入《中国史稿》第四册、《赤门谈史录——论辛亥革命的性质》、《评近代经学》。

五、《全集》第八卷收入著者1949—1966年间工作日记，第九卷收入著者1953—1988年间出访日记。

六、《全集》第十、十一卷选编著者收藏的往来书信及他人信函。

七、《全集》第十二卷选编著者若干读书笔记和随笔、题词等。

八、《全集》第十三卷选编著者关于自己人生经历的回忆、记者访谈录、新闻报道、工作报告、会议致辞等文字。

九、《全集》第十四卷编入著者在不同年代写作的旧体诗及今人编订的著者的年谱、论著目录等。

十、《全集》第十五卷是图录，题为《大路——刘大年的学术人生》，是用图像文献的形式简述著者人生道路。

十一、《全集》第十六卷是附卷，收入著者生前和逝世后几次有关纪念活动或学术会议对于著者的纪念和对著者学术思想的研讨文章，题为《时人评论与研究》，供读者参考。

十二、《全集》的编辑原则是力求全面和真实，尽力编入著者的全部著述，尽量忠于原作，保持原貌，为读者提供可信的版本。刘大年著作征引广博，整理编辑时，我们对其中部分引文进行了核对；另有部分引文因各方面条件所限，未便核对；此外，我们对《全集》的注释体例作了部分调整。各卷卷首都有编者说明，对著作版本、文章出处等编辑事项分别作了说明。

十三、《全集》由张海鹏主持编辑，第一、二卷编校工作由李长莉负责，部分资料收集和抄录得到了近代史研究所李俊领帮助；第三卷编校工作由杜语负责；第四至第七卷编校工作由姜涛负责，孙连华做了部分协助；第八、九卷编校工作由张海鹏、赵庆云负责，博士生朱文亮参与了部分日记的录入；第十、十一卷编校工作由朱薇负责；第十二卷编校工作由赵庆云负责，其中《近代经学（参考资料）》是由孙连华录入、姜涛校定的；第十三卷编校工作由黄仁国负责；第十四卷编校工作由黄仁国负责，年谱和论著目录也由黄仁国编订；第十五卷编校工作由刘潞、刘衡山负责；第十六卷编校工作由黄仁国负责。

十四、张海鹏曾长期在著者领导下工作，曾担任近代史研究所副所长、所长多年。姜涛、李长莉、杜语是著者晚年的博士生，姜涛曾担任近代史研究所政治史研究室主任，李长莉曾担任近代史研究所社会文化史研究室主任。朱薇（中央党史和文献研究院第二研究部处长、副研究员）、黄仁国（曲阜师范大学历史文化学院教授）、赵庆云（中国社会科学院历史理论研究所副研究员）曾先后参与对著者的研究。刘潞、刘衡山是著者女儿、儿子。这个编辑班子在搜集资料、编辑《全集》工作中付出了努力。

刘潞及其夫婿崔永华、弟弟刘衡山在收集、保存、整理并提供《全集》有关资料方面功绩居首。没有他们的努力，《全集》编成现在这个样子是不可能的。近代史研究所研究员陈开科搜集俄文资料，发现1953年斯大林逝世期间著者发表在《火星报》上的文章，唐仕春翻译、陈开科定稿。

张海鹏写了代前言。这个代前言是在《战士型的学者，学者型的战士——记刘大年的学术生涯》基础上改写的。这篇文章曾收入《中国社会科学院学术大师治学录》（中国社会科学出版社 1999 年 9 月版），文章写成后曾送刘大年先生审读，得到首肯，作为附录收入《刘大年集》。

十五、《全集》编辑工作得到了近代史研究所鼎力支持。

十六、刘大年先生素与湖北有缘，1938 年参加革命之前，曾在武昌逗留，并在黄鹤楼得到卢沟桥事变的消息，这个消息激起了他的爱国热情，决心投身到抗日战争的最前线去。湖北人民出版社时任总编辑王建槐获悉编辑《全集》消息，立即表示愿意承担出版任务。湖北人民出版社正式向国家新闻出版广电总局提出了国家出版基金申请，得到了批准。国家新闻出版广电总局还将《全集》列为“十三五”国家重点图书出版规划项目。

对以上积极支持《全集》编辑、出版工作的单位和人士，谨表示衷心感谢！

编　者

2019 年 6 月

战士型的学者　学者型的战士

——记刘大年的学术生涯

（代前言）

张海鹏

一

刘大年于1915年8月出生于湖南华容县一个中小地主家庭。抗日战争前家境已经衰落。六岁入小学，大部分时间念私塾。1936年肄业于长沙湖南国学专修学校。1937年夏天，他为了寻找职业，正住在武昌粮道街一家学生公寓里。7月8日傍晚，当报道发生卢沟桥事变的报纸“号外”在武昌蛇山传播时，他在蛇山和黄鹤楼一带看到了偶然聚集起来的大量人群，在那里议论卢沟桥和宛平城的战事。那些带着愤怒和兴奋情绪的人群的激昂议论，使他感受到了中国人的民族精神和爱国情怀。平津失陷，日寇深入国境，国家危在旦夕。抗日战争的时局大变动改变了国家的命运，也改变了周围的环境，他受爱国思想和求知欲驱使，决定去延安。1938年从家乡到长沙八路军办事处，受到湖南知识青年尊崇的“徐先生”徐特立、老资格共产党人王凌波指点，8月间到达陕北，进了陕北抗日军政大学，同年加入中国共产党。翌年抗日军政大学第五期毕业。抗大毕业后他先被分配在冀西和冀南抗日根据地工作。以后长期生活、斗争在河北平原和太行山上。

1939年起，他先后任冀西专区行政干部学校教导主任，冀南行政主任公署、晋冀鲁豫边区政府冀南行署宣传科长、教育科长，冀南抗战学院、政治干部学校教员，北方大学工学院副主任，北方大学、华北大学历史研究室副主任。1950年5月中国科学院近代史研究所成立，担任研究员，兼中国科学院编译局副局长，并为科学院党组成员。1954年以后，任近代史研究所副所长、中国科学院哲学社会科学部学部委员。那时候，近代史研究所所长范文澜年事已高，经领导机关同意，专心于《中国通史》的写作，由刘大年主持所务。“文化大革命”中被当作走资派批判，下放劳动。1978年恢复工作，任中国社会科学院近代史研究所所长，社会科学院研究生院教授、博士生导师。1982年以后，他离开近代史研究所的实际领导岗位，任近代史研究所名誉所长，摆脱了繁杂的行政事务，能够集中更多的时间和精力，来关注中国近代史的研究事业。

从小学至湖南国学专修学校肄业，刘大年大半受的是旧式传统教育。他把所谓“国学”看作根本学问，一意追求，很少接触社会政治现实。到陕北以后，读到的第一本马克思主义原著是《共产党宣言》。虽然似懂非懂，却在自己头脑里打开了一个前所未有的新天地。从此，只要是新书，不管是政治经济学的、哲学的、外国历史的，都如饥似渴地去读。从湖南到陕北的途中，他还提醒自己：“国学”是我们祖宗立国的根本，不可忘记。读过那些有限的新书以后，仿佛大梦初醒。盲目崇拜孔学的观念，不知不觉烟消云散了。他从此确立起马克思主义的思想基础和献身革命的人生道路。那条道路，最现实的就是到烽火连天的抗日战争前线去，从事民族解放的斗争，经受锻炼和考验。这是那时许多有觉悟的青年知识分子共同走过的道路。中华人民共和国成立后各方面事业的干才，很多是这一代经受过抗日战争烽火洗礼的青年。

在抗日根据地里，他一直从事宣传教育工作，需要重视马克思主义理论学习；同时又在一些院校、训练班屡次讲授社会发展史、中国革命运动史等课程，更需要读有关的书，特别是读历史书。抗日根据地环境艰苦，谈不上有多少文化设施，但也不是无书可读。李达的《社会学大纲》、郭沫若的《中国古代社会研究》、吕振羽的《史前期中国社会研究》《殷周时代的中国社会》，以及苏联人、日本人讲中国社会历史的书，在少数人手里仍然能够找到。他就是在那时读到上面这些著作，并引起对哲学、历史学的重视的。抗日战争的八年，在一方面可以说是他为以后从事学术研究工作做准备的八年。

二

抗战胜利后，刘大年弃戎从学，开始从事学术工作。如果说，抗日战争的八年，刘大年是作为一名战士，经历战火的洗礼与考验，关注中国的命运的，那么，这时候，他开始尝试换一个角度，以学者的身份观察中国的历史与中国的命运。刘大年不是一个只坐在书斋里，钻进象牙之塔里做学问的学者。他像在前线作战的战士总是依据战线的实际而又迫切的需要，选取最重要的突破口那样，依据中国社会现实的急切需要以及从中国与世界关系发展的大局出发，提出课题，展开研究。他具有"国学"的良好根底，又运用马克思主义唯物史观作为解剖刀，分析历史资料，研究历史与现实的关系，他写出的一些研究论著，受到新兴的中国近代史学科的研究者重视。

刘大年写的头一本书是《美国侵华简史》。1947 年，他生病离开工作岗位休养，开始收集中美关系史资料。那时美国在抗日战争后期就确定下来的扶蒋反共政策正在加紧实施，中国人民与美国统治集团的矛盾一天天激化。中美关系的历史怎样，很自然地成了人们关心的问题。在解放区，研究这个题目，苦于缺乏原始资料。北方大学校长、历史学家范文澜向他提到可以注意两部书，一部是李鸿章全集，一部是王芸生的《六十年来中国与日本》。《美国侵华简史》的有关部分就大量利用了这两部书的材料。为了收集资料，他经过当时中宣部副部长陈伯达介绍，访问了中共党内国际问题专家王炳南和柯柏年。文稿最后经过在中宣部工作的哲学家艾思奇审阅，认为可以出版。1949 年 8 月，《美国侵华简史》由华北大学出版，同时在《人民日报》上连载。不久经过修改、补充，于 1951、1954 年，以《美国侵华史》为书名，由人民出版社出第一、第二版。苏联、朝鲜、捷克斯洛伐克和民主德国相继出版译本。苏联《大百科全书》第二版第 21 卷（中国卷）历史部分刊有记录。《美国侵华史》的出版适应当时的需要，在社会上产生了相当的影响。这是从革命根据地走出来的学者在观察、研究中美关系时写的第一本书，也是中华人民共和国成立初期出版的第一本有关中美关系的学术著作。半个世纪过去了，今天有关中美关系历史的研究已经大大前进了，但是人们仍然没有忘记刘大年这本给新中国献礼的书。对于作者来说，这是他研究中国近代史的开始，同时也奠定了他在中国近代史学界的地位。

1955 年至"文化大革命"以前，刘大年出版了《台湾历史概述》（与丁名楠、余绳武合著）、《中国史稿》第四册（主持编写）、《中国近代史诸问题》等三本书。《台湾历史概述》可以说是《美国侵华史》的续篇。1950 年美国出兵台湾，派遣第七舰队进驻台湾海峡，引起了全体中国人民的严重抗议。《台湾历史概述》的撰写就是这种形势在学术界的反映。这本书扼要叙述了台湾1700年的历史，出版后，得到过中国科学院学术奖金，70年代曾印行第二版。

《中国史稿》第四册的编写与历史学界的百家争鸣直接相关。郭沫若与范文澜都用马克思主义研究历史，他们对于中国奴隶制与封建制的分期不同。以前各讲各的，到了北京以后，两人的著作都为自己的观点辩护，谁也没有改变。1954年中国科学院决定新设立两个研究所，连同原来的近代史所，称历史一、二、三所。郭沫若、陈垣、范文澜分别担任所长。目的是加强中国历史学研究，推进百家争鸣。经过酝酿，郭沫若准备主编一部中国通史，范文澜则继续写他的《中国通史简编》。郭编通史后来定名为《中国史稿》，古代部分由历史一、二所合并后的历史所承担，分为第一、第二、第三册，尹达负责组织编写；近代、现代史分为第四、第五册，由刘大年、田家英主持编写。刘大年主持了《中国史稿》第四册的全部编写工作，从提出提纲到最后定稿；近代史研究所的部分学者为这本书的编写，贡献了心力。

以前讲中国近代史的书，包括拥有众多读者的范文澜著《中国近代史》，一般带有纪事本末的特点，而且内容偏重于政治史。这在当时是有道理的，但是需要改进。《中国史稿》第四册作了改变。依照刘大年的看法，1840至1919年近代中国80年的历史，明显地表现为鸦片战争至太平天国失败、1864年至戊戌变法与义和团运动失败，以及1901年至五四运动爆发的三个不同时期。在那几个时期里，帝国主义、中国社会各阶级的相互关系、他们的矛盾斗争各有特点。其中社会经济状况、阶级斗争、意识形态是结合在一起的，统一的。因此，新的著作要求根据历史演变的时间顺序讲述事件；不只讲政治事件，也要讲经济基础、意识形态、科学文化，不只讲汉族地区的历史，也要讲出国内各民族在斗争中与全国的联系和相互关系。《中国史稿》第四册这种写法，就是总结了中华人民共和国成立以来中国近代史学科的研究成果，加以概括和升华，给中国近代史搭起了一个新的架子，有些地方做出了可喜的概括。当时它是指定的高等学校教材，印数很多。1982年全国近代史专家在承德举行学术讨论会，有的研究者评论说，60年代最有影响的近代史著作是郭沫若主编、实际上是刘大年写的《中国史稿》第四册。这个评论指出了那本书在一段时间里流行的情形。此后，我国高等学校历史系编写或者使用的中国近代史教材，大体上也参照过这个框架。

《中国近代史诸问题》是一本论文集，1965年出第一版，1978年出第二版时改名为《中国近代史问题》。其中《回答日本历史学者的问题》《亚洲历史怎样评价？》《论康熙》三篇论文，引起国内外的评论和争论。1963年12月，刘大年参加中国访日学术代表团，在日本历史教育工作者协会大阪支部举行的欢迎会上演讲，事后根据日本《历史地理教育杂志》刊载的讲演记录稿写成《回答日本历史学者的问题》，发表在《人民日报》上。文章中有关于世界历史发展中心、如何评价历史人物等问题的论述。1965年4月，毛泽东看了这篇文章，认为文中说的世界历史发展中心应该是世界人民革命斗争的主要潮流所在的地方，讲得很对；但对于如何评价历史人物提了一个问题：照这么讲，剥削阶级的历史人物还是没有什么作用啰？这说明那时史学论著上对剥削阶级的历史人物的研究和评价存有简单化偏向。刘大年的论述不免也蒙受其影响。1965年5月，他应邀出席巴基斯坦第十五届历史学会，提供的论文题名《亚洲历史怎样评价？》，受到与会者欢迎。1965年7月，《人民日报》全文发表，同年11月和1966年3月，《北京周报》英、日文版和德、法文版先后刊载，表明论文提出了许多读者关心的问题。《论康熙》在《历史研究》发表后，在国内引起反应是很自然的，那时候史学界存在着"左"的偏向，高喊"史学革命"，主张打倒帝王将相，以为刘大年讲帝王将相，是想"反潮流"。事隔不久，又在国外引起了苏联方面的批判。苏联《历史问题》杂志1963年10月号上发表苏联科学院院士齐赫文斯基等人的文章，说那样评价康熙，"在刘大年以前，中国没有一个历史学家提出过"，并认为它所表现出的错误倾向是同中国离开国际共产主义运动的协调一致路线有密切关系的。《历史问题》开了头，以后苏联报刊多次举出《论康熙》加以批驳。刘大年在《中国近代史问题》一版、再版后记里也都简要予以回答。一个学术问题的争论变成了政治性的争论，它从一个局部、一个侧面反映出了历史的曲折。实际上，《论康熙》这篇文章，是用马克思主义唯物史观，观察和分析了康熙皇帝和清朝初期的历史，对康熙皇帝和清朝初期在中国历史上的地位，做出了客观的评价，至今仍被史学界看作是历史研究的一篇范文。我国清史专家戴逸教授指出："《论康熙》这篇文章，一直是我们研究清史的人经常阅读的。"①

---

① 戴逸：《刘大年同志与中国历史研究》，《近代史研究》1995年第5期。

“文化大革命”以后，刘大年的研究工作，一是继续研究中国近代史，二是研究历史学理论问题。这以后，出版了《赤门谈史录——论辛亥革命的性质》、《中国近代史稿》（第一、二、三册，主持编写）、《刘大年史学论文选集》、《抗日战争时代》以及《中国复兴枢纽——抗日战争的八年》（主编）、《评近代经学》等几部著作。

《赤门谈史录》主要讨论辛亥革命的性质，列举经济基础、领导革命的社会力量、同盟会纲领、革命的主力军等四项根据，说明辛亥革命是资产阶级民主革命。在叙述中还分别评价了国外同类著作上的代表性观点。关于辛亥革命的性质，海峡两岸研究者的评价截然不同。此岸学者认为辛亥革命是中国资产阶级性质的革命，彼岸学者不同意，认为是全民革命，或者国民革命。这种讨论在 20 世纪 80 年代初引起过广泛的注意，至今还在进行，可见分歧之大之深。台湾学者认为，领导革命的孙中山等人不是资产阶级，中国当时还没有资产阶级，即或有，也只是“大贫与小贫”的区别，怎么说辛亥革命是资产阶级性质的革命呢！《赤门谈史录》在这次争论前数年，就对辛亥革命是资产阶级民主革命进行了翔实的论证，卓有见地。《赤门谈史录》是多次讲演的结集，讲演的听众是日本学者。这是因为，1979 年，作者由日本东京大学校长向坊隆聘请为东大研究生院特聘教授，讲授中国近代史，着重讲辛亥革命。《赤门谈史录》就是在那个讲稿基础上写出的。东京大学的校门为江户时代加贺藩“大名”前田家旧物，朱漆大门，称为“赤门”，此书命名的寓意在此。

“文化大革命”后期，郭沫若主编的《中国史稿》准备扩充篇幅，重新编写的任务提上日程。近代史部分仍由刘大年主持编写。他那时从设在河南信阳明港的“五七干校”回到了北京，还没有“解放”。由于预计要写的字数较多，经郭沫若同意，把近代史部分独立出来出版，定名为《中国近代史稿》。刘大年约集丁名楠、钱宏、樊百川、张振鹍、龙盛运、刘仁达、金宗英等参加编写。他根据各位作者提供的初稿，从头加以改写、定稿。1978 年出版第一册，1984 年出版第二、三册。第一册付印时郭沫若刚去世，书上的署名是中国社会科学院近代史研究所。《中国史稿》第四册树立了中国近代史的一个框架，如有的评论者所说，“有骨头无肉”，《中国近代史稿》大体上采用了那个框架，加上往后的研究成果，大大丰富了各章节的内容，使某些主要部分的论证更有说服力，史料则大为充实了。每个时期各有总评，成一家之言。第三册讲完了义和团运动，计划中还有第四、五册，因为各种原因，未能完稿。这三册书出版后，也被定为高等学校教材，印制数量不少。

《刘大年史学论文选集》出版于1987年，讲史学理论的文章排在首位，占的篇幅也较多。刘大年认为中国历史学传统悠久，中国的和世界的历史学各有自己的科学成分，有了它们我们才能够认识以往的历史。但是历史学是否以及怎样成为一门科学，至今仍是一个争论问题。马克思主义的历史唯物主义给历史学奠定了科学基础，它并不能代替历史学理论。探讨历史研究如何成为科学，就是历史学理论最后要解决的问题。他讲历史学理论的文章不少，大部分收拢在论文选集里面。这些文章是：《历史研究的指导思想问题》《历史研究的对象问题》《历史前进的动力问题》《历史上的群众与领袖问题》《历史研究的时代使命问题》《历史学理论的建设问题》等。对于历史学理论的一些关键问题他都讲了自己的看法。这些问题是：

（一）关于哲学指导思想问题。刘大年指出，科学，无论自然科学和社会科学研究，都离不开一定的指导思想。就像恩格斯说的那样，不管自然科学家采取什么样的态度，他们还是得受哲学的支配。问题只在于他们是愿意受某种坏的时髦哲学的支配，还是愿意受一种建立在通晓思维的历史和成就的基础上的理论思维的支配。有的历史研究者在对待指导思想问题上，喜欢标榜"无偏无党，浩然中立"，其实那不过是表示他拒绝某种思想，而选择另外的思想。马克思主义的历史唯物主义是科学思想中的最大成果。历史研究要成为科学，只有依靠马克思主义的哲学指导。这里是指它的思想体系，不是指个别的词句与某些哪怕是很重要的论点。马克思主义已经被人们"驳倒"了一千遍，一万遍。最新的反驳来自于苏联、东欧国家社会主义制度崩溃之后，一些预言家们站出来说，这是共产主义的"大失败""总危机"，断言马克思主义已经"过时"了。在这样的历史背景下，要想讲清楚历史学的哲学指导思想问题，首先要讲清楚什么是马克思主义、什么是唯物史观。刘大年认为，马克思主义历史唯物主义作为一个科学理论体系，简单说起来，那就是它以人类社会任何共同生活里的基本事实，即生活资料的谋得方式为出发点。第一，它找到了人类社会存在和历史运动的物质存在、物质基础。人们依赖一定的生产力并结成相应关系进行解决衣食住行需要的物质资料生产，来开始自己对历史的创造。其他一切创造者都起源于和最终依赖于这个创造的存在和继续，这是认定历史运动是独立于人的意志的客观过程的头一个也是决定性的根据。这个根据是推不倒的，所以历史唯物论是推不倒的。第二，它指出了社会生活中经济、政治、意识形态是不可分割的，以及它们各自的作用和相互关系。人们的社会关系同时表现为经济、政治和意识形态的关系。它是一个统一的社会关系客观体系。人们按照自己的意志创造历史，但人们不能脱离物质生活环境条件，而必须受物质环境条件的约束从事创造。这就是说，人们以前总是从人的思想活动说明历史是飘浮无根的，只有从所生活的那个物质环境条件来说明历史，才能落到实处。第三，人们对于在社会生活中多种多样的活动，以前似乎是不可能加以任何系统化的，现在则被综合起来，归结为完全可以从物质上量化查考的社会经济结构系统了。这就是归结为物质生产体系结构中不同利益人群、不同阶级可以量化查考的状况，以及由此而来的不同地位作用上。一定的质必定表现为一定的量，社会物质生活中不能以某种方式量化的事物，就很难确定其质的地位。

（二）关于历史研究的对象问题。刘大年认为：历史研究的对象为何物，一向众说纷纭。或者认为历史研究不存在一定的客观对象，或者认为凡过去的一切全部都是研究对象，或者认为历史上某些事物、某个领域的状况是研究的对象。以某些事物、某个领域为对象的，又有"人事"说、社会说、结构说、文化说、综合说、规律说等各种主张。从它们中间选择一种，或者对所有各种主张兼收并蓄，综合成为某种新说，都行不通，必须另寻出路。判别历史研究的对象，首先要找出它的客观根据。其根据应当是时间上连续性的事物，全面、集中体现出人创造历史的和客观实在的事物。依照这个根据，从社会关系及其运动考查历史研究的对象，我们就知道，原始社会、私有制时代和未来的共产主义社会都是建立在一定的社会关系之上，而又各有自己的特点的。私有制社会历史研究对象的本质，就是社会阶级、阶级矛盾斗争，它们相互关系的消长变迁，和以此为纽带的全部社会关系的客观体系及其运动。

（三）关于历史前进的动力问题。对于什么是人类历史前进的动力，同样存在各种各样的答案，有过无数的争论和辩难。在私有制社会，生产力与阶级矛盾斗争，其中只有一个是推动历史前进的动力，还是两个都是？如果只能有一个，它是生产力还是阶级矛盾斗争，如果两个都是，它们的关系到底怎样？对此我们需要有统一完整的理解。刘大年认为：生产力是最终起作用的，阶级矛盾斗争是直接起作用的。它们的关系不是一个排斥一个，一个代替一个。它们紧密相联，又各立门户。生产力与生产关系的矛盾运动，生产方式的变化和发展，决定整个社会的变化和发展。在私有制历史上，这种变化和发展，是通过阶级矛盾与对抗，通过阶级间的斗争来实现的。因此，说阶级矛盾、斗争推动历史前进，是对问题的直接回答。这种观点不同于“历史是由个人创造的”那种空洞的观点，而是指出了个人活动是由一定社会关系、环境决定的，它会使人认识到社会历史过程，最终也是自然历史过程。

（四）历史发展规律问题。历史之所以成为一门科学，最后在于它是有规律可寻的。找不出规律的认识，就不能以科学相矜夸。以前人们有时拿历史唯物主义的一般规律、社会经济规律来说明历史运动。它们或者失于宽泛，或者失于狭窄。我们认定了社会阶级、它们间相互关系的消长变迁是历史研究的对象，我们就知道了它们运动演变的规律也就是历史前进的规律。规律要从事物的重复性表现出来。物质生产过程，产品交换分配，同一经济形态下的生产力与生产关系矛盾，不同范围不同形式的社会阶级、阶级矛盾斗争，一种社会制度代替另一种社会制度等等，论现象背后的本质，无不处在重复中。例如中国近代史中的帝国主义 、封建阶级、人民大众的状况，每一次重大事变、社会变动的过程，就是它们间的斗争、它们的性格、相互关系重复表演与发展的过程。社会历史中的重复性就是常规性、规律性。与自然界的事物不同，历史运动规律要通过有思想意志的人的活动、斗争来实现。历史运动方向并不随着权力人物的意志愿望改变，这说明人们的意志只有在与重复性所表现出的客观规律性相适合时才能起作用。写得比较好的近代史的书，就是写出了这种运动规律的书。

刘大年认为，历史唯心论与历史唯物论，面对的社会现象相同。由于立脚点相反，对事物、事件的看法处处分歧对立。唯心主义看到了社会现象的复杂性，但无法抓住本质的事物。因此，它的科学成分，只能停留在个体的、现象上的描述、分析，对于整个社会关系内在的联系，它们的演变，不得不出于臆想和猜测。先天的弱点，使那种研究不能真正成为现代科学。唯心论否认历史运动中存在不以人的意志为转移的客观规律性；有时也讲规律，但并非指对社会关系内在联系的认识，不过表示研究者的主观任意性。根据历史唯物主义观点，确认历史研究的对象是社会阶级、阶级矛盾斗争以及由此构成的社会关系客观体系及其运动，事情就截然不同了。它找到了历史研究如何成为科学的前提。

这就是刘大年对马克思主义唯物史观的阐述，是他对于马克思主义历史学理论的思考。在刘大年看来，“马克思主义是建立在近代社会生产力基础之上的，是资本主义生产力与生产关系存在、资本主义制度存在的产物。资本主义这个人类历史上的特殊阶段没有走完它的行程，马克思主义这个伟大的认识科学，就依然是人们认识社会、认识社会历史走向的科学思想体系”①。我们说，宇宙间一切事物都是变的，只有变是不变的。马克思主义是人类社会发展到资本主义阶段的产物。这个阶段正在蜕变中。研究对象的暂时性，决定了科学本身的暂时性。马克思主义论述资本主义社会矛盾的部分有一天是要过时的，但那是在世界资本主义生产关系消灭以后。

刘大年是在抗日战争的洪流中成长起来的。在他的晚年，他又把他的研究兴趣同抗日战争的历史研究自然地联系了起来。

1982 年，在我们的邻国日本发生了一件引人注意的事。日本文部省规定修改中学历史教科书，公然否认日本对中国的侵略。教科书的作者家永三郎教授起而抗议，同日本政府的文部省打起了官司。这一事件引起了中国、东南亚各国以及世界舆论的关注，也引起了刘大年的严重关注。这个抗日战争时期的八路军战士不能不把历史研究的眼光逐渐转移到抗日战争这一段历史上来。这一年，他第一次发表有关抗日战争历史的文章。1987 年，他在《近代史研究》第 5 期发表《抗日战争与中国历史》一文，表明他研究的深入。1989 年 2 月 20 日，刘大年作为全国人大常委会委员在七届全国人大常委会第六次会议上，就日本当局在侵华战争性质问题上的倒退作了义正词严的发言，曾吸引国内外视听。日本报纸迅速转载这个发言，苏联、法国、美国报纸、通讯社纷纷发表评论，谴责日本当局的行径。此后几年里，刘大年撰写了好多篇有关抗日战争史的论文。1996 年，他将这些论文结集出版，题名《抗日战争时代》。同时，他还用相当多的精力，组织并主持编写了《中国复兴枢纽——抗日战争的八年》这本学术著作。该书在抗日战争胜利 50 周年时由北京出版社出版，1997 年修订再版。

抗日战争的历史，国内学术界的认识，并不完全一致。刘大年认为，“抗日战争的历史和整部中国历史一样必须成为科学的客观研究的对象。我们必须把抗日战争的研究建立在坚实的科学基础上，提高它的科学性。……对于叙

① 刘大年：《历史学的变迁》，载《北京大学学报》（哲学社会科学版）1998 年第 4 期。

述历史，我们主张客观的历史是怎么样，写出来的历史也必须是怎么样”[①]。这就要求，在研究抗日战争历史时，一是必须以事实为根据，二是必须具体问题具体分析。实际上，有的研究者在人物评论中，看重人物的自我表白，胜过看重客观事实。有的史实评论中，看局部多，看全局少。顾虑把共产党的地位、作用降低了的，有之；顾虑把国民党的地位、作用降低了的，也有之。问题争论、讨论中不乏停留在表面的，没有解决的问题远远多于解决了的问题。按照胡乔木的说法，“对这段历史的认识还有许多不够深刻的地方”[②]。这些问题中，有两个特别重要，这就是正面战场和敌后战场的作用问题，国民党和共产党的领导作用问题。

刘大年认为，弄清这些问题，要认识抗日战争时期历史的特别复杂性。抗日战争时期的对日战争，首先是民族战争，同时也是人民战争；其间交叉着错综复杂的矛盾，既有民族矛盾，又有阶级矛盾；抗日战争既是一场民族解放战争，又是一场与国内民主革命相结合、相伴随的战争。既有正面战场，又有敌后战场；既有国民党对正面战场的领导，又有共产党对敌后战场的领导。只有依据历史事实，看到抗日战争历史的复杂性，具体分析具体问题，才有可能把抗日战争历史研究中认识不够深刻的地方，进一步弄清楚。由此出发，刘大年对于抗日战争历史，有如下观点：

（一）中国抗日战争是在中国共产党倡导的抗日民族统一战线的旗帜下，以国共合作为基础，各阶级、各族人民团结起来进行的中华民族解放战争。当时国家权力掌握在蒋介石、国民党手中。抗日战争有蒋介石、国民党参加，才有了全民族的抗战。抗战期间，蒋介石虽然没有放弃反共，也没有放弃抗战。从全民族战争的角度看，蒋介石、国民党在抗战中的重要地位和作用，应当得到客观的、全面的理解。同样，中国共产党领导的人民力量的存在和发展，是这场民族解放战争胜利的基本条件之一，而且，这个基本条件所发生的作用，贯穿在抗战的全过程里。如果没有这个基本条件，全民族抗战是否能实现，或者一时实现了，能否坚持下去而不中途夭折，以及中国是否能取得抗战的最后胜利，就要打一个大问号。所以，人民力量的存在和发展这个基本条

① 刘大年:《照唯物论思考》,《抗日战争研究》1996 年第 2 期，引自《抗日战争时代》，第 142 页。

② 胡乔木:《致中国抗日战争史学会成立大会的信——代发刊辞》,《抗日战争研究》1991 年第 1 期。

件的极大重要性，更加应该得到客观的、全面的理解。因此，抗日战争这场民族解放战争的胜利，是国民党、共产党和全国人民共同奋斗争取得来的。

（二）两个战场的存在是决定抗日战争面貌和结局的关键。抗日战争的特异之处是蒋介石政权控制的正面战场与共产党领导的敌后解放区战场并存。它们在战略上互相依托、互相配合，与强大的敌人角胜。两个战场是互存互补的关系，缺一不可。缺了一个，抗日战争的胜利都是难以想象的。有正面战场的坚持，又有敌后战场的强大存在，才有战争胜利的结局。两个战场的存在来自于国共合作，来自于抗日民族统一战线。在战争中日军由胜利推进转向失败，国民党和共产党的力量朝相反的方向运动这种复杂的过程，是从两个战场上开始和完成的。两个战场在战争中的不同表现，直接影响着全国的政治局势。因此，两个战场的地位和作用，客观地表现了国民党和共产党在抗战中的地位和作用。既不要看轻国民党的作用，更不要看轻共产党的作用。

（三）在抗日战争中，国民党、共产党两个领导中心并存。国民党与共产党在抗日战争中的领导权，是由抗战前两个敌对政治实体的关系嬗变而来的。说国民党、蒋政权发挥了领导作用，是因为它掌握着民族战争所必需的、国际国内承认的统一政权，它指挥200万军队，担负着正面战场的作战任务。它虽然积极反共，在抗日问题上严重动摇，但到底把抗日坚持下来了。说共产党发挥了领导作用，是因为它坚持了抗日统一战线，使民族战争所必需的国内团结能够维持下来，指挥八路军、新四军，担负着敌后战场的作战任务。它们所处的地位不同，能够起作用的方面不一样，也不表现为某种平衡，而又都是不可缺少的。在抗日战争这个整体大局中，国民党、共产党都起着领导作用。这个作用，都是全局性的，不是局部的、暂时的。双方这种都是全局性的领导作用，不是由于它们存在某种形式的共同领导或与之相反的分开领导来实现的，它们的领导作用是在又统一、又矛盾斗争中来实现的。在抗日统一战线内部又统一、又斗争的过程中，国共力量的消长发生着变化，总的趋势，是人民的力量、共产党的力量逐渐增强，并且历史性地改变了国内政治力量的对比。这是对抗日战争中国民党、共产党的领导地位和作用的最终说明。

（四）抗日战争是中国近代历史发展的一个根本转变，是近代以来中国第一次取得的对外战争的全局胜利。这个胜利，改变了中国历史发展的航向。抗日战争中，军事上和国内政治关系上同时并存着两个过程、两种演变：一个是日本的力量由强变弱，由军事胜利到最后的彻底失败；另一个是国内两大政治势力的力量对比发生了重大变化。前一个演变关系到中国亡不亡国、民族能否独立的问题，后一个演变关系到今后是新中国还是旧中国、中国能否打开通向近代化前途的问题。

以上可以看出，这些看法，可以说是抗日战争史研究的一次思想总结，刘大年所提出的一系列看法，较之以前一些简单的说法，显得具有科学性了，更加实事求是了，更加符合历史真相了。这是一个八路军老战士，一个马克思主义的历史学家在他晚年的学术生涯中所达到的一个新的境界。

《评近代经学》是作者生前完成的最后一部学术专著。刊载于朱诚如、王天有主编的《明清论丛》第一辑，紫禁城出版社 1999 年 12 月出版的时候，作者仙逝。作者少年时专攻经史，有厚实的国学基础。他在去延安之前，还把孔学作为根本学问。但他从事学术研究数十年，尚未涉足孔学研究。20 世纪 80 年代末，国内外盛传所谓“四小龙”的经济发展得力于孔学，这促使作者做深入思考。他像以前一样，选取学术研究的突破口，不是仅凭个人的兴趣，而是服务于国际国内的大局。这个大局是，“四小龙”的经济发展动力为何？中国特色社会主义经济发展动力为何？到底是孔学可以指导现代化，还是其他的什么？

在评论戊戌维新时期经学之争是开新还是守旧，是变法还是反对变法时，《评近代经学》指出：“中国社会的基本矛盾或主要问题是什么？这时由维新派用充满危机感的语言鲜明地提出来了。那就是‘救亡图存’‘维新变法’以及‘振兴实业’的口号和要求。‘百日维新’载湉颁布的一百余件诏令，关于‘振兴实业’的占相当部分，包括政府设立铁路矿务部门、提倡私人兴办实业、奖励发明创造许其专利等。也就是说，中国社会的基本矛盾或主要问题是中国濒临瓜分危机，民族遭受压迫，要求独立、解放；社会生产落后，要求实现近代化。严重的问题是，走什么样的路去达到民族独立、国家近代化的目的。”[①] 作者指出，近代经学是历史的产物，它完成了历史提出的必须完成的任务。今文学、古文学两派的激烈斗争，暴露了经学的重重矛盾和不合理性。这种矛盾和不合理性，是要由它的自我揭露来实现的，没有其他办法

① 《评近代经学》，《刘大年集》，中国社会科学出版社 2000 年版，第 372—373 页。

代替。五四新文化运动“打倒孔家店”的口号，宣告近代经学及其斗争成为过去；同时，高声宣告了经学两千年统治地位的最后终结。

经学是中国封建阶级的意识形态，近代经学虽然有了一点改变，但没有改变封建阶级意识形态的本质，它退出历史舞台，只有马克思主义在中国得到广泛传播。“马克思主义与中国传统文化相结合，是中国文化的自我更新，是中国文化现阶段的重要发展。孔子学说统治成为过去，近代经学结束，是历史朝前演进的必然，是合理的和不可避免的”[①]。

《评近代经学》通过对近代经学走向衰亡的大量实证研究，得出的结论就是：面对近代中国的两重历史任务，孔学、经学已经无能为力，不是经学救了中国，而是马克思主义救了中国。这项研究，最终清算了作者少年时代以儒学为根本学问的陈旧想法，论证了中国近代思想史上一个大命题：马克思主义与中国实际相结合，与中国传统文化相结合，为中国特色社会主义经济的大发展提供了思想动力。

三

刘大年的历史学研究，有着非常明显的特点。除了始终坚持马克思主义历史唯物主义的指导外，他还非常注意历史研究与现实的关系，非常注意追踪中国近代史研究的前进步伐。

在历史学理论的研究中，刘大年曾提出对历史与现实的关系进行讨论。他认为，讲过去的事，回答现在的问题，瞻望未来，是历史科学的基本特点，也是它与文学、经济学研究中结合现实需要所不同的地方。他说：中国马克思主义历史学一诞生，就明白宣告了自己负担的迥然有异于封建阶级、资产阶级历史学的崭新使命。它把过去与现在、未来的联系，完全不是看作外部的偶然的联系，而是看作内在历史运动客观规律的联系。他认为，从今天来说，从社会主义事业出发，古今中外的历史都需要研究。今天的现实生活要求历史解答的问题，不是减少，而是增加了，研究任务不是减轻，而是加重了。

从宏观角度看，现实的研究任务是：第一，深入研究中国历史发展的全部

① 《评近代经学》，《刘大年集》，中国社会科学出版社2000年版，第429页。

客观过程，揭示中国的社会主义、共产主义长远前途，仍然是中国历史科学首要的和根本的任务。第二，中国今天是社会主义建设时期，社会主义建设需要各方面的知识。认识中国全部文明史，就是认识我们的先民是怎样对待、改造他们所处的环境，改造世界的，从中吸取和改造一切有价值的东西，来服务于今天的社会主义建设事业。第三，必须通过一个国家的具体历史的研究，找出与其他国家的共同点与不同点。我们今天需要从全世界历史的广度，从发达国家现代化的高度，进一步观察人类社会发展的前景，把我们对社会主义前途的科学认识，提高到一个新的水平上来。第四，中华人民共和国的历史，应当认真开展研究。中华人民共和国已经走过了差不多半个世纪，其间有顺利发展，也有重大曲折。顺利发展所取得的辉煌成就，证明社会主义制度是惟一合乎国情的最富有生命力的制度，而所遇到的重大曲折，并没有证明这个制度不具有强大生命力，只是证明它需要改革。历史的长河看不到尽头，社会生活中的改变、革新也就不会有尽头。总之，刘大年认为，一门中国近现代史，一门历史学理论，是历史学里面与现实关系密切的领域。他的研究工作的注意力主要放在这两个门类上。为什么研究历史，由此可以见出他的志趣所在。

刘大年的中国近代史研究，在研究课题的选择上，研究方法和学术观点的运用上，是开放的、进取的，不是一成不变的、故步自封的。在历史学理论和中国近代史研究上，他经常关注着国内外研究的进展。在他的论文中，经常引证国外某些著名学者的论点，铺述国外研究的状况。他随时阅读国外报道，为了论证或者便于自己阐述某种观点，经常引用国外著名政治家、学者或者重要报章社论的最新见解，以及经济发展数字。20 世纪 80 年代，有的青年学者引用国外的所谓“三论”，来驳斥他的观点，他也作文回答，用很专业的术语描述国外自然科学最新发展的景况来为自己辩护。在讨论中国近代史发展主线的时候，他在《中国史稿》《中国近代史稿》以及有关论文中，有很鲜明的观点。但是，他并没有停止在这种思考上。

改革开放以来，中国近代史学界有人主张用近代化的观点从新改写中国近代史。这不失为一种应当思考的主张。1990 年，刘大年在中国社会科学院近代史研究所为建所 40 周年举办的国际学术讨论会上，就中国近代化的道路与世界的关系提出论文，指出：“适应世界潮流，走向近代化，是中国社会发展的必然趋势。”同时指出，“近代中国没有实现西方那样的近代化，但它凭自己的力量打开了走进近代化世界的大门”[①]。此后，他又进一步指出：在110年的中国近代史期间，“明显地多了一个帝国主义的侵略压迫，少了一个民族独立；多了一个帝国主义支持下的封建统治，少了一个社会工业化、近代化。因此，中国近代史上的基本问题是两个：第一，民族独立问题；第二，社会工业化、近代化问题”。至于这两个基本问题之间是什么关系，刘大年认为：“没有民族独立，不能实现近代化；没有近代化，政治、经济、文化永远落后，不能实现真正的民族独立。中国人民百折不回追求民族独立，最终目的仍在追求国家的近代化。”[②] 民族独立和近代化问题，两者的内容虽不相同，不能互相代替，但息息相关，不能分离。两个基本问题的核心仍然是反帝反封建，表述变了，内涵没有变，这也是传承与创新。

刘大年认为，中国近代史上存在着一个特殊的矛盾现象：在民族遭受压迫和民族工业出现上存在着虽不相等却是明显的两个走向、两条路线。一条是急剧的下降线，半殖民地半封建统治秩序不断加深，中国最后被推到了接近亡国的险境。一条是曲折而微弱的上升线，19世纪六七十年代中国近代工业出现，20世纪初短暂地显现出一个小小的浪潮，直到日本发动全面侵华战争，民族工业也仍多少保持增长倾向。就是伴随着民族工业的产生，中国出现了新的社会力量，出现了民族资产阶级、工人阶级、近代知识分子。其中，工人阶级是近代工业的生产劳动者，最富于革命性、创造性，民族资产阶级、近代知识分子也各有特色。这些新的社会力量，各自凭着自己的作用，再加上占人口最大多数、深受压迫的农民群众，才构成了争取民族独立的最后支柱。了解了这些新生的社会力量与民族工业直接间接的关联，了解了中国近代史上民族压迫与近代工业同时并存的下降与上升两条线、两个走向的矛盾运动，也就可以对中国近代历史有更完整、更丰富、更深刻的认识了。

中国的现代化要走什么道路来实现？刘大年把论述中国近代史的观点贯穿下来，反复讲，中国走社会主义道路来实现现代化，是历史的选择。在讨论邓小平社会主义初级阶段理论中，他认为现在中国是在社会主义的黎明。他说：“社会主义初级阶段实际有两重意思，一是起点不高，二是前程远大。

① 刘大年：《中国近代化与世界的关系》，载中国社会科学院近代史研究所科研组织处编《走向近代世界的中国》，成都出版社1992年版，第2、13页。

② 刘大年：《抗日战争与中国近代史的基本问题》，载《抗日战争时代》，中央文献出版社1996年版，第125、130页。

这好比从黑夜到白昼，必须经过黎明那一段。黎明也有两重意思，一是还处在晨光之熹微中，二是跨过这一段，前面就是天光大亮。照我看，社会主义初级阶段理论可以归结到一点：中国社会主义是在黎明，世界社会主义是在黎明。”[①]“黎明”是一种文学形象的说法，它讲了眼前，也讲了未来，可以认为是有科学性的形象说法。这里也指出了中国要实现现代化有很长的路要走。

四

新中国诞生后，中国历史学发展到了一个新的阶段。刘大年在这时与学术界的接触多起来。1953年秋天，中共中央设立历史问题研究委员会，中宣部提名委员会由陈伯达、郭沫若、范文澜、吴玉章、胡绳、杜国庠、吕振羽、翦伯赞、侯外庐、刘大年、尹达等11人组成。毛泽东批准了那个名单，并指定陈伯达为委员会主任。在委员会里，刘大年比大多数人都年轻，属于晚辈后学。委员会活动很少，有些工作是通过科学院去做的。刘大年因为担任中国科学院学术秘书（负责联系哲学社会科学），又在近代史所工作，有责任协助郭沫若院长，担负起有关的组织事务性工作。组织科学院研究人员思想改造，筹备成立历史一、二所（如西北大学校长侯外庐、上海顾颉刚调来历史二所分别担任副所长、研究员，都是刘大年经手的。中山大学历史系陈寅恪教授与中国科学院和《历史研究》杂志的联系也经由刘大年之手），筹备中国科学院哲学社会科学学部，遴选学部委员，制订十二年科学发展远景规划等，他是始终参与者或日常事务的主持者。1957年范文澜经上面批准，集中时间写书，刘大年实际主持近代史所的工作。他回忆说，长时期在科学院工作，有很多机会向学术界前辈和同志学习，深受教益。但政治运动、行政工作又往往把作为研究员担任的科学研究变成了业余，计划经常不能实现。他的感受是：研究学问和从事革命事业中的任何其他工作一样，要取得相当成绩，环境当然有关，关键在人的追求、奋斗。环境影响人，人克服困难，在改造环境中前进。

① 刘大年：《邓小平理论与社会主义黎明》，载《人民日报》1997年10月10日。

刘大年与我国老一辈社会科学家、历史学家有密切联系。他与我国史学界著名的“五老”郭沫若、范文澜、吕振羽、翦伯赞、侯外庐有很多工作关系。他经常对后学谈到“五老”的风范。当1987年“五老”中的最后一位侯外老去世时，他曾经满怀感情地回忆并评价“五老”对创建我国马克思主义历史学的功绩。他说，他们那一代人为推动时代前进，付出了辛勤劳动，他们做完了时代交给的答卷。但那些答卷也只代表过去的时代。他认为，马克思主义历史学必须跟上时代步伐，不断发展前进。以往已经证明马克思主义历史学与中国革命实践相结合，表现了巨大生命力，“那么，现在和今后，按照新的条件，坚持这种结合的马克思主义历史学就是常青的”[①]。刘大年还与我国老一辈的自然科学家有密切联系。1946年他担任晋冀鲁豫边区北方大学工学院首任负责人，组建工学院，接触一些自然科学家，这是他后来担任北京理工大学校友会名誉会长的原因。他以后在中国科学院工作，同许多自然科学家交往。他与竺可桢、杨钟健、梁思成、贝时璋、华罗庚、钱三强等自然科学家都有很好的工作关系和个人关系。数学家华罗庚和被称为“西医先驱”的北京协和医院张孝骞老大夫去世后，他都写过悼念文章。

刘大年在对外学术交流中也非常活跃。他从1953年参加中国科学院访苏代表团，到最近一次访问日本，有许多次出国进行学术访问和政治性访问的机会，到过许多国家。1982年，在他的推动下，中国史学会加入国际史学会。1985年，他率中国历史学家代表团出席有4000人参加的第十六届世界历史科学大会，并在开幕式上讲话，表示中国史学家将与各国同仁一道，为繁荣国际历史科学而努力。按照惯例，国际历史科学大会开幕式除了东道国的贺词外，就是国际史学会秘书长的工作报告，特别安排刘大年讲话，使中国史学家获得了荣誉。[②]大会开幕式后，联邦德国总统魏茨泽克举办招待会，邀请三十余位学者出席，中国代表团团长刘大年和代表团顾问季羡林应邀出席。当联邦德国总统与刘大年交谈时，苏联科学院院士齐赫文教授主动代为翻译。齐赫文院士是苏联首屈一指的汉学家，研究中国近代史的学者。四十年来，刘大年与齐赫文之间有过许多的学术交流、争论，彼此参加过在各自国家召开的各种学术讨论会。近代史研究所与苏联科学院东方学研究所、远东研究所建

① 刘大年：《侯外庐与马克思主义历史学》，《历史研究 》1998年第1期。

② 张椿年：《中国史学界的骄傲》，《近代史研究》1995年第5期。

立起来的学术交流关系，与他们两人之间的友谊有很大关系。1992年，齐赫文出版了他的回忆录《我的一生与中国》，记录了他从30—90年代与中国的交往。书的末尾，一一列举对他有过帮助的老师、教授的名字，说“是他们培养了我对中国及其勤劳的人民，对中国丰富的文化和悠久历史怀有深深的敬意”，同时又说“我还想在本书结束的时候，向我在生活道路上遇到的中国学者郭沫若、侯外庐、曹靖华、吴晗、刘大年、胡绳以及其他许多中国朋友深表谢意，是他们帮助我理解和正确评价我的邻国——中国的丰富文化遗产，促进了苏中两国人民之间相互理解和友谊的发展”①。

刘大年还与德国著名学者、老一代汉学家贝喜发教授，日本著名学者、诗人吉川幸次郎和史学家井上清教授等，建立了学术交流关系。国外这些知名学者都成了中国人民真诚的朋友。中国十年内乱结束，1978年，吉川写给刘大年的诗上说“今闻日月重开朗，蓬矢桑弧兴未除”②，是祝贺，也是赞扬。京都大学名誉教授井上清研究日本近代史、日本帝国主义史，著作富有科学性，铁骨铮铮。1960年井上清应刘大年邀请，访问近代史研究所，从这时候开始，刘大年与井上清结下了深厚的友谊。此后学术交流、思想交流，从未间断。1990年，近代史研究所建所40周年，井上清专程前来祝贺，他对刘大年表示：近代史研究所是他学术活动的第二个“家”。前面提到过的刘大年1979年东京大学的讲学，那时的主持者是东京大学田中正俊教授。1986年，已经是东京大学名誉教授的田中正俊写了一本小书，题为《战争·科学·人》。这本书，以他自己21岁被作为“学徒兵”驱赶上战场的亲身经历，揭露日本军国主义的罪恶。他在序言里说：“谨以本书献给抗日民族解放战争的英勇战士，我们的老师刘大年先生。”③短短一句话，不仅表明了作者追求真理的可贵品格，也代表了日本正直学者对中国学者，对刘大年——一位八路军出身的历史学家的尊重之情。

1964年起，刘大年连续当选为第三届至第七届全国人大代表，第四届至第七届全国人大常委会委员，是六、七届全国人大教科文卫委员会委员，第六、第七届全国人大常委会中澳友好小组主席。1980年中国史学会重建，他当选为

① 齐赫文：《我的一生与中国》，陈之骅等译，社会科学文献出版社1994年版，第121页。
② 引自刘大年《赤门谈史录》，第135页。
③ 田中正俊：《战争·科学·人》，韩一德译，黑龙江人民出版社1990年版，序，第6页。

第二、第三届史学会主席团成员、执行主席。1982 年，他从中国社会科学院近代史研究所所长位置上退下来，一直担任名誉所长、孙中山研究学会副会长和中国抗日战争史学会会长。1999 年，被俄罗斯科学院选为该院历史专业外籍院士。

刘大年是 1979 年以后中国历史学界若干重要的国际学术会议的发起者、倡导者、主持者。如 1981 年和 1991 年的辛亥革命国际学术讨论会、1985 年和 1986 年的孙中山研究国际学术讨论会、1990 年的近代中国与世界国际学术讨论会、1991 年的九一八事变 60 周年国际学术讨论会、1993 年在北京召开的近百年中日关系史国际学术讨论会等。

五

1998 年 11 月中旬，中国社会科学院中日历史研究中心专家委员会代表团访问日本，83 岁的中国社会科学院近代史研究所名誉所长刘大年同志率团前往。在会见日中友好会馆会长后藤田正晴先生（84 岁）的时候，在会见日中历史研究中心评议委员会座长隅谷三喜男先生（82 岁）的时候，在会见京都大学名誉教授井上清先生（85 岁）的时候，刘大年就中日关系中的一个重要问题，即历史认识问题发表讲话，引起了与会者的注意。此行另一个意外收获，是刘大年会见了半个多世纪前在八路军总部白求恩医院工作的日本医生山田一郎。1943 年，刘大年从冀南去太行山抗日根据地，在山头与日军遭遇，跳悬崖脱险，但肺部受伤破裂，生命垂危。山田出主意，用中国的传统药物治疗，终于转危为安。山田一郎是八路军的日本俘虏，东京大学医学部的高材生。他在八路军中参加了中国共产党，抗战胜利后回国，转为日本共产党党员，在东京代代木医院当院长，更名为佐藤猛夫，这一年已经 89 岁，头脑清楚。据陪同会见的日本友人在日中友好会馆的会见会上当众介绍，刘大年先生与日本的“白求恩”的会见场面是极为感动人的。刘大年对于这次能够见到战场上的日本朋友之一，在整个访问期间，都非常兴奋和愉悦。

与此同时，他还与一个未曾谋面的日本朋友互通音问。这位日本朋友就是昭和天皇的胞弟三笠宫崇仁亲王（时年 83 岁）。《抗日战争研究》1995 年第 2 期发表了原载日本《This is 读卖》杂志三笠宫的文章，那是 1943—1944

年，三笠宫化名若杉参谋，广泛考察中国战场以后，对中国派遣军总司令部干部的一个讲话：《作为日本人对中国事变的内心反省》。他在这个讲话中列举日本自甲午战争以后侵略中国的事实，揭露日本军人的残暴行为，说日本对中国是“无所不取，掠夺殆尽”，特别指出共产党的军队“对民众的军纪也特别严明，决非日本军队所能企及”，在这种情况下，中共若不“猖獗”，那将成为世界七大奇迹中的第一大奇迹了吧。他还说：“在我看来，这样的日本军队，是无法与中共对阵的。”这份讲话，当时作为“危险文书”被没收，近年被日本学者从档案中查找出来，经三笠宫肯定后予以发表。显然，无论是1944年，还是1994年，三笠宫都是讲了真话的，他是谴责日本对中国的侵略的。尽管他是昭和天皇的胞弟，是皇族，他的态度值得中国人民钦佩和尊敬。刘大年通过日本政治家后藤田正晴把一封亲笔信转送给三笠宫崇仁，正是表达了这种看法。刘大年在信中评价三笠宫的讲话说：“先生以宏达坦荡襟怀，对待近代中日关系的历史，对待中日战争，我认为这是真正反映了日本民族的优异本色与勇敢精神，体现了日本众多国民的良知，是足以受到日本严肃的学术界公允评价而载诸竹帛的。”几天以后，后藤田先生给刘大年先生回信，告知他亲手把这封信送呈三笠宫，“三笠宫殿下非常高兴，殿下说：‘刘大年先生的大著我一定仔细拜读，先生处请代为多多致意。’”

六

始于抗战，终于抗战，是刘大年先生的人生轨迹。在《抗日战争时代》一书完稿时，他写道：“太行风雪平原暑，我是山川路上人。”他是从太行山走下来的共产党员，他是从太行山走下来的历史学家。1999年11月22日，他在病床上口述遗嘱，说：“一辈子做了个爱国的中国人。感到最自豪的是当过一年零半个月的正规八路军战士。以后就不是正规的，在地方上，县团级。在国家民族危亡的时候不是个旁观者。”1999年12月28日，刘大年先生在北京协和医院停止了呼吸，他做完了预计要完成的工作，毫无遗憾地告别了这个世界，享年85岁。

刘大年是从太行山走下来的一位马克思主义历史学家，是中华人民共和国成立以来中国历史学领域的组织者和领导人。从1949年首次发表《美国侵华简史》，到1999年12月最后发表《评近代经学》，终身都在思考、探讨近代中国的历史，思索、探讨中国马克思主义史学理论。除了公开的著述，我们还可以从他未刊的日记中，从他的读书笔记、批注和随笔中，处处见到这种思考的痕迹。不管是中国近代史的宏观思考，还是具体历史问题的探讨，还是历史学理论，他都力求以马克思主义为指导，力求对近代中国历史的来由和去向，做出马克思主义的解说。他长于对政治史的探讨和分析，尤其长于对思想文化领域的历史研究和理论探讨。他对于唯物史观有许多阐说，对历史研究中的方法、理论，有许多独到的见解，对不同的、或者不一定正确的观点，他都能结合历史事实，结合国内外最新的研究成果，或者最新发现的资料，给予评论和解说，不自以为是，不强人所难，实事求是，循循善诱，平等讨论。这是一个马克思主义历史学家的胸怀，是老一辈学者留给我们的榜样。

1998年11月28日草于东厂胡同一号，

2015年4月27日再次修订

编者说明

1.《刘大年全集》第一卷至第三卷，是刘大年学术文章的汇编。收入文章按专题分类，按类分卷：第一卷，历史学理论研究，计18篇；第二卷，中国近代史研究，计25篇，下分中国近代史关键问题研究、孙中山研究、抗日战争研究三个类目；第三卷，中国历史学的思考，下分中国古代史研究、亚洲历史评价、中国近代史研究与学风、中国历史学的思考以及前辈和同辈人物怀念与研究、序跋6个类目，计76篇。各类目内文章按初刊或撰写时间先后排序，以见作者思想和学术脉络。

2.收录文章大部分为已刊，有的原在刊物上发表，后又收入由作者手定并先后出版的《中国近代史诸问题》(人民出版社1965年版)、《中国近代史问题》(人民出版社1978年第2版)、《刘大年史学论文选集》(人民出版社1987年版)、《刘大年集》(中国社会科学出版社2000年版)等几部文集中。也有少量没有发表过的已经成文或初步成文的文稿，有的为打印稿(其中或有作者手写修改字迹)，有的为作者手写稿。编者在每篇文章标题下作题注，说明该文刊发及未刊等情况。

3.有的文章在初刊后收入文集时，标题及内容有所改动。由于此前出版的几本作者文集，均经作者手定，当为文章的终定稿，故此次收入时即以此为本。有个别例外者，在该篇题注中予以说明。文章内容初刊文被删除部分，有助于理解初刊文原貌及背景者，在文中以〖〗符号补充标出。

4.编者在编校过程中，对原文中个别文字、标点、注释等作了校正，改动不涉及文中观点及论述内容。

5.作者引用的马克思主义经典著作，未便核对新版本，引文及注释均维持原貌；所引《毛泽东选集》，改用1991年第2版，注释页码也作相应变动。

6. 第一、二卷由中国社会科学院近代史研究所李长莉研究员负责编辑。

目　录

论中国近代史上的人民群众①

一

历史科学的根本任务之一，是要正确说明人民群众在历史上的地位和作用问题。马克思主义以前，一切历史学都把统治阶级、帝王将相当作是历史主体。阿斗、群氓就是所有旧的历史书上对人民群众的描写。每一段历史当然都是考察这个问题的场所。中国近代史由于阶级斗争格外炽烈，人民群众处于什么地位、起着何种作用，表现得更加集中、更加显著。因此中国近代史特别便于我们来考察这个问题。人们不难理解，无论在科学上、在现实斗争里面正确说明这个问题都有深刻意义。

中国近代史一般是指整个中国旧民主主义和新民主主义革命时期的历史。现在我们要着重讲的是鸦片战争至五四运动这 80 年。与鸦片战争以前相比，这个时期的人民、人民群众显得相当复杂。那是由鸦片战争以后外国资本主义侵入所造成的，是这个时代社会特点的表现。

西方资本主义侵入，中国社会生活发生激烈变化。中国从此由一个封建社会变成一个半殖民地半封建社会。外国资产阶级成了中国社会生活里面一种统治力量。中国国内新的社会阶级蝉联而起，资产阶级、工人阶级、城市小资产阶级纷纷登上历史舞台。地主阶级、农民阶级跟封建制度一起还继续存在，并且表现出一种与原先不同的面貌。这些新的和旧的社会势力明显地划分为两个营垒：外国资产阶级、本国地主阶级属于一个营垒。它们是统治者和压迫者。民族资产阶级、农民阶级、工人阶级、城市小资产阶级是一个营

---

① 原载《历史研究》1964 年第 1 期。后收入《中国近代史诸问题》（人民出版社 1965 年版）、《中国近代史问题》（人民出版社 1978 年第 2 版）、《刘大年史学论文选集》（人民出版社 1987 年版）。——编者注

垒。它们是人民革命力量。民族资产阶级、农民阶级、工人阶级、城市小资产阶级又各自具有本阶级的特点。它们在人民内部的地位是不同的。资产阶级是剥削者。农民、工人是劳动群众。资产阶级是革命参加者。农民、工人是基本群众。人民包括民族资产阶级，人民群众主要是指工人、农民，指劳动群众。这一些，就是中国近代史上人民、人民群众内部的状况和人民、人民群众与统治者两个营垒相对立的状况。

这里我们要论述的是两个营垒的对立和斗争、人民群众与统治者的对立和斗争，最后决定历史前进方向的究竟是哪个力量，是统治者还是人民群众？这就是我们所说的人民群众在历史上的地位和作用的问题。

中国的近代是一个受帝国主义封建主义黑暗统治的时代。旻宁、奕訢、那拉氏、曾国藩、李鸿章、袁世凯和段祺瑞那些帝国主义的代理人、封建势力的代表者有更替，反革命王朝的江山本质上没有改变。从人民革命一面看，80年里每一次斗争无不归于失败。太平天国是失败的，义和团运动是失败的，辛亥革命也是失败的。两次鸦片战争、中法战争、中日战争每次都以中国的失败而结束。戊戌变法也被湮没在血泊里。谁也不能否认这些事实。因此，中国外国的资产阶级唯心主义者异口同声地断定：最后支配近代中国历史的完全是帝国主义和封建统治者，只有帝国主义、封建统治者是历史的真正主人。买办资产阶级代言人胡适、蒋廷黻之流写的关于中国近代史的作品里这类议论尤其突出、刺目。资产阶级唯心主义的这类议论说明什么问题没有呢？没有说明任何问题。鸦片战争至五四运动的80年，和以往相比，是中国历史飞跃发展的80年。鸦片战争以前虽有资本主义萌芽，仍是处在封建社会。五四运动以后还是半殖民地半封建社会，革命斗争已经不是处在旧民主主义时期，而是处在由工人阶级充当革命领导者的新民主主义时期。中国由只有农民单独发起革命的时代一变而为一个有工人阶级领导的人民革命运动的时代，是由这80年历史完成的重大、光荣的使命。按照资产阶级唯心主义的观点，对于这样的问题根本不能作出回答：帝国主义封建主义的统治何以不能原封不动地保持下去？历史活动的方向为什么总不是按照统治者的主观愿望，而是违反统治者的主观愿望前进的？何以不是人民群众，而是帝国主义、封建统治者累累如丧家之犬最后退出了中国历史舞台？

马克思主义指出历史的主体是人民群众，不是任何反动统治者，历史前进的方向是由人民群众决定的，不是由反动统治者决定的。中国近代史上从鸦片战争、太平天国、中法战争、中日战争、义和团运动、辛亥革命到五四运动的一系列政治风暴都是证明马克思主义原理的科学性。一部中国近代史都是马克思主义历史观点的生动注脚。资产阶级唯心主义丝毫没有道着历史发展的实际过程。

让我们看看客观事实吧！

二

人民群众首先在太平天国、义和团运动、辛亥革命等几次革命高潮中表现出是历史活动的主体，是决定历史前进方向的力量。人民群众的革命斗争，每一次都严厉打击反动统治，开辟出革命前进的道路，把历史赛跑的熊熊火炬移到一个新的接力的起点。

太平天国农民战争是中国近代历史上第一场大革命。太平天国群众在全国建立一个革命王朝的努力最后失败了，群众迫使历史前进的活动从来也没有失败。

太平天国农民战争大力加速封建制度的崩溃，促进了中国资本主义的诞生。这场农民战争发生在封建制度内部危机深刻化的情况下，把广大分散的反抗斗争集中起来，猛烈地破坏封建秩序，对封建宗法社会的全部权力、制度作了一番廓清扫荡。不论在农村和城市，这种廓清扫荡使旧的秩序再也无法恢复原样。旧秩序的破坏，集中表现为整个统治机器的削弱，表现为武装力量、地方政权的实际权力都从此发生转移。汉族军阀建立的湘军、淮军代替了八旗兵与绿营兵。武装力量的实际指挥权由满洲贵族手里转到了汉族地主手里。湘淮各军转战全国，多数地区的地方军政长官先后由这些军队的将领充任。军阀势力由此及于地方。中央政府渐渐失去对地方的控制权力。热衷举办洋务，深受外国侵略者宠信的湘淮军阀，也就是洋务派成了清政府里真正的当权派。军阀武装本是地主阶级反对农民的工具，现在它又是汉族地主从清廷手里夺取权力的工具。洋务派全力支持清政府的反革命统治，同时反过来又挖空了这个统治的墙脚。统治者被迫要迎合历史潮流，改变传统政策来应付眼前的危机。中国资本主义不从其他时候起，而要从 19 世纪六七十年代起，由洋务派官僚举办民用工业和由某些地主商人开设工厂的不同途径露面于世，决非出于偶然。洋务派创办企业有害于资本主义发展，洋务派创办企业又使近代工业得以输入中国。资本主义在中国迟早是要袍笏登场的。太平天国为它的登场真正拉开了帷幕。

19 世纪中叶西方资本主义正在向东方疯狂扩张。太平天国挺身而出，抵抗了资本主义侵略势力。鸦片战争期间人民群众还是自发进行反抗斗争，表现为不与外国侵略者相妥协的力量；太平天国就对外国侵略者展开大规模的武装斗争，显示出了人民群众的巨大革命力量。太平天国破坏了外国资本主义迅速把中国殖民地化的企图。革命群众控制南方广大的富庶地区，外国从清政府手里取得的权益大部分未能实现。鸦片贸易与在华市场的开拓或是受到阻碍，或是被迫停顿。为什么第二次鸦片战争一结束，外国侵略者就迫不及待，公开出来对太平天国进行武装干涉，根本原因和直接原因都要在这里寻找。外国资本主义迅速殖民地化中国的步骤受到一些阻止，中国资本主义出现遭到的困难也就随之有所减轻。

历史看来多么矛盾！资产阶级原算一个比农民“文明”的阶级。西方资产阶级在东方却表现得非常野蛮，半点也不文明。西方资产阶级在东方以进步事业的绞杀者而出场。农民群众则作为反资本主义侵略的战士以与前者相对抗。在东方，没有农民就无法写出反帝国主义的光辉史篇。

太平天国在思想上、组织上都比过去许多次农民战争发展得更高些，这对于后来的人民群众斗争更有显著的影响。清朝在中国广大版图上建立起的封建统一迈越前代。封建统治比较顽强有力。白莲教起义等各次反清斗争都没有使它发生严重动摇。太平天国戳穿了清朝反动派这个纸老虎。由此人们更加有信心来打倒这个反动统治。与太平天国有所接触的容闳讲到过：“太平军一役……其可称为良好结果者，惟有一事，即天假此役，以破中国顽固之积习，使全国人民皆由梦中警觉，而有新国家之思想。观于此后 1894、1895、1898、1900、1901、1904、1905 等年种种事实之发生，足以证余言之不谬矣。”容闳带着阶级偏见观察太平天国，但是他指出这场革命促使人们渐渐觉悟起来则合乎事实。太平天国播下的革命种子，流传、滋生在资产阶级革命派的活动里，也流传、滋生在农民群众反抗斗争里。孙中山就是以太平天国的继承者自居的。孙中山领导下的革命终于完成了太平天国推翻清朝统治的未竟之业。孙中山的叛徒们则以屠杀太平天国群众的刽子手曾国藩等人自居，并幻想过要完成消灭中国革命的未竟之业。这两者都不是出于巧合。农民群众在太平天国以后很快酝酿着反洋教斗争那类新的事变。反洋教斗争本质上是以农民为主体的人民群众反抗外国侵略的行动。侵略势力深入到农村中去，而太平天国又启发了人们，斗争便广泛展开起来。反洋教斗争缺乏统一领导，只能分散、自发地进行。重要的是在太平天国失败以后，正是这些分散斗争妨碍着帝国主义在中国建立起殖民地秩序，并且越来越显得有力量。经过二三十年的发展，最后这个斗争形成又一次火山大爆发，那就是义和团反帝爱国运动。对人民群众而言，太平天国乃是义和团运动高声的召唤者和英勇的前驱。

义和团运动发生在中国民族危机空前严重的时刻。其历史功绩格外显著。

义和团群众经过这场斗争首先是打碎了帝国主义瓜分中国的迷梦。中国任何时候当然都不是侵略者所能瓜分的。19世纪末期帝国主义确实抱有那种梦想。义和团运动一霎时间“威雄惊万里，风雨啧长空”，震耸了全世界。帝国主义从此被迫要采取一些隐蔽曲折方式来统治中国。老中国通赫德在1900年8月写的一篇文章里概括了侵略者的看法：“中国人数千年在沉睡之中，今也大梦将觉，渐有‘中国者中国人之中国也’之思想。故义和团之运动，实由其爱国之心所发，以强中国、拒外人为其目的者也。”因此，目前不适宜于“瓜分中国”，只能扶植清朝，以消弭中国人民的反抗。① 显然由于义和团群众的严厉教训，帝国主义开始认识中国人民了。那以后的情形，正如列宁所说，帝国主义对中国只能像窃贼偷窃死尸一样，鬼鬼祟祟地去进行瓜分。它们再也不敢明目张胆倡言瓜分中国了。

封建势力在义和团运动中再一次受到沉重打击，清王朝的统治进一步削弱了。太平天国以后，统治阶级里面还有人侈谈所谓“同治中兴”以自欺欺人。义和团运动以后，统治阶级被人民吓破了胆，只剩下一片惊慌和叹息。义和团运动以后，清政府衰弱到了这种程度：它既必须采取“量中华之物力，结与国之欢心”、甘当儿皇帝的办法寻求帝国主义的联合保护，又必须采取恢复戊戌政变废除的全部新政的办法，寻求与资产阶级妥协。否则不能保持其摇摇欲坠的统治地位。1901至1910年间，清政府统治集团，从反对变法到恢

---

① 赫德:《中国问题论集》，第51—52页。这里采用的是梁启超在《灭国新法论》一文里转述的原文大意。

复“新政”，再到宣布预备立宪，再到颁布宪法大纲，最后到缩短立宪预备期限，这个迅速变化的过程，是清朝反动统治急转直下、步步衰落的过程。

对人民革命的一面，义和团运动开辟的，应当说是一个崭新局势。

其一，资产阶级的一部分向革命转化，资产阶级由与农民分道扬镳转而趋向某种联合。义和团是促成这个转变的关键。对于清政府，在这以前，资产阶级多半只要求它作些改良，并不根本反对这个政府。地主阶级用流血政变作为答复。在这以后，清政府对资产阶级笼络拉拢，后者进一步分化，资产阶级右翼日益丧失其影响。资产阶级、小资产阶级革命团体纷纷出现，反满宣传蓬勃兴起，他们要求根本推翻这个政权。对于农民群众，在这以前，资产阶级与它是正面对立的。资产阶级患着革命恐惧症，深感农民斗争的威胁。康有为明确讲过这个话：“陈涉辍耕于陇上，石勒倚啸于东门。……揭竿斩木，已可尤危。”他们要求改良，是抱定宗旨要维护现有统治，抵制农民革命。甚至当义和团运动像晴空霹雳震撼世界的时候，资产阶级还在反对农民革命。无论保皇派、兴中会，一致痛骂义和团，要求驱除剿灭。义和团运动以后，资产阶级知识分子里面开始有人对农民斗争表示称誉、崇敬。1901 年《开智录》上面的一篇文章说：“义和团此举，实为中国民气之代表，排外之先声矣。彼眈眈逐逐，以一鼾睡而目尽我中国人，而狂思妄想豆剖瓜分我中国者，观于此，能无废然变计耶？……今虽败师逐北，溅血横尸，然其‘勇’之一字，未尝不轰全球人之耳，电全球人之目也。外人于此，则平日唱兵力瓜分、和平瓜分之议，或涂红圈绿线于支那地图，谓某地为某国势力范围之企图，亦未胆敢如前之猖獗耳。……有此数功，则我国民精神从此振刷矣。”为什么是这样？义和团斗争使清政府的黑暗腐朽，对外屈服，彻底暴露于世。资产阶级中一部分人对清政府的幻想最后破灭了。农民群众的英勇行动使人们又一次看到，只要敢于起来斗争，帝国主义的凶焰是可以遏止的。形势逼人，革命是资产阶级所能选择的最好前途。农民革命就这样完成了资产阶级改良派所无法完成的任务：抵制住了瓜分狂潮，又促进了资产阶级左翼向革命转化。当时没有任何其他阶级能够发挥出这种惊人作用。资产阶级与农民联合大体上是经过两种途径：一是发动会党；一是联络、加入各地自发的反抗队伍。农民是辛亥革命的主要支柱。只是有了农民的参加，才有辛亥革命的巨大高潮。

其二，由于资产阶级的活动，革命开始成为自觉的、有理论指导的行动。

群众的思想觉悟显著提高。从资产阶级知识分子的状况来看，甲午中日战争以前，最新派的人只是主张学习西方科学技术，顶多只是要求中国有西方国家那样的国会。维新运动中，资产阶级改良派与地主阶级代言人进行思想斗争的主题，还只是要不要改变封建专制制度的问题；要不要兴民权、设议院、实行君主立宪的问题；要不要废除八股取士的科举制度、提倡新学、提倡西学的问题。义和团运动以后资产阶级革命派与改良派论战的中心，一变而为要不要革命的问题，要不要实行民主政治的问题，要不要改变封建土地制度的问题。与单纯农民战争相比，太平天国设计的没有剥削、没有压迫的原始共产世界，充满着空想成分，义和团更只有笼统的“灭洋”口号。现在，革命领导者标举的理想，是鲜明的资产阶级民主革命的理想。包括“平均地权”和建立民主共和国的纲领，都比较具有现实性。义和团在这方面至少是提供了教训。因此，新的革命运动在前一次革命失败以后，很快又趋向高涨。历史前进的时限缩短了。1905 年同盟会成立便是这种高涨的一个标志。不消说，这是由于有鸦片战争以来的人民斗争，而最直接的显然是由于有义和团运动。

辛亥革命从没有触动封建统治根基、没有最终取得政权一方面来说，它是一场失败了的资产阶级革命。然而谁都可以看出这个革命具有重要历史意义。

辛亥革命第一次打倒封建专制政体，民主共和观念由此深入人心。以往每个封建王朝灭亡以后，照例为一个新王朝所代替。朝代名号有更迭，君主专制统治依然如故。君主专制制度是封建主义的产物，又在很大程度上是封建主义得以继续存在的条件。君主专制的无上尊严，其实就是封建主义的无上尊严。它不容许对封建主义的任何触犯，是社会进步的一种严重障碍物。辛亥革命推倒了统治中国二百余年的清朝政权，也打倒了君主专制制度。那是一桩了不起的事情。民主共和观念取得了极大权威。哪个独夫民贼敢于违反这个观念，一意孤行，立刻便为人民所唾弃。袁世凯的皇帝梦只做了八十三天。张勋复辟丑剧经过十三天便偃旗息鼓了。徐世昌据说一直抱着“还政于清”的打算，但根本未能出场。复辟与反复辟斗争的时间不短，反动派一心想恢复君主专制，终于未能实现。

废除君主专制这种上层建筑，反过来也就对社会经济生活发生影响。南京临时政府时期，孙中山曾以为中国得到了一个“产业革命”的机会。他希望那些喁喁望治的人们来在这方面努力。临时政府存在的短短几个月里，颁布了一些保护工商业的法令，并实际协助有困难的企业公司。虽然这个“产业革命”并没有到来，那以后，近代工业在中国毕竟显著地增长了。欧美帝国主义忙于世界大战，无暇东顾，这是外部原因。清政府垮台，封建势力分散，统治松弛了许多，这是内部原因。太平天国加速封建社会崩溃，为资本主义出现创造了条件，辛亥革命扩大封建统治那种“紧箍咒”的缺口，促进了资本主义的增长。

“辛亥革命是革帝国主义的命”——毛泽东同志明确这样指出过。人们所以革清朝的命，是因为它是帝国主义的走狗。推倒清朝也就是挫败清朝背后的帝国主义。此后帝国主义再也难于找到像清政府那样能够有效统治人民的工具。袁世凯以下的所有反革命政权，无不旋起旋灭，短命而亡，没有一个能够稍微稳定一点。帝国主义统治中国是更加困难了。

帝国主义在中国遭受打击，还不能不在亚洲其他地区引起反应。列宁称赞波斯革命（1905—1911）、印度反英斗争（1905—1908）、土耳其革命（1908—1909）和中国辛亥革命一起，构成了亚洲的觉醒。俄国社会民主工党布拉格代表会议决议指出，中国这次革命具有世界意义。“因为这个革命斗争将使亚洲获得解放，摧毁欧洲资产阶级的统治”。就这一点而言，人民、人民群众在辛亥革命中就还不止是对于推动中国历史前进有所贡献。

辛亥革命这种政治生活中的剧变，不能不引起人们心灵深处的剧变。以前不敢提出的问题现在敢于提出了。从前不能接受的思想现在有可能接受了。辛亥革命以后，袁世凯、段祺瑞的黑暗统治与清政府没有什么两样。对现实生活严重不满又促进人们去进一步觉醒。孙中山评论当时的情形说：革命“去一满洲之专制，转生出无数强盗之专制，其为毒之烈，较前尤甚。于是而民愈不聊生矣”。资产阶级在这个情形下面又差不多完全丧失了活力。1913 年的“二次革命”很快失败。1916 年的“护国之役”打倒了一个袁世凯，接上去的是袁世凯的化身段祺瑞。1917 年的“护法运动”更没有在群众中引起反响。凡此一切，都归结为一点：旧式的资产阶级民主革命在中国已经是行不通了，资产阶级已经再也没有力量领导群众把革命进行下去。面对这个事实，人们自然要对过去信而无疑的资产阶级民主主义理想发生动摇、怀疑，重新提出问题：中国的出路在哪里？辛亥革命于是成为一种力量，鼓舞人们去探索新的理论，寻求新的革命途径。中国工人阶级跟着资本主义的发展，这时已经逐渐壮大。俄国十月革命的炮声又送来了马克思列宁主义。中国先进分子从这里看到了民族解放的新希望。五四运动就成了迟早必然要到来的一次革命运动。中国革命也就从此结束了它的旧民主主义时代，进到了新民主主义的时代。

从上述一系列事实可以明显地看出：第一，人民群众的反抗斗争，使统治者被迫改变旧的统治方法，改变进攻方法，旧的统治势力遭到削弱，统治秩序遭到破坏。第二，人民群众从斗争中不断提高觉悟，受到锻炼，使自己的力量发展起来，最后战胜统治者。就这样历史终于前进了，并且是朝着自己的目标前进的。

三

人民群众在鸦片战争、中法战争、中日战争、反对八国联军的战争等历次反侵略战争中同样地表现出是历史的主体，是决定历史前进方向的力量。帝国主义力求把中国变为它们的殖民地，人民群众的斗争阻止了帝国主义把中国彻底变为殖民地。

两次鸦片战争、中法战争、中日战争、反对八国联军的战争都是抵抗外国侵略的正义战争。清政府对外宣战代表中国这一方。反侵略斗争的主要力量则是人民群众，不是清政府。那些战争发生在不同环境里，具有不同影响，有两个基本事实却是共同的。一个基本事实：人民群众在外国资本主义侵入中国时，与封建统治者走着截然相反的道路。统治者走的是从组织抵抗到屈辱投降的道路，人民群众走的是坚决抵抗的道路。

鸦片战争中清政府一开始就极其动摇，最后订立城下之盟，向外国侵略者屈服。人民群众则用平英团起义和沿海分散的反抗活动宣告它是反侵略斗争的坚决力量。两者的分歧是那样明显：外国侵略者要公然宣传只与清政府为仇，不与人民相干，来避免人民群众的打击；而一部分主张抵抗外国侵略的士大夫，也只有把希望寄托在人民群众身上。前者见于英军沿途散发的文件，后者见于包世臣、王拯、张穆等人的议论。《南京条约》以后英人要求进入广州。清政府完全穷于应付。人民群众则在当时所能有的觉悟水平上进行了反抗。直到第二次鸦片战争英国用武力才打进了广州城。广州反入城斗争进一步证明：在鸦片战争中屈服了的是清朝统治者，人民群众仍像“平英团”

一样，屹立在侵略者面前。

中法战争中清政府同样是一时主战，一时主和，动摇不定。最后在前线胜利声中屈辱地签订了停战条约。人民群众要求坚决抵抗侵略，广泛展开了斗争。群众斗争表现为对刘永福黑旗军的热烈支持，表现为各地反教会斗争高涨，表现为香港工人大罢工，也表现为前敌将士悲愤抗议清政府的停战命令，要求“诛议和之人”。刘永福与黑旗军的事迹被广泛传播，实际上是群众对清政府的斥责，对失败主义的揭露。工人罢工、反教会斗争高涨，或者是违反清政府的意愿进行的，或者与清政府全然无关。

甲午中日战争也是一样。清政府在日本侵略者武装进攻面前，始终只是准备妥协退让，没有准备坚决抵抗。陆战连连溃败，北洋舰队很快全军覆没，主要是清政府的妥协动摇造成的。人民群众——包括部分军官、广大士兵则坚决要求抵抗侵略。《普天忠愤集》等书里就记载了这方面不少事实。清政府订立《马关条约》，康有为等一千三百余人举行“公车上书”，要求“拒和、迁都、抗战”。其中有资产阶级改良主义知识分子，有地主阶级爱国知识分子。他们的激越议论，在很大程度上是显示了人民的意志。《马关条约》规定把台湾割让给日本。台湾人民在全国人民支援下雷厉风行，奋起与侵略者浴血苦战。日军占领台湾以后，群众的自发反抗还断续进行了五十年。最近上演的历史故事片《甲午风云》，在阶级关系上讲并不是一个虚构的故事，是相当真实地反映了历史。人民群众与统治者在对外战争中的两种立场，两条路线，对立就是那么尖锐。

反侵略斗争的主体是人民群众的再一个基本事实：统治者组织和参加反侵略战争，是由于感到群众压力，受人民群众所推动。清政府参加抵抗外国侵略或者与侵略者相妥协，都是从统治者的切身利害出发的，都是出于保卫自己统治权的盘算。在这方面，不管他们讲了些什么，应当看他们到底做了些什么。一种情形是帝国主义发动武装进攻，民族矛盾尖锐化，人民群众的斗争矛头直接指向外国侵略者，封建统治集团感到对自己并无危险，还有利益，于是动员武装力量应战，站到反侵略战争阵地上面来。人民群众的斗争就这样推动了统治者反抗外国侵略的积极性。人民群众反侵略的斗争这时就以民族战争的形式出现，中国与帝国主义之间的矛盾成了主要的矛盾，中国内部各阶级的一切矛盾都暂时地降到了次要和服从的地位。即使如此，统治者照例不敢依靠人民群众把反侵略战争坚持下去。他们总是惧怕“外患未除，内讧又起”，深怕群众乘机起而推翻其统治地位。一旦敌人武力威胁加紧或者积极诱降，他们就急忙出卖主权，投降帝国主义。鸦片战争、中法战争、中日战争大体就是这样。

又一种情形是人民反侵略斗争的势力强大，统治集团必须脚踩两只船，向帝国主义表示强硬，来躲过群众斗争的惊涛骇浪。眼前危险一过，又赶快扭转身来向帝国主义求饶，狠狠屠杀人民群众。义和团运动中清政府一度参加对外战争的情形就是这样。《西狩丛谈》上载有那拉氏一段自白：“当乱起时，人人都说拳匪是义民，怎样的忠勇，怎样的有纪律，有法术，描影绘态，千真万确，教人不能不信。后来又说京外人心怎样的一伙儿向着他们。又说满汉各军，都已与他们打通一气了。因此，更不敢轻说剿办。……我若不是多方委曲，一面稍稍的迁就他们，稳住了众心，一方又大段的制住他们，使他们对着我还有几分瞻顾，那时纸老虎穿破了，更不知道闹出什么大乱子。连皇帝都担着很大的危险。……我本来是执定不同洋人破脸的，中间一段时期，因洋人欺负得太狠了，也不免有些动气。但虽是没拦阻他们，始终总没有叫他们十分尽意的胡闹。火气一过，我也就回转头来，处处都留着余地……”实际情况和这一点不差。可见只是由于群众的强大压力，清朝统治者才暂时加入民族战争去反对帝国主义。

第一次鸦片战争起，直至八国联军之役，清政府内部都有抵抗派与投降派或主战派与主和派，都有激烈冲突。人们因此常常把抵抗派或主战派看作是民族战争的主要动力。这对不对呢？根本不对。

第一次鸦片战争到八国联军侵略战争时期，清政府内部的抵抗派与投降派前后变化很大，人物好丑不齐。从根本上讲，两派的区别，无非是封建性多一些的或者同外国矛盾多一些的与买办性多一些的或者同外国利益结合多一些的之间的区别。抵抗派或主战派并不会站在人民立场上去反对外国侵略。他们主张抵抗、反对妥协投降，或者是由于受到群众推动，激发起民族自尊心，要求保持封建统治的尊严、体面，或者是出于与主张投降的当权势力有矛盾，有权力之争、利害之争。林则徐、邓廷桢等是第一次鸦片战争中的抵抗派，僧格林沁是第二次鸦片战争中的抵抗派，彭玉麟、张之洞等是中法战争中的主战派，翁同龢、刘坤一是中日战争中的主战派，徐桐、刚毅等是八国联军侵略时期的主战派。他们谁也没有与当权势力、投降势力决裂，去投靠人民群众。愈是往后，主战派对人民群众的仇视愈加露骨。林则徐、邓廷桢都具有爱国思想，都算正直大臣。他们也远非和人民群众站在一个立场上，也要受统治阶级利害的绝对支配。历次反侵略战争不是靠清政府里的抵抗派或主战派推动的，从下面这个事实表现得最为明显：各次战争中每当帝国主义压力增加、战争失利、投降派嚣张得势、群众反抗意识觉醒的时候，所谓主战派便迅速瓦解。他们这时有的噤若寒蝉，销声匿迹；有的干脆与主和派合而为一，向帝国主义摇尾乞怜。邓廷桢、翁同龢等属于前者，僧格林沁、张之洞、刘坤一等属于后者。徐桐、刚毅等人更只是单纯想利用群众，发泄对洋人的怨愤。和抵抗派或主战派的动摇畏葸、消极解体相反，在外国侵略者面前人民群众分散自发的反抗斗争，总是彼伏此起，愈演愈烈。

清政府内部抵抗派的活动有没有意义？有重要意义。在反对外国侵略这一点上，抵抗派和广大群众的要求是一致的。当群众斗争还是自发进行的时候，抵抗派或主战派把群众反侵略斗争的要求加以集中，并从统治阶级内部反映出来，使民族战争成为现实可能；反过来，这又给了群众斗争某些支持，有利于人民群众活动的展开。真正的抵抗派多半受到群众的称述赞扬，道理就在这里。

与主战派主和派对立相联系的，还有甲午战争至义和团运动期间的所谓帝党、后党对立，宫廷内部的矛盾与对立。宫廷内部矛盾不在其他时候尖锐化而要在民族危机严重、外国兵临城下的时刻尖锐化，在国内，归根到底是由于人民群众要求坚决抵抗造成的，是反映了人民群众的强大压力。只有彻底的唯心主义者，才荒唐无稽地把中日战争、义和团反侵略斗争看作是发源于宫廷内部对立，发源于所谓载湉与隆裕后夫妻反目、那拉氏与载湉母子不和之类。

中国在鸦片战争、中法战争、中日战争中所以属于正义的一方，也就是因为那是反抗外国侵略的战争，特别是人民群众是那些反侵略战争的主体。这是很明显的。

讲到这里，需要强调指出：中法、中日战争中清朝统治者的活动与人民群众的反侵略斗争是根本不同的，是必须严格区分，绝对不容混淆的。清政府加入反侵略战争的行列，对人民群众反帝斗争的利益有符合的一面，有发生冲突、矛盾的一面。出兵抵抗帝国主义，与人民群众的利益是一致的，这是必须看到的。中国是一个大国。清朝统治者是封建统治者。清政府让自己的军队加入反侵略战争，并与邻国发生关系，不可避免地使这个战争带上浓厚的封建色彩。反动统治者必然要表现出大国沙文主义。封建军队一定要显露其腐朽性与落后性。在这方面，清政府所起的作用，既不是本国人民利益的保卫者，更不是邻国人民利益的保卫者。这一些，当然是与人民群众反侵略斗争的利益相矛盾的。前进与倒退、正面事物与反面事物客观地统一在一起。我们必须承认这个事实。否认清政府加入反侵略斗争有与人民利益相符的一面，必然要陷入民族虚无主义的观点。否认清政府的活动有与人民利益相矛盾的一面，就必然陷入大国沙文主义观点。两者都是错误的，在我们自己的研究中目前很重要的是要防止大国沙文主义观点。

现在我们要解决的问题，不是在于清政府加入反侵略斗争到底起了什么作用，而是在于近代中国对外战争的性质到底是由谁决定的。前者是一回事，后者是另一回事。把两者拉在一起，未免驴唇不对马嘴。科学的历史观点告诉我们：战争是阶级斗争最尖锐的形式，必须用阶级分析观点来谈论战争性质问题。列宁说："我觉得，在战争问题上，人们常常忘记和注意不够的，以及引起很多可以说是空洞无谓的争论的，主要是这样一个基本问题，即这个战争具有什么样的阶级性，它是由什么引起的，它是由哪些阶级进行的，它是由什么样的历史条件和历史经济条件造成的。……在这个问题上所以产生许多误会，是由于我们在分析战争问题的时候，往往使用着十分不同的语言。"①什么是中法战争、中日战争的阶级性，它们是由什么历史经济条件造成的呢？发动中法战争、中日战争的是法国帝国主义、日本帝国主义，即法国、日本的垄断资产阶级。中国是一个半殖民地半封建社会。与法国帝国主义、日本帝国主义作斗争的主要力量是中国的被压迫、被剥削阶级，即中国的广大人民群众。代表地主阶级和买办势力的清朝政府从鸦片战争起，就投降了帝国主义，并且愈来愈成为后者统治中国人民的工具。清政府与外国侵略势力有矛盾，但那丝毫也不意味着它可以坚决抵抗外国的侵略。一方是法国、日本垄断资产阶级，一方是半殖民地半封建社会的中国人民，这就是中法战争、中日战争里两个主要对立的阶级势力，就是这种战争的阶级性和历史经济条件。人民群众与清朝政府所处的地位是多么不同！决定战争性质的是战争双方的主要阶级势力，而不是其他次要方面。人民群众是反侵略斗争的主体既然是确定了的，中国在中法战争、中日战争中的正义性质也就是确定了的。清政

①《列宁全集》第24卷，第367页。

府无论在战争中显示了何种作用，丝毫也不改变这个事实。问题的关键只在这里。离开了这个依据，就离开了阶级分析，就要变为漫无依据。资产阶级观点就是那样。只有这样或那样拒绝承认人民群众真正是历史的主体，才会试图从清政府起了什么作用去解释战争的性质。那必然是一条死胡同，永远也走不通。毛泽东同志关于中法战争、中日战争的论述是值得注意的。《新民主主义论》里写道：中国革命的历史特点是分为民主主义和社会主义两个步骤。鸦片战争开始了第一步的准备阶段。“中经太平天国运动、中法战争、中日战争、戊戌变法、辛亥革命……这样许多个别的阶段，费去了整整一百年工夫，从某一点上说来，都是实行这第一步，都是中国人民在不同的时间中和不同的程度上实行这第一步，实行反对帝国主义和封建势力，为了建立一个独立的民主主义的社会而斗争，为了完成第一个革命而斗争”①。毛泽东同志正是从历史主体是人民群众的马克思主义观点来看待中法战争、中日战争的性质的。历史在这里得到了本质说明。

中国在鸦片战争、中法战争、中日战争中遭到了失败，人民群众在历次反侵略战争中做出的贡献却永远也不可磨灭。鸦片战争以后，中国与列强分别签订了《南京条约》《天津条约》《北京条约》《中法条约》《马关条约》，中国由此愈来愈深地掉在半殖民地陷阱里面。然而这绝不意味着群众斗争没有巨大历史意义。人民群众根本不承认自己应当戴上任何枷锁。中国受到不平等条约和半殖民地秩序的重重束缚，只是证明本国统治阶级对外可耻投降，背弃了人民，不是证明人民群众抵抗侵略者徒劳而无功。当时反动统治势力还相当强大。人民群众的力量还不足以阻挡封建统治者与帝国主义相结合。群众在历次战争中严厉打击了帝国主义的进攻，极大地限制着封建统治者去出卖主权。没有人民反抗斗争，帝国主义必然到处横行，肆意鲸吞蚕食。一部中国近代史那时就不是现在这个样子。中国就将要彻底沦为西方资本主义的殖民地世界。其苦难肯定是更加长久、更加深重。历史的事实是：帝国主义用大炮机关枪把中国变成了半殖民地，群众的反侵略斗争阻止了帝国主义把中国最后殖民地化。帝国主义用军舰大炮征服的只是封建统治阶级，人民群众赤手空拳或是用长锄板斧战胜的则是整个殖民地统治秩序。

---

①《毛泽东选集》第 2 卷，第 666—667 页。

四

上面我们考察了太平天国等几次革命高潮，也考察了鸦片战争等历次反侵略战争。从所有那些重大历史事变的考察中能够作出什么结论呢？结论只有一条：中国近代历史的真正主体，不是英国、法国、俄国、美国、德国、日本那些外国侵略者，不是旻宁、奕䜣、那拉氏、曾国藩、李鸿章、袁世凯、段祺瑞那些反动统治人物，中国近代历史的主人是人民群众自己。每一次重大历史事变，都证明这个结论是科学的、正确的。人们在这里应当高唱国际歌那些响亮的歌词：

> 不要说我们一无所有，
> 我们要做天下的主人！……
> 从来就没有什么救世主，
> 也不靠神仙皇帝。
> 要创造人类的幸福，
> 全靠我们自己。

封建主义、资产阶级和一切历史唯心主义者都是把人民群众与统治阶级的地位完全倒立着的。他们在这个问题上造下了种种迷障。对中国近代史用马克思主义观点考察的结果，我们就一扫那些迷雾，清楚地认识到中国近代历史的本来面目。历史唯心主义在这里宣告了彻底的破产。

当然，马克思主义历史科学把人民群众看作是历史发展的决定力量，并不是孤立地考察这个问题的，也不是把人民内部各个阶级的历史作用等同起来的。

第一，人民群众创造历史的活动，不只是有阶级斗争的一个方面，而是还有生产斗争的一个方面。没有生产者阶级，社会就无法存在。中国近代史上人民群众里的农民阶级、工人阶级就是这时的生产者阶级。工人、农民既是劳动生产者，又是反对帝国主义反对封建势力的基本群众。这两者是不可分割的。第二，肯定人民群众是历史的主体，丝毫也不是说反动统治者不严重影响历史的行程。帝国主义封建势力从来也不是一个旁观者。任何统治阶级都不是一个旁观者。在中国人民与帝国主义的矛盾中，帝国主义是矛盾的主要方面。没有帝国主义封建主义统治，就没有半殖民地半封建社会。人民群众是在帝国主义封建势力的残酷统治下来从事反抗斗争的。人民要求改变旧的秩序，反动统治者拼命维持旧的秩序。历史发展因此总是走着极其艰难曲折的道路。在阶级社会里，如果人民群众是自由自在地发挥作用的，那就根本不存在统治者与人民群众谁战胜谁的问题了。那是不可思议的。第三，马克思主义历史学把人民群众看作是历史前途的决定力量，这是和马克思主义一系列基本观点相联系的。承认人民群众创造历史，就必须承认阶级斗争，承认革命为社会历史所必需，和承认历史是遵循客观规律发展的，而人民群众的斗争正是体现了历史发展的客观规律性。阶级、阶级斗争是问题的核心。古今中外的历史唯心主义者把统治阶级、帝国主义封建势力或他们的首脑人物看作是决定历史前途的力量，实际上也就是否认阶级、阶级斗争，否认人民群众革命的正义性，和否认历史发展的客观规律性。那当然是绝顶荒谬的。第四，人民、劳动群众是历史的推动者和创造者，但是由于各个时期的社会经济条件和各个阶级的历史地位有别，他们在斗争中起的作用是极不相同的。鸦片战争至五四运动以前，农民革命失败了，资产阶级革命派的斗争也失败了，农民革命表现了它的局限性，资产阶级革命表现了极大的不彻底性。农民阶级、民族资产阶级谁也没有力量最后搬掉帝国主义封建主义这两座压在中国人民头上的大山。五四运动以后，有了工人阶级的领导，中国革命才由失败转而逐渐走向胜利。自那时起，再经过30年的斗争，中国人民最后打倒了帝国主义封建主义这两个凶恶敌人，建立了中华人民共和国。整个这110年的历史，说明在半殖民地半封建的国度里，要取得民主革命的彻底胜利，必须要有工人阶级的领导。这是经过亿万群众无数次斗争实践检验过的一条颠扑不破的真理。

正确回答人民群众在中国近代史上的地位和作用问题，既要分析革命营垒与反革命营垒是如何互相对立的，也要分析人民、人民群众内部的不同状况和它们的相互关系。这样，我们就可以看出近代中国的阶级、阶级斗争是怎样变化发展的，就可以看出中国近代历史的真正面目。

古今中外的历史唯心主义者只强调统治阶级、统治人物的作用，他们是把自己摆在反历史、反人民的地位。他们的哲学只能是统治者的哲学或奴才的哲学。马克思主义者把人民群众看作是历史的主体，是把自己摆在历史继承者的地位。马克思主义哲学是人民群众——首先是工人阶级改造世界的哲学。两种立场，两种世界观，没有什么可以调和的东西。

真理是和人民群众站在一起的。历史是属于人民群众的。“玉皇轮流做，明年到我家”。剥削者对世界的统治，最后必定在全世界范围内为人民群众自己的统治所代替。到那个时候，人民群众就最终地、更完全地以历史主人翁的身份来创造历史，来推动社会历史继续前进。人类历史到那个时候，就完全进入了一个新的时代——人民群众的时代。中国已经走进了这个时代，全人类的历史也一定会很快走进这个时代。

这是作者1963年11月参加中国学术代表团访问日本时在东京、京都、神户等地作学术讲演的一个讲稿。讲演时是由小峰王亲先生、一濑裕子女士担任翻译的。发表时作了一些修改。[①]

① 这是作者自注。——编者注

历史与现实
——在中国史学会理事会上的发言[①]

历史研究工作与现实的关系，是一个需要重视的问题。十年动乱以前，学术、理论界流行的某些口号、说法，或者本身不明确，或者解释失当，把历史研究与现实的联系弄得相当狭窄。“四人帮”横行，任意涂抹事实，以谈论历史为名，行篡党窃国之实。两千多年的中国历史被说成一部所谓儒法斗争史，就是那样。因此，当我们说历史研究要结合现实需要的时候，有人怀疑、误解，是可以理解的，不足为奇。

历史包罗万象。它是人们取得生活、斗争经验，取得科学文化知识，取得聪明智慧的源泉之一。中国有文字记载的历史很长，要说出其中每件事与现实的联系，一则办不到，二则未必可取。只要它直接、间接对了解历史发展、重大斗争、当时的社会面貌或多或少有些意义，就值得研究。不然的话，我们会作茧自缚，窒息僵化，最后实际上取消研究工作。但是决不能因此就反过来，否认历史研究要结合现实需要。封建时代的思想家、历史家如孔丘、司马迁、司马光、王夫之等人，他们之所以重视讲历史，是因为它能够“寓褒贬，别善恶”，辨明君君臣臣的秩序，“关国家盛衰，系民生休戚”。近人梁启超、章太炎都主张，历史学应当叙述人群进化的现象，求得其公理公例，帮助后人掌握那些公理公例，以增进人们的幸福。胡适主张弄清楚一个字的古义等于发现一颗恒星；傅斯年说，研究历史并没有什么实在意义，不过是国家供养若干文人，做出几篇文章，给当权者的文治武功作些点缀。胡适、傅斯年都反对革命，都希望引导知识分子脱离人民革命的现实，去粉饰蒋介石反革命统治的现实。以上各种观点、说法不同，归结到一点，为历史而历史，与现实无关的研究是没有的，区别只在于如何联系现实。

---

① 原载《近代史研究》1981 年第 4 期。——编者注

马克思主义的历史研究，必须坚守唯物主义，坚守实事求是的原则。历史的事实是怎样就是怎样，绝对不许可因现实的需要涂改事实。揠苗助长，削足适履，都要归结为资产阶级实用主义，唯心论。“四人帮”破坏历史研究与现实的联系，我们不能因此就不讲研究历史应当结合现实需要。因噎废食，人会饿死。湖南民间有句话，蛇咬一口，三年怕鳝鱼。其实那种怕是不必要的。马克思主义的历史研究要为无产阶级服务，从原则上讲，是完全正确的。列宁说，在阶级对立的社会里，是不会有“公正”的社会科学的。在那种情况下面，期望有公正的科学，正像期望在应不应该用减少资本利润来增加工人工资的问题上有公正的工厂主一样愚蠢可笑。这是千真万确的。我们所要辨别清楚的，是科学真理到底在哪一边。马克思主义是无产阶级革命的学说。我们说马克思主义的历史研究要为无产阶级服务，实为理所当然之事。现在的问题决不在于发明什么口号。重要的是，历史研究必须有中心，有基本目的。在今天，这个中心、这个目的，是要注重结合党提出的坚持社会主义等四项基本原则，阐述历史发展的客观规律，清除唯心主义对中国历史的歪曲，用科学历史知识武装人们的头脑，增强我们走社会主义道路的自觉性，把无产阶级解放事业推向前进。谁都知道，四项基本原则不是偶然地、轻而易举地提出来的。中国近代一百多年里，经过几代人的摸索奋斗，不知多少人流血牺牲，好不容易才得出这么几条经验，几条认识。它准确反映了中国历史发展的客观规律，它关系祖国的命运和前途，关系十亿人民的根本利益。炳炳皇皇，载在宪法上，列在党章里，告诉我们必须坚持，不可违反。论国是，它是我们最大的国是。历史研究作为社会科学研究的重要领域之一，如果同十亿人民息息相关的这个根本现实没有什么联系，那么，它存在的价值就值得大大怀疑了。谁都可以提出问题：究竟要这种研究干什么呢？

历史研究工作结合现实需要，必须以马克思主义为指导。我们这样主张，并非因为马克思主义是什么万古不变的教条，不得不遵守，而只因为它是科学，是研究的指南。马克思主义第一次使历史的研究成为一门科学，人所共知，用不着去重复。放下这面旗子，就等于从科学退回到愚昧。马克思主义现在是不是已经过时了，不时兴了；中国至今似乎没有产生公认的马克思主义历史学大师，是不是传统的历史学更足以发挥人们的才能？对于这样的问题，应当加以分析。

马克思主义问世之日，就是科学共产主义运动诞生之时。不久也就有人叫喊它“过时”了，以至被“消灭”了。如今时间过去了一百多年，科学社会主义、共产主义，一方面是亿万人正为之牺牲奋斗的伟大群众运动；一方面在世界广大地区里，又是支配十几亿人口的社会生活制度。历史实践的检验，证明马克思主义不是“过时”了，更没有被“消灭”，而是越来越显示它的科学性和旺盛生命力。不错，马克思、恩格斯某些论断、预料没有实现。道理很简单，他们是在作科学分析，一切要依据时间、环境、条件而定。只有星相家、占卜术不要环境、条件而宣布可以预知未来。资本主义制度必然灭亡、社会主义制度必然出现的伟大论断，终于变成了现实，如果讲科学奇迹，没有比这更光辉的科学奇迹了！近百年的世界历史，是对“过时”论最有力的驳斥。研究历史要以马克思主义为指导，有人抱怀疑态度，其原因有主观上的，也有客观上的。主观的原因：以前我们在研究工作中存在一些缺陷，只注意抓住事物的本质，不顾历史现象的复杂性、多样性，简单化，说理不足，乃至对待读者不平等。更差的是抬出马克思主义著作的片言只语，以为神圣不可侵犯，用来代替事实论证。类此情形，在我自己写的东西里就可以找到。这当然没有说服力。简单化，抓住书本上某些词句代替论证，是因为缺少辩证法，缺少马克思主义。客观的原因：中国人讲历史，传统最为悠久，资料无比丰富。它的好处和坏处混同在一起。早在汉代，司马谈就大有感慨，说儒生以六艺为法，而六艺的经传以千万数。人们“累世不能通其学，当年不能究其礼”，最后是劳而少功。到了宋代，历史资料继续增加。司马光说，他对司马迁、班固以来文字繁多，感到很发愁，没有人能够把那些“正史”读完。从北宋到现在，资料又不知增加了多少倍。中国知识分子历来把解释经传、考证掌故当作基本学问。它们的价值怎样，严复在和西学相比以后，总结说“一言以蔽之，曰无实”，“曰无用”。传统是一种习惯势力。好传统是好习惯，坏传统是坏习惯。我们的学术界，本来没有完全克服“一曰无实，二曰无用”的坏习惯。一有机会就又抬头了。不论主观、客观哪方面的原因，历史研究工作要前进，必须以马克思主义为指导，而不是相反。

马克思主义历史学在中国存在了半个世纪。它已经做的和需要做的相比，相差甚远。人们没有任何理由可以自足、自满。但是由先驱者们的努力所取得的成就，应当得到充分肯定。“椎轮为大辂之始”。中国马克思主义历史学早已跨过“椎轮”创始阶段，正在搭起“大辂”的架子。我国历史从原始共产主义社会到社会主义社会，是遵循社会一般发展规律前进的，而又有自己的鲜明特点。阶级对立、阶级斗争贯彻私有制社会的始终。历史的主人劳动人民的地位，向来是被颠倒的，今天开始再颠倒过来。旧史书汗牛充栋，从那上面只能见到一些朝代，一些人物，一些言论、主张，一场场血流成河的战争、屠杀，一串串动人和不动人的故事，纷纷然，嘈嘈然，而不知道它们究竟意味着什么。马克思主义的历史唯物主义、阶级分析，第一次使我们对那一切理出一个头绪，认识它们的本质，这就是今天的情况。至于有没有公认的“大师”，那要看要求怎样，以及由谁人“公认”。用马克思主义来要求，所谓“大师”，总应该博大精深，著述最有科学性、创造性。博大宏富，不一定就合乎科学。汤因比写了那么多书，在西方被认为了不起的大师。他用“文化”作为历史主干，把世界历史编排为若干种文化一个接一个兴起衰落的历史，实在少有科学性。精密、精深是很可宝贵的。但也要区分在史料学上还是在科学体系、观点上。王国维、陈寅恪、陈垣、顾颉刚的研究成果，有比较深入、比较精密的，在个别问题上观点新颖。我们要接受那些遗产，从中汲取营养。但他们的工作，终究没有超出史料学。可以想象，他们如果赞成，或者来得及用马克思主义进行研究工作，一定能够取得比现在可观得多的科学成就。中国马克思主义历史学的传播、成长，郭沫若、范文澜在不同程度上起过开创作用，说他们是大师，大多数人是承认的。科学研究，任何时候，总是少数人先攀登到某个高峰，多数人贡献出自己一定的份额，站在整个阶梯的不同层次上。他们就这样连成一个整体。孟轲说：“梓匠轮舆，能与人规矩，不能使人巧。”马克思、恩格斯，他们是像鲁班那样最伟大的“梓匠”。历史唯物主义、阶级分析，是他们传授下来的“规矩”。凡是认真努力照他们的规矩、绳墨，即照科学方法论行事的，固然不能个个都达到“巧”的程度，跻身大师之林，但总能产生一些新东西，推进本门科学。用陈旧的观点看待“学术”“学问”，不肯抛弃那些“一曰无实，二曰无用”的东西，沉湎于繁琐主义，难免误尽自己，也贻误别人。所有这些，又都说明我们的研究必须以马克思主义为指导，而不是相反。

中国古代史、世界史的研究如何联系现实需要，不好用三言两语草草陈述。这里可以粗略地看一看，以马克思主义为指导，中国近代史研究与坚持四项基本原则怎样直接相联系。

近代史上旧民主主义、新民主主义两个革命时期合在一起，关于中国向何处去的问题，有三个前途，三种命运，摆在中国人民面前，要求必须作出选择。第一个前途，第一种命运，从半殖民地半封建社会，最后变为殖民地。外国资产阶级拼命驱使中国走向这个前途，选择这种命运。他们一次又一次发动侵略，并与封建阶级、买办阶级相结合，统治我们的人民，发号施令。中国部分地区被暂时变成了殖民地。中国人民不甘屈服，不甘接受这种命运。外国侵略者所指望的中国全部殖民地化的前途，由中国人民一次又一次的顽强的革命斗争所阻止了，到底没有实现。第二个前途，第二种命运，推翻帝国主义封建主义剥削、压迫，变中国为一个独立的资本主义国家。农民阶级为实现这个前途，取得这种命运，先后发起过太平天国、义和团运动两次重大斗争。农民阶级不是资本主义社会的创始者，但它是反帝反封建的主力军。反帝反封建就是反对阻碍本国发展资本主义的两大敌人，农民就是这样的主力军。太平天国的《天朝田亩制度》《资政新篇》最引人注意，他们反对封建土地所有制，并且提出了模仿资本主义的设想。义和团没有关于资本主义的要求，它号召"灭洋"，把帝国主义统统驱逐出中国。但农民阶级的两次重大斗争都被帝国主义绞杀了。资产阶级为着实现这第二个前途，取得这第二种命运，先后发起过戊戌变法、辛亥革命两次重大斗争。戊戌变法的代表人物康有为、梁启超、谭嗣同等，都希望用自上而下的变法改良来使中国资本主义化。经过短短的一百天，就在顽固守旧派的反击下流血破产了。辛亥革命的领导人、参加者，深信资产阶级的"自由平等博爱"、民主共和国是正义的，是中国的出路所在。他们之中许多人为此抛头颅，洒热血，但最后还是失败了。在中国，建立独立的资本主义社会，历史证明，那条路是走不通了。第三个前途，第三种命运，经过新民主主义，进入社会主义。五四运动以后，无产阶级、中国共产党的全部斗争，就是为了实现这个前途，争取这种命运。帝国主义始终坚持反对中国走这个前途，但没有能够得逞，封建阶级始终反对，也没有能够得逞，买办阶级坚持反对，也没有能够得逞；它们联合起来，群起反对，尽了一切努力，最后都终于没有得逞。无产阶级、共产党的领导，对于中国走上社会主义前途起了决定作用，那是毫无疑义的。但是它的作用只有得到全国人民的赞成，只有符合历史前进的要求，才能发挥出来，否则根本不会成功，这更是毫无疑义的。中国走上社会主义的前途，获得社会主义的命运，是历史对110年大搏斗所作的最后裁决。中国共产党领导全国人民，坚决、勇敢执行了这个裁决。新民主主义革命的胜利，转变为社会主义，中国重新走上独立发展的道路。中国历史发展从此进入了一个崭新的时代。只有社会主义才能救中国，这就是历史的结论。我们研究中国半殖民地半封建时代的历史，必然地、无可避免地要得出这个结论。某些人仿佛以为中国走上社会主义阶段，不过是一种偶然性，是无缘无故而来，或者是不费力气出现的；似乎有点什么风吹草动，社会主义制度就会发生动摇。那种看法，不但是完全不懂得人类社会由低级到高级发展前进的客观规律性，而且也是对近代中国的历史懵然无知。简要地说，一部中国近代史，就是四项基本原则的根据。历史既然是客观存在，不可改易的，四项基本原则也就是铁板着脚，同样不可改易的。

关于中国向何处的几种前途、几种命运的大搏斗，现在已经成为历史陈迹。但是作为一个革命者、爱国者，对它是不应该忘记的。列宁说，忘记过去，就意味着背叛。中国近代史正是讲爱国主义的头等重要教材。只要照马克思主义的阶级分析，如实地叙述事实，爱国主义就在其中了。不久以前《人民日报》关于《清华学生谈学习近代史的收获》的报导，最生动地说明了这一点。报导所介绍的学生学习的收获，处处都值得加圈加点，浓圈密点。例如他们说："一个国家的公民爱自己的祖国是何等的重要！它是一个公民神圣的职责，是自己奋斗上进的动力，是一个公民的骄傲。我们身为中华民族的子孙，有什么理由不以中国近代史中的那些英雄，那些忠诚的人民为榜样，为中华民族的崛起而奋发图强呢！""中国近代史充满了中华民族的血和泪，使人感伤、悲愤，但它同时，也是一部充满了中国人民抵抗外来侵略的火和剑的历史，使人振奋、激昂……作为一个中国人，我们要奋发图强，拿出我们前辈与敌人浴血奋战的气概，为民族的复兴，为国家的富强，尽最大的努力。""现在历史该我们这一代来写了，是'爱国'，还是'忘祖'，这个问题摆在我们面前……能因为祖国贫穷就抛弃她吗？近代的中国是贫穷的，但近代中国那些英雄们并不因为她贫困就不爱她了……作为一个有良心的中国人，有什么理由不为自己的民族、祖国的繁荣富强而奋斗呢？我要为祖国、民族的繁荣富强做出自己应有的贡献。"等等，等等。学生们许多话，发出的是他们这一代人热爱社会主义祖国，立志发愤图强的内心的声音，是我们民族的时代最强音。从青年一代身上展现了我们伟大祖国的光辉前程。一切消极的论点都是没有根据的。爱社会主义祖国、坚持四项基本原则，讲的正是同一性质的问题。它们的来龙去脉，就在中国近代史里面。

历史研究联系现实需要，如前面所说，范围广泛，有直接的，有间接的，有间接而又间接的。中国古代史、世界史、各种专史，如何联系，只能从那个领域的实际出发。它必须是科学的，不是牵强附会的。“四人帮”的那种所谓与实际结合，要永远从历史研究中铲除掉。但不论哪个领域，有一条是共同的，那就是要坚持马克思主义，要反对繁琐主义，要给人以科学的历史知识，给人以前进的力量，看到光明前途，要能够通过了解过去，更好地洞察未来，掌握今天的现实。

历史研究的时代使命问题[①]

一、从社会主义的现实需要出发，研究古今中外的历史

社会主义是人类创造的空前宏伟巍峨的大厦。它不只是应当建筑在最牢固雄厚的物质基础上的，也应当是建筑在最丰富、繁盛、高尚的科学文化和精神文明基础上的。历史包罗万有，是人们取得生活斗争经验，取得科学文化知识，取得聪明智慧的源泉之一。从社会主义事业出发，古今中外的历史都需要研究。它们与现实生活的联系，可以有直接的，有间接的，有间接而又间接的。割断历史，鲁莽、狭隘地对待前代人的成就，直接违反马克思主义观点。这当然不等于说什么东西都可以拿来充数，一切都要摆在同等的地位。在多种多样的研究中，我们必须有自己的根本任务，必须担当起时代赋予我们的使命，最大限度地满足时代的需要。

历史研究是讲以往的事，如何与现实需要结合？前人早就知道，“述往事，思来者”，“欲知来，鉴诸往”。讲过去的事，回答现在的问题，瞻望未来，是历史科学的基本特点，也是它与文学、经济学研究中结合现实需要所不同的地方。当代西方资产阶级历史学者把这个思想讲得更加明确。他们说：现在的主要问题，是历史家能够给这一代人什么东西，他准备在什么程度上来满足那种希望在历史中发现解决当前任务的关键和指示的要求。没有任何时代像现在这样，对历史家有如此众多的要求，渴望从历史上去领会和加以解释。这个时代要求历史家回答关于过去与现在和未来的关系问题。[②] 所有这些说法，出发点不一样，反映的社会条件和要求各异，但又有一个基本的共同

---

①原载《近代史研究》1983年第3期，题为《当前历史研究的时代使命问题》。后收入《刘大年史学论文选集》，改为现题。——编者注

② 参看拙著《中国近代史问题》，第32页。

点，就是认为研究历史不能与现实无关，要有时代目的，反映时代要求，回答现实生活中提出的问题。

中国马克思主义历史学一诞生，就明白宣告了自己负担的迥然有异于封建阶级、资产阶级的崭新时代使命。他们把过去与现在、未来的联系，完全不是看作外部的偶然的联系，而是看作内在客观规律的联系。

中国马克思主义历史学最早的代表郭沫若，在1929年出版的《中国古代社会研究》自序上说："对于未来社会的待望逼迫着我们不能不生出清算过往社会的要求。古人说'前事不忘，后事之师'。认清楚过往的来程也正好决定我们未来的去向。只要是一个人体，他的发展无论是红黄黑白，大抵相同。"他明白表示，这部书是作为恩格斯的《家族、私有制和国家的起源》的续编写出来的。[①] 意思是说，世界历史运动的规律是由私有制进到社会主义、共产主义的。中国也"大抵相同"，不会例外。讲的是中国古代社会，昭示给人们的是中国走向社会主义、共产主义的前途。往后，吕振羽、翦伯赞、范文澜、邓初民、华岗等研究中国社会史、中国通史、中国近代史的著作陆续出版。查勘一下，非常明显，中国马克思主义的历史研究者在民主革命时期，给自己规定了这样的时代使命：第一，揭露帝国主义野蛮侵略和封建阶级的反动统治，动员人民参加革命斗争，把中华民族从帝国主义、封建主义的残酷压迫下解放出来。第二，按照历史的本来面目，叙述中国是由原始共产主义而来，经过奴隶制、封建制，如今沦陷在半殖民地半封建社会的地位，它的前途，在于走进社会主义社会。第一、第二两条是彼此衔接，不可分割的。当时马克思主义的历史研究处在早期，理论上、资料上都存在不少缺陷。有的研究者试图把通史著作同某种短期斗争需要直接联系起来，也不可取。但是，民族解放和中国历史发展前途，是那个时代尖锐的社会阶级矛盾、阶级斗争所提出来的，迫切需要历史科学回答的首要问题。历史研究规避或者不正面回答这样的问题，就是逃避时代要求，置民族和人民命运攸关的斗争于不顾。郭沫若为代表的马克思主义历史研究者，对这方面的问题作了当时所能做到的解答。他们的研究，很快在思想领域产生出强烈的影响。马克思主义历史学从此成了中国历史学的主流，中国历史学的面貌从此焕然为之一新。老一辈的马克思主义历史研究者自然也有其局限性，但对时代提出的要求他

---

①《中国古代社会研究》，第1页。

们是交了卷的，是以他们的水平实践了时代使命的。

今天的中国是社会主义的中国。民主革命、反帝反封建斗争已经过去三十多年了。社会主义制度经过严峻的考验，在中国牢固地站稳了脚跟。“鉴往知来”，在今天的现实生活中，还有什么“知来”的紧迫问题，需要从历史上去寻求答案呢？

和民主革命胜利以前相比，今天的环境条件当然是大不相同了。但是，现实生活要求历史解答的问题，不是减少，而是增加了，研究任务不是减轻，而是加重了；而且和民主革命时期的研究需要，也不是截然分开的。

第一，深入研究中国历史发展的全部客观规律性，阐述中国的社会主义、共产主义前途，仍然是中国历史科学首要的和根本的任务。对于中国社会历史发展的科学认识，在马克思主义研究以前，从来不为人所知。马克思主义观点一经和中国实际材料相结合，描述出一个大致轮廓，人们就受到吸引，鼓舞而起。半个世纪以来，新的资料不断出现，一些问题的讨论不断深入，原有的论述有的已经不能满足人们的要求了。中国历史发展的客观规律性，在不同的社会阶段里怎样表现，内容如何，至今还没有人从事系统的研究，没有这方面的专门著作。对过去的客观规律讲不具体，对中国社会主义前途必然性的阐述就只能是原则的，不深入的。以前讲社会主义前途，由于没有实践经验，并不知道社会主义社会有何新的矛盾，新的斗争。实际上，社会主义主要是“消灭一切阶级差别”，而不可能消除由种种客观条件造成的“一切”不平等。马克思说：“我们这里所说的是这样的共产主义社会，它不是在它自身基础上已经发展了的，恰恰相反，是刚刚从资本主义社会中产生出来的，因此它在各方面，在经济、道德和精神方面都还带着它脱胎出来的那个社会的痕迹。”“这里通行的是商品等价物的交换中也通行的同一原则，即一种形式的一定量的劳动可以和另一种形式的同等劳动相交换。所以，在这里平等的权利按照原则仍然是资产阶级的法权。”“但是这些弊病，在共产主义社会第一阶段，在它经过长期的阵痛刚刚从资本主义社会里产生出来的形态中，是不可避免的。权利永远不能超出社会的经济结构以及由经济结构所制约的社会的文化发展。”[1]恩格斯说，“把社会主义看作平等的王国，这是以‘自由、平等、博爱’这一旧口号为根据的片面的法国看法”，在一定发展阶段上曾经

---

①《马克思恩格斯全集》第19卷，第21、22页。

是正确的，但有片面性，容易引起混乱。[1]社会主义制度在人类历史上是一个伟大的新事物，只能摸索前进。与发达的资本主义国家相比，我们的生产力水平很低，实现四个现代化，还需要经过相当时间的奋斗。面对这种新的情况、新的矛盾，人们，尤其是青年里面不免产生许多新的思想问题，其中不少需要由历史学作新的研究来给予解答。回避这些问题，社会主义前途的阐述，就只能是重复旧的结论、旧的观点，而不会增加新的思想力量。人们就将抛开历史，从别的地方去寻求答案。第二，中国今天是处在社会主义建设时期。社会主义建设与社会主义革命，其间并不存在不可逾越的鸿沟。但必须看到它们要解决的任务是不一样的。革命的任务是集中破坏一个旧世界，社会主义建设是要创造一个生产力高于资本主义，没有人剥削人的新世界。破坏旧世界的时候，历史的研究把主要力量放在揭露旧社会、旧制度，这是完全必要的，也是不可避免的。社会主义建设需要各方面的知识。列宁说：马克思的学说能够掌握革命阶级的千百万人的心愿，是因为马克思依靠了人类在资本主义剥削制度下所获得的那些知识的坚固基础，借助于充分领会以往的科学所提供的全部知识而证实了自己的学说。[2]又说："马克思主义这一革命无产阶级的思想体系赢得了世界历史性的意义，是因为它并没有抛弃资产阶级时代最宝贵的成就，相反地却吸收和改造了两千多年来人类思想和文化发展中一切有价值的东西。"[3]中国的文明史不止两千多年。认识中国全部文明史，就是认识我们的先民是怎样对待、改造他们所处的环境、改造世界的。从他们的认识和经验中，吸取和改造一切有价值的东西，来服务于今天的社会主义建设事业，从广义上来说，全部属于历史研究的工作。这自然是极其繁重的任务。全面认识中国的过去——物质的，精神的，经济的，文化的，发现它们的内在联系和规律，说到底，正是认识中国社会主义前途的根据。第三，以前讲中国的社会主义前途，主要从本国历史讲就可以了。第二次世界大战以后，一方面，世界出现了一批社会主义国家，资本主义在地球的更大面积上瓦解了；又一方面，以前的帝国主义国家，或者利用战争机会使自己更加膨胀，或者失败后依靠原先的潜力，卷土重来。它们汇合在一起，极力

---

①《马克思恩格斯全集》第 19 卷，第 8 页。

②《列宁全集》第 31 卷，第 253 页。

③ 同上书，第 283 页。

撑持着资本主义世界，以与社会主义制度激烈对抗。社会主义，对于那些国家的工人阶级、劳动者，还只是一种羡鱼之情，远不是现实。新的科学技术兴起，资本主义内部的改良主义调整等，使资本主义生产在第二次世界大战以后，出现了相当幅度的增长。垄断资产阶级的代言人因此发昏狂叫："共产主义是要完蛋的！"反过来，也就是说资本主义将要长久存在下去。一切事物的变化都是由量变到质变完成的。社会主义从无到有，与资本主义并存，说明资本主义世界正是在局部灭亡到最后灭亡的程途之中。历史研究，必须通过一个一个国家历史的具体研究，找出它们的共同点和不同点，说明它们将要走向的未来。我们今天需要从全世界历史的广度，深入认识人类社会发展的前景，把我们对社会主义、共产主义前途的科学阐述，提高到一个崭新的水平上来。

社会主义是与中国十亿人民命运攸关的伟大事业。我们的一切工作都不能离开这个伟大事业。当前中国马克思主义历史研究的时代使命，集中起来说，就是与广阔的社会主义现实相接触、相联系，研究古今中外的历史，适应社会主义建设的需要，特别是根据历史学的特定性质，把阐述历史发展的客观规律，阐述社会主义——共产主义前途的研究放在中心位置上，解答这方面由新情况产生的新思想、新认识的问题。这是马克思主义历史研究当前的时代使命，也是我们在相当长时间里的根本使命。

问题提出来了，现在应当从什么地方入手，或者说，抓住哪些重点研究，来实现这个使命呢？一一叙述不可能，只能举些例子。

二、从历史上阐述社会主义前途的一些重要研究领域举例

中国半殖民地半封建时期的历史，是首先应当继续加强研究的领域之一。

历史规律是人们经常讲的。但是什么是历史规律呢？列宁说，"规律是现象中同一的东西"，"规律是现象中巩固的东西"。[①] 又说，重复性就是常规性。中国半殖民地半封建时期，从鸦片战争起，到中华人民共和国诞生宣告

---

① 列宁：《黑格尔〈逻辑学〉一书摘要》，人民出版社 1965 年版，第 78—79 页。

结束。中国向何处去，这110年里，有三个前途，三种选择。一是从半殖民地半封建社会，最后变为殖民地，这是帝国主义、外国侵略者指望的前途和选择。二是推翻帝国主义封建主义统治，变中国为一个独立的资本主义国家，这是民族资产阶级要求的前途和选择。三是经过新民主主义革命进入社会主义社会，这是无产阶级、中国共产党领导全国人民争取的前途和选择。110年激烈斗争的结果，帝国主义最后彻底失败了，民族资产阶级的努力也未能成功，中国终于走上了社会主义道路。只有社会主义才能救中国，这是历史的结论。但是我们不应当仅仅满足于这个结论，而要深入研究导致这个结论的全部客观规律是什么。我们研究这段历史，必须找出其中是哪些“同一”的、“巩固”的东西，找出是哪些重复律支配中国走进了社会主义社会。

十年“文化大革命”，社会主义建设遭到严重破坏。人们讨论和议论这方面的问题，有一种“早熟”说。意思是中国资本主义不发达，生产力水平低，社会主义搞早了，是人为的。研究中国半殖民地半封建制度时期的历史，阐述它的客观规律性，很需要分析一下这个论点。

历史本来是人创造的，或者说是人为的。问题在于从私有制到社会主义这样空前深刻的大变革，为什么那些阶级、那些人的斗争最后失败了，而这些阶级、这些人的斗争最后胜利了。生产力水平，在一定范围内是决定性的，但不是在任何情况下，只要抓住这一点，一切疑难就会像庖丁解牛，奏刀騞然。半殖民地半封建的中国，矛盾太复杂、太尖锐了。事实证明，单从资本主义发展状况、生产力水平，不能说明中国是否会进入社会主义的问题。这些矛盾和生产力水平的关系是怎样，当时著名的马克思主义者如恽代英、蔡和森等人，就作过很好的回答。恽代英答复醒狮派关于共产主义在中国没有物质条件的指责说：“照我的解释，共产党人之信仰共产主义，以及广东党军之猛勇直前，一则是由于这些分子多半是破败下来的小资产阶级与农民工人，他们的动摇而痛苦的生活，使他们易于接受世界无产阶级革命的影响，于是或委身于共产主义运动，或自甘为打倒帝国主义的国民革命效死，这如何不是物质与经济势力的影响呢。”[①] 蔡和森在《马克思学说与中国无产阶级》一文中说：中国受国际资本主义的压迫到了这步田地，自身的生产方法还是三代以上的，自己不能供给自己的需要，帝国主义的大机器生产品，日日浩浩

---

① 恽代英:《评醒狮派》，转引自蔡尚思《中国现代思想史资料简编》第2卷，第340—341页。

荡荡地输进来，这种经济侵略孰能御之？于是三代以上的手工生产者一批一批的失其职业，更多的人受帝国主义的压迫而无法生活。我敢说一句，现在中国四万万人，有三万万五千万不能生活了。到了这个地步，三万万五千万人唯有两条路可走：一是流为盗贼，或饿死、乱死、争夺扰攘而死；二是把他们的生死问题提到中国社会和帝国主义面前，走社会革命的前途。“到了这个时候，革命之爆发乃是必然的趋势，也如自然力的雷电之爆发一样，行所必然，什么成败利钝都不会顾，什么改造的理想家、大学问家都也把持不下地。这是最大多数的生死临头问题，纵然革命的经济条件、生产条件不具足，革命后会被围困封锁而饿死，但使群众一旦觉醒，与其为盗贼、土匪、流氓、痞子而饿死、乱死、争夺扰攘而死，死得不值，毋宁为革命而战死而饿死，死得荣誉。社会革命的标准在客观的事实，而不在主观的理想；在无产阶级经济生活被压迫被剥削的程度之深浅，及阶级觉悟的程度之深浅，而不在智识程度、道德程度之深浅。……我们无产阶级早已痛不堪痛，忍不堪忍了，还论甚么革命的经济条件具足不具足”[①]。他们的中心意思，都是说帝国主义的民族压迫、半殖民地半封建统治，迫使中国无产阶级、广大劳动群众要去信仰共产主义，走“社会革命”的道路。“经济条件具足不具足”，这里是指资本主义发展状况，生产力水平高低。它“具足不具足”，不能阻止人民走社会革命的道路去救死求生。相反，正是由于帝国主义压迫中国民族资本发展，民族资产阶级软弱无力，推翻帝国主义封建主义统治的任务，就不能不由无产阶级来领导完成之。半殖民地半封建统治，反帝反封建的历史要求，这是近代中国一切问题、一切斗争的根据。中国近代历史的客观规律性就蕴藏在这个根据里头。它不以人们的意志为转移。那些阶级、那些人违反它，就被历史无情淘汰了；这些阶级、这些人顺应它，就推动历史前进了。没有什么力量能够阻止或延缓中国进入社会主义，就像当初没有什么力量阻止西方进入资本主义一样。它们都是各自内在根据的产物，都是各自行所必然。历史的动向、行程和归宿，决定于整个生产力与生产关系的状况，在私有制社会，决定于依据生产力和生产关系的状况而存在的社会各阶级间的对立和斗争，决定于革命阶级的觉醒和斗争实践，不决定于任何人主观想象的“标准”。古往今来的历史从来也不是按照人们主观想象的“标准”行进的。以为中国先发

---

①《蔡和森文集》，第53—54页。

展资本主义生产力，然后进入社会主义就合乎逻辑了，不算人为的了，那不是历史的研究，而是一种历史假设。

中国近代史的讨论中，一些文章把洋务运动、立宪派都作为进步的运动、进步的势力来评论。尤其是关于洋务运动，不但学术讨论的文章里面，在介绍历史知识的文章里面，也都作为进步的运动来加以肯定。这方面的讨论实际涉及对中国近代历史的重新评价，特别是涉及对反帝反封建斗争的重新评价。肯定洋务运动是进步运动，同样是从资本主义发生、生产力水平出发的，认为洋务派是这方面的先进者。洋务派的特点，一是掌握清政府官办近代军用、民用工业实权；二是掌握军事实力；三是政治上、经济上与外国打交道，受到帝国主义支持，是中央政权或地方政权的当权派。在经济地位上，他们和买办阶级相联系，又是封建地主阶级的一部分。他们所办的工业，丝毫没有改变、没有减轻中国民族所遭受的帝国主义侵略和压迫，也丝毫没有改变和减轻人民所遭受的封建剥削和压迫，相反地，是成了维持、加强那种压迫、剥削的力量。中国社会历史前进所迫切需要的，恰恰就是要摆脱那种压迫剥削，要有自己的民族工业、民族资本主义，而首先是要求民族独立，要有资产阶级的民主权利。因此，资产阶级维新运动兴起，便力求同洋务派划清界线，把他们作为封建统治势力去批判。资产阶级革命运动崛起，除了与改良派论战，矛头也指向洋务派，也是把他们作为封建势力去反对的。洋务派如果确实是一个顺潮流而动的进步势力，那就必须承认，是历史奇特的恶作剧，几乎愚弄了所有的人。资产阶级维新派、革命派都受愚弄，看错人了，都把进步势力作为封建势力去反了，而且都是以进步反进步；帝国主义也受愚弄，看错人了，把进步的势力当作自己的同盟者加以支持，去镇压中国人民，这实在是不可思议的。其实洋务派是怎样一种势力，通观中国近代史，就可以了然于怀。它是中国半殖民地半封建制度必有的产物，是与这个制度相终始的。帝国主义封建主义统治存在，洋务派这个阶级力量、政治集团就存在。它的第一代，是奕䜣、曾国藩、李鸿章等洋务派；第二代，是袁世凯、北洋军阀；第三代，是蒋介石、四大家族。它们的朝代、招牌改换了，依靠帝国主义、封建势力，集中近代工业、军权、政权于一身，维持其统治地位的基本特征没有变化。有变化，也只是这些特征表现得更加鲜明，青出于蓝而胜于蓝了。在旧中国，工业生产水平最高的时期，是抗日战争以前蒋介石统治的时期。如果只从资本主义生产力水平立论，那又当如何评价蒋介石、四大家族的统治呢？洋务运动需要继续研究。现在不是要在这里讨论洋务派的评价问题，而是讲不能单从中国资本主义状况、生产力高低寻求中国进入社会主义的根据。研究中国半殖民地半封建时期的历史，离开反帝反封建，就告诉不了人们任何重要的东西。但今天我们研究的着眼点确实应当和三四十年以前不同了。中国人民遭受帝国主义奴役的时代已经永远过去。以前那些奴役者留下的极不光彩的某些“遗产”，虽然他们的子孙至今还想死抱住不放，历史的支配权毕竟不在他们手里了。研究半殖民地半封建时期的客观规律，说明中国进入社会主义的历史必然，这是历史的主题。当前的时代，要求我们进一步深入研究这个主题。

中华人民共和国走过了自己的34年，这段历史应当提上日程，认真开始研究。

中国在这段时间里走过的道路是不平坦的。有顺利发展，也有重大曲折。顺利发展所取得的辉煌成就，证明社会主义制度是唯一合乎国情的最富有生命力的制度。重大曲折主要是“文化大革命”造成的破坏，它也没有不证明这个制度具有强大生命力。“文化大革命”的出现，与社会主义制度无关。人们追寻它的原因，自然首先想到是毛泽东晚年犯了严重错误，这当然是对的。但是如果到此为止，就没有说明半点东西。因为历史是人的活动，人在活动中不是做对了，就是做错了。如果研究历史仅仅找出某人做了错事，可以说没有什么价值。恩格斯评论1848年法国革命失败的原因说：任何一个头脑正常的人都永远不会相信，（法国临时政府成员）11个人能在3个月之内毁坏一个有3600万人口的民族，除非这3600万人辨认方向的能力和这11个人同样缺乏。问题正在于这3600万原先在一定程度上暗中摸索的人怎么突然就能自己决定走什么道路，而后来他们又怎么迷了道路而让他们从前的领袖暂时回到了领导地位。[①] 同类的话，马克思也讲过。他们都是强调指出，重大历史事件的爆发，革命的胜利、失败，都不应该从几个领袖人物的动机、缺点、错误中去寻找，而要从社会总的状况、人们的生活环境中去寻找。《关于建国以来党的若干历史问题的决议》，对这个问题作了全面的、科学的分析。那上面指出：社会主义的某些规律，我们还不认识；党是从长期战争，激烈阶级斗争中走过来的；马克思主义著作中的个别论点，被当作教条或者误解

---

①《马克思恩格斯全集》第8卷，第6—7页。

了；苏联的压力，迫使我们要反对大国霸权主义的斗争，这一切，汇集在一起，使得“左”的思想，阶级斗争扩大化，一时成了不可阻止的趋势。其发展结果，就是“文化大革命”。这是精辟的马克思主义的分析。这个分析确切说明，“文化大革命”是那时中国特殊的历史条件、社会状况的产物。它与社会主义制度毫无关系，无损于这个制度的优越性。

马克思主义著作的个别论点被当作教条或误解了，在这里，主要又是关于坚持社会主义、反对修正主义的个别论点被当作教条或误解了。“文化大革命”恰恰就是以坚持社会主义，反对修正主义为旗帜的。动乱中卷入的群众那样广泛，除了林彪、江青两个反革命集团和少数野心分子，大多数群众和干部，至少在初期，是抱着维护社会主义的热情，卷到斗争里面去的。一旦林彪、江青一伙暴露出他们是阴谋篡党窃国，是在破坏社会主义，广大群众和干部就纷纷起来抵制，最后把他们打倒了。这证明，人心的向背，是以坚持社会主义制度与否为转移的。十年动乱，全面内战；“四人帮”打倒后，经过党的十一届三中全会，拨乱反正，全国形势很快稳定下来，党提出坚持四项基本原则，社会主义又走上了蓬勃发展的轨道。就在这个时间里，一大批老一辈的民主主义者、老军人、著名科学家纷纷加入中国共产党，他们多半年届高龄，处于负责的和享有很高荣誉的地位。为什么这时还要加入共产党呢？道理很明显：他们以自己的丰富阅历、长期体验，确信共产主义是人类伟大、正义的事业，社会主义道路是唯一能够使中国走向繁荣富强的道路。爱国思想，追求真理的精神，决定他们要把自己献给这个伟大事业，并作为一生的归宿。这些事实证明，“文化大革命”带来的严重挫折，不但没有动摇社会主义，而是从反面考验了它的强大生命力。古人主张走路必由大道，不走小径。全面、系统地研究中国这三十几年的历史，可以用最新的材料来阐明中国要前进，社会主义是必由的大道。

中国从古迄今的社会发展史，是一个急需全面展开研究的重要领域。人类社会发展史上，有没有共同的规律，是一元的还是多元的，国内外学术界正在讨论。一种是赞成五种生产方式说，认为这是马克思的固有观点，是否定不了的；一种是反对五种生产方式说，认为那是斯大林的“发明”，世界历史上并不存在统一的五种生产方式。究竟哪个看法对，讨论清楚，对于研究中国社会发展史有一定的好处。

马克思、恩格斯关于这个问题的观点，有两条看来是十分明确的。第一，人类历史的发展,大体是照五种生产方式的顺序行进的,人类最先处在原始社会,然后进到奴隶制、封建制、资本主义,最后将进到共产主义社会。1845—1846年,马克思、恩格斯写《德意志意识形态》,说“部落所有制”是人类“第一种所有制”。1857—1858年马克思写的政治经济学手稿《导言》上指出,“历史却表明,公有制是原始形式”[①]。1859年马克思写出《政治经济学批判》和那篇著名的《序言》。也就在这部著作中,马克思叙述到“一切文明民族的历史初期自然发生的共同劳动”时,特别注释说:“近来流传着一种可笑的偏见,认为原始的公社所有制是斯拉夫族特有的形式,甚至只是俄罗斯的形式。这种原始形式我们在罗马人、日耳曼人、赛尔特人那里都可以见到,直到现在我们还能在印度遇到这种形式的一整套图样,虽然其中一部分只留下残迹了。仔细研究一下亚细亚的、尤其是印度的公社所有制形式,就会得到证明,从原始的公社所有制的不同形式中,怎样产生出它的解体的各种形式。例如,罗马和日耳曼的私人所有制的各种原型,就可以从印度的公社所有制的各种形式中推出来。”[②]如果说,这一些还不明确,那么,到1884年恩格斯在《家庭、私有制和国家的起源》里关于原始共产社会的详尽叙述和1888年给《共产党宣言》加的长注里,就把“原始共产社会的典型的内部结构弄明白了”[③],就彻底肯定下来,谁也无法驳难了。古代的、封建的都是马克思讲过的。恩格斯说:“奴隶制是古代世界所固有的第一个剥削形式;继之而来的是中世纪的农奴制和近代的雇佣劳动制。这就是文明时代的三大奴役形式。”[④]原始共产主义、文明时代的三大剥削制度,加上未来的共产主义,这就是马克思主义创始人指出的人类历史发展前进的五种生产方式。说它是斯大林的发明,显然与事实不符。第二,马克思从来没有认为每一个国家、民族的历史都必须按照五种生产方式的顺序行进,不能越雷池一步。1877年,马克思在《给〈祖国纪事〉杂志编辑部的信》里说:米海诺夫斯基“一定要把我关于西欧资本主义起源的历史概述彻底变成一般发展道路的历史哲学理论,一切民族,不管他们所处的历史环境如何,都注定要走这条道路,——以便最后都达到在保证社会劳动生产力极高度发展的同时又保证人类最全面的发展的

①《马克思恩格斯全集》第12卷,第738页。

②《马克思恩格斯全集》第13卷,第22页。

③《马克思恩格斯全集》第4卷,第466页。

④《马克思恩格斯全集》第21卷,第200页。

这样一种经济形态。但是我要请他原谅。他这样做，会给我过多的荣誉，同时也会给我过多的侮辱。……极为相似的事情，但在不同的历史环境中出现就引起了完全不同的结果。如果把这些发展过程中的每一个都分别加以研究，然后再把它们加以比较，我们就会很容易地找到理解这种现象的钥匙；但是使用一般历史哲学理论这一把万能钥匙，那是永远达不到这种目的的……”[①]1881年马克思给查苏利奇的信，四易其稿。综合这封信一、二、三稿的基本意思，是五种生产方式中，奴隶制、封建制、资本主义都有可能跳跃越级前进。同时，原始社会在不同的部落、民族中，又必然带有不同的特色。“并不是所有的原始公社都是按照同一形式建立起来的。相反，它们有好多种社会结构，这些结构的类型、存在时间的长短彼此都不同，标志着依次进化的各个阶段”[②]。马克思、恩格斯的这两条，把人类历史发展规律的一般性和特殊性、统一性和多样性辩证地统一在一起，也就是列宁所说的：“世界历史发展的一般规律，不仅丝毫不排斥个别发展阶段在发展的形式或顺序上表现出特殊性，反而是以此为前提的。”[③]

中国近代史研究，是从半殖民地半封建制度的历史规律提供根据，来认识中国进入社会主义是历史的必然；中国社会发展史研究是从中国社会发展规律的全过程提供根据，来认识这种必然。有一种看法，以为中国没有独立的资本主义，从社会发展的全过程看，缺乏完整性，即使可以说明它的规律，也缺少典型性。这里所说的典型，当然是指马克思、恩格斯叙述的西欧国家那种典型。其实这个问题换一个角度来看可能更有道理。中国疆域辽阔，民族众多。各地区、各民族的发展状况极不一样。直到社会主义改造以前在一些少数民族地区，原始社会、奴隶制、农奴制都还部分残留着，没有最后消失，纷然杂陈。中国没有独立的资本主义，也并不是没有资本主义。封建社会延续的时间之长，发展程度之高，在世界历史上占有显著位置。把这些集合在一起，完全足以自成一个典型，成为一个与西方并列的东方典型。因此，中国社会发展史研究是一个能够产生重大科学成果的领域。利用历史和所有亲缘科学的资料，按照马克思说的，对那些发展过程中的每一个部分加以研

---

①《马克思恩格斯全集》第19卷，第130—131页。

② 同上书，第448页。

③《列宁选集》第4卷，第690页。

究，然后再把它们加以比较，完全有可能产生出世界第一流科学著作，打开人们的眼界。

中国经济史很需要用更多的力量来研究。

旧的历史学和唯心主义历史观点，不知道建筑在物质利益基础上的阶级、阶级斗争，不知道它们与社会生产和一切社会经济关系的联系。那个时候，经济活动主要是作为政治、文化的从属因素去叙述的。《史记·货殖列传》以下的“正史”上，凡关于土地占有、商业活动等记载，大都如此。恩格斯批评德国青年作家说，他们把“唯物主义”作为一个套语，当作标签贴在各种事物上，而不去作进一步研究。“经济史还处在襁褓之中呢！”马克思、恩格斯许多讲历史唯物主义的地方，可以认为都是讲要重视经济史研究。目前我们在这方面还处在幼年时代，而我们却必须加速踏进自己的壮年。加固和扩展中国历史学唯物主义的基础，认识中国历史进入社会主义的物质发展过程，认识历史发展规律的客观性质，都有赖于经济史研究取得最好的成就。

中国文化史，是需要用马克思主义展开系统研究的又一个方面。

文化史研究是一个很老的题目，然而翻开中国和外国关于这个题目的著作，马上就可以看出，人们对于文化史研究的对象、目的等等看法可以说是五花八门、各式各样。与经济史、政治史、军事史相区别，作为观念形态的文化史，是历史研究的一部分。一切国家、民族，每个时代都有其特定的物质生活、经济结构、社会内部矛盾，也都有反映那种特定物质生活、经济结构、社会内部矛盾的作为观念形态的文化。研究、论述历史，缺少了观念形态这个部分，就好比我们想认识某位人士，但仅仅窥见其躯干，却不知道他的头脑灵魂是什么样子。这当然不能说我们认识了那位人士。马克思说，不能从人们的意识去了解时代，是说不要根据人们对时代的看法判断历史，而不是说研究历史，不需要知道当时的观念形态。马克思、恩格斯合写的《德意志意识形态》、恩格斯的《路德维希·费尔巴哈与德国古典哲学的终结》等，都是讲历史上的意识形态问题的。一定的文化是一定社会的政治和经济在意识形态上的反映；同时，反过来文化又作用于政治和经济，而且这种作用有时表现得比政治更顽强，更带有持久性。据此，我们可以说，文化史研究的对象，是与经济史、政治史等相区别的观念形态史，研究的任务，是探索和阐述观念形态反映经济、政治，反过来，又作用于前者的客观规律性；它是历史规律的一个侧面，一个有机构成部分。研究它，认识它，正是为了研究、认识历史规律的整体，认识庐山的真面和全貌。

研究观念形态与政治、经济的相互关系的联系，是从历史学全体讲的。文化史研究还有它本身的特定任务。作为观念形态的文化，一是知识性，二是继承性。研究历史，从事实的查对、考订到事实的全部内在联系，都只是要发现真相，不能改变其真相。改变了就全部失去了意义。研究文化史，是要理解那些知识，然后批判地继承，也就是加以改造，使之丰富、提高。古人所谓为学如积薪，后来居上，人类文化前进的过程，可以说也是这样。列宁强调指出：过去整个社会赖以生存和维持的基础，是把人们分成阶级，分成剥削者和被压迫者。整个旧学校都浸透了资产阶级精神，这是必须知道的。但是，“无产阶级文化并不是从天上掉下来的，也不是那些自命为无产阶级文化专家的人杜撰出来的，如果认为是这样，那完全是胡说。无产阶级文化应当是人类在资本主义社会、地主社会和官僚社会的压迫下创造出来的全部知识合乎规律的发展”①。我们建设社会主义物质文明的重大任务、重大成就，必须有建设社会主义精神文明的重大任务、重大成就相配合。建设社会主义精神文明和把封建阶级、资产阶级压迫下创造出来的全部知识合理地发展成为无产阶级文化，可以看作是对同一个目标的范围不同的提法。它们的核心都是共产主义思想。

文化史作为观念形态的历史，必然有许多复杂的思想、理论问题。现在不少同志关心的爱国主义思想就是这种复杂的思想、理论中与现实生活联系最为直接的问题。中国一向存在着爱国主义的传统。鲁迅说：“我们从古以来，就有埋头苦干的人，有拼命硬干的人，有为民请命的人，有舍身求法的人，……虽是等于为帝王将相作家谱的所谓‘正史’，也往往掩不住他们的光耀，这就是中国的脊梁。”②

中国的近代，帝国主义疯狂侵略压迫，封建阶级、买办阶级投降卖国，中华民族危亡迫在眉睫；爱国主义问题空前突出了。帝国主义侵略者制造种种舆论，断言中华民族是一个衰朽了的没有希望的民族。弱肉强食，理所当然。外国的进攻，“犹水之就下”，一切抵抗都是徒劳的。旧中国的历史撰述，不少是具有爱国主义内容的，也有像蒋廷黻的《中国近代史》那样，贬抑林

---

①《列宁选集》第4卷，第348页。

②《鲁迅全集》第6卷，第119页。

则徐，褒扬琦善，进行反爱国主义宣传的。少数人受到帝国主义和买办资产阶级思想宣传的毒害，丧失民族自尊心、自信心和爱国观念。中国民主革命、反帝反封建斗争彻底胜利，历史进入社会主义，群众的爱国主义觉悟空前提高了。但是这并不等于从此一劳永逸了。年轻的一代和年长的一代在逐渐更替。“四人帮”的破坏使许多年轻人失去了接受正确的历史教育的机会。生活环境条件改变了，旧思想可以在新的条件下以不同的形式出现。国家是阶级统治的工具。国家在世界上消失以前，爱国问题大概也不会消失。国家又是发展变化的。爱什么样的国，也就必然要跟着历史发展而变化发展。目前这方面存在不少争论。例如怎样评价我们这个多民族国家历史上的民族英雄，能不能以民族定国籍，讲爱国，是不是就要倒回去爱历史上出现过的某些政权、某些国，等等。其中有些问题要深入讨论，有些看法是明显地站不住脚的。我们今天讲爱国主义，是讲爱各族人民共同组成、共同享有的、由历史发展所铸造的伟大社会主义祖国。资产阶级的进步思想家主张要爱祖国，讲道德，爱文化，要有民族自尊心。马克思主义吸收资产阶级进步思想，把资产阶级的爱国主义改造成为无产阶级的爱国主义，并与无产阶级国际主义相结合。在这个问题上，马克思主义历史研究与资产阶级进步思想有共同的地方。中国文化史研究的任务，虽然不是要从文化思想领域探求中国进入社会主义的根据，但是我们必须从这里探求社会主义精神文明、无产阶级文化的历史根据。这正是时代提出的要求。阐发爱国主义思想，是其中应有之义。

世界共产主义运动的历史需要研究。

共产主义运动出现已经一百多年。其中有曲折，有停滞，而且和任何事物一样，本身包含着矛盾和复杂的斗争，但是仍然在惊风恶浪中勇猛前进了。这说明它的力量是不可阻挡的。社会主义制度在世界上存在了半个多世纪。列宁说，一切民族都将走到社会主义，但各民族走法不一样，每个民族都有自己的特点。研究社会主义国家的历史，分析其经验，有助于我们根据自己的国情，建设具有中国特色的社会主义。

世界发达资本主义国家的历史需要研究。

特别是第二次世界大战以后，美国、日本等国家的历史引人注目。它们所以迅速发展的内部、外部条件是什么？那些国家的人民怎样看待社会主义的前途？这些都很现实，都需要系统研究，求得正确、全面的了解。

就拿当前美国学术界关于马克思主义的研究、社会主义的宣传来说，不是在减少而是在增多。一些左派历史学、社会学、政治学教授，在大学校园里出版刊物、组织集会、宣传激进主张。大资产阶级的悠闲生活受到了这种宣传的干扰。有的企业经理忧心忡忡，在报纸上诉说："美国的大学已经不开资本主义课程了，但你无论走到哪里，都可以学习马克思主义课程。"实业界的领导人和大公司捐款在校园内举办有关"自由企业"的讲座和课程，借以抵消他们认为是攻击企业价值观念的影响。在公司的广告宣传中，也竭力兜售"制度"，而不只单纯推销产品。那种"校园内的马克思主义"，是少数左派教授们，在极其紧张的就业市场上面对着雇佣、晋升以及不能保留终身职务等等的威胁下发生的。这说明马克思主义在任何地方都是禁止不了的，问题是这种宣传，必须与工人阶级、劳动群众谋求解放的实际斗争相结合，才能前进。美国、西方其他国家学者有些讨论美国前途的著作，表现出下过相当的研究功夫。例如哈罗德·弗里曼的《美国应该走向社会主义》、卡斯泰尔斯的《经济危机和美国——美国资本主义的黄昏？》等，就属于这一类。哈罗德的书里面有一节，叫作"历数资本主义的罪状"，一口气列举出 14 条，揭露资本主义制度的罪恶，令人难以驳倒。他说："关于资本主义制度，有人写道：'它不明智，不美好，不公正，不道德，一句话，它不办好事。'这些话既不是马克思，也不是列宁、托洛茨基或是毛泽东写的，而是出于凯因斯之口。"作者的结论是："美国应该走向社会主义。"① 卡斯泰尔斯研究美国资本主义是否已进入它的黄昏，最后他断言："美利坚帝国的暮色正是以这种明确的方式出现在地平线上——伴随着它的将是美国的新生。"② 美国、西方其他国家进步的社会历史研究者，对美国前途的这些看法，决不会是孤立、偶然的，需要研究评价。

马克思主义历史学理论的研究，是历史学本身的基本建设，也是历史学论述社会主义前途的重要部分。

马克思主义历史学的理论包括一些什么问题，需要大家来探讨。已经出版的《历史学概论》一类的著作，可以认为是这种工作的开始，但不能停留在现有的内容上。有一点是大家都承认的：马克思主义历史学理论不等于历史唯物主义。辩证唯物主义与历史唯物主义，是马克思主义历史学理论的基

---

①《国外社会科学》1980 年第 3 期。

②《国外社会科学》1981 年第 11 期。

础，但是不能代替后者，正像马克思主义哲学不能代替任何一门自然科学的理论和方法论一样。任何一门科学的独立性、科学性，同它有自己严密的理论系统是一致的。历史唯物主义奠定了历史科学的基础，许多重大的理论问题，都还需要深入研究，并把它们有机地统一起来。历史研究的对象、任务是什么？在历史前进的动力中，生产力与阶级斗争的关系到底怎样？历史的本质为何物？谁是历史的主体或主人，何以人民群众是历史的创造者？历史前进的基本规律，不同国家、民族在不同时代特有的规律，各自的内容怎样？人类历史发展的前途为什么是共同的？等等，都是我们天天接触到，而又缺少系统研究的重大问题。马克思主义历史学的基本建设，要求对这些问题深入研究、讨论，并把它们统一、组合成一个整体，一个严密的科学体系。这个整体，这个体系，必须是建立在它们内在的、固有联系基础之上的，是一整块钢铁，不是一个口袋里的马铃薯。

某些重要理论问题，尽管学术界的看法不一样，只要遵循马克思主义的指引，它们内在的联系还是可以认识的。历史前进的动力是什么，前几年展开过讨论，结论却是一个未知数。那次讨论，争论的中心，是生产力与阶级斗争其中只有一个是推动历史前进的动力，还是两个都是？如果只能有一个，它是生产力还是阶级斗争？如果两个都是，它们的关系怎样？其实我们深入研究马克思、恩格斯的著作，就可以发现，在他们看来，这本来是不成为问题的，他们把自己的论点，不知重述过多少遍了。

请看马克思、恩格斯关于这个问题的一系列说明："当文明一开始的时候，生产就开始建立在级别、等级和阶级的对抗上，最后建立在积累的劳动和直接的劳动的对抗上。没有对抗就没有进步。这是文明直到今天所遵循的规律。到目前为止，生产力就是由于这种阶级对抗的规律而发展起来的。如果硬说由于所有劳动者的一切需要都已满足，所以人们才能创造更高级的产品和从事更复杂的生产，那就是撇开阶级对抗，颠倒整个历史的发展过程。"[①] "社会——不管其形式如何——究竟是什么呢？是人们交互作用的产物。""人们不能自由选择自己的生产力——这是他们的全部历史的基础。……单是由于后来的每一代人所得到的生产力都是前一代人已经取得而被他们当作原料来为新生产服务这一事实，就形成人们历史中的联系，就形成人类的历史……

①《马克思恩格斯全集》第4卷，第104页。

他们的物质关系形成他们的一切关系的基础。”[①]“根据唯物史观，历史过程中的决定性因素归根到底是现实生活的生产和再生产。无论马克思和我都从来没有肯定过比这更多的东西。如果有人在这里加以歪曲，说经济因素是唯一决定性的因素，那末他就是把这个命题变成毫无内容的、抽象的、荒诞无稽的空话。经济状况是基础，但是对历史斗争的进程发生影响并且在许多情况下主要是决定着这一斗争的形式的，还有上层建筑的各种因素：阶级斗争的各种政治形式和这个斗争的成果”[②]等等。“过去的全部历史是阶级斗争的历史，在全部纷繁和复杂的政治斗争中，问题的中心始终是社会阶级的社会和政治的统治，即旧的阶级要保持统治，新兴的阶级要争得统治。可是，这些阶级是由于什么而产生和存在的呢？是由于当时存在的物质的、可以实际感觉到的条件，即各该时代社会借以生产和交换必要生活资料的那些条件。”“过去的全部历史都是在阶级对抗和阶级斗争中发展的；……这是因为在人类历史发展的以前一切阶段上，生产还是如此不发达，以致历史的发展只能在这种对抗形式中进行。”[③]“新的事实迫使人们对以往的全部历史作一番新的研究，结果发现：以往的全部历史，除原始状态外，都是阶级斗争的历史；这些互相斗争的社会阶级在任何时候都是生产关系和交换关系的产物，一句话，都是自己时代的经济关系的产物，因而每一个时代的社会经济结构形成现实基础。”[④]“每一历史时代的经济生产以及必然由此产生的社会结构，是该时代政治的和智慧的历史的基础；因此（从原始土地公有制解体以来）全部历史都是阶级斗争的历史，即社会发展各个阶段上被剥削阶级和剥削阶级之间、被统治阶级和统治阶级之间斗争的历史；而这个斗争现在已经达到这样一个阶段，即被剥削被压迫的阶级（无产阶级），如果不同时使整个社会永远摆脱剥削、压迫和阶级斗争，就不再能使自己从剥削它压迫它的那个阶级（资产阶级）下解放出来……”[⑤]“所以，一切社会变迁和政治变革的终极原因，不应当在人们的头脑中……去寻找；而应当在生产方式和交换方式的变更中去

---

①《马克思恩格斯全集》第 27 卷，第 477—478 页。

②《马克思恩格斯全集》第 37 卷，第 460 页。

③《马克思恩格斯全集》第 19 卷，第 121—122 页。

④ 同上书，第 225—226 页。

⑤《马克思恩格斯全集》第 21 卷，第 3 页。

寻找……”[①]马克思、恩格斯的基本著作，可以说都是对这些观点的叙述，而没有什么地方是相反的。

马克思、恩格斯的这些论断，告诉我们什么呢？（一）私有制社会一出现，生产就是建立在阶级对抗上面的。对抗产生进步。“到目前为止，生产力就是由于这种阶级对抗的规律而发展起来的”。把事情说成相反，那是颠倒整个历史发展的过程。（二）社会阶级是生产关系的产物，没有不建筑在一定社会生产条件下的阶级、阶级斗争，也没有不在阶级对抗下进行的社会生产。生产力和生产关系的矛盾，最终决定社会历史的变迁，不是只有生产力一面决定这种变迁。生产力与生产关系的矛盾，表现为阶级矛盾、阶级对抗。它们是统一的，不可分割的。（三）全部历史都是阶级斗争的历史。生产力不同，它是“全部历史的基础”，是人们“一切关系的基础”，社会经济结构是一切时代的“现实基础”，是每一个时代“政治的和智慧的历史的基础”。也就是说，私有制时代，阶级斗争是历史的本质，历史的基础是生产力、社会经济结构。离开基础，谈不上历史，就像缺少地基，谈不上建筑高楼大厦一样。同样地，基础不等于历史，就像高楼大厦的地基不等于高楼大厦一样。所不同的是，任何高楼大厦不会反作用于地基，阶级斗争处处反过来对基础起作用。它直接阻滞或促进生产力的发展，最后改造或改变整个经济基础以及由它产生的全部上层建筑。这就是它推动历史发展的巨大革命作用。由此我们可以作出这样的概述：生产力发展、生产力与生产关系的矛盾，是决定社会发展的“终极原因”，以它们为基础产生的阶级划分、阶级对抗，则是历史前进的直接动力。

生产力、生产关系与阶级斗争是统一的，历史学的其他重要理论问题也是这样。对它们一一研究清楚了，在我们面前就将有一个把历史唯物主义具体化了的、从历史本身归纳出来的，马克思主义历史学统一、完整的理论体系。

所有这些理论问题，无例外地联结着马克思主义学说、历史唯物主义的核心部分。它们没有与论述历史发展的社会主义前途漭不相涉的，只有直接间接的不同。从这方面看，马克思主义历史学理论的研究，意义更加显著。

研究所有这些问题，最重要的自然不是从马克思主义经典著作上寻章摘

---

①《马克思恩格斯全集》第19卷，第228页。

句，是要和历史的实际、和现实生活密切联系起来。理论取材是历史的，它面向的问题是现实的。国内外生活中有不少新的观点、看法，不少新的情况。例如西方资产阶级宣传马克思主义“过时”了，一个重要的论点，是说马克思认为生产力是起决定作用的，但是现在的社会主义都是从生产力低下的国家里发生的，足见马克思主义是不正确的。他们以为这一下是抓住马克思主义的要害了，津津乐道。研究历史学理论，就要把批判资产阶级有关的观点结合起来。又例如第二次世界大战以后，前殖民地国家独立以后的性质，东方与西方历史的演变，落后国家如何建设社会主义，无产阶级专政的历史经验等等，看上去，它们有的与中国有关，有的无关。历史学理论的研究应当重视这些问题。最新的观点和材料，可以丰富理论的内容，也可以使人们从多方面认识社会主义发展的前景，目光辽阔。

社会主义、共产主义的信仰不能是抽象的，必须是建立在包括最新科学成果在内的牢固理论基础上的。马克思主义历史学应当成为阐明科学共产主义理论的一个重要阵地，一条强大战线。恩格斯说：“这一解放世界的事业，是现代无产阶级的历史使命。考察这一事业的历史条件以及这一事业的性质本身，从而使负有使命完成这一事业的今天受压迫的阶级认识到自己行动的条件和性质，这就是无产阶级运动的理论表现即科学社会主义理论的任务。”[①]研究历史学理论是阐述马克思主义社会科学理论的一部分。时代需要我们担负起这样的任务：在历史学领域贡献出最新和最有益的东西，以推动时代前进的步伐。

三、重视理论思维，克服繁琐学风

是否重视理论思维和注意克服繁琐学风，这是历史学能否实现自己时代使命的决定性关键。例如“回到乾嘉”等等的议论，说明一部分同志对于这一点，认识是不足的。轻视理论，留恋繁琐是两件事，又是一件事。

恩格斯说：“无论对一切理论思维多么轻视，可是没有理论思维，就会连两件自然的事实也联系不起来，或者连二者之间所存在的联系都无法了解。在

①《马克思恩格斯全集》第19卷，第247页。

这里，唯一的问题是思维得正确不正确，而轻视理论显然是自然主义地、因而是不正确地思维的最确实的道路。但是，根据一个老早就为大家所熟知的辩证法规律，错误的思维一旦贯彻到底，就必然要走到和它的出发点恰恰相反的地方去。”① 不重视理论，就没有办法使认识不停留在经验主义的和低级的阶段上，去上升到对事物本质的、客观规律性的认识。

马克思、恩格斯多次讲到德国是一个富有理论思维能力的民族，有人甚至说卓越的理论思维能力是德国的世袭财产。那些话都是含有赞美意思的。我们中国这个伟大的民族，是不是就缺少理论思维的传统，缺少这种能力呢？事实证明不是那样。打开一部中国思想史或哲学史，能够比较深刻地认识世界或周围的事物，长于理论思维、见解精辟的思想家、哲学家，代有其人。毛泽东的《实践论》《矛盾论》无疑是我们这个民族理论思维能力最新的自成系统的体现。中国历史学也有自己好的传统。坚持“直笔”，强调“史德”，认为编撰历史是“关国家盛衰，系民生休戚”的事，不是为研究而研究，以及重视近代、当代史的记述等等，都值得继续发扬。《史通》《文史通义》是中国封建时代两部著名历史学理论著作。那些论述，基本上没有超出史料学的范围，但它们表明中国古人研究历史，是注意理论总结的。

毋庸讳言，我们也有不好的传统。大概从西汉经生开始，知识分子里面很大一部分人就把解释经传、考证掌故当作基本学问。那些经生不但严格遵守“师法”，而且总是要增加“师法”，动辄多少万言，支离蔓衍，泛滥无归。司马谈说，儒生以六艺为法，而六艺经传以千万数。人们“累世不能究其学，当年不能穷其礼”，最后是劳而少功。这正是对那种繁琐哲学发出的浩叹。儒家思想统治了中国两千多年，与儒家经典相联系的两汉经生的那种坏学风也就世代相传，而且愈见其繁琐。在很多人头脑里，以为只有那种重故纸，不重实践，重材料堆积，不重理论思维，满足于罗列现象，不深入事物本质的著书立说，才是真正的“学术”，最大的学问。不成体系，成了这种学问的体系；繁琐无边，代替了博大精深；缺乏深刻的思想，自以为这就是深刻的思想。它们的价值怎样，严复在和西学相比以后总结说：“一言以蔽之，曰无实”，“曰无用”。“救死不赡，宏愿长赊；所托愈高，去实滋远；徒多伪道，何裨民生也哉！”八股教条加繁琐主义的统治，直接的结果，就是理论思维不

①《马克思恩格斯全集》第20卷，第399页。

发达，经验主义流行。

传统是一种习惯势力。好传统是好习惯，坏传统是坏习惯。旧的习惯势力使人受到局限，即使才能卓越的人，也不见得都能打破它的束缚。例如陈寅恪是我们尊敬的一位爱国主义者，学术界的前辈。他一方面对隋唐史等做了有价值的研究，一方面又在《柳如是别传》那样的著作里，表现了可观的繁琐哲学。“以诗证史”本来已经难以解决历史研究中的重要问题，《柳如是别传》所要证实的，又全部是一个妓女的身世和那个妓女曾经接待过的一群嫖客，以及他们之间聚散离合的关系。但是这种关系有一些又是很难考实的。所以书上充满着“存疑”“待考”“未敢决定”“以俟更考”“姑妄推测，殊不敢自信”一类的话。全书列有“复明运动”一章，意在表彰反满诸人，而恰恰这一章又材料最少，没有考出任何重要事实。作者最自负、认为最重要的，是考出了陈子龙曾经是柳如是的嫖客之一。他说：“呜乎！卧子与河东君之关系……明显确实，无可致疑矣。虽不敢谓有同于汉廷老吏之断狱，然亦可谓发三百年未发之覆。一旦拨云雾而见青天，诚一大快事。自牧斋遗事诬造卧子不肯接见河东君及河东君登门詈陈之记载以后，笔记小说剿袭流布，以伪传伪……真理事实终不能磨灭，岂不幸哉。”[①] 费去近十年功夫，篇幅长至八十几万字，就是发现了这么一点所谓“真理”，只能令人遗憾地感到作者浪用了自己的才华。马克思说，炫耀博学是极为方便的事。杜林攻击马克思是什么“中国式的博学……哲学的和科学的落后”。如果我们不了解西方人眼睛里的“中国式的博学”是什么样子，看看《柳如是别传》这类著作也就知道了。陈寅恪是老一辈的学者，他们那辈人有自己的治学思想，治学道路。《柳传》的繁琐，作者自己也是承认的。书的结束语说，“刺刺不休，沾沾自喜”，“繁琐冗长，见笑君子”。我们对所有前辈学者的辛勤劳动都应该尊重。但是也要区分哪些是他们独创和精深的，要继承的，哪些是无益的，不应该推崇和仿效的。分析批评地对待前人，正是尊重前人。不加分析，溢美护短，反过来，会导致攻其一点，不计其余。谭嗣同说：“圣人糟粕尚如山。”繁琐主义无论如何不是精华，而是糟粕。我们应当用这种精神去看待传统，克服繁琐哲学，发展理论思维。

一个国家、一个民族，每天发生的事情多得不可数计。不是所有的事情，

---

① 陈寅恪：《柳如是别传》上册，第 283 页。

都是值得写在历史书上或值得研究的，必须有所选择。王夫之说："所贵乎史者，述往以为来者师也。为史者记载徒繁，而经世之大略不著，后人欲得其得失之枢机以效法之，无由也，则恶用史为？"[①] 伏尔泰写《路易十四时代》，他一再声明：读者不要指望在这部书里，找到更多的关于战争、攻城略地的大量繁琐细节。千百个对当代人说来饶有兴味的情节，在后世人眼里都烟消云散，消失净尽。发生的事并非全都值得一写。"在这部历史中，作者将只致力于叙述值得各个时代注意，能描绘人类天才和风尚，能起教育作用，能劝人热爱道德、文化技艺和祖国的事情"[②]。又说："本书作者不想在此重复所有关于这些骚乱的文字；不想为了把浩如烟海的、当时十分重要而现在却几乎被人遗忘的细枝末节提供读者一阅，而抄录书本。但是，构成民族精神特点的东西却应该叙述，所有内战都共有的事物叙述时应该少于成为投石党战争的特征的事物。"[③] 王夫之是封建时代的思想家，伏尔泰是法国资产阶级启蒙思想的先驱者，他们对历史的认识有很大的限制。但是，他们强调研究历史不应该把无谓的繁琐细节提供给读者，主张要让人从历史中知道"得失之枢机"，要能起教育作用，能够劝人讲道德，爱祖国。这是封建的资产阶级的进步思想的选择。马克思主义的历史研究，更应该有自己的选择，有自己的理论思维。

怎样锻炼理论思维能力，恩格斯说：这"除了学习以往的哲学，直到现在还没有别的手段"[④]。我们首先需要系统学习马克思、恩格斯、列宁他们的著作。说系统地学习，就是不要停留在零零散散，东鳞西爪的状态，不要采取林彪提出的那种实用主义学习方法。年轻的研究者尤其应当重视自己的马克思主义基本训练。这是一个有志于攀登科学高峰的人自我觉醒的表现。哲学理论很广，自然应当根据需要适当取舍。普列汉诺夫、卢森堡、梅林等人的著作，都以研究、解释马克思主义的著作驰名。西方近来的出版物中，有不少关于研究马克思《1844 年经济学哲学手稿》、葛兰西《狱中日记》的，对于这些研究，我们至今知道得很少。反面、有害的东西，也需要有裁别地研究、了解。科学研究，不像以前印度的种姓那样，有所谓"不可接触者"。首先是

---

① 王夫之：《读通鉴论》上册，第 156—157 页。

② 伏尔泰：《路易十四时代》，中译本，第 10 页。

③ 同上书，第 48 页。

④《马克思恩格斯全集》第 20 卷，第 382 页。

掌握马克思主义的辩证唯物主义与历史唯物主义，然后了解分析其他。目的是一个：提高我们的理论思维能力。

中国是一个人口众多、文化悠久的国家。中国历史合乎规律地从旧制度发展到了社会主义社会，这首先是中国的事情，但决不单单是中国的事情。研究中国历史发展的全部规律，阐幽发隐，穷极其脉络，彰明其系统，直接关系到加深认识中国社会主义的前途，同样，也关系到认识世界历史发展的前途。中国是世界的一部分。中国历史行进的大方向，也是世界的其他国家、民族历史行进的大方向。中国发生的事情，不论是积极的还是消极的，都会对世界产生其影响。中国进入社会主义是促进世界历史发展的重大积极因素。中国历史学有理由争取对世界历史学做出积极的贡献。“振衣千仞岗，濯足万里流”。我们要负担起历史研究的时代使命，应当具有这样的襟怀。

历史研究的指导思想问题①

一切科学研究，总是在某种指导思想下进行的。社会科学是这样，自然科学也是这样。区别只在于研究者是接受某种坏的时髦哲学的支配，还是接受一种建立在通晓思维历史和成就的基础上的理论思维的支配。科学的历史研究必须以马克思主义为指导。

中国前人称赞宋代思想家朱熹的哲学，是“致广大，尽精微，综罗百代”。古人所见所知有限。那种说法可以理解。在今天，我们知道，世界上一切解释人类社会历史的学说中，唯一真正“致广大，尽精微，综罗百代”的学说，是马克思的学说，是马克思主义。以往历史上一切解释人类社会历史的学说中，唯有马克思主义才真正足以当得起这个赞语，才切合这个赞语。

历史研究要以马克思主义为指导，它的根据一一摆在马克思主义创始人的著作上。真理不怕重复，但单纯的重复并不能使人加深认识真理。需要的是研究这方面的问题，提供事实，进行分析。那末，目前存在些什么问题呢？西方“批判”马克思主义的理论中，有一种新的“过时”论。我们坚持在马克思主义指导下研究历史，而那种理论说马克思主义过时了。这当然是一个很尖锐的问题，无法置之不理。

一、马克思主义“过时”论的种种说法

马克思主义在现代，比以往任何时候显得更有科学预见，更富于生命力。西方资产阶级的一些杜撰家不敢正视这个事实，极力宣传所谓“失败主义”“取消主义”，加以诋毁。这些口号的发明者断言，马克思主义只是一种探索历史

---

①原载《世界历史》1983年第4期，原题为《关于历史研究的指导思想问题——评马克思主义“过时”论》。《编创之友》1984年第1期转载时有删节。后收入《刘大年史学论文选集》，改为现题。——编者注

的理论，从来同实践不相符合。马克思主义史和社会主义史，被歪曲为一连串的失败、挫折，以至一蹶不振的历史。他们闭着眼睛，说世界上不存在什么社会主义，更不可能有共产主义。工人阶级、工人运动支离破碎，走投无路，一筹莫展。马克思主义批判的资产阶级意识形态如唯心论哲学、宗教等，不仅照旧生存，而且在批判声中大为活跃起来了。建立新社会的道路，不再是马克思所说的革命，而是“技术进步”“自由主义”和“新自由主义”。马克思的思想已经过时，已经枯竭。马克思主义不适合我们的时代，只可能用来作蛊惑性的宣传。他们带着仇视的感情喊叫：“马克思已经死了！”马克思“第二次死去”！[①]资产阶级宣传马克思主义过时了，不是老调重弹，而是重复一直在弹着的老调。80年以前，普列汉诺夫就说过，“批判”马克思和恩格斯的人比海底的沙还要多。现在世界上海底的沙也没有特别减少。目前这种“过时”论之所以“新”，就在于它是在当前时代背景下提出来的，公然把马克思主义学说的不断胜利说成不断“失败”，把力量的强大说成力量的取消，信口开河，毫无严肃性。那些“自由主义”和“新自由主义”者，即老资本主义和“新”资本主义的代言人，所以要搬出老一套货色加上新的口号，推销贩卖，是希望这样来使资产阶级惊悸的灵魂暂时得到一点宽慰。

中国历史研究中，坚持以马克思主义为指导的思想处在主导的地位。我们这里不能说滋长着西方那种“过时”论，首先也缺乏那样的土壤。但是如何看待马克思主义的指导作用，却并非没有模糊的观念。历史刊物中翻案性的文章相当流行。拿中国近代史来说，几乎所有重要问题都存在意见分歧，都在讨论和争论。这里面有思想活跃，认识前进，克服过去那种简单、教条的一面，无可否认，也有认识反复，否定以前的研究中比较正确的、合乎马克思主义观点的一面。有的研究者只注重在史料上打主意，议论是否应该“回到乾嘉”；或者说，走王国维的路，可以存在几百年。不少关于历史研究方法论的文章，主张应用自然科学中的控制论、信息论等新的科学技术来研究历史。其中有下功夫深入探讨的文章，也有闻风而起，以为应用那些方法来研究历史，也许比马克思主义是更为可信的，或者至少也可以补马克思主义之不足。西方资产阶级历史学说牌号繁多，令人眼花缭乱。青年热心和勇于探索，应当受到鼓励；有的人由于缺少理论思维的训练和锻炼，不免把唯心主

① 《国外社会科学》1982年第3期，第4、1页。

义的、违反科学的历史观点看作时髦货，心向往之。个别人明白地讲马克思主义过时了，在另外一些人的心目中，马克思主义还灵不灵，是一个模糊不清的观念。这种模糊不清，不需要来自西方，也可以是来自西方。

新的“过时”说处处违反历史，违反现实。我们进行分析、揭露，最可靠的办法是根据马克思主义学说来扼要考察一下资本主义世界的现实，由人人都看得见的社会生活来讲话。

二、科学社会主义的两个根据与资本主义世界的现实

马克思主义是关于自然和社会发展规律的科学。恩格斯叙述马克思的不朽功绩时，反复指出：马克思是第一个给社会主义，因而也给现代整个工人运动提供了科学基础的人。这个科学基础是由两个发现所奠定的。第一，马克思在整个世界历史观上实现了变革。这就是历史唯物主义。他确凿证明，有文字记载的全部历史是阶级斗争的历史。在全部纷繁和复杂的政治斗争中，问题的中心始终是社会阶级的社会和政治的统治，而那些彼此对抗的阶级之所以产生和存在，是由于一定的物质条件，即当时社会借以生产和交换必要生活资料的条件决定的。资本主义社会的巨大生产力已经发展到资产阶级不能控制的程度，历史的领导权已经转到了无产阶级手中，只等待他们联合起来，建立一个消灭人剥削人的社会，即社会主义社会。第二，马克思彻底弄清楚了资本和劳动的关系，即全部揭露出了资本主义生产方式下资本家对工人的剥削是怎样进行的。这就是剩余价值学说。剩余价值学说，使有产阶级的所谓现代社会中占支配地位的是公道、正义、权利平等、义务平等和利益普遍协调一类虚伪的空话失去了最后的依据。恩格斯叙述过马克思的两大发现以后，特别强调指出：“现代科学社会主义就是建立在这两个根据之上的。”“由于这些发现，社会主义变成了科学。”在《社会主义从空想到科学的发展》的第二部分中，在《反杜林论》的《引论》中，在《卡尔·马克思》一文中，在马克思葬仪演说中，恩格斯再三再四讲这两个根据。它们在整个马克思主义的学说中占着何等重要的地位，这是很清楚的。列宁讲马克思主义的三个组成部分，也只是对哲学部分单独叙述，其他仍是阐述恩格斯讲的阶级斗争理论与剩余价值学说。马克思主义是否过时了？任何人都可以拿当前资本主义

世界的现实，核对这两条根据，毫不留情，看看事情的究竟。

《共产党宣言》上说：资产阶级时代有一个特点，“它使阶级对立简单化了。整个社会日益分裂为两大敌对的阵营，分裂为两大相互直接对立的阶级：资产阶级和无产阶级”。资产阶级和无产阶级的对立，归根到底是在于前者占有和集中生产资料，并赖以保持资本的增殖和财富增长；后者失掉生产资料，只有靠出卖劳动力以维持能够生活下去，而他们的劳动产品却要交给前者去支配。工人阶级尽管只是争取得到自己产品的一小部分，却经常被指责为简直是在掠夺资本家。任何甜言蜜语都遮掩不住这个丑恶事实。当前资本主义世界两个阶级这种尖锐的对立改变了没有呢？本质上一点没有改变。

资产阶级占有和集中生产资料的主要形式，是占有银行、铁路、矿山、制造、贸易等公司股份，占有政府债券，保有各种各样的存款，占有土地、森林、房屋等不动产。

美国是首屈一指的资本主义发达国家，生产资料集中在极少数人手里，也表现得最为突出。据经济学者的统计，1970 年，美国最富有的 5%的家庭占有全部社会财富的 40%以上。在国民收入的分配中，处于社会上层的 20%的人，占有国民收入的 46%。其中特别富有者人数很少，所占有的国民收入高达 19.1%。资产在一亿美元以上的大公司全国几千家，资产超过 100 亿美元的特大公司，1960 年只有 6 家，1970 年达 15 家，1974 年增加到 30 家，其中最大的，资产达 700 亿美元以上。[①] 1974 年 7 月美国《前卫》周刊上的《谁控制公司》一文，披露美国参议院一份题目叫作《公司所有权的透露》的报告，其中说，根据对 324 个最大的公司进行调查，美国许多大公司，可能控制在包括六家大银行在内的八家金融机构的手里。那些银行和机构是：在 1972 年总共管理价值 845 亿美元的纽约市五家银行（大通曼哈顿银行、摩根保证信托公司、第一花旗银行、银行业信托公司和纽约银行），波士顿州银行信托公司，庞大的梅里尔 · 林奇—皮尔斯—芬纳—史密史经纪人公司，股票清理公司的“受托者”锡德公司（由纽约证券交易所拥有）。[②] 又据估计，洛克菲勒财团和摩根财团控制的财产总计 1000 亿美元，甚至超过 1000 亿美元；莱曼—戈德曼—弗里尔斯集团、哈里曼集团、第一花旗银行集团，财产介乎 50 亿到

① 《世界经济》第 1 册，第 53 页。

② 美国《前卫》，1974 年 7 月 17 日下午版。

400亿美元之间。[①]1978年的统计，美国最富有的家族共32家。按净资产计算，拥有3亿至4亿美元的，有沃尔特·安南伯格等10家；4亿至6亿美元的，有斯蒂芬·比奇特尔等13家；6亿至10亿美元的，有福特等4家；10亿至20亿美元的，有洛克菲勒1家；20亿至30亿美元的，有丹尼尔·路德维格等2家；30亿至50亿美元的，有杜邦、梅隆2家。[②]百万富翁全国共18万人。英国的生产资料、社会财富的集中程度，比美国并不低。英国人A.吉登斯《英国统治阶级的剖析》一书上说：占英国成年人口1%的最富有者，占有私营公司股份的80%以上，其中5%的最富有者，足足占了私营公司股票和股份的98%。日本大资产阶级的势力第二次世界大战后受到过严重影响，不久也重新恢复起来。1960年至1970年，排列在最前面的100家公司的资本增长了2.4倍，持有股票额膨胀了4.9倍。三井、三菱、住友、三和、芙蓉、第一劝业银行六大财团，共拥有资产644千亿日元，占全国资产的23.54%；资本36千亿日元，占全国资本的22.84%。六大财团占有的资产和资金，都接近全国总额的四分之一。[③]一批大资产阶级的代表人物，在日本报纸上有被称为财界“天王”“巨头”的，有被称为“财界总理”的，等等。他们主管和能够调动的财产，一般由几百亿日元到几千亿日元。[④]1976年纳税前年收入在1亿日元以上的富翁565人。最大的亿万富豪年收入约17亿日元，相当于一般家庭收入的540倍。[⑤]

1974年，主要资本主义国家最大的50家商业银行，共拥有资产14521亿美元。其中美国10家，资产3544亿美元，占总资产的24.4%；日本12家，资产3707亿美元，占总资产的25.5%；联邦德国8家，资产2212亿美元，占总资产的15.2%；英国4家，资产1021亿美元，占总资产的7.0%；法国5家，资产1570亿美元，占总资产的10.8%。[⑥]据调查，一个资本家不论在公司和银行中，他只要握有股票的10%，就控制了这个公司或银行，握有

① 美国《前卫》，1974年6月19日下午版。

②《美国最富有的家族》，《美国新闻与世界报道》，1978年8月14日。

③《世界经济统计资料简编》，1978年版，第403页。

④ 木村武雄等著:《日本财界集团及其人物》,第52—72页; 奥村宏著:《日本六大企业集团》，第36页。

⑤《世界经济》1981年第12期，第29页。

⑥《世界经济统计资料简编》，1978年版，第411页。

1% 的股票也能够产生很大的影响。因此，有些公司尽管股票分散，如中国很多人都知道的日本松下电气公司，不少工人就有股票，但真正掌握公司权力的，仍然只是拥有最多股份，也就是占有最多生产资料的极少数大资本家、大财东。

西方有的作者辩解说，西方不少国家若干大企业已经或正在收归国有，财富不再集中于少数私人手中了。这纯系无稽之谈。

第二次世界大战以后，西方国家迅速发展起来一种国家垄断资本主义。资本主义国家以“总资本家”的身份直接占有和支配一部分生产资料，工人创造的剩余价值归资产阶级国家所有，不是落入个别资本家或集团荷包里，这是它和私人垄断资本不同的地方。国家垄断资本产生在资本主义制度下面，在本质上只能是服务于私人垄断资本的。它投资兴办发展资本主义经营所需要，而私人垄断资本又无力举办或者收回资金缓慢、担有风险的企事业；投资兴办大规模交通运输、水电等事业，给私人垄断资本投资提供机会和创造物质条件；投资兴办教育、科学研究事业，给私人垄断资本提供不断更新的生产技术和相应的熟练劳动力；根据资本内部调整的需要，实行某些企事业国有化，某些国家企业“私有化”等等，都是私人垄断资本所不可缺少的。国家垄断资本把剩余价值中很小的一部分，以“福利”“救济”等名义施舍给工人，其他部分为资产阶级国家所有，也就是为“总资本家”所有。因此，这种形式的资本主义，并没有改变资本主义社会生产资料的私人集中，相反地是加强了那种集中。

“高台之下，必有洼池。”“朱门酒肉臭，路有冻死骨。”一面是资产阶级垄断生产资料，掌握天文数字般的财富，一面就是工人阶级、广大劳动者贫困和痛苦的积累。

美国官方统计，60 年代以来，美国失掉生产资料或劳动能力，生活在“贫困线”以下的贫民，几乎每年都有 2500 万人左右，即相当于全国人口的 1/8。处在社会下层的 50%的家庭，只占有社会财富的 3%左右。国民收入的分配中，社会底层的 20%的人，只占有国民收入的 3.2%。①1975 年 1 月，《华盛顿邮报》发表的马奎斯 · 蔡尔兹《一项惩罚穷人的计划》一文说，根据了解情况的专家们估计，“在美国有 3000 万人到 4000 万人在挨饿。但是我们掩盖了

① 《世界经济》第 1 册，第 53 页。

我们的饥饿状况。这种状况是有的老头子或者老太太抢垃圾桶，或者买一罐狗食罐头以维持两三餐的食物。孕妇和幼儿的饥饿反映在先天的缺陷上，其中包括智力发育不全，这将成为一辈子的缺陷”①。美国一向以“富甲天下”自炫。这种抢垃圾桶、买狗罐头过日子的情景，当然是不会有人拿来炫耀的。法国的情形，根据官方的统计与经济研究所的资料，10%的最贫困者与最富裕者，在财产上的差距，1949 年为 15.7 倍，1975 年超过 28 倍。占工人总数 35%的租房居住的工人与工业家和大商人之间拥有财富的差距为 70 倍。②显而易见，这个统计极大地缩小了大资产阶级集中社会财富的程度。

把范围扩大到少数发达资本主义国家以外来看，情形是很凄惨的。1982 年，据联合国粮农组织文件估计，世界上至少有四亿三千万人吃不饱。在第三世界国家城镇中，最明显可怕的是营养不良，乡村中更有数目庞大的饥饿人群。往后即使饥饿会减少，要每人达到应有的营养水准，则遥遥无期。事实上，饥饿决不只存在于第三世界，也大量存在于资本主义发达国家里。又据报道，世界每八秒钟就有一个人死于饥饿；全部学龄儿童中有一半不能就学；成年人中有 41%是文盲；每年有 10 万儿童因缺乏维生素双目失明。

资本主义无法摆脱，而且越来越严重、越来越频繁的经济危机，造成一批又一批工人失业，把他们投进已经很长了的穷人的队伍里面。1982 年，25 个发达资本主义国家的失业人数，共达 3200 万人。美国创造了 42 年来所没有过的两位数的失业率记录。失业者达 1160 万人，失业率为 10.4%，其中黑人的失业率为 20.2%，五个人中就有一个人失业。美国劳联—产联主席曾形象地说：美国失业的男女排成队，有 4000 英里长，可以从东海岸排到西海岸，从加拿大排到墨西哥。英国失业人口 334 万人，失业率为 13.2%，七个工人中就有一个失业。联邦德国失业人数达 203 万余人，比 1981 年同期增加近 50 万，接近战后 1950 年失业人数的最高记录。法国失业人数 220 万人，十个工人中就有一个失业，失业率 9.1%。意大利失业人数是 212 万人，失业率为 9.2%。加拿大失业率达到了创记录的 13%。资本主义世界中的幸运儿日本，失业率是 25 年最高的，达到 2.8%。据美国人的估计，实际很可能达到 5%或 6%。澳大利亚地广人稀，得天独厚，失业率也上升到 7.8%，是半个世纪以来的最高

①《华盛顿邮报》1975 年 1 月 28 日。

②《世界经济》1981 年第 12 期，第 29 页。

线。失业在世界上造成大批“新穷人”。1982年末，欧洲共同体各国有4000万人生活在贫困线以下。那些贫困家庭的收入，只有平均工资的一半或者更少。共同体委员会公布的一项报告谈到这个“令人烦恼的贫困问题”时指出：穷人收入微薄，入不敷出，生计难以维持。美国的“新穷人”，首先来自汽车、钢铁、机器制造、建筑等行业的“蓝领工人”、黑人和青少年。穷人被迫自杀和犯罪、卖血、进入精神病院的消息，充满新闻纸。社会学家们纷纷进行统计、分析。底特律号称汽车之城，据市长会议的一项材料说，在那里，许多人只吃一餐，不少中小学生只能靠学校提供的一顿午餐度日。[①] 然而就在这同时，美国和欧洲共同体农产品“过剩”的问题，却越来越严重了。美国农业部报告，1982年，单是政府手中贮存的就有黄油20万吨，奶酪40万吨，奶粉近60万吨。估计1983年黄油和奶制品的“过剩”量还要增加50%。全世界黄油贸易的总量一年不超过40万吨，单是美国和欧洲共同体的“过剩”黄油，就达60万吨。大西洋两岸于是发生了“黄油战”的问题。恰恰就是这些国家里，几千万人饥寒交迫，几百万人在死亡线上挣扎，有的饿死，有的自杀。

资产阶级集中生产资料、社会财富，工人阶级丧失生产资料，贫困失业，是与资本主义相终始，无法改变的。工人阶级与资产阶级两个阶级的对立，因此也是无法改变的。工人阶级所处的地位，必然要推动它去为解放自己，打碎雇佣劳动制度的枷锁而进行斗争。资产阶级采取“高工资”“高福利”政策，精心炮制和鼓吹“阶级合作”“阶级融合”“人民资本主义”等骗人理论，一部分白领工人可以退出斗争行列。两个阶级的矛盾、对抗暂时缓和一下是可能的，长远、根本的缓和是不可能的。第二次世界大战以后，发达资本主义国家参加罢工的工人显著增加，罢工延续的总时间也增加了。1969年至1978年的十年间，罢工以千人日计算，美国为40355，英国为10598，意大利为22781。1970年里面，英国罢工3888次，参加者175.5万人；法国罢工9912次，参加者368.3万人；意大利罢工4162次，参加者372.2万人；美国罢工5600次，参加者300万人；日本罢工2749次，参加者187.5万人。英国在1972年，由于罢工，损失二千五百多万个劳动日。工党《劳动周刊》说：“1972年是1929

① 《人民日报》1982年11月3日、12月15日。

年总罢工以来社会运动最活跃的一年。”[①]工人们的斗争，直接是反对资本主义剥削的后果，最后也是反对产生这些后果的原因，即反对资本主义剥削制度。

这里列举的一系列事实、数字，有的出自官方统计、议会调查，有的来自主管人员的报告、会议记录，有的是生活在资本主义世界的作者专门研究的报道。大概谁也不能说，他们是在从事马克思主义的宣传蛊惑。这些铁一般的事实，试问不是充分证明了当今资本主义世界工人阶级与资产阶级两个阶级的尖锐对立和斗争，不是充分证明了马克思主义关于历史运动、阶级斗争的学说在当前资本主义世界每日每时的检验中，都表明它是千真万确、颠扑不破的真理，又是表明了什么呢？马克思主义“过时”论，在这个资本主义必然要为社会主义所代替的科学根据上，一点也经不起事实核对；相反，资本主义世界的阶级对立和斗争，处处给了“过时”论以无情反驳。

关于剩余价值，资产阶级的辩护士一千遍、一万遍宣布“驳倒”了马克思这个不朽学说。资产阶级经济学家里面，也有人承认剩余价值的存在，但是认为第二次世界大战以后，原子能、电子计算机、控制论等新的科学技术迅速兴起，事情已经不那么尖锐了。当前资本主义制度下，资产阶级照旧依靠残酷地剥削剩余价值而存在而延续下来的事实改变没有呢？分毫没有改变。

第二次世界大战以前，只有少数国家的年度总积累达到过占国民生产总值的20%左右。大战以后，一些国家出现了少有的高积累率。1964年到1973年的十年中，日本的国家总积累占国民生产总值的比率是38.4%，联邦德国为27%，法国为26.4%，意大利为23%，英国为19%，美国为15.3%。[②]发达资本主义国家这么高的积累率源泉何在？源泉就在工人阶级创造的剩余价值。新工艺、新技术的采用，劳动管理方法的改革，都使资本家从工人身上榨取的剩余价值不是减少了，而是增多了，剩余价值率也大为提高。美国1947年制造业的剩余价值率是146%，至1975年提高到了263%。联邦德国1950年工业生产中剩余价值率为204%，1974年提高到265%。日本工人的剩余价值率1951年为275%，1960年为421%，1976年上升到了431%。[③]同一个时

① 〔罗〕格·普·阿波斯托尔:《当代资本主义》，第371页。

②《世界经济》1980年第1期，第3页。

③ 同上。

间里，工人的工资确实提高了，西方因此说它们是“财产再分配”的“福利国家”。实际上，工人在自己创造的国民收入中所占的比重不是上升，而是下降。美国从1948年到1977年的30年中，工人、生产劳动者实际收入比重从29.7%下降为26.3%，资产阶级取得的剩余价值占国民收入比重，则从70.3%提高到了73.7%。工人工资的提高，落在资本家利润增长的后面。[①]

马克思按照资产者剥削雇佣劳动的不同方式，把剩余价值区分为绝对剩余价值与相对剩余价值。前一种靠延长劳动日增加剥削率和量，后一种通过减少必要劳动时间增加剥削率和量。工人阶级为自己的权利不断进行斗争，国际舞台上阶级力量对比完全不利于资产阶级，都使资产者延长劳动日要受到极大的限制。照表面样子看，绝对剩余价值似乎是很少可能了。实际却不然。许多地方的工人照旧要加班工作。据官方的统计，联邦德国1/3的工人，美国1/5的工人，每周工作48小时以上。加班劳动的实有人数超过官方的统计数字。因为他们大部分加班劳动是没有相应报酬的，所以没有列入记录。美国加工工业31%的工人、79%的职员、80%的商业工作人员、90%的劳务领域的就业人员，加班工作都得不到补贴。延长劳动时间的另一种形式，是所谓多种职务，即除主要工作以外，还给资本家做其他的工作。在70年代初，发达国家中从事所谓多种职务的工人，多至六七百万。[②]日本工业生产中延长劳动日更加普遍，日本政府1979年调查，西方国家工人平均每年的劳动时间是：日本2146小时；英国1957小时，比日本约少200小时；美国1934小时；法国1799小时；联邦德国1728小时。日本工人与联邦德国工人相比，一年要多劳动400多小时，也就是日本工人每年比联邦德国工人要多干三个月的活计。在发达国家里，资本家榨取的剩余价值中，绝对剩余价值即使不占主要地位，也照旧存在。工作日减少为每周五天或四天半，只是掩盖了这个存在。

资本家改进技术设备，增加劳动强度，残酷控制工人，掠取相对剩余价值，今天一些事实是惊人的。日本《前卫》月刊1982年2月的一篇文章中，评述这方面的情形说：马克思在《资本论》中以英国的工厂制度为题材，详细研究了资本家控制工人的种种残酷形式。在这一点上，今天的日本垄断资

---

①《世界经济》1980年第11期，第31页。

②《国外社会科学》1980年第1期，第19—20页。

本主义，远远走在时代的前面。以松下电视机工厂为例，那里毫不介意地干着令人震惊的非人勾当。每天劳动时间为七小时半，按秒计算是27000秒。资本家制定作业计划时，让工人在劳动时一秒钟也不能浪费。传送带的速度照此安排。他们无情地计算着如果工人的双手一秒不停地劳动，能出多少活，然后就以此作为标准分派活计，再逐渐提高传送带的速度。一个女工在电视机的装配线上劳动，每天有320台电视机由传送带上送来，每台要有18道工序，这都要在27000秒钟内完成，这样确实连一秒钟的多余也没有了。一个组装变压器的女工，每天要装配1280台变压器。每台20道工序，每天要在27000秒钟内做完25600道工序。波兰瓦文萨参观这个工厂，他谈感想时说，“这简直是机器使用人，是要不得的”。英国伊丽莎白女王参观工厂时，因为没有受到欢迎，很生气。她说：“无论在世界上哪个国家的工厂里，工人们都鼓掌欢迎我，唯独松下工厂连个理睬我的人都没有。”其实这并不是工人的过错。因为是在连一秒钟的闲暇也没有的流水线作业，如果站起来鼓掌，产品就会流过去，不管谁来参观，当然也不能把脸朝后扭过去，更不要说鼓掌了。文章不胜慨叹地说：《资本论》详尽地揭露资本家无止境地追求利润，不把工人当人看，“但我们如果认为这是马克思生活过的19世纪的事，它不过是过去的记录，那就大错特错了。现在是20世纪，如果马克思来到今天的日本，无论走到哪里，他恐怕也会感到惊讶，觉得剥削要比一百年前残酷得多”[①]。文章中列举的事实，应当是可以信而不疑的。它说明了一百年以前马克思发现的资本剥削的秘密，如何照旧支配着今天的资本主义世界；同时，也回答了这样一个问题：新科学技术的采用，给工人阶级带来的是“劳动人道化”，还是新的苦难！

资本主义的剥削从来是超越国界的。第二次世界大战以后，旧的殖民体系瓦解，资本主义的国际剥削不但继续保持，而且随着垄断资本的迅猛增长，资本家从外国工人阶级、劳动群众身上掠夺的剩余价值也迅猛增加了。一是以最低廉的价格购买大批外籍工人的劳动力。1974年西欧外籍工人多至约900万人，有些工种的工资只有本国工人的60%左右。[②]二是建立跨国公司，大规模输出资本。联合国跨国公司研究中心估计，1974年，世界有跨国公司、分

---

① 日本《前卫》月刊1982年2月号，第74—75页。

②《世界经济》1982年第10期，第62—66页。

公司、子公司一万多家。少数大公司财力雄厚，垄断某些行业，追逐高额的利润。三是发达国家向第三世界国家投放各种名义的贷款。1982 年底，第三世界债额高达 6260 亿美元。欠债还钱，而且必须支付吸引人的利息。它的来源，追究到最后，仍是工人和其他劳动者创造的剩余价值。

一百多年以前，马克思找到剩余价值学说这把金钥匙，打开资本主义魔箱，使世人得以窥见其中的全部秘密。一百多年以后的今天，资本主义世界发生了种种变化，但那种社会制度之所以能够存在，并使资产阶级奇迹般地增长巨额财富的奥秘，一点也没有变化。所不同的，是工人阶级给资本提供的无偿劳动、剩余价值空前增多了，工人阶级作为资本主义的掘墓人，力量也空前增强了。1975 年，发达国家的就业人口统计，雇佣工人占就业人口总数的比例是：日本 69.8%，美国 90.3%，英国 92.2%，联邦德国 84.2%，意大利 72.4%。尽管这个数字没有准确表示出雇佣工人中包括哪些人——只是指生产劳动者、蓝领工人，还是服务、流通职能的劳动，一部分白领工人也在其中了，但有一点是一目了然的：当前发达资本主义的社会阶级结构中，工人阶级正以压倒之势屹立在资产阶级面前。离开他们提供的无偿劳动、剩余价值，资本主义就一天也存在不下去。

这一系列事实，试问不是充分证明了马克思的剩余价值学说在当前资本主义世界每日每时的检验中，都表明它是千真万确、颠扑不破的真理，不是充分证明了资本主义辩护士声称的剩余价值学说已被驳倒，或者说现代科学技术发展，使剩余价值改变了等等的虚假，又是证明了什么呢？马克思主义“过时”论，在资本主义必然要为社会主义所代替的又一个科学根据上，同样一点经不起事实核对。相反，像人体依靠血液循环那样，必须依靠剩余价值维持生命的资本主义生产体系继续存在，没有消失，就是对“过时”论的无情反驳。

科学所以有力量，是它教给人们客观地认识世界存在，认识社会历史。至于世界存在中的某些东西是否适合人们的需要和利益，社会历史中的某事、某制度是否公道、合理、平等、正义等等，与科学毫不相干。它只在于证明什么是必然的，不可抗拒、不可避免的，而不知道其他。马克思的两个伟大发现，是以轰雷震耳的巨响，宣布了一件事：人类历史由资本主义进入社会主义是必然的，不可避免的。在这以外，没有表示其他东西。

马克思的伟大发现，马克思、恩格斯的理论，把社会主义建立在科学的基础上了。但是马克思、恩格斯在世的时候，社会主义、共产主义毕竟只是一种假说。它虽然经过严密的科学论证，是以社会生活中最基本的客观存在为依据的，无法驳倒的，但仍然是一种假说。俄国十月革命使社会主义制度第一次在人类历史上实现，马克思的科学社会主义终于被证实了。它完全可以同自然科学中哥白尼关于太阳系的伟大学说相比。恩格斯在《路德维希·费尔巴哈和德国古典哲学的终结》一书中说："哥白尼的太阳系学说有三百年之久一直是一种假说，这个假说尽管有99%、99.9%、99.99%的可靠性，但毕竟是一种假说；而当勒维烈从这个太阳系学说所提供的数据，不仅推算出一定还存在一个尚未知道的行星，而且还推算出这个行星在太空中的位置的时候，当后来加勒确实发现了这个行星的时候，哥白尼的学说就被证实了。"①恩格斯说的这个行星，是指1846年德国天文学家约翰·加勒发现的海王星。俄国十月革命诞生的社会主义制度不是别的，正是马克思主义科学社会主义理论的海王星。马克思、恩格斯比哥白尼显然幸运得多，他们的假说不是经过三百年，而是经过半个多世纪就被证实了，特别是今天证实那种假说的已经不是一个海王星，而是一系列的海王星。社会主义制度的中国，就是这一系列海王星中体积宏大、质量稠密的一个。

致广大，尽精微，综罗百代，这样来说明马克思主义，是合乎实际的，并没有什么夸诞。马克思主义学说已经指引世界十多亿人口生活在社会主义制度下面，资本主义世界的千百万无产者继续在运用这个学说同资本主义统治作斗争。试问古往今来，哪个学说、哪种思想产生过和保持着这样伟大的改造世界的威力呢？山岳当前，视而不见，以为马克思主义"失败"了，被"取消"了，已经"过时"了，没有指导作用了，这岂不是视界等于零！

"有一句著名的格言说：几何公理要是触犯了人们的利益，那也一定会被推翻的。自然历史理论触犯了神学的陈腐偏见，引起了并且直到现在还在引起最激烈的斗争。马克思的学说直接为教育和组织现代社会的先进阶级服务，指出这一阶级的任务，并且证明当前的制度由于经济的发展必然要被新的制度所代替，因此这一学说在其生命的途程中每走一步都得经过战斗，这就不足为奇了。"②列宁讲这个话以来过去了半个多世纪，多少人试图推翻社会历

①《马克思恩格斯选集》第4卷，第222页。

②《列宁全集》第15卷，第13页。

史学说里的“几何公理”——马克思学说和由此引起的激烈斗争，从来没有停息过。马克思的学说还要在它的强大生命的途程中走下去，因此这种激烈斗争也必然会继续下去，不会停息。不过就像几何公理肯定无疑不会被推翻一样，马克思主义不会被推翻也是肯定无疑的。

三、马克思主义又要发展，又要保持自己固有的革命本质

世界一切事物都有自己的界限，客观地反映事物及其规律的真理，也有一定的界限。时间、空间、条件改变了，人们的认识停滞、脱离客观实际的发展了，都会把真理变成谬误。说马克思主义没有“过时”，并非认为它是一种自我封闭的体系，或者是某种神圣不可触动的、一成不变的东西。恩格斯说：“每一个人，只要注意研究历史，学会正确对待人类命运中永不停息的变革，知道在人类的命运中除了不固定本身之外没有任何固定的东西，除了变化本身之外没有任何不变化的东西……”[①] 毛泽东批评迷信“本本”的人说：“那些具有一成不变的保守的形式的空洞乐观的头脑的同志们，以为现在的斗争策略已经是再好没有了，党的第六次全国代表大会的‘本本’保障了永久的胜利，只要遵守既定办法就无往而不胜利。这些想法是完全错误的，完全不是共产党人从斗争中创造新局面的思想路线，完全是一种保守路线。这种保守路线如不根本丢掉，将会给革命造成很大损失，也会害了这些同志自己。”[②] 我们主张以马克思主义为指导研究社会历史，毫无疑问，必须站在历史永不停息地变革的观点上看待马克思主义，把那种形式的空洞乐观的保守主义思想从根本上抛弃掉。保守主义思想与马克思主义的科学创造精神不相容，就像水火不相容一样。

试举两个例子：西方马克思主义理论的研究者，若干时间以来，一直在热烈讨论和激烈争论这样一个问题：如何看待当前资本主义国家的阶级结构里生产领域越来越多的脑力劳动者，怎样把马克思主义的阶级论与资本主义世界的现实结合起来研究？他们的主张各种各样，有所谓两极分化的阶级结

① 《马克思恩格斯全集》第 9 卷，第 37 页。

② 《毛泽东农村调查文集》，第 8 页。

构论，“新小资产阶级”的阶级结构论，“专业管理阶级”的阶级结构论，“矛盾的阶级地位”论。又有所谓工人阶级“社会阶层化”或多层化论，有“新中间阶级”论，有“新工人阶级”论，等等。[①]他们之间讨论和争论的焦点，是如何确定工程师、技术人员、管理人员等具有不同专门知识的脑力劳动者的阶级地位问题。科学技术发达的资本主义国度里，大批脑力劳动者在工农业生产和管理中占有越来越重要的地位。这是一眼就可以看见的。如果只是照抄“本本”，不论外国的还是中国的“本本”，在这样的现实生活面前一概无济于事。社会主义制度下面，生产资料私有制已经基本消灭，原有的对立阶级不存在了，但是阶级矛盾仍然存在。如何进行阶级分析，从老早以前的“本本”上找来答案，势将成为荒谬。

马克思主义要保持自己强大的生命力，必须根据新的经验不断地丰富和发展已有的原理、结论。旧的原理、结论应当是新的原理、结论的起点，而不是事物认识的终结。一旦结论为终结的了，它的生命也就枯竭了。当代历史发展、社会生活中出现的问题，只能靠我们去研究，寻求解答。

马克思主义是无产阶级革命的科学。一切发展前进又必须是它的革命本质的继承，是革命本质的发扬光大。继承是发展的基础和前提。离开基础和前提，马克思主义就会变成不可辨认的东西，就会丧失它的革命精神。革命精神丧失了，发展前进云云，就根本无从谈起了。因此，马克思主义的发展，有一个保持它的革命本质，保持它固有特点的问题。

恩格斯说：任何一种社会科学，任何一种社会哲学，只要它还把几个论点奉为最后结论，还在开莫里逊氏丸的药方，它就远不是完备的；我们最需要的不是干巴巴的几条结论，而是研究。结论如果变成一种故步自封的东西，不再成为继续发展的前提，它就毫无用处。“但结论在一定时期应当有一定的形式，在自己的发展过程中应当摆脱模棱两可的不确定性，应当形成明确的思想……”[②]这是很容易理解的。各门科学都有自己的对象，独立的形式。例如自然科学中生物科学与社会科学最为接近，可是我们如果用进化论观点来研究历史，就会变成社会达尔文主义，成为历史唯心论。以马克思主义为指导研究历史，研究社会科学，不可以把某几个结论奉为最后结论，又必须

①《国外社会科学》1980年第11期，第15—22页。又同刊，1980年第4期，第30—35页。

②《马克思恩格斯全集》第1卷，第642页。

有一定的形式，有明确的、不是模棱两可的思想，那么，这个形式，这个思想是什么？阶级分析是分析私有制历史的最后科学方法。无疑地，这个思想，这个形式，就是关于阶级划分、阶级斗争的思想，阶级分析的形式。因为它们是和马克思主义经典著作中任何一个重要论点分不开的，是阐明科学社会主义根据的基本部分，是反映马克思主义的革命本质的东西。

第二次世界大战以后，新的科学技术迅速兴起。如原子能、空间技术、电子计算机、遗传密码等的发明、发现和应用，同半个世纪以前相比，是扶摇直上了。应用辩证唯物主义去研究这些发现、发明，在哲学上肯定不是有利于唯心主义，而是以新的根据、新的成就极大地扩展唯物主义的视野，加强了唯物主义的阵地。西方反对马克思主义的宣传者不顾这个事实，搬出新的科学技术成就，作为证明马克思主义“过时”了的主要根据之一。他们说当前的“时代特征”是科学技术决定历史，不是阶级对抗决定历史了。他们以所谓“技术中心论”或“技术决定论”，来代替阶级分析论。有的人把马克思曲解为技术决定论者，理由是马克思论述生产力和生产关系的时候说过，手推磨产生封建主义为首的社会，蒸汽磨产生工业资本家为首的社会。[①]有的人甚至认为应该严肃地提出真正的马克思主义是否存在过这样的问题，主张利用系统论等等来重新研究哲学社会科学。[②]有的人认为排除阶级关系的“工业主义”不对，“缺乏技术动力”的“社会主义”也不对，各打五十板，主张用阶级和技术的互相作用解释社会，解释历史。[③]总之，他们是主张全部或部分地用科学技术发展作为依据，来取代阶级分析，取代马克思主义的一个基本内容。国内学术刊物上，主张应用最新自然科学技术来研究历史的文章、发言，一般语焉不详，角度也不一样。可以看出的是作者、发言者共同的地方，是认为采取这些方法，不止是作为现代化研究手段，作为思想方法至少是颇有可取之点。

自然科学知识是人类知识的基础。通晓自然科学对于通晓科学社会主义的重要性，没有人比马克思、恩格斯、列宁更强调的了。他们每个人的自然科学修养，都足以深入了解当时科学方面的最新成就，或者作出评价。恩格斯

---

①《国外社会科学》1980 年第 1 期，第 8 页。

②《国外社会科学》1982 年第 3 期，第 1—7 页。

③《国外社会科学》1980 年第 1 期，第 18 页。

说，黑格尔的数学知识极为丰富，甚至他的任何一个学生都没有能力把他遗留下来的大量数学手稿整理出版。对数学和哲学了解到足以胜任这个工作的唯一的人，就是马克思。又说，没有一个人像马克思那样，对任何领域的每一个科学成就，不管它是否已实际应用，都感到真正的喜悦。他把科学首先看成是历史的有力的杠杆，看成是最高意义上的革命力量。恩格斯广泛探讨自然科学，写了《自然辩证法》一书。列宁的《唯物主义与经验批判主义》，是他那个时候哲学与自然科学结合的极好体现。马克思、恩格斯、列宁的著作里面谈到自然科学的地方不胜枚举。他们充分利用那些成果，来生动形象地解说历史现象，特别是来成功地证明他们的哲学体系——辩证唯物主义与历史唯物主义；或者换一个说法，他们的整个学说体系，是建筑在人类社会历史知识的基础上的，也是建筑在自然科学成就的基础上的。正因为这样，马克思主义也才成其为是关于自然和社会发展规律的学说。说也奇怪，他们却从来没有讲过，或者哪怕多少暗示过，社会历史的研究与数学、物理、生物等学科属于同样的性质，他们也从来没有认为可以采取与自然科学相同的方法来研究社会历史；相反地强调“阶级斗争学说是马克思全部观点体系的重心”①。我们可以相信，如果自然科学的方法不是限于手段上，而是在思想理论指导上足以担当解说社会历史的任务，那么，人类历史如何前进，以及前进到哪里去，问题就首先应当由马克思、恩格斯、列宁按照数学、物理学或生物学的原理、方程式和公式解决了，他们是具备这种资格的。即使他们做不到，也应当早就由自然科学家们按照自然科学的原理、方程式解决了。因为那是人们头等关心，普遍急切寻求答案的问题，而又是能够给发现、发明者树立宏伟无匹的纪念碑的。事实证明，鼓吹用“技术中心论”“技术决定论”来代替阶级分析论，或者主张引进自然科学方法，以匡救马克思主义之不足，是一种幻想。自然科学技术会继续前进，日新又新，即使那样，它们也不能代替马克思主义的阶级分析，不能成为阶级分析的一部分。一切技术，包括会说话、运用几种语言应对如流、有头脑、能够制造自己的下一代的神奇机器人，都是人的工具。它可以代替人的多种智能，主要是代替劳动、记忆的智能，而不是代替人的想象力和创造的智能。后者为人类所独有，什么机器也不能代替。在阶级社会里，机器受人的支配，作用于生产斗争与阶级斗争；

---

①《列宁全集》第1卷，第272页。

而不是相反，由机器支配作为阶级的、社会的人，处理人与人的关系——阶级关系，行使人的辩证思维。阶级消灭以后，机器再发达，也不会凌驾于人之上。机器凌驾于人之上了，社会的人就不存在了。西方的未来学家们发了许多议论，著了许多书，如《未来的冲击》《2000 年》《下一个 200 年》等，有的在西方引起轰动。他们有叫作"乐观派"的，有叫作"悲观派"的。不管怎么说，人创造机器，而后为机器所消灭，这不会是人类提前否定自己的"辩证法"。自然科学的一切成就我们必须充分注意，一切科学的方法我们都应当采用。但必须要和"技术决定论""技术中心论"等各种否定、修改阶级分析论的主张严格区分开来。人们要是决心引用系统论、控制论等，不是作为手段，而是作为思想指导来研究历史，证明这并不是幻想，当然是可以的。不过也可以确信，那不是在历史学之中，而是在历史学之外谈论历史，把历史由科学变为工艺概念、结构的游戏，或者用"工艺学"代替历史学。

阶级对立、阶级分析，是私有制存在的历史的"形式"，在人类历史的长河中它只是一个短暂的"形式"。阶级划分是以生产不发达为前提的，只是在一定时期、一定社会条件下才是这样的。它将被现代生产力的发展所消灭。只要现代生产力的发展是不可阻止的，阶级的消灭就是不可阻止的。在历史波涛的淘洗下，自某个时候起，阶级差别将只作为一种时代的错误留在人们的记忆里。但是现在人类还没有摆脱由自己的双手制造的这种时代错误。科学地认识这样的时代，阶级分析，就始终是唯一正确的、基本的方法。要发展马克思主义，又保持马克思主义的革命的本质，就始终不能离开这个基本的方法。

四、全世界阶级消灭以前，马克思主义将始终保持旺盛的生命力

照上面讲的这一些，马克思主义"过时"论观点谬误，是没有根据的。那么是否就可以说，马克思主义永远也不会发生过时的问题呢？社会历史上过去、现在都不存在永远不变的事物。马克思主义是否会过时的问题，最好还是温习一下马克思主义创始人的观点。

《反杜林论》是马克思主义经典著作之一。恩格斯在这部书上说：按照自

古已知的方法，可以把人类知识领域分成三大类。第一类，包括研究非生物界的科学，如数学、物理、化学等。第二类，包括研究有机物的那些科学，如生物、生理学等。这两类科学，人们或者就像处在群蜂之中那样，处在种种假设之中，或者谁要从某些事实确立终极的、最后的不变真理，就只能满足于陈词滥调。第三类科学，是按历史顺序和现在的结果研究人的生活条件、社会关系、法律形式和国家形式以及它们的哲学、宗教、艺术等等的，在这类科学中，“永恒真理的情况还更糟。……在这里认识在本质上是相对的，因为它只限于了解一定的社会形式和国家形式的联系和后果，这些形式只存在于一定的时代和一定的民族中，而且按其本性来说都是暂时的。因此，谁要是在这里猎取最后的、终极的真理，猎取真正的、根本不变的真理，那末他是不会有什么收获的”。恩格斯又说：“认识就其本性而言，或者对漫长的世代系列来说是相对的而且必然是逐步趋于完善的，或者就象在天体演化学、地质学和人类历史中一样，由于历史材料不足，甚至永远是有缺陷的、不完善的，而谁要以真正的、不变的、最后的、终极的真理的标准来衡量它，那末，他只是证明他自己的无知和荒谬……”[①] 不用解说，马克思主义不属于第一、第二类科学，也不在第三类之外，恰恰就在第三类科学里面。因为它是“按历史顺序和现在的结果来研究人的生活条件、社会关系、法律形式和国家形式以及它们的哲学、宗教、艺术等等”的；是限于了解“只存在于一定的时代和一定的民族中”的“社会形式和国家形式的联系和后果”的。研究对象的暂时性，决定了科学本身的暂时性。马克思主义研究的对象是暂时存在于历史上的，因此它本身也只有暂时存在的效应。这就是说，有朝一日，马克思主义是会失去时效的，问题在于时间和条件。产生马克思主义的资本主义时代在人类历史上结束了，无产阶级与资产阶级对立的社会消灭了，作为阶级斗争的一切东西——政党和国家机器衰亡下去了，共产主义高级阶段实现了，于是马克思主义关于以社会阶级存在为条件、为历史原因的部分，也就丧失作用，到了宣告完成使命的时候。在那以前，即在共产主义高级阶段实现以前，马克思主义将始终保持旺盛的生命力。在这里，或者有人要问：西方资产阶级宣传马克思主义“过时”说，你现在也认为全世界阶级消灭以后，马克思主义会失去时效，两种说法不是没有什么区别吗？不只是有区别，而

---

①《马克思恩格斯全集》第 20 卷，第 97—99 页。

是根本相反。西方宣传的“过时”说，目的在于保存资本主义，保存私有制；我们说的马克思主义最后要失去时效，是以消灭资本主义，消灭私有制为前提的。两者互不相容，针锋相对。马克思、恩格斯在《共产党宣言》上说：“共产党人可以把自己的理论用一句话表示出来：消灭私有制。”消灭私有制，这是马克思主义全部学说的汇合点，也是它改造世界的伟大现实意义所在。我们说马克思主义最后要失去时效，正是和消灭私有制这个汇合点相联系的。离开消灭私有制这个内容，等于全部取消马克思主义的历史使命。如果那样，即使再强调它永远不会过时，也是把无产阶级的革命科学变成书斋空谈，变成资产阶级可以接受的东西。马克思主义的唯物论、辩证法是彻底的唯物论、辩证法。它对资本主义必然灭亡的揭露和对自己前途的观察都是彻底的。

资产阶级站在剥削者、压迫者的地位，不愿意承认他们那个阶级的存在只有暂时性，不敢承认资本统治制度的被推翻，是在娘肚子里就注定下了的，是不可避免的。他们总是把自己对于社会历史等等的解释，说成似乎是亘古于兹，永久有效的。因为不这样他们就无法宣称自己有剥削工人阶级的剩余劳动、剩余价值的权利，有统治工人阶级和整个社会的权利。马克思主义一旦宣告不再需要之日，那正是它的目的最后实现之时。求仁得仁，没有比这更理想的了。

人类居住的地球，不过是自然界中多如恒河沙数的宇宙飞船中很小很小的一艘。它不但质地脆弱，而且存在极大的局限性。生活在地球上的人，对世界的认识就存在着更大的局限性。现代自然科学尽管奇妙，人登上了月球，人造物体航行到了太阳系的其他行星上，但自然科学能够回答的问题仍是非常有限的。社会科学也是一样。马克思主义创始人并没有把真理说完，谁也不可能把真理说完。关于马克思主义，现在我们能够认识到的是：第一，马克思主义是科学，研究历史，必须以这个科学思想为指导。第二，马克思主义最后是要失去时效的，从现在到全世界范围内阶级消灭、国家衰亡，还需要走相当长的路程。马克思主义在这段路程中，是如何以新的经验丰富和发展自己的问题，不是过时与否的问题。第三，即使到了共产主义高级阶段，人们回头对私有制的历史作娱乐性的，区别于今天作为阶级斗争需要的纯学术性研究，阶级分析也仍然是基本的方法，因为它是分析私有制历史唯一科学的方法。第四，马克思主义的辩证唯物主义与历史唯物主义，作为世界观和方法论，将和恩格斯说的第一、第二类科学一起，由一切最新科学成就不断地加以充实和发展，使自己的旺盛生命力保持下去。马克思主义是任何人无法私有，无法垄断的。若干世代以后，马克思主义究竟将是个什么样子，完全可以由“未来学”去讨论。但有一条是肯定的：作为集以往人类思想精华之大成的马克思主义，在人类智慧发展史上将永远放射光辉。马克思主义是不朽的。

历史上的群众与领袖问题①

评价领袖人物，正确地看待领袖与群众的关系，是历史研究中经常碰到的问题之一。有些重要人物的评价，还与现实生活直接相关。例如怎样正确评价毛泽东，就属于这种情况。中国共产党中央委员会《关于建国以来党的若干历史问题的决议》在这方面有特别巨大的意义。它给全党全国人民统一思想奠定了理论基础，也给用历史唯物主义观点评价革命领袖人物，以及看待领袖与群众的关系，提供了一个范例。

马克思主义告诉我们，群众是分为阶级的；阶级通常是由政党来领导的；政党通常是最有威信、最有影响、最有经验、被选出担任重要职务而被称为领袖的人们所组成的集团来主持的，这是一般的常识。历史唯心论者违反常识，总是把领袖与群众对立起来。他们或者像林彪、"四人帮"那样，极力把无产阶级领袖描绘为与群众全然无关的先哲、超人，根本否定人民群众的作用，割断领袖与政党、阶级、群众的联系；或者相反，极力否认领袖的作用。前者宣传英雄人物创造历史，后者宣传无政府主义，根源都是唯心论。群众与领袖之间的关系的各种事实，有力地反驳了这种唯心主义观点。

第一，历史上，一切处于革命地位的阶级，都需要有善于领导运动、指挥斗争的领袖和杰出代表人物，才能取得统治权，变革历史。无产阶级领袖的作用更加重要。他们的重要地位，是来自无产阶级的重要地位。

历史唯物主义重视先进理论、先进思想的巨大作用。无产阶级革命导师和领袖马克思、恩格斯、列宁、毛泽东以及世界无产阶级的其他杰出人物，他们的科学理论、革命实践，同世界革命和中国革命最密切地联系在一起。人类从资本主义进入社会主义是走历史的必由之路。但是以前没有人真正在这条道路上凿开坚冰，扫除浓雾。如今地球上一部分人从资本主义社会进到了社会主义社会，世界历史、中国历史，都在极短的时间里根本改变了自己的

① 原载《哲学研究》1983年第9期，原题为《论领袖与群众》。后收入《刘大年史学论文选集》，改为现题。——编者注

面貌。无产阶级革命导师和领袖的科学理论指引的重要性，他们的卓越领导、指挥作用，由此昭然可见。

无产阶级革命领袖，为什么能够在理论和实践上作出前所未有的创造，取得那样重要的地位？他们都有极高的智慧、才能、优异品质，这当然很重要。然而每个社会、时代，从来不缺少某种“天才”人物。恩格斯就曾拿但丁与马克思相比。普列汉诺夫列举事实确切证明：凡是有便于杰出人物发挥其才能的社会条件的时候和地方，总会有杰出人物出现。天才决定论，只能最后或者通向天命观，或者成为资产阶级优生学。足见我们不能从个人的才能、智慧上，而只能从社会条件——社会阶级的地位、力量等来找出无产阶级领袖所以能够作出那些创造的答案。无产阶级的领袖不同于任何其他阶级的领袖，是由于产生他们的无产阶级，不同于历史上任何其他阶级。无产阶级与三大剥削制度的最后一种制度——资本主义一同诞生。它反对资本主义的斗争最坚决。资本主义所达到的生产力水平，要求废除生产资料私有制，代之以生产资料公有制。唯有无产阶级能够担当起这个旋转乾坤的历史使命。马克思、恩格斯的科学共产主义学说，就是来自资本主义社会矛盾的存在，来自无产阶级为解放自己、也为解放全人类而进行的斗争实践。马克思、恩格斯首先是这个斗争的实际参加者。他们亲自领导第一国际，最早组织无产阶级群众，发动反对国际资产阶级剥削、压迫的进军。马克思主义的产生，是德国古典哲学、英国古典政治经济学和法国空想社会主义的批判继承，而更主要的是当时资本主义不可调和的矛盾，无产阶级革命斗争实践系统的、严密的科学总结。毛泽东说：“马克思、恩格斯、列宁、斯大林之所以能够作出他们的理论，除了他们的天才条件之外，主要地是他们亲自参加了当时的阶级斗争和科学实验的实践，没有这后一个条件，任何天才也是不能成功的。”[①]换句话说，没有无产阶级、没有群众斗争的实践，也就无从出现马克思、恩格斯这样的无产阶级革命导师和他们的思想、学说，毛泽东的思想、理论也是这样。毛泽东思想是中国革命、马克思主义与中国革命实践相结合的产物。反过来，它又推动中国革命的实践。毛泽东常常讲：从群众中来，到群众中去。正是在这个意义上，我们说，毛泽东思想是集中了中国无产阶级、亿万人民群众的集体智慧而创造出来的。也是从群众中来，到群众中去的。不然的话，我

①《毛泽东选集》第1卷，第287页。

们就只能承认像马克思极力嘲笑的那样：历史是由学者、有本事从上帝那里窃取隐秘思想的人们创造的，平凡的人只需应用他们所泄露的天机。

我们强调，马克思主义是承认英雄人物在历史上的作用的。剥削阶级里那些起过先进作用的人物在历史上的必要性，根据就在三大剥削阶级暂时存在的必要性。人民创造自己的历史，就包括那些起了推动历史前进作用的英雄人物们的创造。他们的成就有权得到历史的承认。即便如此，我们仍然可以断然地说：帝王将相、剥削阶级的豪杰之士，与无产阶级的领袖、杰出人物所起的改造历史的作用，什么时候也不可以相提并论。孔丘长期受人赞礼。孟轲说："自生民以来，未有如孔子也。"朱熹说："世无仲尼，万古如长夜。"曹操评论自己："设使国家无有孤，不知几人称帝，几人称王。"成吉思汗的孙子旭烈兀率领蒙古大军攻打巴格达，哈里发王朝的使臣警告旭烈兀说：你们不能杀害哈里发，如果杀害了他，"全宇宙就要陷于紊乱，太阳就不露面，雨水就要停止，草木就不再生长"[①]。拿破仑对俄国亚历山大的使臣说：我和你的君主的责任，是改变地球的面貌。《法国革命史》一书上说：新十一月派"他们杀了罗伯斯庇尔，便是使民主共和国延迟一百年"[②]等等。就算这些说法都完全属实（当然，哈里发早就消灭了，太阳至今照旧露面），他们也不过是这样那样，巩固和发展了私有制。曹操、旭烈兀、罗伯斯庇尔、拿破仑，并非缺乏智慧、才能，他们所处的剥削阶级地位，决定了他们只能在那个范围里发挥作用。无产阶级领袖们要做的事正好相反。他们要推翻私有制，在旧社会的废墟上建立起一个新社会。一言以蔽之，阶级的地位不同，决定领袖的作用不同。斯大林把列宁比作大海，把替俄国地主、商人做了很多事情的彼得一世比作沧海一粟。这是一个形象而又恰当的说明。

第二，个人的愿望、活动不能变革现实，广大群众的革命斗争才能改造历史。封建阶级、资产阶级的人物不必去说。马克思主义出现以前，圣西门、傅立叶、欧文，他们为了废除剥削制度，表述过非常深刻的思想，设计过各种不同方案。他们想争取资产阶级的帮助，做一些实际的试验。圣西门、傅立叶、欧文谁也没有能够对社会现状做出什么变革。因为那些理论、方案反映的还是不成熟的资本主义生产状况，解决社会问题的办法还隐藏在不发达的

---

① 希提：《阿拉伯简史》，中译本，第 255 页。

② 马提厄：《法国革命史》第 3 卷，中译本，第 850 页。

经济关系之中；所以它们远不足以动员群众去为之进行斗争，无法触动旧制度的统治。马克思主义在世界传播，至今已有一百多年的历史。西方许多国家，早就有无产阶级或以无产阶级相号召的政党、人物不停息的活动。西方世界的统治权，如今仍然在资产阶级手里，不在无产阶级手里。我们当然不能想象，那些地方都缺少领导人物，缺少冲锋陷阵的战士，乃至他们没有改变现实的愿望。矛盾存在，反抗斗争就要存在，领袖人物就可能出现。然而那些地方，不管是由于主观原因——比如马克思主义的科学还没有与人民革命需要结合，或者没有很好地结合，或者是由于不具备某些必要的客观条件，结果都是一样：许许多多的群众斗争，还没有把自己的力量汇合起来，形成一股伟大洪流，一举冲决资本主义堤防。因此，历史照旧在资本主义轨道上运行。

无产阶级的革命导师，他们制定科学社会主义理论，集中群众的意志，组织群众战斗，率领群众前进，没有他们的活动，革命要取得胜利是不可能的。但光有他们个人的作为，没有最广大的群众奋不顾身去进行斗争，革命的胜利更是不可能的。道理很简单，马克思、恩格斯和第一国际其他人物的活动，对巴黎公社起了显著作用，但光有马克思、恩格斯和第一国际的影响，离开法国无产阶级、巴黎人民最英勇的斗争，就不会有巴黎公社。列宁、斯大林领导了俄国十月革命，但光有列宁、斯大林的计划、指挥，没有俄国无产阶级、布尔什维克党，就不能设想俄国十月革命的成功。毛泽东与中国革命胜利分不开，但光有毛泽东的作为，没有中国共产党、中国无产阶级其他杰出人物的作为，没有广大人民群众数十年前仆后继、流血牺牲、顽强奋战，中国民主革命的胜利，中国伟大的社会主义事业，就无从说起。社会历史的前进，不取决于个人的活动、愿望，而要取决于群众的革命行动。哪里卷起了广大群众的革命风暴，哪里就迅速改变现实。反之亦然。

第三，群众与领袖，没有领袖，从阶级、群众中可以产生领袖；没有阶级、群众，就不存在产生领袖的问题。革命是群众的事业，领袖也就不会是孤孤单单的一个人，常常是同时出现一批人。资产阶级的杰出人物，来自资产阶级的革命斗争、人民群众。英国资产阶级革命、英国人民群众产生出了克伦威尔；法国资产阶级革命、法国人民群众产生出马拉、丹东、罗伯斯庇尔、圣茹斯特；美国独立战争、废奴战争，从美国资产阶级、人民群众中，产生出了华盛顿、杰斐逊、富兰克林、林肯、弗里芒特；中国资产阶级革命，从中国资产阶级、人民群众中产生了孙中山、黄兴、廖仲恺等等。同样，无产阶级革命导师、领袖人物，是无产阶级革命、人民群众中产生的。欧洲无产阶级产生马克思、恩格斯；俄国无产阶级、人民群众，产生了列宁、斯大林、斯维尔德洛夫；中国无产阶级、人民群众产生了毛泽东、周恩来、刘少奇、朱德等卓越的领袖人物。

领袖、领导者，指挥群众，但首先要受到群众制约。支持也是一种制约。能够支持，就能够撤回支持。“赵孟之所贵，赵孟能贱之”。古往今来，无论哪个阶级的人物，要干出一番事业，群众支持是先决条件，其中不少人物起过重大的作用，最后失败了，一个根本原因，就是脱离群众，失去了群众的支持。唐代诗人罗隐有两句诗：“时来天地同协力，运去英雄不自由。”“时”“运”两字改成“群众”，这个话就完全对了。中国历史上出现过许多著名农民革命领袖。他们的失败，多半与脱离群众分不开。《史记》叙述陈胜的情况说：陈胜为王以后，一伙以前跟他同时替地主当雇工的穷朋友去看他。他们看见陈胜的殿屋帏帐，惊异地说：“伙颐！涉之为王沈沈者！”有人对陈胜进谗言：那些穷光蛋无知，有损你的威信。来投奔的人遂被斩首。“诸陈王故人皆自引去，由是无亲陈王者”。一共 6 个月，陈胜就失败了。洪秀全、杨秀清等领导太平天国农民战争，轰轰烈烈，盛极一时。他们取得权力以后，把最初由于革命战斗需要所建立的各级指挥职务和制度，变成了等级特权。从洪秀全到普通士兵之间，各种等级，繁复森严，极其严格，不许逾越。例如乘轿一项，照规定：天王轿夫 64 人，东王轿夫 48 人，以次递减，到只带领 25 人，不及一个排长的“两司马”，还有轿夫 4 人。高级官员出行，下级官员和士兵必须回避，或跪在道旁，否则格杀勿论。领导人贪图享乐，生活起居豪华铺张，同广大士兵和人民群众的艰苦生活形成尖锐对照。太平天国失败有其他原因，领袖严重脱离群众，领导集团分裂，是直接原因。人心涣散，失去了群众的积极支持，它再也没有力量了。中国共产党的历史上，也有过王明、张国焘那些自封为领袖的人物，他们都失败了。重要原因之一，是他们搞宗派山头，在党内实行残酷斗争，无情打击，使自己成了真正的孤家寡人，群众不支持他们，中国革命也几乎被他们所断送。

阶级、制度（一定的社会阶级承认的必要秩序）、群众的支持，至少是消极的支持，使很多处在重要地位的个人，即使才能平凡的个人，也能发挥相当作用。反之，任何个人，即使才能杰出的个人，也决不能超越阶级、制度、群众的支持、至少是消极的支持，去任意干出什么惊人事业。对于后面这一点，现代资产阶级有些人士，有些国务活动家，同过去的历史人物相比，头脑要清醒得多。他们宁肯不夸耀个人的作用。例如纳赛尔就对英国外交大臣塞尔温·洛德说："如果你认为我的办公桌上有着许多电钮，我只要揿一下，伊拉克就发生叛变，或者在我不晓得的一个什么地方发生政变，或者那里一枚炸弹爆炸，这里举行示威游行，那你就给了我超人的能力，而这种能力我是不具备的。不要夸大我的作用吧！"[①] 詹姆斯·赖斯顿的《尼克松先生的最后一千天》里写道：总统不是政府，"共和国的安全和连续性不取决于任何人。甚至不取决于像林肯那样的一个人，更不要说像尼克松那样的一个人了。……如果说美国总统有时候把美国的力量同总统的个性或性格混同起来，外国政府却不是这样"。日本自民党总务会1974年4月19日论讨日中航空协定的记录：大平正芳："我是外相，而不是上帝，所以没有那么大的力量。"诸如此类，可以举出不少。像林彪、"四人帮"那样极端迷信权力、迷信个人，表明他们是一伙封建蒙昧主义者，同资产阶级也绝不能相比。

无产阶级的群众与领袖，他们一同创造历史，在位置上，群众永远占第一位，领袖、领导者只占有次要的地位。毛泽东深刻地指出过这一点：不要逞英雄。事业是多数人做的，少数人的作用是有限的。应当承认少数人的作用，就是领导者、干部的作用，但是没有什么了不起的作用，有了不起的作用的还是群众。"没有你就不得了吗？历史证明，各种事实证明，没有你也行"[②]。

无产阶级所以强大，无产阶级的革命一定能够胜利，正在于它有无穷尽的源泉。它使一批批的人涌现出来，去接替忘我地献身革命并在斗争中牺牲的人们。他们与群众有广泛的联系，能够选拔很多优秀人物接替去世的领袖，沿着前人开辟的道路继续前进。所以，对于无产阶级不会发生一代领袖去世了，它的事业就终止了。领袖、领导者可以更替，而人民群众是长存的。

第四，领袖、先进代表人物的愿望，必须反映历史提出的任务。群众、阶级的动机，引起、促进领袖、先进代表人物的动机。

人们创造自己的历史，并不能随心所欲地去创造，必须以一定的物质条件

---

①海卡尔：《开罗文件》，中译本，第19页。

②《毛泽东选集》第5卷，第151页。

为转移。任何阶级的杰出人物，都只能促进历史已经提出的任务的解决，开倒车和把历史前进变为乌托邦，一样要遭到失败，无产阶级也不例外。人民群众、杰出人物，他们之所以有力量，最后是因为他们的活动符合于社会经济发展、历史前进的客观规律。领导者、杰出人物的思想和愿望，若与社会经济的发展背道而驰，与先进阶级的要求背道而驰，那末，这种领导者、人物就会变成无用之物；反之，领袖、杰出人物的思想和愿望，正确表现着先进阶级的要求，那他们就能成为真正杰出的人物，受到群众爱戴，保持在历史上的光荣地位。

最好看一看我国当代的事实。中国需要现代化，必定走上现代化，这是历史的规律，民族的愿望。中华人民共和国成立以后，随着我国社会主义改造的完成，我国工农业生产、科学文化事业都出现了突飞猛进的局面，在极短的时间里，就取得了辉煌的成就。这除了证明社会主义制度优越，证明中国人民有志气，有智慧，有能力，能够攀登现代科学文化高峰外，毫无疑问，这还突出证明，人民要求充分发展社会生产力，要求彻底改变历史上由帝国主义、封建主义统治所造成的极端贫困落后，迅速把我国建设成为一个现代化社会主义强国的强烈愿望和决心。毛泽东在生前多次提出的要把工作中心转到经济方面和技术革命方面来的指示，周恩来根据他的指示制订的实现我国社会主义四个现代化的方针、计划，都集中反映了人民的这个愿望和决心。中国人民干社会主义、废除资本主义的生产资料私有制，实行社会主义的生产资料公有制，巩固人民民主专政，如果与充分发展社会生产力，实现四个现代化，繁荣社会主义祖国，提高人民生活水平，最后消灭三个差别无关，那末，革命的意义又在哪里呢？我们说，人们应当，也只能解决历史已经提出的任务，实现成熟了的要求，在今天，要把中国建设成一个现代化的社会主义国家，这就是我国当代历史所提出的压倒一切的任务，也是最成熟的历史要求。

恰恰就在这个根本问题上，林彪、“四人帮”截然相反，推行一条倒转历史的反革命路线，他们整天批判所谓“唯生产力论”，煽动停工停产，造成在若干年里，国民经济停滞不前，最后陷于崩溃的边缘。他们狂叫“四个现代化实现之日，就是资本主义在全国复辟之时”，极力把中国拉向倒退，正因为如此，全国人民与林彪、“四人帮”的斗争就愈演愈烈。周恩来是党的实现社会主义四个现代化的中流砥柱。“四人帮”要篡党夺权，反倒周恩来，就要千方百计反掉四个现代化。人民群众为了实现四个现代化就坚决捍卫周恩来，最后形成了以天安门斗争为中心的革命群众运动的高潮。从这里可以看出，人民群众与“四人帮”之间的殊死斗争，在很大程度上正是坚持四个现代化与反对四个现代化的斗争。恩格斯说：“主要人物是一定的阶级和倾向的代表，因而也是他们时代的一定思想的代表，他们的动机不是从琐碎的个人欲望中，而正是从他们所处的历史潮流中得来的。”①又说：探究那些隐藏在历史人物的背后，并且“构成历史的真正的最后动力的动力，那末应当注意的，与其说是个别人物、即使是非常杰出的人物的动机，不如说是使广大群众、使整个整个的民族、以及在每一民族中间又使整个整个阶级行动起来的动机；而且也不是短暂的爆发和转瞬即逝的火光，而是持久的、引起伟大历史变迁的行动”②。中国共产党中央决定粉碎“四人帮”就是体现了这股巨大的历史潮流，就是这样一种来自广大人民群众、整个民族、整个阶级行动的动机。而那个行动，正是引起伟大历史变迁——在今天，就是必定要实现社会主义现代化建设这个伟大历史变迁的行动。林彪、“四人帮”千方百计想控制、利用人民群众的力量，他们反对周恩来，反对四个现代化，但是，结果还是人民最后决定了他们的命运。中国人民民主专政，社会主义现代化建设从此展开了新的一页。伟大人物的愿望必须反映历史已经提出的任务。而群众、阶级的动机，引起、促进领导者、先进代表人物的动机。上述斗争，同时把这两者表现得何等鲜明！

第五，领袖总是具备优秀的品质，他们的智慧、才能，往往表现高于群众。但那些智慧、才能，并非天生的，是他们经过同群众一起，进行艰苦斗争，经受各种锻炼，增长、丰富、提高起来的。群众是领袖的力量的唯一源泉，也是他们的才能、智慧的最后源泉。

马克思像达尔文发现生物界的发展规律一样，发现了人类史的发展规律，发现了现代资本主义生产方式和它所产生的资产阶级社会的特殊的运动规律。他在与资产阶级、各种机会主义的实际斗争中，高瞻远瞩，当机立断，击中对方的要害。他的渊博知识，泉涌才华，决不是天生的，是他艰苦钻研，备受迫害，与工人群众一起进行斗争中取得的。列宁评论为俄国工人阶级取得革命胜利做了极大贡献的无产阶级领袖、大革命家斯维尔德洛夫说：看看这

①《马克思恩格斯全集》第29卷，第583页。

②《马克思恩格斯全集》第21卷，第343页。

位无产阶级革命领袖一生走过的道路，马上就会发现，他的卓越的组织才能和大革命家的优良品质，都是他在各个时期最艰苦的工作环境中锻炼出来的。在数十年漫长的岁月里，他从监狱到流放地，从流放地到监狱，磨炼出一个革命家要经过多年的锻炼才能获得的品质。这位职业革命家一时一刻也没有脱离过群众。他始终同先进工人并肩携手，共同前进。[①] 又说：“千百万创造者的智慧却会创造出一种比最伟大的天才预见都还要高明得多的东西。”[②] 毛泽东谈到他自己时说：“决定大局，决定大方向，要请无产阶级。我就是这么一个人，要办什么事，要决定什么大计，就非问问工农群众不可，跟他们谈一谈，跟他们商量，跟接近他们的干部商量，看能行不能行。”[③] 离开了同群众一起进行斗争，离开了人民群众的才能智慧，就不能从唯物主义观点理解领袖个人何以会具有那些才能智慧。只有唯心论者的看法才恰好相反，在他们眼里，圣贤豪杰，英雄人物，都是天生的，群氓、凡人，谁也无能为力。孔丘和他的学生就反复讲“天生德于予”，“天之未丧斯文也”，“天将以夫子为木铎”，“固天纵之将圣”等等，就是这个意思。孟轲有一段话：“故天将降大任于斯人也，必先苦其心志，劳其筋骨，饿其体肤，空乏其身，行拂乱其所为，所以动心忍性，曾益其所不能。”[④] 孟轲倒是看出了一个普遍事实：一切担负“大任”的人物，必然要经过许多磨炼，备尝险阻。但因为他从唯心主义出发，把原因和结果颠倒了，而且用“天”代替了群众。

无产阶级的领袖、杰出人物的才能、智慧来自群众，他们也和普通群众一样，不能免除他那个时代和阶级的烙印，不能避免一定的历史局限性。他们能够发现社会历史发展规律，不等于就可以判明每件重要事物，可以轻易解决一切难题。他们也和普通群众一样，不可避免地要发生缺点、偏差和错误。马克思说：“在人类历史上存在着和古生物学中一样的情形。由于某种判断的盲目，甚至最杰出的人物也会根本看不到眼前的事物。后来，到了一定的时候，人们就惊奇地发现，从前没有看到的东西现在到处都露出自己的痕迹。……于是他们在最旧的东西中惊奇地发现了最新的东西，甚至发现了连

① 参见《列宁全集》第29卷，第69页。

②《列宁全集》第26卷，第445页。

③《毛泽东选集》第5卷，第454页。

④《孟子·告子下》。

蒲鲁东看到都会害怕的平等派。”[①]列宁说：“在资本主义的世界经济中，即使有七十个马克思也不能够把握住所有这些错综复杂的变化的总和；至多是发现这些变化的规律……”[②]事实上，就算有七十个马克思，对于资本主义世界大概也还是和我们今天已经知道的差不多。

列宁那样伟大，也承认自己有过错误。1905年，全俄布尔什维克代表大会决定，抵制维特杜马，不参加选举。列宁反对抵制杜马，主张参加选举。党内展开激烈的争论，多数坚持自己的主张。列宁说：“他原来是赞成参加选举的，但是现在他发现自己错了。”1917年，俄共中央作出决定，不去驱散孟什维克和社会革命党人成立的一个民主会议，自行召开苏维埃代表大会，举行起义，夺取政权。列宁不同意，主张立刻驱散那群混蛋，并把他们逮捕起来。俄共中央坚持原来的决定，举行了胜利起义。列宁说：“是的，恐怕是你们对。”

毛泽东也是一样。他指出：“我们每个人也是如此。总是有两点，有优点，有缺点，不是只有一点。”[③]1962年在扩大的中央工作会议上的讲话，他就讲自己有缺点，有错误，这是大家都知道的。中国共产党的十一届三中全会公报上说：“毛泽东同志在长期革命斗争中立下的伟大功勋是不可磨灭的。如果没有他的卓越领导，没有毛泽东思想，中国革命有极大的可能到现在还没有胜利，那样中国人民就还处在帝国主义、封建主义、官僚资本主义的反动统治之下，我们党就还在黑暗中苦斗。毛泽东同志是伟大的马克思主义者。他对于包括自己在内的任何人，始终坚持一分为二的科学态度。要求一个革命领袖没有缺点、错误，那不是马克思主义，也不符合毛泽东同志历来对自己的评价。”中共中央《关于建国以来党的若干历史问题的决议》上，就这个问题进一步作了系统、完整的论述。邓小平关于起草《决议》的多次讲话、《答意大利记者奥琳埃娜·法拉奇问》等，讲得非常透辟扼要。他说：“中心是两个问题，一个是毛泽东同志的功绩是第一位，还是错误是第一位？第二，我们三十二年，特别是‘文化大革命’前十年，成绩是主要的，还是错误是主要的？是漆黑一团，还是光明是主要的？还有第三个问题，就是这些错误

---

①《马克思恩格斯全集》第32卷，第51—52页。

②《列宁全集》第14卷，第343页。

③《毛泽东选集》第5卷，第320页。

是毛泽东同志一个人的，还是别人也有点份？这个决议稿中多处提到我们党中央要承担责任，别的同志要承担点责任，恐怕这比较合乎实际。第四，毛泽东同志犯了错误，这是一个伟大的革命家犯错误，是一个伟大的马克思主义者犯错误。”“我们要对毛主席一生的功过作客观的评价。我们将肯定毛主席的功绩是第一位的，他的错误是第二位的。我们要实事求是地讲毛主席后期的错误。我们还要继续坚持毛泽东思想。毛泽东思想是毛主席一生中正确的部分。毛泽东思想不仅过去引导我们取得革命的胜利，现在和将来还应该是中国党和国家的宝贵财富。”[①] 那些文件、讲话，对毛泽东作为无产阶级革命导师的不朽功勋的评价是正确的，指出他存在不可避免的缺点错误，特别是后期犯了极严重的错误，也是正确的。

凡属重大的革命，更不用说无产阶级夺取政权的革命，都是最广大的群众运动。革命本身就意味着惊涛骇浪，群众历来也不是清一色。列宁讲到俄国十月革命时说：“人们并不会因为革命开始而变成圣人。劳动阶级多少世纪一直受压迫，受折磨，处于贫穷、愚昧、粗野的境地，他们进行革命是不会不犯错误的。”[②] 群众中正确的东西，推动领袖、领导者前进；错误的东西，也会以不同的方式、渠道使他们受到强烈影响。他们在错综复杂的环境里指挥战斗，就不可能在一切时间里，对一切问题都作出正确的判断，料事如神，万无一失。而且我们必须看到，领袖人物因为处在指挥者、发号施令的地位，他们哪怕是局部的、暂时的错误，也必然给革命、给群众带来很大的影响。世界历史始终不渝地走向无产阶级专政或人民民主专政，走向共产主义科学文明，但它所走的远不是笔直平坦的大道。要经历各种曲折，其中就包括领袖人物的缺点、错误带来的有时甚至是严重的挫折。不承认这一点，不是唯物主义者，不是马克思主义者。但是我们更必须看到，无产阶级革命扭转了人类整个历史发展方向，消灭私有制，建立社会主义公有制这是开天辟地、无与伦比的大事业。而无产阶级革命的导师、领袖，就是这个伟大事业不可缺少的指挥者、领航人。因此，指出他们的缺点、错误，既不会改变他们特有的历史地位，也无损于他们作为伟大人物的形象。并且无产阶级领袖人物的错误，也可以成为阶级、人民的宝贵财富。恩格斯说：“伟大的阶级，正如伟

① 《邓小平文选》第2卷，第306—307、347页。

② 《列宁全集》第28卷，第53页。

大的民族一样，无论从哪方面学习都不如从自己所犯错误的后果中学习来得快。”① 革命的阶级、群众、领袖人物，从自己所犯的错误中学习，就更迅速地推进科学，推进历史。不承认这一点，就更不是唯物主义者，不是马克思主义者。

法国物理学家郎之万评价爱因斯坦说：“在我们这一时代的物理学史中，爱因斯坦的地位将名列前茅。他现在是并且将来也还是人类宇宙中有头等光辉的一颗巨星。”在物理学史上这当然是正确的。同样地，我们也应当说，对于无产阶级、国际共产主义运动，中国和世界革命，马克思、恩格斯、列宁、毛泽东以及其他伟大马克思主义者，他们的地位一直名列前茅。他们现在是，并且将来也还是人类宇宙中有头等光辉的一批巨星。

从以上的叙述中，我们可以而且应当得出什么结论呢？

一，历史告诉我们：伟大的革命造就伟大人物，无产阶级领袖、伟大人物，是空前未有的无产阶级革命的产物。人民群众创造历史，与领袖、杰出人物的活动，在同一轨道上行进。他们属于一个集合体。领袖就在阶级、群众之中，不在阶级、群众之外。无产阶级领袖在科学、实践上的创造，恰恰就是表现出了无产阶级、人民群众变革历史的惊人创造。他们的作用，是一回事，不是两回事。不可以把领袖与阶级、群众对立起来，就像不可以把人的头脑与整个躯体对立起来一样。群众与领袖究竟谁创造历史，这种对立不切合于说明人民群众与无产阶级领袖的关系；如果有人一定这样提问，历史唯物主义就会大声回答：人民群众创造历史。太阳系只有太阳一个中心，没有两个中心。二，人民群众创造历史的决定作用，并不减少领袖的重要作用。马克思用爱尔维修的话说：每一个社会时代都需要有自己的伟大人物，如果没有这样的人物，它就要创造出这样的人物来。② 封建时代、资本主义时代分别有它的大人物，无产阶级当然要有自己的导师和领袖。剥削阶级喋喋不休，颂扬它的英雄、首脑。无产阶级没有理由容忍资产阶级吹捧英雄，而不要自己的领袖、真正的权威。列宁愤怒驳斥“左派”幼稚病者说：“把群众专政和领袖专政根本地对立起来，实在是荒唐和愚蠢得可笑。尤其可笑的是人们在‘打倒领袖’这一口号掩饰下，实际上竟把一些胡说八道、满口谬论的新领袖

① 《马克思恩格斯全集》第22卷，第325页。

② 参见《马克思恩格斯全集》第7卷，第72页。

拉出来代替那些对普通事物还能持常人见解的旧领袖。”[①] 现代科学技术、社会生产力的前进，使我们更容易认识集体与个人的关系、他们各自的地位。原子能以及有关的一套科学，人登上月球，探测金星、火星等的空间技术，一秒钟百万次的电子计算机，机器人等等，日新月异。人们可以从其中清楚地看到，集体的力量多么伟大，个人的力量很渺小。同时，我们从其中也看到大工业生产，各项技术工程中，总设计、总指挥的地位的重要性。不用讲原子科学、空间技术了。恩格斯举过航行在汪洋大海上的船只的例子，说明领导者、权威的意义。问题只在于我们承认权威、看待领袖，怎样才是合乎科学的，而不是唯心主义的。三，马克思主义一向反对个人迷信。马克思写道："由于厌恶一切个人迷信，在国际存在的时候，我从来都不让公布那许许多多来自各国的、使我厌烦的歌功颂德的东西；我甚至从来也不予答复，偶尔答复，也只是加以斥责。恩格斯和我最初参加共产主义者秘密团体时的必要条件是：摒弃章程中一切助长迷信权威的东西。”[②] 恩格斯说："任何一个身居高位的人，都无权要求别人对自己采取与众不同的温顺态度……”[③] 他在给普列汉诺夫的信中说："首先请您不要称我为‘导师’。我的名字就叫恩格斯。”[④] 毛泽东最痛恶迷信本本，迷信所谓“先哲”一类的思想。把无产阶级革命导师马克思、恩格斯、列宁、毛泽东等当作偶像，把他们的理论、观点当作教理问答，那与马克思主义毫不相干，而只能是它的对立物。这一些，就是我们考察领袖与群众的作用、他们的相互关系之后，所能得出的主要的论点。

马克思主义所以有力量，就是因为它正确，是科学的、完整的。如何看待群众与领袖的作用、地位，在这个问题上我们必须坚持彻底的唯物论，坚持马克思列宁主义的普遍真理，反对无政府主义思想和反对制造个人迷信、本本主义，保持马克思主义科学的准确性、完整性。

国际共产主义运动历史上，领袖与群众的关系，处理各不一样。马克思、恩格斯一辈子生活在群众之中，那时无产阶级没有取得政权。列宁对待这个问题是无产阶级领袖的典范。毛泽东不幸提供了一个悲剧性事例。共产党、共产党员必须密切联系群众，毛泽东著作里面，讲这个问题的不知凡几。毛泽东

---

①《列宁全集》第 31 卷，第 24 页。

②《马克思恩格斯全集》第 34 卷，第 289 页。

③《马克思恩格斯全集》第 38 卷，第 72—73 页。

④《马克思恩格斯全集》第 39 卷，第 238 页。

所以能够把马克思列宁主义与中国革命的实际结合起来，指出中国革命取得胜利的道路，首先是由于他与人民群众保持着广泛联系。但是后期他犯严重错误，毫无疑问，根本原因，又是由于极大地脱离了人民群众。正如《关于建国以来党的若干历史问题的决议》上所说："'文化大革命'，名义上是直接依靠群众，实际上是既脱离了党的组织，又脱离了广大群众。"无产阶级的伟大领袖人物没有能够保持住理论与实践的一致，没有保持住知与行的统一；群众先是受狂热的个人崇拜宣传所蛊惑，然后又转向消极抵制。这种现象相当特殊。从何处寻求解释？显然不应当从个人性格、品质等方面，而只能从社会物质生活、特定的时代背景去寻求合理解释。《若干历史问题的决议》恰如其分作出了这种解释。《决议》以事实为坚实基础，它的指导思想，是《邓小平文选》上面《对起草〈关于建国以来党的若干历史问题的决议〉的意见》和其他有关论述。历史唯物主义有力量——也只有历史唯物主义足以把一切矛盾复杂的社会历史现象讲彻底，透过扑朔迷离外壳，清理出它的内核。领袖与群众的关系，就是这些矛盾复杂的历史问题之一。

坚持史学领域批判历史唯心论的斗争[①]

二中全会关于清除精神污染的文献，邓小平同志和陈云同志的讲话，是党中央向理论界、文艺界发出的战斗号召。我们必须积极响应，见诸实际行动。历史遗产有精华，有糟粕，研究工作有唯物观点，有唯心观点。传播糟粕和唯心观点，都可以造成精神污染。历史研究中解决这个问题，要靠高举马克思主义的鲜明旗子，拿起学术批评这个锐利武器，坚持反对历史唯心主义。

西方资产阶级唯心主义哲学和历史观点输进中国，它的破坏性影响绝不可以低估。前几天《光明日报》的一篇文章上说，法国存在主义哲学家萨特的著作，在我们的大学里面，被一些青年吹捧为填补马克思主义的空白，比马克思高明。这是一个例子，说明我们对于西方资产阶级思想任其传播，没有批评。旧中国许多丑恶的东西，解放后不久基本上绝迹了，最近几年有的蠢蠢而动，与学术理论领域的资产阶级思潮互为呼应。在历史研究中，解放后多次批评过的资产阶级唯心主义观点，如胡适、蒋廷黻等人的某些观点，又被作为新的东西，改头换面来加以宣传。这又是一种例子，也是说明我们对于资产阶级思想缺少批评。

没有批评资产阶级，责任在谁？历史研究者首先有责任，报纸刊物的编辑同志同样有责任。十一届三中全会以后，胡耀邦同志在一次会上讲话，其中一句，大意是说：文责自负，反党必究。会后有一种议论，说这样一来，文章就难写了。这真是奇怪的逻辑！你写的、你编辑发表的文章，难道可以叫别人负责？“百家争鸣”本来的意思是落霞与孤鹜齐飞，错误的意见与批评错误的意见都有发表的自由。拒绝文责自负，等于只许发表错误的东西，不许发表批评错误的东西；等于要求人们在错误的、有害的宣传面前，放下批评的武器。我们要推进历史唯物主义，克服唯心论，防止精神污染，就只有

---

① 原载《光明日报》1983 年 11 月 5 日第 1、3 版。——编者注

牢牢抓住学术批评这个武器不放，而且正确地加以运用。抓住这一条，才是抓住了解决问题的关键。学术问题中，有些暂时分不清哪是唯物论、哪是唯心论的争论，怎么办？那也只有靠正面的讨论和争论来解决，舍此别无他途。恩格斯说："批评是工人运动生命的要素，工人运动本身怎么能避免批评，想要禁止争论呢？"[①]问题是不管批评唯心论还是其他讨论和争论，都必须是最充分地说理的，是建筑在深刻研究基础上的。西方资产阶级思想的存在是长期的，我们的对外开放政策是长期的，我们批评西方的历史唯心论、批评资产阶级思想的任务也必然是长期的。历史研究者、有关的报刊编辑同志，应当勇于负起自己的责任，以党中央关于清除精神污染的号召为新的起点，把历史学领域批评资产阶级历史唯心主义的斗争不懈地、长期地进行下去。

①《马克思恩格斯全集》第37卷，第324页。

方向与形式[①]

中国史学会、中国出版工作者协会联合评选爱国主义优秀通俗历史读物，共选出作品廿八部。从主题可以知道，这次评选，一是看内容、方向，二是看通俗形式。两个方面，两项要求，结合在一起。

内容决定作品、著作的真正价值。中国有文字记载的历史最为悠久，爱国主义又是一个相当广泛的题目。今天所有写得好的或比较好的历史读物，都必然不能离开我们祖先长期斗争的伟大业绩，不能离开他们留传下来的先进思想文化，不能离开他们的种种发明创造。采取科学的态度，如实地把它们叙述介绍出来，读者就会从中汲取爱国主义思想，受到鼓舞，提高关怀国家民族命运、关怀社会主义伟大事业的思想境界。当然，这不等于说，凡以历史为题材的作品，就一定具有爱国思想的积极内容，就一定有助于满足社会生活中某个方面的需要。如果那样，也就用不着提倡什么，不提倡什么了，与社会生活不相适应的东西总是有的。最近举行的全国人民代表大会，北京市一位代表在小组会上发言，批评现在一些人搞科研脱离实际。他说，这些人“写文章只对提级有用，对社会起不了作用”。我们的历史研究工作，也应该注意防止脱离实际的这一面。严肃的历史撰述要对社会有作用，并不是今天讲爱国主义思想提出的新问题。中国古人历来就是这样主张，这样实行的。不过我们的标准跟古人不一样罢了，以往发生过的事情、有过的记载，不可胜计。它们并非都值得研究，都可以翻检出来塞进读者的头脑，郑樵主张好的历史书，在于“详文该事，善恶已彰”，不必多评论。看萧何、曹参的行事，就可以知道他们忠良，看王莽、董卓的所为，就可以知道他们凶逆。也就是说，“详文该事”的目的，是教人认识善恶美丑，辨别忠良凶逆，对社会发生积极作用。历史研究与社会生活的联系，绝对不应当抱狭隘的观点去看待。爱国主义思想是这种联系的一项内容，还可以有更多更广的内容。如果

① 原载《天津社会科学》1984 年第 4 期。——编者注

我们写东西，文也“详”了，事也“该”了，唯独对于社会直接、间接毫无用场，这样的文章著作对“提级有用”，那未免教人难以理解。

爱国主义思想建设，是社会主义精神文明建设的一个重要方面，重要部分。一些内容比较充实，适合这方面需要的作品读物，理应受到客观的评价。这种评价，直接地是肯定作者在建设社会主义精神文明中所取得的成绩，从根本上说，也就是对于历史研究应当联系实际这个方向的强调和评价。

各种读物，根据读者对象不同，写法不一样。通俗读物，是与专门的学术著作相比较而言的。它们可以有区别，但没有不可逾越的界线，花过功夫写的通俗读物，同时就是学术著作。内容深刻，形式通俗的著作，比那种形式吓人，内容平平以至很糟的所谓学术著作，不知要高明多少。世界上自然科学、社会科学名著中，不少就是以通俗读物形式出现的。恩格斯在他的《社会主义从空想到科学的发展》准备出德文版的时候，最初曾想到，这种纯粹的科学著作，在形式上是否适宜用来直接对群众进行宣传。他再一考虑，形式上只有使用外国字这一点可能引起怀疑，但这个怀疑也很快就打消了。至于内容，恩格斯断定，它对德国工人阶级困难不多，反而是那些“有教养”的资产者未必能够了解。后来事实证明，情况就是这样。文章要写得通俗易懂，决非一个技术问题。首先要求作者对自己所谈论的东西认识深刻，能够抓住本质。没有对事物本质的认识，就谈不到准确的表达。毛泽东同志在讲反对党八股的时候说，文章是客观事物的反映。事物是曲折复杂的，必须反复研究，才能恰当反映，在这里粗心大意，是不懂得做文章的 ABC。认识了事物的曲折复杂，要求通俗化，还必须深入浅出，把行话术语等变成多数人容易了解的语言，并铲除掉那些陈词滥调。我自己至今不懂得毛主席说的 ABC，自然也谈不上做通俗化的工作。我们写出了爱国主义优秀历史通俗读物的同志在解决这个问题上做出了努力，这怎么不值得称道呢？

一提起通俗读物，人们难免习惯成自然，脑子里马上闪出一个观念：那不是学术著作。一切事情都要具体分析。如果光凭感想，恐怕事情也可以变成这样：那些讲爱国主义的作品，我们承认它们对社会起作用，但因为形式是通俗读物，而非学术著作，又可以不承认它们对“提级有用”。我主张不要看轻通俗读物。要向在这方面做出了成绩的同志学习。

大家要是都同意，中国史学会和中国出版工作者协会这次评选爱国主义优秀通俗历史读物的工作，就很值得做了。它既强调了历史研究工作的方向，也重视了面向群众的形式。事实上，这两条，不只是一时需要注意，也经常需要注意，不只是对历史研究工作有必要，对社会科学其他领域的研究也有必要。因为方向问题，是各门社会科学研究中常常会碰到的问题，一部成熟著作的形成，往往也要认真考虑它的形式。

历史研究的对象问题①

一

爱因斯坦在某处说过，提出一个问题比解决一个问题更重要。因为解决一个问题也许仅仅是一个数学上或实验上的技能而已。而提出新的问题、可能性，从新的角度去看旧的问题，却需要有创造性的想象力，而且标志着科学的真正的进步。我们提出历史研究的对象为何物，并不需要什么“创造性的想象力”。但要科学地认识历史，它无论如何是一个无法回避、必须切实回答的问题。这需要充分研究，并不能靠重复某些人所共知的原理去得到解决。

今来古往的历史家，所发表的议论，所写的书浩如烟海。他们之中，很少有人来专门论述历史研究的对象是什么。但是事实上，每个研究者、著述家，都有一个事先挑选的对象摆在自己的面前。不然的话，他们那些滔滔不绝的议论便无从发起。以往各种历史著作学术水平的高低、科学成分的多寡，一般地和撰述者选定的对象及其相关的解释密切地联系在一起。然而对于这样一个根本性的问题，历史家们的看法，竟然差别那样之大，以至难于找到共同的地方。那些彼此矛盾的看法，可以基本上分为三种或三类。第一种，历史研究不存在一定的客观对象；第二种，凡过去的一切事物全部都是历史研究的对象；第三种，历史上某些事物、领域或某种状况是历史研究的对象。我们对于所有这些主张究竟应当怎么看待？是否只要从中选择一种，或者对所有各种主张兼收并蓄，取长去短，就可以把历史研究对象的问题解决了呢？

---

① 原载《历史研究》1985年第3期。另载《第十六届国际历史科学大会中国学者论文集》，中华书局1985年版，原题作《论历史研究的对象》。后收入《刘大年史学论文选集》，改为现题。——编者注

第一种，即历史不存在一定的客观对象，相对主义者、“当代”主义或现在主义者就是这样看的。

贝奈戴托 · 克罗齐宣传这种看法，最集中，也表现得最有理论。克罗齐反复说：“当代史”通常是指被视为最近时间的历史，我们称之为“非当代”史或“过去”史的历史，假如具有某种意义而不是一个空洞的回声，“也就是当代的，和当代史没有任何区别。像当代史一样，它的存在的条件是，它所述的事迹必须在历史家心灵中回荡……可见，当代史固然是直接从生活中涌现出来的，被称为非当代史的历史也是从生活中涌现出来的，因为，显而易见，只有现在生活中的兴趣方能使人去研究过去的事实。因此，这种过去的事实只要和现在生活的兴趣打成一片，它就不是针对一种过去的兴趣而是针对一种现在的兴趣的”。“一切真历史都是当代史”。“当代性不是某一类历史的特征，而是一切历史的内在特征”。既然所有历史只是“历史家心灵中回荡”的产物，是“针对一种现在的兴趣”而编造出来的，现在性或当代性“是一切历史的特征”，毫无疑问，历史学根本就不存在，并且也不可能存在什么客观的一定的研究对象了。因此，克罗齐继续论证：历史研究中必须毫不心痛地抛弃那种一般历史或“普遍史”的想法。“‘普遍史’也不是一种具体的活动或事实，而是一种‘主张’，是一种起因于编年体及其‘物自体’的主张，是一种起因于一个奇怪的建议的主张”。历史变成“不是一种具体的活动或事实”了，而只是因时、因人不同的“主张”“建议”了，提出历史研究的客观对象问题，当然再也没有意义。那末，这种与历史事实、活动无关的“主张”“建议”又从何处产生出来？克罗齐明确回答说，“精神就是世界……精神的自我意识就是哲学，哲学就是它的历史，或者说，历史就是它的哲学，二者在本质上是同一的”。[①] 克罗齐以新黑格尔主义学派的代表人物之一著称。他的这些议论，非常明显：根本拒绝承认历史学有不以“历史家心灵中回荡”为转移的客观对象，是一味从事以“当代”主义或现在主义为牌号的历史唯心主义说教的。相对主义、现在主义的其他一些主张者，或者用一种对科学缺乏严肃态度的口吻说，历史嘛，不过是一只猫而已，它让人抓住尾巴扔到了它很不想去的地方。不同观点的人完全可以用相同的材料写出相反的著作。或

---

① 贝奈戴托 · 克罗齐（Benedetto Croce）：《历史学的理论和实际》，商务印书馆 1982 年版，第 1、2、3、39、249 页。

者说“历史事实是以形象的形式存在于某某人的意识里，因此，它是现代的，是现在的一部分”，而且是可以随着某某人现在的意识变化的。① 他们完全凭主观对待历史事物，没有给研究问题提供任何合理的因素。照这主张，就是说，客观实在的研究对象并不存在，你讨论什么？

第二种，凡属过去的一切全部都是历史研究的对象。过去的一切事物都是历史事物，历史唯物主义这样认为，历史唯心主义也这样认为。人们的历史观点五光十色，却没有人试图否认这个事实。但这并不等于说，凡过去的一切都是历史科学研究的对象。“一切”之中，万事万物，无所不有。“一切”都成为研究对象了，实际就取消历史科学研究的对象了。

主张凡过去的一切都是对象的研究者，可以举出马克思主义著作上的话作为依据。马克思、恩格斯说，“我们仅仅知道一门唯一的科学，即历史科学”。后来恩格斯把“唯一的科学”改为“凡不是自然科学的科学都是历史科学”②，也仍然指出历史科学的范围是至大至广，无所不包的。这不正是说，一切过去的事物都是历史研究的对象吗？其实不然。马克思、恩格斯从来也没有说，不属于自然科学的哲学、政治经济学和其他社会科学都与历史学是同一门科学，也从来没有说哲学、政治经济学和其他社会科学研究的对象，就是历史研究的对象。相反，马克思主义的基本著作，例如恩格斯的《反杜林论》、列宁的《马克思主义的三个来源与三个组成部分》等，对哲学、政治经济学、社会主义学说都是分门别类论述的。历史学的地位，在那些论述中甚至提也没有提到。恩格斯、列宁还分别论述过哲学、政治经济学的研究任务、研究对象。他们并没有把这些不同的科学一股脑儿归到历史学里面去，没有认为这些科学研究的对象，统统应当看作历史学研究的对象。对于“凡不是自然科学的科学都是历史科学”，恩格斯是在解释“一切历史科学”这个概念的时候讲的。“一切”，当然就不止一门一科，里面有各种内容。在《反杜林论》上，恩格斯分析人类认识领域的“三大部分”时，更作过明确的说明。他说：“在第三类科学中，即在按历史顺序和现在的结果来研究人的生活条件、社会关系、法律形式和国家形式以及它们的哲学、宗教、艺术等等这些观念的上

---

① 斯·贝克尔：《什么是历史事实》，《西方政治季刊》1955年第8卷第3期，第332页。C.L.Beker， What are Historical Facts，The Western Political Quarterly.

②《马克思恩格斯全集》第3卷，第20页；第13卷，第526页。

层建筑的历史科学中，永恒真理的情况还更糟。”“我们在人类历史领域中的科学比在生物学领域中的科学还要落后得多……”“在这里认识在本质上是相对的，因为它只限于了解一定的社会形式和国家形式的联系和后果，这些形式只存在于一定的时代和一定的民族中，而且按其本性来说都是暂时的。”[①]何谓“凡不是自然科学的科学都是历史科学”，这个说明足以消除一切误解。“第三类科学”“人类历史领域中的科学”，范围太宽广了。正像第一类数理科学、第二类生物科学那样，它们各自包括许多不同的科学，许多不同的研究对象。没有人会认为第一类科学中的数学、物理、化学等是同一个研究对象，第二类科学中的细菌、植物、飞禽走兽等也是同一个研究对象。借用动物或植物分类学的名词来说，历史学不过是历史“类”里面的一“种”、一“属”。历史学研究对象问题所要解决的，不是这个“类”研究什么，而是这个“类”里面历史学“种”或“属”研究什么。它们的界线一目了然。所以，凡过去的一切都是历史研究对象的主张，是不能成立的。

第三种，历史上某些事物、领域或某种状况是历史研究的对象。同第一、第二种相比，这要算作一大类。它们立说角度各不相同，需要一一分别叙述。

人、“人事”对象说。

人类历史的第一个前提，无疑是有生命的个人的存在。离开了人的活动，也就无所谓人类社会历史。把人、“人事”作为历史研究的对象，看来似乎没有什么可争议的。

中国、外国一些古典历史名著的作者，大体上都持有这种见解。司马迁引前人的话说：《春秋》的特点，是“上明三王之道，下辨人事之纪”。“《春秋》辩是非，故长于治人”。司马迁自己也是这样做的。他在《史记》上把叙述人物的社会政治活动作为中心。梁启超评论《史记》说：其最异前代者一事，曰：以人物为本位。故其书厕诸世界著作之林，其价值乃类普鲁塔克之英雄传。[②]塔西陀的《编年史》、李维《罗马史》、普鲁塔克《传记集》等，莫不以人的政治活动为叙述重点。《罗马史》和《传记集》中，大量辩论、应对的段落，与《左传》风格相近。它们都注意突出人物及其社会、政治活动。《罗马史》上夹杂不少宗教神话故事，说“罗马城中没有一块地方不充满着宗教

①《马克思恩格斯全集》第 20 卷，第 97—98 页。

② 梁启超：《中国历史研究法》，商务印书馆 1922 年版，第 25 页。

的关系，没有一块地方没有一位神明主持”，基本内容仍是讲的人，不是讲的神。《罗马帝国衰亡史》的作者吉本，认为历史的“主要题材是战争和政治”，也同样是主张历史研究的对象是人、“人事”。马克思说人是名副其实的政治动物；无论如何也天生是社会动物。[①]那些古典历史名著，能够流传至今，除了一些偶然性之外，它本身包含着不可缺少的合理因素，是重要的条件。

记述、论列人和“人事”，当然不是古典著作独有的特点。绝大多数的历史书都是这样编写出来的。但是仅仅叙述人、“人事”，一点也不能说明历史究竟是怎么回事。“历史不过是追求着自己目的的人的活动”[②]。谁也没有认为离开了个人追求自己目的的种种活动，还存在历史的发展。问题在于个人的活动以什么为先决条件，受什么支配？一些个人追求这样的目的，又一些个人追求相反的目的；一些个人设置障碍，又一些个人千方百计突破那些障碍；这些个人结成这样的集团，那些个人又结成那样的集团；个人、集团追求自己的目的，又总不是按照自己的愿望、设想实现那些目的。一部文明史，全部是在这些个人、个人集团的尖锐冲突、斗争中走过来的。各个国家、民族的历史各有自己的特色，不少国家、民族走过的道路又大体相同。尽管许多历史现象反复无常，又总不脱离某种大致的轨道。只讲个人的活动，只从个人的活动来看，什么也没有说出来，什么也不能叫人了解。至于以个人为本位的英雄史观、心理史观等，或者把社会阶级的差别，最后引向人的自然差别，或者使历史变成人的随心所欲的活动，玄妙莫测，根本缺少科学性。

人、“人事”被作为历史研究的中心，如果最初表现了朴素的带有唯物倾向的思想认识，那么在近、现代，在一部分研究者中，就变成了一种完全相反的东西。当代西方哲学、历史界，关于“人”的研究，极尽热闹之能事。讨论和争论人的“本质”、人的“异化”、人性、人在历史上的地位和作用的论文和专著，像潮水一般涌起。国内也有的作者认为解决对人的认识，是哲学社会科学的首要问题。他们的理由是，马克思在论费尔巴哈提纲上说过，新唯物主义的立脚点，是人类社会或社会化的人；恩格斯也说过，人们首先必须吃、喝、住、穿，然后才能从事政治、科学、艺术、宗教及其他。然而持这种主张的作者，把马克思作为前提条件的“社会”、恩格斯强调的吃、喝、

①《马克思恩格斯全集》第46卷，第21页；第23卷，第363页。

②《马克思恩格斯全集》第2卷，第118—119页。

住、穿都一起抽掉，而只剩下不食五谷烟火的“人”了。那些关于“人”的研究讨论，不少是从哲学角度提出的，与如何看待历史研究的对象有密切的关系。他们把历史唯物主义说成是宿命论，是和神学、宗教一样的东西，痛加诋毁。一些早就由马克思主义的科学批判彻底驳倒了的论点，他们重新捡起来，当作新的武器使用。他们说，历史唯物论中忽略了人。法国存在主义哲学家萨特说，在马克思主义学说中存在一个“人学的空场”。他给自己提出要建立“历史人学”的任务。他认为社会的发展是人的异化——造反——再异化——再造反，是人的异化造反的永无止境的循环。主张用人性、人的异化解释历史，显然规避了这样一个根本性的问题：所谓人性、人的异化又是由什么决定的？十分明显，这种主张是出发于历史唯心论，是把矛头指向历史唯物主义，指向马克思主义的阶级、阶级斗争学说的。它与不能说明历史实质但具有合理因素的人、“人事”说相比，貌似深奥，其实很表浅，并且倒退了一大截。

“社会”对象说。

世界资本主义登上历史舞台以后，人的眼界大为开阔了。“社会”对象说跟着兴起，一段时间里成为起支配作用的学说。

西方近代关于史学方法论的著作名号繁多。其中主张人类社会是历史研究对象的占相当地位。例如德国史学家伯伦汉（E.Bernheim）、法国学者赛诺波（Seignobos）等人讲历史方法论的书，都有这方面的议论。

中国学者里面，认为历史研究必须以社会为对象的，梁启超要算最早的一人。他从1903年发表《中国史叙论》、1904年发表《新史学》到1922年出版《中国历史研究法》，一直鼓吹这个看法，大体没有改变。梁启超猛烈批判旧史书的种种严重缺陷，自问自答道：什么才是正确的历史书？回答是，“纪述人类社会赓续活动之体相，校其总成绩，求得其因果关系，以为现代一般人活动之资鉴者也”。不说“人”的活动，而必定要说“人类社会”活动，是要确认一切史迹，不论是个人独立活动所造成，或者是众人协力活动所造成，必须是以社会为范围的，它的作用必须是关系到全社会或者至少关系于社会某一部分的。历史是人类全体或其大多数共同构成的业绩，“故其性质非单独的，而社会的也”。梁启超从这个观点出发，评价《史记》《汉书》的异同说：两书体裁的差别是“《史记》以社会全体为史的中枢，故不失为国民的历史；《汉书》以下则以帝室为史的中枢，自是而史乃变为帝王家谱矣”。他从史观、体裁、史料等各个方面广泛论述，集中到一点：人们需要的不是“皇帝教科书”，而是《国民资治通鉴》；研究的对象不是“人”，而是“人类社会”。①

“人类社会”无所不包，从何处着眼，就算符合于科学的要求了呢？社会心理论、社会进化论等，分别提出了自己的看法。

社会心理论，来自资产阶级社会学中一派的主张。那个学派认定，社会现象在性质方面是心理的。凡有心理交互作用的地方，就有社会，凡没有心理关系的地方，就无所谓社会。德国历史家拉姆—莱希特（Lam-precht）的《近代历史学》上说：“近代的历史学，是社会心理学的学问。现在历史学新旧的争论，就是研究历史，本于社会心的要素？还是本于个人心的要素？”②所谓“社会心的要素”“个人心的要素”，不管怎么解释，都不超越心理、精神的范围。历史唯心主义给自己加上“社会”二字，显得时髦一点，实际什么也没有改变。

生物学的进化论学说应用于历史，一时被看作重要的科学方法。世界文化发达地区都有过它的热烈拥护者。梁启超在这里没有区分对象、观点与方法。他主张历史研究要以社会为对象，具体地说，就是主张社会进化论。他关于新史学提出的要求说：“第一，……叙述进化之现象”；“第二，……叙述人群进化之现象”；“第三，……叙述人群进化之现象而求得其公理公例”。③梁启超的好友夏曾佑著《中国古代史》，一开头便写着：“至于生物学家者，创于此百年以内，最著者英人达尔文之《种源论》。”书里面多处照着进化论的原则，论证中国史迹。如说：凡今天的文明国家，当初必是由渔猎社会进入游牧社会的。“自渔猎社会改为游牧社会，而社会一大进”。凡今天的文明国家，当初又必是由游牧社会进入耕稼社会的。“自游牧社会改为耕稼社会，而社会又一大进”。中国汉族在包牺（亦作伏羲）时代已达到游牧社会，神农时代已达到耕稼社会。《左传》上有关于用青铜做兵器的记载，《史记》上有“铁剑利则士勇”的记载，那就是“西人所谓铜刀期与铁刀期”。④

达尔文的生物进化论，是同陈腐教条作斗争的生物学和关于物种起源与发展的唯物主义学说。从进化观点看待历史，进步意义十分明显。资产阶级

① 梁启超：《中国历史研究法》，第4、2页。

② 罗伯逊：《新史学》，何炳松中译本，第1页，朱希祖序。

③ 梁启超：《饮冰室合集》第4册文集39卷，第1—11页。

④ 夏曾佑：《中国古代史》，第10、11、180页。

历史学者运用进化论中的“物竞天择”“生存竞争”等观念解释历史，反对神学史观，反对否认社会变革前进的封建历史观点，最初起过积极的作用。但是自然科学规律并不能解释社会历史。照搬生物科学的规律来说明历史，不但没有科学性，而且只会破坏科学的历史学说。

关于进化论，恩格斯在给一位俄国社会学家的信里和在《反杜林论》里，先后作过评论。恩格斯说：在达尔文的学说中我同意他的进化论。但是我认为达尔文证明的方法（生存斗争，自然选择）只是对一种新发现的事实所作的初步的、暂时的、不完善的说明。我否认它是无条件正确的，特别是涉及马尔萨斯学说的时候。达尔文的全部生存斗争学说，不过是霍布斯一切人反对一切人的战争的学说和资产阶级经济学的竞争学说，以及马尔萨斯人口论从社会搬到生物界而已。变完这个戏法以后，再把同一种理论从有机界搬回历史，然后就断言仿佛已经证明这些理论具有人类社会的永恒规律的效力。这种做法的幼稚可笑是一望而知的，根本用不着对此多费唇舌。人类社会和动物社会的本质区别在于，动物最多只是搜集，而人则能从事生产。仅仅由于这个唯一的然而是基本的区别，就不可能把动物社会的规律直接搬到人类社会中来。只要把迄今的历史看作一系列的阶级斗争，就足以看出，把这种历史理解为“生存斗争”的稍加改变的翻版是如何的肤浅。[①]中国和外国不少著述家，恰恰就是用“稍加改变的翻版”的“生存斗争”来解释历史的。

赫胥黎著《进化论与伦理学》，维护、传播达尔文进化论，讲自然的部分是唯物主义的，讲社会的部分就变成了唯心主义。严复在取名《天演论》的译本上说：“是故常法牝牡合而生生，祖孙再传，食指三倍，以有涯之资生，奉无穷之传衍，物既各爱其生矣，不出于争，将胡获耶？”“天地之大德曰生，而含生之伦，莫不孳乳，乐牝牡之合，而保爱所出者，此无化与有化之民所同也。……以有限之地产，供无穷之孳生，不足则争，干戈又动，周而复始，循若无端。此天下之生所以一治而一乱也。”[②]很明显，这是马尔萨斯的观点。进化论在历史学上行不通，牵强附会去照搬，只能被称为社会达尔文主义，抛到一边。

梁启超那样强调历史是研究人类社会，强调进化论的重要，但他并没有

① 《马克思恩格斯全集》第 34 卷，第 161—164 页。

② 赫胥黎：《天演论》，严复中译本。

办法把这种主张贯彻下去，一路说通。他只好自相矛盾，搬出陈旧的英雄史观来胡乱搪塞。英国唯心论哲学家罗素在某处说，“一部世界史，试将其中十余人抽出，恐局面或将全变”。梁启超附和罗素的说法，以为中国全部历史，抽掉孔子、秦始皇、汉武帝，就会不成样子；同样地，佛学界抽掉道安、玄奘等，宋明清思想界抽掉朱熹、陆九渊、顾炎武、戴震等，也会不成样子。结论是：“此等人得名之曰‘历史的人格者’。”他们是历史真正的主动力。“而其人面影之扩大，几于掩复其社会也”。[①]用进化论解释历史必定走进死胡同，这是生动的实例。

“结构”对象说。

结构论或“结构主义”，兴起于20世纪60年代。结构主义内部又分成若干小流派，分别为当前西方部分编史工作者所遵信。

结构主义“大师”、法国人类学家列维—斯特劳斯（Lèvy-Strauss），主张“用模式的帮助去解释社会关系”，有它合理的地方。结构主义者认为，人所要认识的社会现象，杂乱无章，没有秩序。人要达到有秩序的认识，就要掌握现象的结构。社会生活中结构的种类很多，从夫妻关系、亲属关系到神话传说体系，以及各式各样的社会习俗惯例，无不有自己的结构。因此结构的研究，是认识社会的焦点。结构主义在承认社会现象中的所谓“表层结构”是可以观察到的经验现象的时候，带有唯物倾向。他们一般也不否认马克思主义的重要意义。他们把社会结构作为历史研究的主要对象，力求克服历史学的简单“纪事”与“个体描述”状况，也使历史家有可能广泛注意过去。这些地方，使结构主义不同于其他非马克思主义的学派。但是，结构主义不承认结构现象以外存在着社会历史运动的客观物质性的东西。结构变成了一切，方法变成了对象。合理的地方被湮没了。这表现在：（一）结构主义者通常所说的结构是所谓“深层结构”，它并非独立于人的意识之外的客观事物，而是人类心智的产物，是先验性的东西。它作为一种原始范畴，不但超阶级，甚至凌驾于人类社会之上。这就成了彻底的唯心主义。（二）结构主义重视的不限于社会生活中的个别现象，转而注意普遍现象了。然而在他们看来，那些现象各自分散存在，并无彼此相关的内部的动力，更谈不到客观体系问题。因此就算把所有结构，都整齐划分出来了，整个社会也不能脱离杂乱的堆积，

① 梁启超：《中国历史研究法》，第179、180页。

不过由个别事件变成了结构的堆积。（三）结构主义的原理又是同时态高于历时态，而人类社会生活的实际情况却相反，一切都在不停息的变动中。历史要研究同时态，但必须从历时态即从它的发展过程中去得到了解。仅仅看看这几条，结构主义根本无法认识历史研究的对象，就很清楚了。

马克思主义尽管吸引了结构主义者很大的注意，他们并不因此承认它的指导作用。对于历史，他们从结构主义出发，抱悲观态度，看不见人类历史发展的前景。列维—斯特劳斯叙述他对马克思学说和历史的看法时说：马克思的著作对我的思想发展起过巨大的作用。马克思教会了我许多东西。这些东西对于“人文科学”来说，是有决定意义的成果。我把马克思放在思想史上与其他思想家如笛卡尔、康德等人平列的地位，不想说他有一种特权的地位。“我认为历史是绝对不可预见的，这是我的一个信念”[①]。结构主义的另一位代表人物法国哲学家路易 · 阿尔都塞（Louis Althusser）认真研究过马克思主义理论，发表的著作有《读〈资本论〉》《保卫马克思》等，被称为“结构主义的马克思主义者”。阿尔都塞反对“黑格尔派的马克思主义者”这样的企图：用马克思早期思想取代马克思主义。他强调马克思只是对青年时代的理论基础——人的哲学——作了彻底的批判以后，才达到了科学的历史理论；马克思反对从“人的本质”的思辨概念中去引申和演绎出社会发展的必然性来。他强调要对社会结构作客观的、科学的分析，去了解社会结构的变化。这些无疑都是正确的。但是阿尔都塞由于并非站在马克思主义的立场上来阐明马克思的学说，而是从结构主义的观点出发来解释这个学说，结果行不通。于是他掉回头去，宣布马克思主义发生了“危机”，否认马克思著作中有任何真正关于阶级斗争的理论，说共产主义“这种遥远的前景也许永远得不到实现”。阿尔都塞在结构主义里面站在激进的一翼，从接近走向真理的道路开始，以远离真理的道路告终。这是违反科学的理论最终必定找不到出路的又一个实例。

与结构主义的研究方向、经历的过程近似的有著名的法国《年鉴》学派。它兴起的时间早于前者，影响仅次于前者。

吕西安 · 费弗尔（L.Febvre）、布洛克（Broe）和后来的布罗代尔（Broudeur）

---

① 列维—斯特劳斯：《可悲的西方》，意大利《再生》周刊 1982 年第 26 期，第 33 页。Lèvy-Strauss，Il Triste Occidente Rinascita.

创办和主持《经济史和社会史年鉴》，注重研究经济史和社会生活，不取简单“纪事”与历史“个体描述”，主张“总体历史”。这不仅使历史研究的领域扩大了，而且对一些问题的认识也跟着深入，完全有异于陈旧的历史观念。在西方，这种史观所以保持它的影响，决非偶然。《年鉴》学派的创始人，对马克思主义的科学意义也表称赞。费弗尔说：“任何一个历史家，即使他从来没有读过一行马克思的著作，或者他认为除了在科学领域之外自己在各方面都是狂热的反马克思主义者，也不可避免地要用马克思主义的方法来思考和了解事实和例证，马克思表达得那样完美的许多思想早已成为我们这一代精神宝库的共同储备的一部分。”[①] 布罗代尔并且努力研究《资本论》，说马克思在设计人类发展的第一个“全球模式”中处在优先地位。但他拒绝承认历史唯物主义的一元史观。他们自称采取第三种立场，既不彻底唯心主义，也不彻底唯物主义。布罗代尔强调建立总体历史，但由于找不到社会整体性的真正基础，完全事与愿违。西方一些学者称布罗代尔的《地中海与菲利普二世时代的地中海世界》《15 至 18 世纪的物质文明、经济和资本主义》为经典著作。在《物质文明》里，布罗代尔不厌其烦地叙述 15 世纪欧洲的国王和皇帝如何还是用手抓饭，后来才改为用餐具吃饭；西班牙主宰欧洲的时候，各国贵族如何仿效马德里宫廷穿简朴的黑色衣服，后来法国强大起来，人们又如何仿效巴黎，接受了花色服饰。欧洲 16 至 18 世纪猛烈向外扩张，原因何在？布罗代尔从物质生活研究中作出的答案是，欧洲饮食习惯使然。欧洲的土地和气候有利于畜牧业，人们喜欢吃肉。但由于没有冷冻设备，肉类容易腐臭，必须用印度的胡椒和香料作为调料。正是为了获得这些东西，欧洲人开始冒险旅行。其结果便是本来欧洲的小国在世界各地建立起了自己的霸权云云。这种说法抛开社会生产力发展的水平，把表面的东西夸大为根本的东西。人们很容易看出，它距离历史真实何等遥远！至今有的研究者仍称赞这类描述是“写历史的一种新方法”。国王餐具、宫廷服饰等，自然可以称作“物质文明”，也不妨研究。但是从这样的文明说明历史，那只能是像斯宾塞所嘲笑的：东邻产猫，事非不实，其不关体要，也未免太甚了！

不论结构主义还是《年鉴》学派，都作了一些新的探索。但是它们谁也

---

① 吕·费弗尔：《技术、科学和马克思主义》，《经济史与社会史年鉴》1935 年第 56 期，第 621 页。L.Febvre Techniques，Sciences et marxisme，Aunales d'histoire，economique et Sociale.

没有在解决历史研究的对象问题上取得前进。它们的探索有助于打破“个体描述”那种繁琐主义，但反过去又陷入了一种无“个体描述”的繁琐主义。

“文化”对象说。

中国没有把文化作为历史研究对象的重要代表者。在西方，这种主张也是近代才有的。《西方的没落》一书的著者，20年代西方名噪一时的哲学家斯宾格勒（Oswald Spegler），提出以“文化形态学”为中心的“历史形态学”，推荐给思想界、史学界。一种把文化作为历史主要研究对象的看法从此为人们所议论。

斯宾格勒认为，历史是世界各种文化的共存或连贯，每一种文化都是独特的、不可重复的、与外界隔绝以及同其他文明世界毫无共同之处的现象。过去历史学按时间顺序划分时期的做法，是陈旧的“托勒密的历史体系”。新的历史分期，应当建立在文化类比的基础上。这就是“历史形态的方法”，是“哥白尼式的革命”方法。[①] 按照这种新的体系，古代希腊、罗马和西欧，以至印度、巴比伦、中国、埃及、阿拉伯文化和玛雅文化，它们都可以看作是处在同一个中心位置，是统一的生活的不同表现和反映。各种文化的发展变化的式样，也是相同的。它们都有自己的童年、青年、成年和老年。一种文化大约不过千年，总要停滞下来，最后归于灭亡。斯宾格勒有句格言：“一个历史家越是出色，它越会同科学本身疏远。”[②] 但他还是大言炎炎，说自己发明的“历史形态学”这种“革命”，差不多把历史知识提高到了只有物理学家通过多次计算才能做到的那种准确性。究竟这种方法怎样使历史学竟然精密到了物理学的程度，斯宾格勒没有作出任何可信的说明。他所叙述的那些文化，来无影，去无踪，既没有历史的继承，也排除了历史的进步。所谓“历史形态学”，从《西方的没落》书名就可以知道，实际是著者伤感资本主义现实危机的挽歌。那上面凭主观任意解说历史，缺少客观实际的研究。

“文化史观”——也只有“文化”是历史研究的对象，这个主张由斯宾格勒鼓吹，到英国历史家汤因比（Toynbee）就灿然大备了。汤因比在他的卷帙浩繁的《历史研究》上，一开头就指出，历史研究的正确对象，既不是描述

---

① 奥·斯宾格勒:《西方的没落》，阿特金森英文版导言，商务印书馆中译本1963年版，第34页。

② 奥·斯宾格勒:《西方的没落》第1卷，第154页。

在时间与空间上彼此接近的突出事件，也不是国家和社会团体或以全人类作为一个单位的历史。历史研究的可以自行说明问题的范围，在空间与时间上都大于民族、国家、城邦，或任何其他政治集体组织。历史学者们所必须处理的“社会原子”，不是国家，而是社会。所谓“社会”也就是“文明”。内容从宗教的特征到部分政治上的特征，它是“社会的一个品种”。不是别的，正是这些远离历史实际运动和活动的“文明”，才是历史研究的正确对象。斯宾格勒叫“文化”（也把各种文化的结束阶段叫“文明”），汤因比叫“文明”，内容并无两样。

汤因比叙述说：所有文明，从哲学意义上说，是“同时代的”。这虽是一种新的见解，西方自然科学所提供的背景使它得到确证。人类社会文明史，经过了五六千年，但是和地质学、宇宙进化论所表明的时间比较一下，在纪元前第二个一千年出现的古代埃及文明，以及在纪元第一个一千年出现的欧洲基督教文明，确实彼此都是同时的。“这样，在人类社会的历史这个意义上，历史就是在一个新事业中的许多平行的、同时的和新近的努力行为：自有人类以来，直到现在，人类曾经进行了二十次左右的努力，企图克服他们已经昏睡于其中几十万年的原始状态……”①。汤因比所说的人类二十次左右的努力，是指他举出的包括古代埃及、巴比伦、古代中国、印度在内的二十几个“文明”的出现和存在。它们从二十一个陆续增加到二十五六个为止。

汤因比的“文明”或文化对象说，究竟有多少科学性，以前有不少研究者作过评论。在这里，可以看看美国作者索罗金（Pitirim A.Sorokin）的评价。这位研究者在一篇长文中写道：汤因比的庞大著作有两个根本缺陷：一是把“文明”当作历史研究的单位问题，二是作为汤因比历史哲学基础的“文明”的起源、生长和衰落的基本设想问题。它们不是细节、一般缺点，而是著者历史哲学的心脏和灵魂中的问题。汤因比的“文明”并不是什么真正的体系。一切自成体系的事物，其中某个重要组成部分发生了变化，其他的部分也就要发生变化。如若不然，就是甲与乙本来各不相干，只是人把它们简单地堆砌在一起了。汤因比的“文明”体系就是这样。它只是许多与文明有关的事物和现象的集合，在它们之间只有特殊的近似性，而没有什么可能发生关系的或具有意义的联系。它们并不是什么真正的“社会的品种”，完全只是一

① 阿·汤因比：《历史研究》，索麦维尔节录本，商务印书馆中译本，第1册，第44页。

个“大卸货场”。我们没有根据拿它们当作整体来看待，在它们彼此之间的起源、生长和衰败之间也就没有什么共同性可言。并且这些概念对于事物和现象的堆砌来说也是不适用的，因为堆砌的事物和现象，是不能生长和衰败的。它们和一个卸货场的组成部分一样，我们只能加以整理，使它增加或使之减少，但是我们无法说，一个“文明的卸货场”的生长或衰败，也无法谈论什么“事物与事件的空间集合”。汤因比的“理论的所有其他缺点和错误，都是由于这个‘原始的罪恶’引起的。这个罪恶因为作者犯了另一个致命的错误而更加严重了。那就是他接受了‘起源、生长、衰败’的老学说——从弗洛鲁斯到斯宾格勒——把它作为文明变化的标准式样。这个学说，很可能是现有的关于文明变化的一种最坏的学说，而对于汤因比的理论来说，它造成加倍的致命伤”。他“犯了无可挽救的错误，把他的两座巨大的建筑物建筑在所谓一片散沙还不如的基础上”[①]。与索罗金的看法类似的，还可以举出吉村融的批评。这位日本学者指出，汤因比的历史理论，是同他的独特体验和主观愿望联系着的。“因此他的理论与其说是灵活的、科学的理论体系，不如说是随感式的东西，甚至可以说是一般知识”[②]。

索罗金、吉村融的批评公平吗？很公平。汤因比的文化或文明史对象说，之所以不可取，道理很简单：它根本抛开具体的时间、场所、事件和人物，不把某个具体的国家、民族，某个特定时代的社会生活和斗争，作为历史研究的对象，它不在具体的历史运动之中，而在远离历史的九霄云外去谈论历史。因此，他所说的研究对象，本身就从来没有构造成一种对象。他在叙述自己的“文明史观”时，那些《圣经》概念的应用，基督教教义式的解说，“神的计划”的皈依和宣传，恰如其分地表现了它们的一致。

汤因比费尽毕生精力，致力于《历史研究》及其有关写作，他的劳动难道就毫无意义吗？当然不是。汤因比的洋洋大著同斯宾格勒的《西方的没落》一样，都是资本主义制度现实危机的产物。关于这一点，汤因比本人说得相当清楚，并不避讳。他目睹西方文明，也就是资本主义社会各种衰落与解体的现象，惶恐焦虑，但又希望有奇迹出现。他说：“我们应该祈祷，我们也必

---

① 帕·索罗金：《汤因比的历史哲学》，《汤因比和历史》论文集，1956年英文版。P.A.Sorokin, Toynbee and History.

② 吉村融：《现代英美的历史理论》，日本《哲学杂志》历史哲学专刊，第749号。

须祈祷。上帝曾对我们的社会恩准过一次缓刑，现在如果我们再一次以负疚认罪的精神和哀求怜悯的心情向上帝呼吁，他是不会拒绝我们的。”[①]试看这种“理论”到底会使历史研究与科学的要求接近，还是背道而驰？

“综合史观”与“分散史”说。

“综合史观”由来已久。经验主义的罗列现象，或者以某个专门领域如文化、社会心理等作为历史研究对象，都明显地不能令人满意。“综合史观”以纠正前者的缺陷出现，自成一说。

法国哲学家、历史家昂利·贝尔（Henri Berre），早在20世纪初就开始建立一个“国际综合研究中心”，并出版《历史综合评论》。30年代参加过这个刊物的有一些最卓越的学者如物理学家爱因斯坦、朗之万以及历史学家费弗尔、布洛克、英国屈威廉（George Macau1ay Treve1yan）等人。他们的政治、学术观点极不相同。他们在一起活动，足以给《历史综合评论》杂志造成相当的声望。贝尔对社会进步与科学知识的成就抱着强烈的信念。他反驳那种肆意歪曲历史研究的科学性的论调说，“有人说历史脱离现实是因为它过于科学了；相反地，我坚信这种情况之所以出现，是因为它的科学性还不足”[②]。他反对客观主义和事实堆积，以及随心所欲的历史公式。

贝尔的观点中这些先进的地方必须看到。但他坚持历史唯心主义，不敢承认马克思主义。他说，什么是资产阶级的或无产阶级的、唯物主义或唯心主义的历史学呢？回答是：“真理既没有倾向性，也不是绝无仅有的。是唯物主义还是唯心主义？不。是唯物主义，又是唯心主义。”“马克思的影响是一切有知识的和真诚的历史家都感受到的，也都承认的。”然后又赶紧补充说：“他的影响被公认了，但是他的学说是不能接受的。”[③]贝尔以反传统相号召，实际上仍旧受着唯心主义传统的支配。因此，他的所谓“综合历史”，不过是传统史学、旧的哲学和实证主义社会学的折中、杂凑和混合，根本无法指出历史研究的切实对象是什么。他讲了不少因果关系、历史规律，最后没有哪一项能够成立，给历史科学增添新的内容。在经过40年的时起时落的宣传之

---

① 阿·汤因比：《历史研究》，索麦维尔节录本，商务印书馆中译本，第2册，第393页。

② 昂·贝尔：《历史中的综合》，巴黎1953年版，第12页。Henri Berre，Lasynthèseen en Histoire.

③ 昂·贝尔：《第七届国际历史科学会议》，《综合评论·历史综合》1933年12月法文版，第5卷第3期，第200、202页。Henri Berre，Le VII Congrès Internationa1 des Sciences Historique，Revue de Synthèse Synthèse Historique.

后，贝尔自己承认，他的关于“综合历史”的思想，“完全没有被人应用，甚至也没有得到严肃的讨论”。[①] 热闹过一阵的贝尔的“综合历史”就这样作了总结。

《历史综合评论》以外，综合史观也为其他一些研究者所宣传。他们说：历史的分类研究，越来越发达。政治、战争、美术、法律、宗教、科学、文化等都分类去研究了，普通的历史研究还有无必要，几乎成了一个问题。事实上，早就有人说过，历史不过是其他科学“残余的东西”的代名词。它的内容已经被其他的学科一部分一部分地瓜分掉了。而且不久就要有一种科学起来，把现在历史家“残余的财产”也完全拿去。也就是说，历史学正在丧失它的全部研究对象。分类研究有好处，但是如果没有人去研究它们的全体，分类的研究难免产生荒谬的结果。“研究全体进程的人，就是历史家”。他应该把社会科学的结果综合起来，去检验那些分门别类的学问。历史家的这种综合研究，其价值，比文学家稍稍高一些，比天文学或生物学家低得太多了，等等。这类议论，很能说明他们那一派人对历史的看法。

“综合史”不能提出历史研究的切实对象，很容易为人们所看出。主观唯心论的研究，于是又从与它相反的方向去另立新说。《年鉴》学派的“革新派”所提出的“分散史”学说，就表现了这个方向。

《年鉴》学派创始者们所主张的“总体历史”，本来建立在拒绝历史一元论、主张多因素性观点的基础上。它实际接近于综合历史。60年代中期开始，“革新派”抛弃旧说，来个一百八十度大转弯，把“总体史”变为“分散史”。他们提出各种口号，例如历史研究的局部化，历史的“无人”化，历史的“分散”“系列”化等。他们主张把历史上社会的人分为宗教人、经济人、政治人去说明解释。他们说：由马克思发起的关于归根到底是哪一个社会现象层次决定整个社会发展的争论，可以说，是关于“系列的系列”的争论。这种争论在历史学家对历史整体的文化计量和社会文化计量系统还没有一一罗列出来和描述它的具体形式之前，是不可能有成效的。也就是说，在“分散史”的研究，还没有把他们所认为的社会文化计量计算清楚、排列和描述出来以前，历史是根本无法认识的。他们所指的社会文化计量无边无际，究竟以什么为客观标准，何以就能成为客观标准？谁也知道他们不会作

① 昂·贝尔：《历史中的综合》，第292、308页。

出有意义的回答。

与“综合”对象说相比，“分散史”明显地表现得现代化一些。他们更加注意解释历史与资本主义制度现实的联系。18 世纪末，法国资产阶级革命的重大历史意义早有定论。A. 马迪厄（A.Mathiez）等人在这方面做的贡献最为显著。“分散史”的主张者现在宣称，遵循 A. 马迪厄—J. 饶勒斯（J.Taurès）—J. 费弗尔（J.Fèvre）—A. 索布尔（A.Soboul）的路线发展下来的关于法国革命的“古典”史学，乃是无稽之谈。历史研究中的人，阶级社会中是阶级的人。他们主张“历史的无人性化”，对于矛盾重重的资本主义现实，多少可以具有某种心理的价值。

“综合”与“分散”，形式上相对立，在根本点上它们完全一致。无论认为只有综合或只有分散才可以成为科学，非常明显地显露出这类学说的主张者，对社会现象的多样性困惑不解，无法从中分辨出历史学到底应当以什么为对象。和结构主义者相像，在他们看来，历史事物中并没有内在、统一的联系，各种现象里不存在起决定作用的力量。一切都平列在一起，一切都可以说出彼此间的某种关系，一切又都没有不可舍弃的关系。谁都不独立，谁又都各自独立，或每一个部分都自成“系列”。把它们相加在一起，或者把它们分散开来，按照人为的、外加的、仁者见仁智者见智的顺序排列起来，那就是历史的“全体进程”，就是历史。各种现象被看作具有同等意义，也就是各种现象中什么都可以成为历史学的对象，又没有什么是确定不移的对象。他们都反对一元史观，都主张多因素论。他们对各种现象照同等意义去综合、混合，或者相反，一一分散，计算数量，排成“系列”，不过是多元历史观不同式样的具体表现。他们都极力躲开历史现象中最本质的、造成整个社会关系客观体系的事物，而在综合与分散的形式上兜圈子。资产阶级历史学走进了死胡同，“综合”与“分散”学说，从一个方面说明了这种情况。

“规律”对象说。

“历史研究的对象是历史规律”，不少出版物上常常可以看到这样的说法。某些有影响的，或者郑重其事写出的论著上，首先就宣传这种主张。

波兰学者 A. 沙夫的《历史规律的客观性》一书，探索一个重要的科学问题，颇著成就。关于历史研究的对象，作者在《历史学与历史唯物主义》一节里写着："上面我们已经确定，史学和社会学具有研究的**共同对象**[①]：社会发展和发展的规律。现在我们可以认定，它们在研究方法和表达它们研究成果的方法上有着不同方式：在一种情形下是历史方式，在另一种情形下是逻辑方式。"[②] 沙夫的著作出版于50年代。60年代初，苏联学者出来纠正那种论点的错误。B.П.罗任在一部讲社会学的著作中批评说：决不能把历史与社会学两种科学的对象等同起来。历史科学研究的是整个社会生活及它的一切方面，"它并不揭示和表达指导历史科学的某些规律本身"。换句话说，历史科学是一步一趋地跟着事件走的，而马克思主义社会学则提供这些现象和事件的理论。然后A.B.古雷加在一篇专门论历史科学对象的长文中说：沙夫把批评锋芒针对资产阶级的个别记述理论，但他在激烈论战的时候犯了错误。沙夫"把两种虽同源但却异支的科学的对象等同起来了。历史和社会学研究的是同一的客体——人类社会，但是是从不同方面进行研究的。所以这两种科学的对象是不一同的"。在这个问题上，罗任正确地指出沙夫的论断的错误性，但是他对这位波兰学者的观点所持的立场，"却正是沙夫在书中所正确地加以批评的立场"[③]。很明显，古雷加所说的沙夫的错误，只在不应当把历史与社会学的对象同等看待，而不在历史研究是否应当以历史规律为对象。作者在他的长文中，一开始就指出，通常，一门科学的教科书，总是从论述那门科学的对象和方法开始的，也就是说，"它首先要论述这一学科研究些什么和如何研究的问题"。文章中叙述说："因此，历史的对象不仅仅是社会发展的规律，而且是这些规律的具体表现。"历史学家研究的不仅是对许多事件都共同具有的东西，而且也研究这些事件的单独的不再重复的许多特点。最后，作者的结论是："把上面所说的归纳一下。人类社会的发展、这种发展的规律及其过去的具体的表现，乃是通史研究的对象。历史科学的特点就在于它的任务既包括经验资料的概括，又包括事件的个别特征的直接再现。因此，历史广泛运用的不仅是逻辑的认识，而且还有富于感情的形象思维。"[④] 我们撇开一些枝节，如"通史"体裁等，作者经过种种论证以后，肯定历史研究的对象是历史规律，明白无误，斩钉截铁。

---

① 着重点是原有的。

② 阿 · 沙夫：《历史规律的客观性》，第272页。

③ 阿 · 古雷加：《论历史科学的对象》，苏联《历史问题》1964年第4期。

④ 同上。

费多谢耶夫、弗兰采夫两位苏联学者也就在几乎同一个时间里，发表过关于历史科学方法论问题的文章；并且在处理方式上表现得带有权威性。费多谢耶夫等的文章中，有一节叫《历史科学的对象》。那上面列举出了许多需要研究的方面或问题。例如研究近两个世纪各阶级、政党的历史；研究世界共产党和工人党、世界共产主义运动和工人运动的历史；研究苏联共产党的历史；研究马克思列宁主义思想发展的历史；以及研究城市和乡村之间的对立、脑力劳动和体力劳动之间的对立，民族和国家之间的矛盾，民族不平等和民族压迫现象，妇女屈辱无权的地位形成的历史等。作者然后总结说："历史科学的对象不是一成不变的，它随着人类社会生活本身的历史发展不断地扩大和丰富。"[①] 整个这一节，集中起来就是明确讲了这样一个观点："历史科学的对象不是一成不变的"，它会发展、扩大和丰富。至于历史研究的对象是否即为历史的规律，作者没有正面论述，但并无异议。

《历史问题》1982 年 7 月发表的一篇论历史主义的文章，在谈到什么是历史研究对象的时候，又一次肯定，历史研究的对象就是历史规律。作者莫基利尼茨基写道："对马克思主义历史主义来说，也不存在现代资产阶级科学中表现特别尖锐的一个问题，即什么是历史对象——是事件还是结构。"接着作者回答说："作为研究对象的具体的历史规律，乃是事件和结构，即历史静态和历史动态的统一。"[②] 事件与结构的关系怎样，与这里讨论的问题不发生牵涉。所谓"具体的历史规律"，并没有改变或增加、减少什么，仍然是历史规律。

中国的学术刊物中，也时常出现诸如"历史科学所研究的是人类历史的具体过程与具体规律"一类的说法。那些文章有的说得明确，有的含混一些，把规律作为对象，近乎众口一词。

历史研究的对象果然是历史规律吗?

稍微思索一下，就可以发现这个说法本身存在的混乱和无法自圆其说。任何一门科学所以能够成立，被人承认，就在于它的客观性，有规律可寻。事物的客观规律被认识了，人们就可以掌握、利用它，来造福于社会。违反客观规律，必定要受惩罚，决无幸免。自然界和人类社会，在这一点上只有表

---

① 费多谢耶夫、弗兰采夫:《关于历史科学的方法论问题》，苏联《历史问题》1964 年第 4 期。

② 莫基利尼茨基:《马克思历史主义与资产阶级历史主义》，苏联《历史问题》1982 年第 3 期。

现形式的差异。因此，任何一门科学，无不以寻求认识事物的规律性为任务，为目的。远离事物规律性的种种学说，不管如何说得天花乱坠，至少在全体上就否定了它本身足以成为一种科学性的学说。自然界和社会历史的现象何止千千万万。人们要认识某种现象的规律，就必须从现象中确定适当的对象去进行研究。各门科学寻求的具体规律不同，它们也就不存在同一的具体研究对象。数学的对象不同于物理学，物理学的对象不同于化学，化学的对象不同于生物学，社会科学的对象不同于自然科学，等等。说历史研究的对象是历史规律，它意味着什么呢？那正像是说，数学、物理学、化学、生物学的对象一概相同；社会科学与自然科学也一概相同；一切科学的对象一概相同。因为它们没有哪一家、哪一门不是以寻求事物的规律为目的、为任务的。恩格斯说，政治经济学从最广义的意义上说，"是研究人类社会中支配物质生活资料的生产和交换的规律的科学"[①]。恩格斯在这里讲的是，政治经济学是研究不同时代条件下物质生产、交换规律的那种科学，他并没有用规律去代替，混淆物质生产、交换这个特定对象。马克思《资本论》第一版序言说："我要在本书研究的，是资本主义生产方式以及和它相适应的生产关系和交换关系。"[②] 马克思清楚地告诉人们，他研究的对象是什么，并不是说他研究的规律是什么。说规律是研究的对象，就等于说在科学以前就认识了科学。谁也不会认为这合乎逻辑。皮之不存，毛将安傅？对象还没有找着，规律从何谈起。

对象、规律、任务和目的，它们有联系。但不论从哪个角度看，它们都不具有相近的意义，更不能混而为一。对象可以由研究者选择，规律不能创造，不能选择。任务、目的来自人的主观要求，规律独立于人的主观之外。对象在研究工作开始以前就可以而且必须提出，规律只有在研究过程中才能了解、发现，任务、目的，也只有这时才能实现、完成。所以，认为历史研究的对象是历史规律，除了表现自身的混乱，并没有告诉人们什么有益的东西。如果说，相当时间里，不少研究者不假思索，接受和传播了这种主张，那是只强调说明了这样一个事实：我们还没有真正解决历史研究的对象是什么的问题。

---

①《马克思恩格斯全集》第 20 卷，第 160 页。

②《马克思恩格斯全集》第 23 卷，第 8 页。

“历史科学的对象不是一成不变的”，这个说法也需要简略评论一下。

费多谢耶夫、弗兰采夫这两位苏联学者的文章中说：“直到不久以前，在个人迷信的影响下，对历史科学的对象一贯是作狭隘的和片面的解释的。社会的历史被规定为生产发展的历史，生产力和生产关系的历史。同时，补充说，历史科学必须研究作为物质财富生产者的人民群众的历史。当然，生产的发展和人民群众的生产活动是历史过程的基础。但是，如果以为社会的历史就是社会经济史，那就错了。经济唯物主义的代表人物就是这样来理解历史的。……在《联共（布）党史简明教程》第四章中对历史科学的对象从经济上所作的有局限性的、片面的理解，不能作为历史学家进行研究工作的指南。实际上在历史学家中是很少有人附和这种观点的。”①大体上这个批评是值得赞同的。

《联共（布）党史简明教程》的这一部分，虽然名曰讲“历史科学”，实际上主要是讲社会发展史。那上面强调“首先应当研究物质资料生产者的历史，劳动群众的历史，各国人民的历史”，唯物主义观点鲜明，不可否认。它明确地认为“规律”是历史研究的“任务”，不是对象，不像人们任意地解释的那样。但是它总结起来说：“由此可见，历史科学的首要任务是要研究和揭示生产的规律，生产力与生产关系发展的规律，社会经济发展的规律。”②事实上，这里讲的没有哪一条是历史研究的“首要任务”。用它们来说明政治经济学和经济史研究的任务，才真正切合。照那样的规定去研究历史，确实可以导向经济唯物论。

苏联学者从正确的位置出发，但没有引出相应的正确结论。他们也讲到了马克思主义的阶级观点，认为凡以编年史的态度对待阶级社会的历史，而实际上并不分析该时代的阶级斗争的那样一种著作，“并不能算做历史研究著作”。可是他们没有从这个方向去探讨历史研究的对象。他们只去批评《联共党史》上讲这个问题的狭隘性、片面性，集中说明不能把历史研究限于哪些方面、哪些项目，应当方面广泛、项目丰富。这样的说明，就一下子改换了论题，去讲事情的数量或领域，不讲事情的本质。他们既没有分别说明需要扩大、丰富的方面、项目的实质是什么，也没有归纳出来经过扩大、丰富了的

---

① 苏联《历史问题》1964 年第 3 期。

②《联共（布）党史简明教程》，中文版，第 154 页。

所有方面、项目的实质是什么。历史研究的对象问题，唯一要解决的却是它的本质问题。抛开本质，只讲方面、项目，对于什么是历史研究的对象，那就可以甲说是人、“人事”，乙说是社会，丙说是文化，丁说是结构。每一种说法都有道理，各执一词。以前人们早就那样主张，那样著书立说了，今天又还有什么必要做出那些大块文章呢？“不是一成不变的”说法的症结，是提到了阶级社会历史研究对象的核心，而又用这样那样的领域、方面，混淆、回避了它的核心。论点自相矛盾，没有为解答这个问题提供线索，反而使事情越闹越糊涂了。

人、“人事”对象说以下的各种学说，有自古就存在的，有最新才出现的。它们虽然没有包罗关于这个问题的全部说法，但足以反映出这方面传播较广、受人注意的代表性的说法。

近一百多年来，非马克思主义的历史研究中，许多人极力追求正确地认识和解释历史。他们认定的对象，从最初的英雄伟人，进到一般人民——剥削阶级的成员，再进到劳动群众；从政治领域进到社会经济，再到社会结构；不断有所前进。我们应当认真分析，吸收它们中间合理的东西。即使是唯心主义的，它们也从反面指出，人们应当从哪些方面和如何去克服它，以推进人对自己历史的认识。但是，所有这些学说、主张，虽然各自触及一定的社会现象，又都无法说明全部社会现象，都没有提供关于历史研究对象是什么的令人信服的答案。

从这里可以看出，现有的关于历史研究对象的三种或三类学说，或者从中选择一种，或者对所有各种主张兼收并蓄，综合成为某种新说，都行不通。要解决这个问题，必须另寻出路。

二

那么，正确认识历史研究的对象，出路在哪里呢？

浏览各派历史学家关于这个问题的代表性论点、有关的议论以后，我们就可以知道，那些认识上各式各样的分歧，提出了同一个要求：判断什么是历史研究的对象以前，首先应该确定这种判断是以什么为根据的。因此，解决客观根据问题，是回答什么是历史研究对象的关键所在。

（一）关于判别历史研究对象的根据

人类历史处在不断的流转变迁中。根据什么来判断它的研究对象，必须从那无比丰富、复杂的内容中，找出足以反映历史特点的最基本、最不可缺少的东西。经过比较，我们可以指出下面的几项，并把它们集合在一起，作为一个统一的根据来使用。

甲，时间上连续性的东西。

人类历史上经过了漫长的原始社会时代，又经过了几千年的私有制时代，未来将是无限长的高级公有制时代。私有制、文明时代的历史，显然根本不同于原始社会，更不同于未来的共产主义。古埃及伊普塞尔的草纸书、中国的甲骨文以及其他国家的古老文字，从那时起，到今天的几乎所有被公认的历史著作，包括大部分考古学著作，都是讲的私有制或关于私有制起源的历史。它们只有很少是不讲私有制、阶级对抗社会，专讲原始共产主义的。这是十分自然的事。人类全部文明史是在私有制、阶级社会的激烈斗争中走过来的。原始社会距离现在人们的生活太遥远了。共产主义则还在未来。私有制、阶级对抗社会的历史不但为人们所最熟悉，而且也最希望真正理解。因此，历史家们不得不把目光主要集中在这个社会时代的研究上。在今天，离开这个时代，就差不多可以说离开了历史。

然而作为历史研究的对象，就不能只以我们最熟悉、最关心的文明时代的历史特点为依据。马克思主义的历史唯物主义应用于历史研究，并不是说明某个特定时代、特定社会例如私有制时代、阶级社会的科学。它是说明整个人类历史的科学。这一点至关重要。没有上百万年的人类原始社会史，没有那被称为人类摇篮的时代，就没有现在的文明社会。世界进入未来公有制以后，人们回过头来了解自己的全部过去，也必须正视私有制、阶级对抗这个“时代的错误”，不能对它弃而不顾。否则共产主义就失去了自己的来历。每个后来的时代远远高出于前代，每个前面的时代又孕育、诞生自己的未来。就像地球史或地质史的年代可以找出显著特征，而又难以划分出抽象的严格的界限那样，人类社会历史存在着显著不同的发展阶段，而它们又不可截然斩断。历史流转中这个发展阶段的特点，到了另一个发展阶段往往归于消失，凡有这种情形的，一律不成其为判断历史研究对象的依据。因为它不成其为时间上连续性的东西。没有了时间的连续性，就没有了历史的首要特征。

乙，全面、集中地体现人创造历史的东西。

社会历史的内容，具有极大的广泛性。社会生活通常分为经济基础、政治关系、意识形态等领域，它们又是紧密结合在一起的。例如私有制社会里，阶级、阶级关系，首先与生产力、生产关系结合在一起。历史学不像科学技术史那样，要从自然科学领域、生产技术领域去研究生产力；不像政治经济学那样，要专门从经济领域研究生产关系；但对两者都必须研究、了解。不研究、了解生产力与生产关系，就无从研究、了解阶级状况、阶级关系。它们在这种情况下，会成为无源之水、无本之木。政治统治、政治关系、政治斗争，构成阶级统治、阶级关系、阶级斗争的主要部分。意识形态领域的许多内容，直接间接反映出这个部分。没有对它们的研究、认识，阶级斗争不少内容就变成了空谈。社会经济基础、政治关系、意识形态，凡阶级现象、阶级对抗涉及的领域，无例外地都构成这门科学探讨、认识的领域。从中把某一方面、某种现象孤立起来，就无法进行这门科学的研究。这个情况说明，它们中间还有共同一致的东西，还有全面、集中体现人如何创造历史的东西。我们只有拿它作为判别历史研究对象的依据，经济基础、政治关系、意识形态才成为统一的过程，而不是各自孤立，没有内在联系的事物。

丙，客观实在的东西。

人类历史不同于自然界的事物，而又是整个自然界历史的一部分。作为历史研究对象的东西，必定有与自然界其他事物相异的，不可以同样考察的部分，也有相同的可以同样考察的部分。世界归根到底，由运动着的各种不同形式的物质即客观实在所构成。判别历史研究的对象，必须找出各个时代历史运动中的客观实在的东西。

哲学和自然科学证实世界的物质性，经历了艰苦漫长的过程。对于它的历史，这里用不着追述。哲学概念所指的物质，即客观实在。这种客观实在，是人感觉到的，是不依赖人的感觉而存在的。它为人的感觉所抽象、缩写、反映、摄影。虽然它确实客观地存在着，但并没有具体的看得见的独特形象。它无处不存在，又无处孤立地存在。人只有在它的各种形式的运动中去认识、去把握。一切经过科学概括变成抽象概念、范畴的东西，一般都不可能具有一眼看得见的外貌或形象。物质、客观实在就是这样的东西。“自然科学的对象是运动着的物质、物体。物体和运动是不可分的，各种物体的形式和种类只有在运动中才能认识，离开运动，离开同其他物体的一切关系，就谈不到物体。物体只有在运动中才显示出它是什么。因此，自然科学只有在物体的相互关系中，在运动中观察物体，才能认识物体。对运动的各种形式的认识，就是对物体的认识。所以，对这些不同的形式的探讨，就是自然科学的主要对象。”①“运动，就最一般的意义来说，就它被理解为存在的方式、被理解为物质的固有属性来说，它包括宇宙中发生的一切变化和过程，从单纯的位置移动起直到思维。……一切运动都是和某种位置移动相联系的，不论这是天体的、地上物体的、分子的、原子的或以太粒子的位置移动。”“物质没有运动是不可想象的……如果两个物体相互作用，因而它们中的一个或两个都发生位置移动，那末这种位置移动就只能是互相接近或互相分离。这两个物体不互相吸引，就互相排斥。”②物质运动，包括宇宙中的一切变化和过程。人类历史当然也在其中。

社会历史与自然界事物不同，物质、客观实在的状况与性质也就不能等同。人类历史，来自人自己的创造。人具有意识，即社会的“最高花朵”思维。他们的活动，都抱着某种既定目的。他们的斗争、竞争和创造，不断改变着历史的面貌和结局。他们生长于自然界，又经常用最新的手段、科学技术改造自然界来服务于自己。一望而知，这一切和自然界的事物完全不同。因此，找出各个时代历史不同于自然界的独特客观实在的东西，是判别历史研究对象的基本依据之一。

不同观点的研究者，对于如何确定历史研究的对象，自然可以提出这样那样的依据或主张。但它们要能够成立，有一个前提，那就是必须反映历史这门科学研究对象的特性，和包含一般科学研究对象的共同条件。上面列举的几项，符合这个前提。把它们集中起来，作为判别历史研究对象的依据，很具体，不同于抽象、臆造的东西。

（二）从社会关系及其运动考察历史研究的对象

人们创造自己的历史，但他们是怎样来创造历史的呢？中国古人早就讲“人禽之辨”，可惜并没有下过关于人的定义。亚里士多德、富兰克林分别

①《马克思恩格斯全集》第33卷，第82—85页。

②《马克思恩格斯全集》第20卷，第408—409页。

提出过人的定义，如说人天生是城市的市民、人天生是创造工具的动物，但又都只是反映了他们各自所处的社会和时代特征。马克思说：人即使不像亚里士多德所说的那样，天生是政治动物，无论如何也天生是社会动物。马克思用一句话不只把人的全面特征讲出来了，也讲到了人如何创造历史的根本内容。

人类要生存和生活，首先就要吃、喝、住、穿以及其他东西。因此人的第一个历史活动，就是生产满足这些需要的资料，即生产物质生活资料本身。人在这第一个历史活动中，要与自然发生关系，依靠一定的生产力与自然界实现物质变换；同时，人们之间也要发生一定的关系和联系，依靠共同活动和互相交换活动，来进行生产。他们只有在这些社会关系和社会联系范围里，才有对自然界的关系，才能从自然界取得生活资料。生产是每日每时都要进行的历史活动，人们之间也就每日每时都存在着社会关系和社会联系。人们的生产不但有与自然界进行物质变换中直接的联系，也需要有其他的联系；人们相互之间，因此也就形成广泛的、各种不同状况的社会关系和社会联系，并且自成体系。这也就是说，人们只能在一定的社会联系中，组成一定的社会关系体系来创造自己的历史。历史的一切变化运动，归根到底，只能是人们的社会关系、社会联系的变化运动。那么，它们与时间上的连续性、客观实在性等，是不是对得上呢？请看实际情形吧！

关于时间上的连续性：从有人类起，就有人谋取生活资料的劳动，就有人的社会联系、社会关系。人谋求生存、生活的斗争活动一天存在，人们的社会联系、社会关系就一天存在。不过它要伴随生产力的发展，不断地改变自己的内容。例如从原始公有制的平等关系，改变为私有制度下剥削压迫的不平等关系，再改变为未来高级公有制的新的平等关系；又例如在私有制社会里，从奴隶制改变为封建制，从封建制再改变为资本主义的生产关系和相关的社会关系。每一次改变，历史都发生极大的变化，都带来社会生活显著的或伟大的进步。前一种如资产阶级革命，后一种如社会主义革命。但所有那些变化、革命，改变的是人们社会关系的具体内容，并非社会关系和联系存在的本身。相反，每一次变革，人们的社会关系、社会联系，不是削弱，而是更加复杂和更加适合新的生产力状况。

私有制社会里，每一次生产关系的变革，并没有消灭社会关系的存在，这用不着解释。消灭私有制，进到社会主义、共产主义，从经济基础到上层建筑，不是一切好像都“中断”了，一切都在从头开始吗？其实所“中断”的不过是阶级剥削、压迫的关系，“从头开始”的，不过是从“按劳分配”到“按需分配”的社会关系。人与人之间要有一定的关系，这里并不发生问题。著名的摩尔根《古代社会》一书最后结论的部分，与我们现在讨论的内容直接相关，可以引来一读。摩尔根说：“自从进入文明时代以来，财富的增长是如此巨大，它的形式是如此繁多，它的用途是如此广泛，为了所有者的利益而对它进行的管理又是如此巧妙，以致这种财产对人民说来变成了一种无法控制的力量。人类的智慧在自己的创造物面前感到迷惘而不知所措了。然而，总有一天，人类的理智一定会强健到能够支配财富，一定会规定国家对它所保护的财产的关系，以及所有者的权利的范围。社会的利益绝对地高于个人的利益，必须使这两者处于一种公正而和谐的关系之中。只要进步仍将是未来的规律，像它对于过去那样，那末单纯追求财富就不是人类的最终的命运了。自从文明时代开始以来所经历的时间，只是人类已经经历过的生存时间的一小部分，只是人类将要经历的生存时间的一小部分。社会的分解，即将成为以财富为唯一的最终目的的那个历程的终结，因为这一历程包含着自我消灭的因素。管理上的民主，社会中的博爱，权利的平等，普及的教育，将揭开社会的下一个更高的阶段，经验、理智和科学正在不断向这个阶段努力。这将是古代氏族的自由、平等和博爱的复活，但却是在更高级形式上的复活。”①

摩尔根这位伟大的美国学者，重新发现了马克思在四十年前所发现的唯物主义历史观。他讲的这一大段话，是叙述他毕生研究的科学大发现的结论。人的理智“一定会强健到能够支配财富”，人定会规定“国家（按：可以把这看作一个借用的名词）对它所保护的财产的关系，以及所有者的权利的范围”。“社会的利益绝对地高于个人的利益”，使两者处于“公正而和谐的关系之中”。古代氏族的“自由、平等和博爱”，将要在更高级的形式上复活。这里每一点都是指在私有财产、阶级对抗消灭以后，人们仍然必须保持一定的物质生活资料谋得方式和必须结成一定的社会关系和社会关系体系。就像生产力水平不断更新，但不会中断，构成历史联系的一根巨大链条一样，人们的社会关系不断变革，但也不会中断，构成历史联系的又一根巨大链条。盘

① 摩尔根:《古代社会》，商务印书馆中译本，第3册，第968—969页。此处译文据《马克思恩格斯全集》。

古氏开天辟地以来，没有脱离一定时代的社会关系，也没有离开一定社会关系的历史时代。

历史研究的对象必须具备时间上的连续性，人的社会关系和社会联系，就是时间上始终相连续的东西。

关于全面、集中地体现人创造历史：人们创造历史的活动有经济的，政治的，意识形态领域的。这些不同形式、不同方面的活动，又都是表现出了人们一定的社会关系和社会联系。我们认识历史，要研究经济基础，研究政治关系，研究意识形态，最终则是要了解那个时代人们间的相互关系和联系，了解他们各自处在怎样的地位，起着怎样的作用。历史是全面的。它的客观规律性，不能脱离个别的方面和领域表现出来，但决非限于从个别的方面和领域表现出来。生产关系、社会关系和联系，集中表现了人创造历史的各种形式，各个方面的关系、联系和运动。抓住它们，才抓住了历史运动的本质。

历史唯心主义经常重复一个观点：个人的活动创造历史，个人追求自己的目的，做出某些事情，某种业绩，历史就产生了。这种观点只看见个人活动，完全看不见所有个人，是只有在把他们编织、结合起来，可以支配和影响他们的社会关系和联系网络之中，才能进行种种活动的。它没有告诉我们任何东西。

个人的存在、活动是历史的前提，但是我们紧接着还必须问：他们是怎样的一种“个人”？实际的情形不外乎这样几种：第一种，如唯心论哲学家认为凭“想象活动”创造历史的“个人”。如果这样，“个人”无非把意志精神换了一个说法。它里面没有人的社会关系，也没有其他物质内容。第二种，离群索居，孤立于社会之外，与社会无关的“个人”，至少在文明社会里他从来也不存在。不但实际生活中不存在，连幻想、童话中也不存在。陶渊明的《桃花源记》写了一个与世隔绝几百年的人间乐土。但那个小天地里，鸡犬相闻，往来种作，照样有自己的社会关系。西方的《鲁滨逊漂流记》里面，鲁滨逊“手握利剑”，把礼拜五变成了自己的奴隶。离开产生“利剑”的社会，早期资本主义的社会关系、资产阶级征服殖民地的血与火的历史，就编造不出这种育儿院的故事。（就算有这样个别的例子：前些年太平洋的某个岛屿上，发现一名第二次世界大战中隐藏下来的日本士兵。他与世隔绝，独自在深山丛林中生活了三十多年。但是这位日本武士毕竟没有在那里创造出任何历史。）不存在与社会无关的人，当然他也就不成其为历史运动中需要探讨的对象。第三种，在一定社会关系中生活、活动，可以通过经验观察到的发展过程中的“个人”。非常明显，在无阶级社会里，他们是平等的社会成员，在阶级社会里，他们只能作为阶级的一分子去活动。不管他们为英雄或为“群氓”，都不能超越他们的阶级地位、力量和物质环境条件，去发挥创造历史的作用，实现某种目的。因此，对这些“个人”作为一个一个孤立的“物”去看待，并无意义。抽掉社会关系，人被变成一个抽象无物的概念；认为这样的“个人”创造历史，又把历史变成了一个抽象无物的概念。

历史唯心主义因为不愿意从社会关系和联系去解释人如何创造历史，就只有向人的心智、心力、愿望意识去寻求解释，把历史的一切，最后归结为人的意志精神。这种主张的典型说法之一是，“历史为人类心力所造成。而人类心力之动，乃极自由而不可方物。心力既非物理的或数理的因果律所能完全支配，则其所产生之历史，自亦与之同一性质”，即不可能从中找出物质的、规律性的东西。只有个人“心力”才是历史的“基件”。[①]中国有句老话，“人心之不同，各如其面”。以个人为单位，他们的思想不同，就像他们的面孔不同一样。照这种看法，历史研究势必只有去研究每个人，研究每个人的思想意志。谁都知道，那永远也行不通，就算行通了，在科学上也无济于事。过去现在，事实上从来也没有人去那样进行研究的。人的思想尽管自由，终究不能离开一定的物质条件和社会关系去实现自由。空想的东西永远也不会成为现实的东西，“人类始终只提出自己能够解决的任务”。行动的任务本身，只有在解决它的物质条件已经存在或者至少是在形成过程中的时候，才会产生。阶级社会里那些“不可方物”的个人思想意志，归根到底是表现了与一定的物质条件相关的阶级的思想，阶级的意志。它并没有排除个人意志，没有排除个人之间仍然可以存在思想分歧、不一致。但它把建筑在一定物质条件上的社会关系、阶级的共同利益要求、共同观点所可以达到的水平，集中起来，表现出来了。剥削与被剥削、统治与被统治的阶级中，有适合生产力发展前进的，有阻碍生产力发展前进的。一些思想意志卷起千百万人的行动，在历史发展中起显著的作用；另一些思想意志则不能发生那种作用，或者一时发生了，也很快为相反的思想所代替。互相对立的个人思想意志激烈冲突，历史或迟或早仍然按照生产力发展的一定方向前进了。这样的

① 梁启超：《中国历史研究法》，第176页。

事实，举目皆是。这充分说明，个人思想意志的作用，是表现了社会关系、阶级地位和力量的作用，是表现了社会物质生活条件的作用；一句话，是表现社会关系体系的运动。意志精神创造历史，和人们社会关系的运动形成历史，两种说法截然相反。前者确实好比“托勒密体系”，后者好比“哥白尼体系”。不管存在多少争论，科学终究会帮助人们克服谬误。

历史研究的对象应当是全面、集中体现人创造历史的，社会关系和联系就是这样的东西。

关于客观实在性：社会历史的客观实在或物质，不同于自然界的物质如原子、分子、细胞等，这不难了解。但是社会关系，它们的矛盾运动的客观实在怎么能够证明？例如在阶级社会里，谁也没有看见过阶级、阶级关系，没有看见过它们运动的一般形象——质地大小、颜色黑白、长短轻重等。而且凡属客观实在的东西，都指在一定的时间、空间里运动的东西。社会阶级、它们的矛盾对抗：具备这些因素吗？事实是，正是这些因素使我们认识到了它的客观存在及其运动形态。

奴隶起义、农民战争、资产阶级革命、工人罢工和革命斗争等社会阶级运动的形态，这里略而不论。阶级由人的活动，首先由人的生产活动所构成。在阶级社会里，人是经济范畴的人格化，是一定阶级关系和利益的承担者。不管人在主观上怎样超越各种关系，他在社会意义上总是这些关系的产物。谁也没有看见过阶级、阶级关系，但谁也不能不承认到处都看得见各种社会地位不同的人，例如丧失生产资料与占有生产资料的人，提供无偿劳动、剩余产品与占有那些劳动、产品的人，拥有百万千万亿万财富与生活无着、一贫如洗的人，以及这些人活动中直接间接的联系。社会生活中的这种现象，处处使人能够感觉到；又不依赖人的感觉而存在，从来没有人否认。美国的民主党与共和党，肯定没有哪个是穷人的党，它们的代表人物当然都反对阶级斗争学说。但是他们照样承认穷人和富人存在，承认穷人和富人利益的冲突。1984 年两党的竞选活动中，民主党总统候选人与执政的共和党发言人，分别指责对方使穷人的处境每况愈下，和贫穷率上升。[①] 这是一个例子，无论何人不能不承认人的社会地位、财富、权力等等差别。其所以如此，因为人们从各种渠道、信号系统能够普遍地感到它们的客观存在。“阶级”“阶级斗争”无非从本质上把这种客观存在抽象、缩写、反映、摄影出来了。物质、客观实在的运动，当然只能在一定的时间、空间中进行。时间、空间的本身，内容复杂。哲学家、科学家们就这个题目不知发表过多少议论，写过多少著作。我们所要说明的，只是阶级、阶级关系这种历史运动的客观实在与时间、空间的关系。时间、空间在历史运动中是统一在一起，不可分割的。历史，本身就意味着时间的流动、消失；同时，也意味着客观事物的位置移动、变迁。一些阶级产生、兴起、胜利了，一些阶级衰落、灭亡了；一些阶级间的斗争，高潮低潮互为更迭；一些阶级、社会势力或联合或分裂，或接近或对抗，它们无一不是历史客观实在在时间和空间中统一运动的形态。各个阶级、社会势力的地位和作用、真正面目，只有从时间考验、空间位置变动中才能认识。时间、空间的改变，指出它们哪个富于生命力，哪个正在衰亡，哪个在某种情况下成为必要的，又在某种情况下成为多余的。人们承认时间是历史的裁判者，其实也就是承认阶级、阶级关系在空间中位置移动的结局。离开时间、空间的统一，去谈论阶级、社会关系的客观实在及其运动，不但要走入迷宫，而且毫无意义。我们还必须看到，在阶级社会里，人们不仅是阶级关系和利益的承担者以及这种关系的产物，并且他们又再生产、构造这些关系。人们既再生产、构造相互关系，又新生产、构造相互关系。他们就处在这样不停息的运动过程、位置移动中。人们在这个不停息的过程、移动中，更新自己

---

① 路透社美国伊利诺伊州斯普林菲尔德1984年8月24日电，民主党总统候选人蒙代尔说：“在里根先生执政时期，富人变得更富了。中产阶级保持了原来的水平，而穷人则每况愈下。”如果里根当选连任，他就会采取一种“唯独不伤害他的阔朋友”的方式增税，“使劳动人民受到沉重的打击”。在达拉斯闭幕的共和党代表大会是富人开的会。代表们“度过了花天酒地的一周。他们打水球。在他们的房间里有价值300美元的酒。他们喝着邦克亨特酒，吃着鱼子酱肉。乘着直升飞机到山顶别墅休息”。《美国新闻与世界报道》1984年8月13日刊登一篇报告，题目是《关于贫穷人数的新统计引起政治风波》。其中说：美国国情普查局公布，去年有3530万人生活在政府所规定的贫困线以下，比上一年增加868000人。众议院议长（民主党人）就此报告说，“我们手里有里根政府的不公平现象这样一件拿来就可以攻击的武器。在里根的统治下，穷人越来越穷”，白宫迅速地把贫穷率上升归罪于民主党的前卡特政府。副新闻秘书说，“上届政府的政策使四年里的经济发展处于停滞状态”。

与自然界的关系，创造出越来越多的财富以及获得这些财富的手段；同样也更新自己，创造出越来越高的历史发展阶段、历史时代，创造出越来越进步、合理的人与人之间的关系，即社会关系。所以，人和人之间的社会关系，私有制度里的阶级关系，没有哪一点不是独立于人的主观意志之外的客体、客观实在，而可以由主体即由人的意志去支配。

社会关系中有物质关系、思想关系。思想关系本身并不成为物质的关系。但它的根源仍然在于物质关系。一切现实斗争中，凡物质利益对立的营垒，也必然表现为思想对立的营垒。并且物质关系上的调和或矛盾，往往最迅速地反映为思想关系上的调和或矛盾。不过有的直接，有的间接。人们的物质关系形成他们的一切关系的基础，其他关系不过是物质关系借以表现的形式。所以思想关系虽然不能概括为物，却可以肯定地把它看作从属于物。

历史研究的对象必须具有一般科学研究对象的客观实在性，社会关系及其运动就是这样的东西。

按照历史唯物主义，什么是历史研究的对象？上面关于时间的连续性等几个方面的考察，与马克思阐明的历史唯物主义的基本原理是相符合的。马克思说："人们在自己生活的社会生产中发生一定的、必然的、不以他们的意志为转移的关系，即同他们的物质生产力的一定发展阶段相适合的生产关系。这些生产关系的总和构成社会的经济结构，即有法律的和政治的上层建筑竖立其上并有一定的社会意识形式与之相适应的现实基础。""社会的物质生产力发展到一定阶段，便同它们一直在其中活动的现存生产关系或财产关系（这只是生产关系的法律用语）发生矛盾。于是这些关系便由生产力的发展形式变成生产力的桎梏。那时社会革命的时代就到来了。"[①] 这段话正是指明了人类社会历史的发展运动，就是人们同他们的物质生产力相联系、建立在"这些生产关系的总和"基础上的、一定的、不以他们的意志为转移的社会关系和社会联系的发展运动。现在我们可以作出归纳了。与一定的生产力相联系的、以生产关系为中心的社会关系、社会联系及其运动、变迁，这就是历史研究的对象。

社会经济基础里面，生产力决定生产关系。生产力既然是起决定作用的，理应带有关键、根本的性质。作为历史研究的对象，首先抓住这个关键、根

①《马克思恩格斯全集》第13卷，第8、9页。

本的东西，理由不是更充分吗？否，不然。

生产关系、社会关系和联系，首先是与一定的生产力相联系的。没有脱离一定生产力的社会关系和社会联系。同样地，生产力必须以人们的相互关系和联系为依托，否则他们就不能生产，而只能像猴子以至更低级的动物那样，从自然界去收集而不是生产生活资料。生产力解决的，如前面所说，是人与自然的关系、人与自然界进行物质变换的问题。人们谋取生活资料，彼此之间的关系和联系，与自然界的关系比较起来，要复杂得多，人的主观能动性活动地盘要广泛得多。例如人与人之间有复杂的经济、政治、思想关系，谁也不能说人与自然之间存在所有这些关系。去掉所有这些关系和联系，历史就成了一张白纸。生产力研究的对象，除了人的劳动力以外，主要是物，如工艺学、科学技术等。适当的比较，使人容易辨别事物。历史研究的对象很可以与经济学研究的对象作个比较。恩格斯论经济学研究对象的时候强调指出，经济学研究的对象不是物，而是人和人之间的关系；可是这些关系总是和物结合着，并且作为物出现。[①]列宁也指出，政治经济学的对象决不是通常所说的那样是“物质的生产”，而是人们在生产中的社会关系。“物质的生产”是工艺学的对象。[②]“凡是资产阶级经济学家看到物与物之间的关系的地方（商品交换商品），马克思都揭示了人与人之间的关系”[③]。经济学直接和主要与人的生产劳动、生产技术等打交道，它的对象尚且不是物质生产、生产力，而是人与人之间的关系，那么历史研究的对象不是单纯的生产力、物质生活资料那样的物，而只能从人与人的关系去考察，就是显然的了。历史唯物主义与机械唯物论或庸俗唯物论不相容。没有了人们的社会关系和联系，没有了人类的“最高花朵”思维等等，单纯讲一个生产力，会不可避免成为机械唯物论。那显然不能正确回答人如何创造自己的历史。

（三）私有制时代的社会关系体系及其运动

“一切运动形式的每一个实在的非臆造的发展过程内，都是不同质的”[④]。

---

①《马克思恩格斯全集》第 13 卷，第 533 页。

②《列宁全集》第 1 版第 2 卷，第 166、167 页。

③《列宁全集》第 19 卷，第 5—6 页。

④《毛泽东选集》第 1 卷，第 310 页。

以生产关系为中心的社会关系、社会联系及其运动这是贯串于人类全部历史过程的共同点，即历史这种运动形式“共同的本质”的东西。私有制在人类历史的全过程中占据的时间极其短暂，但作用重要。私有制时代人们的社会关系和社会联系作为全部历史运动形式的一个过程，一个段落，有非常显著的不同于其他时代的特殊点，即“特殊的本质”的东西。我们探讨历史研究的对象，不能满足也无法停止在历史运动形式的共同点的认识上，而必须进一步去认识、了解私有制时代人们的社会关系、社会联系运动的特殊本质。这既是为了丰富和发展对共同本质的认识，使它不至成为抽象、僵死、枯槁的东西；也是为了具体地认识、掌握私有制时代历史研究的对象，即掌握这时人们的社会关系和社会联系运动的特殊本质。不研究这种特殊本质的运动，那对于古往今来历史家们头等关心、并力图加以解释说明的私有制时代激烈的矛盾、对抗恰恰是避而不谈，去顾左右而言他了。不止避而不谈，实际上还等于用原始社会、未来公有制的人与人的平等关系，来掩盖私有制时代阶级剥削、压迫的关系，使人看不见这时的社会历史是怎样前进的。人类社会历史发展全过程的共同本质，和作为历史长河中一段的私有制时代的特殊本质，它们都是客观实在的东西，没有哪个是空想臆造的。物质、客观实在不会消失，也不会重新产生；它不能被创造，也不能被消灭；然而可以并且必然会改变自己存在、运动的形式。没有对历史运动共同本质的认识，不能说明人如何创造自己的历史；没有对私有制时代运动特殊本质的认识，尤其不能说明人如何创造自己的历史。

那么，私有制时代人们的社会关系、社会联系非臆造的、客观实在的基本特征是什么呢？讨论历史研究的对象，把我们的论述集中起来，主要是为了解决这个问题。

第一，私有制时代与原始社会、未来共产主义社会相比，少了一样东西，又多了一样东西。少了人和人之间的平等、和谐，多了阶级剥削压迫、阶级对抗。阶级、阶级对抗，它前无古人，后无来者。阶级的划分，其出现以生产力的不发达为基础，也必将被现代生产力的发展所最后消灭。它的出现不可避免，消灭也不可避免。今天，翻遍一部世界文明史，我们无处不看到阶级、阶级矛盾、阶级斗争及其相关的广泛事实。历史上的多种现象，处处都和阶级划分、阶级对抗这个基本特征息息相关。

照现在世界历史著作上通常采用的说法，公元前约四千至三千年，古埃及和巴比伦阶级社会和城邦国家产生；公元前二千年前后，印度阶级社会和国家、古希腊阶级社会和国家产生；公元前约一千五百年，中国阶级社会和国家产生。这是一般都承认的。从那时起，直到现代，奴隶主与奴隶阶级，地主与农民阶级，资产阶级与无产阶级，分批登上历史舞台，又纷纷从这个舞台上退出去或即将退出去。人们一代又一代跟罪恶、黑暗和贫困苦斗，也一代又一代地创造出新的物质和精神财富，使时代的脚步蹒跚前进，直到接近光明。这一切，都是在阶级、阶级对抗中实现的。

社会生产和交换在一定条件下产生、存在社会阶级，由马克思把这个事实归到了历史唯物主义原理里面。马克思学说出现以前，没有人从这个原理看问题，但并非没有人看出这种现象。它作为客观事物，最普遍、最触目地存在于社会生活之中，古代某些历史家因此也不得不给予极大的注意，试图去说明、理解。两千年前，司马迁在《史记》上就以《货殖列传》为题，对这方面的情形作过集中叙述。

司马迁说：远古以前，事不可考。自有文献记载以后，人们追求声色货利，物质享受，积习至久，不可改变。“农而食之，虞而出之，工而成之，商而通之。此宁有政教发征期会哉？人各任其能，竭其力，以得所欲。故物贱之征贵，贵之征贱，各劝其业，乐其事，若水之趋下，日夜无休时，不召而自来，不求而民出之。岂非道之所符，而自然之验邪”。“道”指规律，“自然之验”指自然界事物的效验。依着自然的规律，人们的生产和交换，在司马迁的时代，使生产力以及与之相适应的生产关系、阶级对立，达到了这样的状况：“凡编户之民，富相什则卑下之，伯则畏惮之，千则役，万则仆，物之理也。夫用贫求富，农不如工，工不如商，刺绣文不如倚市门，此言末业，贫者之资也。通邑大都，酤一岁千酿，醯酱千瓨，浆千甔，屠牛羊彘千皮，贩谷粜千钟，薪稿千车，船长千丈，木千章，竹竿万个，其轺车百乘，牛车千两，木器髤者千枚，铜器千钧，素木铁器若卮茜千石，马蹄躈千，牛千足，羊彘千双，僮手指千，筋角丹沙千斤，其帛絮细布千钧，文采千匹，榻布皮革千石，漆千斗，糵麹盐豉千答，鲐鮆千斤，鲰千石，鲍千钧，枣栗千石者三之，狐貂裘千皮，羔羊裘千石，旃席千具，佗果菜千钟，子贷金钱千贯，节驵会，贪贾三之，廉贾五之，此亦比千乘之家，其大率也。佗杂业不中什二，则非吾财也。”司马迁一一列举出蜀中卓氏、程郑，宛地孔氏，鲁人曹邴，齐地刀闲，周人师史，宣曲任氏，边塞斥卒桥姚，长安无盐氏，关中田啬、田兰，韦家栗氏，安陵、杜杜氏等二十余家大地主、大商人。他们或者“富至僮千人，田池射猎之乐，拟于人君”；或者“家致富数千金”，“起富数千万”，其余“大者倾郡，中者倾县，下者倾乡里者，不可胜数”。[①]

司马迁讲的那些千足、手指千、千金、千万，并非严格的统计数字。意思在指出数量非常之大。实物、人名、地点具体，有根有据。他当然没有“阶级”的概念。但他指出，一方面是一些人拥有百倍、千倍、万倍的财富，一方面是一些人为役、为仆；一方面一些人“富拟人君”，一方面“僮千人”，“僮手千指”；一方面一些人贷出金钱千贯，一方面一些人必须借债生活。穷人和富人，剥削者和被剥削者，享有充分权利的人和失去一切权利的人，尖锐的阶级对立，生动鲜明，历历如绘。司马迁只算初步解剖了一个麻雀。他的叙述所反映的那种阶级对立现象，并非两千年前中国所独有，也为世界全部文明史所共有。不过各个时代、地区、国家、民族不同，它所表现出的具体内容、情况不同罢了。

封建时代的历史家，看到物质生活资料生产的自然趋势产生阶级对立现象，还不能形成一个确定的概念。到资本主义时代就发生了突破。法国大革命的理论家如西哀耶斯、巴那夫等，都用明确的阶级语言来分析社会各派势力，说明它们各自的社会地位和作用。1844 年马克思写的《黑格尔法哲学批判》中有这样一段话：“要使人民革命和市民社会个别阶级的解放相吻合，要使一个等级成为整个社会的等级，社会的一切缺点就必须集中于另一个阶级……法国贵族和法国僧侣的普遍消极意义，决定了和他们最接近却截然对立的阶级即资产阶级的普遍积极意义。”现代的法国史研究者认为，在更后一点的几句话，很清楚地引自西哀耶斯的话，及其《什么是第三等级？》的小册子。[②]

今天我们只需要指明，历史唯物主义讲的阶级划分，与庸俗社会学毫无共同之点。庸俗社会学者有的认为人们可以任意选择某个标准来划分“阶级”，例如知识高低、宗教集团、贫富差异等。依照这种说法，阶级划分纯属人的主观臆想产物。无产阶级与资产阶级的对立，无非是这种主观任意性产物中的一种而已。庸俗社会学者有的主张从经济现象来划分阶级，但把分配放在

① 司马迁：《史记》第 10 册，第 3253—3282 页。

② 阿 · 索布尔：《什么是革命》，《思想》杂志 1981 年 1—2 月号。A1bert Sobou1 , Quèstce que 1a Rèvo1ution 1a Pensèe.

阶级区分的首位。历史唯物主义者指出，分配关系最终取决于生产关系。阶级差别的基本标志，是它们在社会中所处的地位，也就是它们对生产资料的关系。在社会生产中，一部分人占有生产资料成为剥削者，一部分人失去生产资料成为被剥削者。全部私有制的历史无处不充满这样的现象。阶级划分就是对这种现象的本质概括，不意味着任何别的什么。

生产力不会永久停留在一个地方，人们的相互关系也就不会永久停留在一个地方。

生产力在生产中不断发展，社会制度、阶级结构也就从低级到高级不断发展、演进。于是奴隶主所有制中产生出封建制度、地主阶级与农民阶级，封建制度中产生出资本主义、资产阶级与无产阶级。它们是历史的基本内容，也是历史发展的过程。所以，社会阶级、它们间的关系、体系、运动，正是私有制历史特殊的本质的东西。不从这个特殊的本质去解释历史，好比要攀登某个险峻高峰，而又不愿意去走唯一可以攀登上去的道路。以往不少历史家爬上过相当高的岗峦，但谁也不曾接近险峰的顶巅，就证明了这一点。

不错，社会划分为阶级并由此而产生不可胜计的历史悲剧，可以认为那是一种联绵的时代错误。但历史研究只知道以客观事实为对象。对于那些事实应当如何评判，比如说，它是否合乎人类的理性与某种“文明规范”，以至是否值得或应当承认等，完全与科学研究无关，只能由道德家去讨论。不承认主义和从主观愿望出发看待事实，在一切真正的科学研究工作中都会被驱逐出境。人类的文明史，既然全部是在阶级剧烈对抗中获得前进的，我们就只能从这种对抗中去了解、说明它的真相。否则必定掩盖、歪曲它的真相。阶级分析观点，至今在一些研究者中还存在着尖锐的争论、分歧，这恰恰表明了社会生产力的发展，至今还没有达到最后消灭那种时代的错误即没有达到消灭阶级对抗的境地。只要世界上阶级对抗存在下去，这种性质的争论、分歧肯定还会继续下去。不过客观事实不会随着人的主观愿望改变而已。

第二，社会生活中各个领域、现象同时并存。阶级、阶级相互间的关系，统一表现出历史上各种现象、事件、人物等的关系和联系。私有制历史的中心始终是社会阶级的社会和政治的统治。阶级状况、势力怎样，历史的基本面貌就怎样。

历史明显地呈现出各个不同的领域，存在着各种各样的现象。从基础到上层建筑，从物质到精神，事件纷繁，人物千姿百态。熙熙攘攘，矛盾错综，而又统一于同一个过程中。不能从中找出基本的、带决定性的事物或方面，就不能客观地和从根本上解释所有这些现象，历史事件就永远像一本狗肉账，张三李四，一笔一笔，谁跟谁也说不上有何联系。司马迁的《史记》主要讲“人事”。那上面编次同类，不求年月，如“贾谊与屈原同列，曹沫与荆轲并传”早就为刘知几所指责。更不用说像“结构主义”“系列史”“分散史”那种缺少内在动力的现象罗列，根本无法说明历史的统一过程了。研究者在这里必须克服只看到和强调某些现象、某些方面的局限性、片面性，去找出各种现象、事件中的决定性事物，找出它们之中支配性的方面，从而使历史能够作为一个整体、一个统一的或系统的运动过程去认识。私有制时代生产方式产生的社会经济结构，最终表现为阶级结构。历史唯物主义从社会生活的各个领域中划分出经济领域来，从一切社会关系中划分出生产关系来，并把它当作决定其余一切事物的基本的原始的关系。这充分符合事物的客观状态。生产关系，就基本的内容来说，在阶级社会里恰恰就是阶级关系。资本主义社会中，从政治经济学的意义上说的生产力与生产关系的矛盾，从阶级划分的意义上说，便是工人阶级与资产阶级的矛盾。奴隶制、封建制社会照样如此，只需改换一下阶级的内容。生产关系决定其余一切关系的作用，也就集中表现为阶级、阶级关系决定或制约历史事件、人物等的关系和联系，决定整个社会关系的体系。人们创造历史的活动，都抱着某种目的。但他们只能在一定社会关系、生活环境的规定下去追求目的。他们的活动离不开社会关系、生活环境的规定，就像《西游记》上孙悟空的跟斗云翻不出如来佛的手掌心那样。阶级地位、阶级关系就是他们的特殊的本质的规定性。

中国古人懂得历史的演变，不取决于人的主观愿望，要取决于客观形势。历史大变动的时刻这点尤其显著。例如贾谊《过秦论》，逐一分析秦国如何强大，齐楚燕赵韩魏等国联合抗秦，反被吞灭；陈胜如何以一个起自陇亩的卑贱的戍卒，率领几百人发难，强大的秦王朝一个早晨便灰飞烟灭了。原因何在？贾谊的结论是：“仁义不施而攻守之势异也。”古人的认识只能到此为止。用历史唯物论的观点来观察，我们知道，造成历史演变客观形势的，是阶级力量对比、它们相互间关系的状况。这种力量对比、相互关系，不只是社会生活局部因素、部分事物的反映，而是从基础到上层建筑力量的统一的反映。生产力、生产关系、社会经济形态、阶级状况、阶级斗争、上层建筑、意识形态等等，当我们这样说的时候，是把它们平列在一起和横排成一行的。实际上它们血肉相连，只可以区分，不可以割裂。在历史上它们是一个整体，是以一个统一的运动向前行进，并表现出它们的内在关系的。人们要求认识历史，最后不可能像在研究过程中那样，一个部分一个部分、一个方面一个方面去看待它；而要把它作为一个整体、一个统一的运动和动作去看待。如何做到这一点，关键在找出各种现象中提纲挈领的东西。阶级、阶级关系、它们间的矛盾和斗争，就是这种提纲挈领的事物，就是历史、整个社会关系运动的纲领。抛开它，或用别的什么代替它，我们都无法把生产力、生产关系、社会经济形态、阶级状况、阶级斗争、上层建筑等等联系在一起，统一地认识历史，认识它的运动过程。看一个人，无法分别地从人的头身手足、五脏六腑作出判断。那样去认识的人，是医学上、解剖学上的人，不是社会中生活、劳动的人。阶级、阶级关系的运动反映历史的统一过程，就像生活、劳动反映全面的具有五官四肢的人一样。提纲挈领，并非摒弃其他事物，只是不平列所有事物，准确抓住它们中作为标志的东西。把纲领改换为主线这个词，也同样可以形容我们要说明的问题。人类文明史的各个领域中，以什么为主线？以对抗阶级的活动为主线。

人们关于历史研究的对象远远地缺少一致的认识，因此对历史的主线也就不能有一致的认识。每当涉及某个国家、民族特定时代历史具体进程的时候，就经常表现出这种认识分歧。前些年出版的英国作者鲁惟《帝制的中国》一书，划分中国全部历史为三大时期：前皇帝时期（公元前221年以前）、皇帝时期和后皇帝时期。另一位英国历史家爱尔文的《中国历史的模式》一书，划分中国封建时代的历史为三个时期：早期帝国（秦至东汉）、中期帝国和晚期帝国。美国有的中国经济史的作者，认为中国“前现代化”时期发展缓慢，与欧洲相比，只在于政府无能，不在于剥削与压迫；仿佛并不存在阶级对抗。中国论述近代史分期的文章，有的主张不能只按阶级斗争划分历史时期，要全面看待社会经济和其他条件。全面看待的说法，也就是认为阶级状况并不基本上反映或取决于一定的经济状况，它们可以不紧相关联。这些看法，涉及的范围不同，出发点各异，根源是一个，不承认阶级、阶级关系的演变是历史的主线。但他们因此也都没有回答这样的问题：历史分期究竟意味着什么？照所有这些以及其他类似的分期，怎么就能把历史研究建立在科学的基础上？

历史到处都表现为社会阶级的社会和政治的统治，也证明阶级、阶级关系是全面体现社会关系体系、历史运动的本质特征的事物。奴隶制度、封建制度和资本主义，无一不是阶级统治制度。事实如此突出，以至古往今来的历史家，都必须把它作为主要的内容列入记载，概莫能外。不讲这些，历史基本上就没有多少东西好讲了。从奴隶主国家到资本主义国家，阶级统治的形式不断翻新，实质并无改变。一百年以前，恩格斯评论美国的民主共和制度说：在美国，“政治家”比在任何其他地方都更加厉害地构成国民中一个特殊的和富有权势的部分。两个轮流执政的大政党中的每一个政党，都由这些人操纵着，他们把政治变成一种收入丰厚的生意，拿合众国国会和各州议会的议席来投机牟利，或是以替本党鼓动为主，而在本党胜利后取得相当职位作为报酬。那里没有王朝，没有贵族，没有拥有固定职位与领取年金权利的官僚。然而我们在那里可以看到，两大帮政治投机家轮流执掌政权，用最肮脏的手段为最卑鄙的目的运用这个政权，而国民却无力对付这两个大的政客集团。“这些人表面上是替国民服务，实际上却是统治和掠夺国民的”①。一百年以后的今天，美国的阶级统治，显然跟恩格斯所看见的大不一样了。其他资本主义国家也各有变化。但是不论美国还是其他“民主国家”，一是大资产阶级与政权的关系更加直接，“金元政治”当道；二是生产资料越来越向少数人手里集中。“福利国家”“财产再分配”，也不能改变那种集中的趋向。社会生活中，到处是发展了的、高度现代化的阶级的社会和政治的统治。

各个历史时代为什么社会关系面貌迥然相异，也只有阶级统治能够给予解释。奴隶社会里面，奴隶是奴隶主财产的一部分，奴隶劳动表面上全部为无偿劳动。亚里士多德因此不能看出，在商品价值形态中，一切劳动都表现为等同的人类劳动，因而是等同意义的劳动。农民或用力役地租或用实物地租给地主提供劳动，有偿与无偿部分在时间、空间上都可以分清。中国井田制如果属实，这点就和东欧的农奴制劳动一样明显。资本主义社会，工人把劳动力出卖给资本家，劳动的有偿和无偿部分完全混在一起。在工资形式掩盖下，表面上似乎全部劳动都是有偿的，工人劳动是“自由”的。阶级剥削的这种状况，使阶级统治采取着不同形式。奴隶制度下，法定奴隶主对奴隶有权生杀予夺，以及像买卖牲畜、器物一样贩运买卖。地主阶级和在经济上的份额剥削一致，采用严格的等级制度巩固对农民及其臣民的统治。中国儒

---

①《马克思恩格斯全集》第 22 卷，第 227—228 页。

家发明“礼”“礼器”即来源于此。资产阶级把“人权”“民主”“自由平等博爱”写在自己的旗帜上。他们起初也曾向封建势力争人权争自由，最终则是要保持生产资料私有制、保持行使剥削权利的平等、自由。政治制度是这样，思想领域也是这样。每个时代的统治思想，都是统治阶级的思想。

第三，历史的前进最后决定于社会生产力，阶级斗争是它发展的直接动力。生产关系一定要适合生产力的性质。生产力推动历史前进，表现为生产力与生产关系的矛盾，表现为阶级矛盾与阶级斗争。社会关系体系在这个斗争中显示作用，也跟着这个斗争的演变而演变。

阶级对立，植根于一定的生产力水平、经济状况土壤上。但阶级的存在，决不止于被动地适应现状。阶级不能离开生产力去活动，它们的矛盾、对立，可以而且必然地最终改造生产关系，推进生产力的发展。就像不存在脱离一定生产力水平的阶级对立一样，也不存在对生产关系、生产力不起任何作用的阶级斗争。看不见生产力的原始性质，无法说明历史怎样前进；看不见阶级斗争改造生产关系，改变社会关系体系，推进生产力，同样无法说明历史怎样前进。

奴隶制、封建制时代，生产力水平低下。奴隶与奴隶主间的斗争，农民与地主阶级间的斗争，只能自发分散地进行。旧的统治秩序一时打乱，一时又恢复。人们只看到现象，以为历史者局势的循环往复也。或者像中国前人所说的，“一治一乱，治少而乱多”；“天下大势，分久必合，合久必分”。实际上，那些联绵不断的阶级斗争，才使奴隶制、封建制缓慢地向前移动了脚步。资产阶级兴起，阶级斗争改造生产关系，动作大为加快。资产阶级最初反对封建贵族；接着又反对同工业进步利益相抵触的一部分资产阶级；又经常反对外国资产阶级；又更经常反对殖民地半殖民地一切抵抗他们剥削、压迫的阶级。葡萄牙、西班牙、荷兰、英、法、德、美、日、俄等国的资产阶级，因此先后把美洲、亚洲、非洲的绝大部分地区变成了它们斗争逞雄的血腥大舞台。资产阶级的阶级斗争，又必然把无产阶级也卷入到政治运动的行列里面。世界资产阶级争得自己的阶级统治地位，时间短促。它所造成的生产力却比过去世世代代总共造成的生产力还要大，还要多。它按照自己的形象，为自己创造出一个世界。近来西方流行一种观点，力图用科学技术发明来解释资本主义的进步。承认那种观点，资本主义时代史，就要变成一部技术工艺学史。那样，阶级斗争这个可怕的恶兽固然不出现了，资产阶级应得的历史地位也就被完全抹煞了。无产阶级与资产阶级的斗争更大不一样。社会生产力的发展使社会主义诞生、资本主义消灭成了同样不可避免的事。以前社会主义被看作某个天才人物头脑的偶然发现。地球上若干国家走进社会主义，证实这种制度完全为两个历史地形成的阶级——无产阶级和资产阶级斗争的直接产物。资产阶级的阶级斗争起过那么巨大的历史作用，与无产阶级的斗争相比，简直算不了什么。资产阶级的斗争不过改进私有制，使社会生产力在那种制度容许的限度内，去走到顶点。无产阶级的阶级斗争相反，它根本推翻私有制，改造一切旧的生产关系，改造历史的整个基础，建立起一个全新的社会关系体系。私有制结束，阶级对立时代的历史也就结束，社会生产力由此出现一种不受阻碍地最新发展的可能性。离开无产阶级推翻资产阶级的阶级斗争，历史就只能照旧在剥削阶级统治的脚下盘旋；私有制、剥削阶级永远也不会自行消灭，生产力不受阻碍地最新发展的可能性，永远也不会自行出现。

形形色色的历史家、哲学家，对于历史发展的动力，不知绞过多少脑汁，提出过多少种答案。就像物质产品的生产和交换跟着出现阶级对立，早就为封建时代头脑敏锐的人看出来了一样，阶级斗争推动历史前进，在资本主义时代也早就为头脑敏锐的著作家发现了。法国复辟王朝历史家们的著作，强调说明了这一点。米涅的《法国革命史》可以作为其中的一个例子，表明早期资产阶级的历史家们在这个问题上的认识达到了怎样鲜明的程度。

米涅的著作上，把当时彼此矛盾、斗争、利害不同的集团，划分为王室、宫廷贵族、特权阶级、大资产阶级、资产阶级、中等资产阶级或中产阶级、平民、社会下层阶级和人民群众。根据每次事变参加者的社会地位、斗争目标，书上一一指出他们的阶级背景和那些事变的含义。如说，1789 年 7 月 14 日攻陷巴士底是中等资产阶级的胜利；1791 年宪法是中等资产阶级的产物；8 月 10 日起义，是群众反抗中等资产阶级和君主立宪派，并且事实上推翻了王权的起义。各派政治势力、政治团体代表哪种阶级势力，起着怎样的作用，书上随着事变的发展，也一一说明，使之面目厘然。如说，议会里的右派受到福扬俱乐部和大资产阶级的支持；吉伦特党是一个从中间阶级转向人民大众的过渡党派，它处在中产阶级和下层阶级之间的不适当的位置上，它只能在一场英勇斗争之后确定地失败，光荣地死亡；雅各宾俱乐部和科德利埃的革新者俱乐部，有下层社会整整一个阶级的支持；国民公会是一个中间力量，它反对下层阶级独揽统治权，同时也反对资产阶级反动的统治，它在牧月拒绝了下层阶级的专政，在菊月拒绝了资产阶级的统治，只有它能够满足这双重需要。米涅对人物的叙述、分析也是这样。如说，米拉波、拉法耶特、巴伊依靠的是中等资产阶级；丹东、罗伯斯庇尔、马拉是新运动的真正领袖，他们利用社会下层阶级反对中产阶级，是议会中最左的派别。等等，等等。

米涅从阶级分析出发，对法国革命这场空前剧烈的阶级斗争推动历史的前进，作出了这样有力的概括："推翻了旧政府并彻底摧毁了旧社会的法国革命有两个明确的目的：一个是自由的政府，一个是比较完善的社会制度。前面叙述的六年，就是构成法兰西民族的几个阶级争夺政权的六年。特权阶级要以保持等级制度和三级会议来反对宫廷，反对资产阶级，建立特权阶级的政权；资产阶级要利用1791年的宪法来反对特权阶级，反对群众，建立资产阶级的政权；而群众则要以1793年的宪法来反对其他各阶级，建立自己的政权。所有这些政权，没有一个能够巩固下来，因为它们都带有排他性。但是，每个暂时居于统治地位的阶级在争取政权的尝试中，都摧毁了存在于较上层阶级中的不能容忍的东西，以及与以平等权利和公平分配为基础建立法国新社会的宗旨背道而驰的东西。""法国革命，如同英国革命开创了新政体的纪元那样，在欧洲开辟了新社会的纪元。法国革命不但改换了政权，而且也改变了整个国家的内部生活。……为了进行这样巨大的改革，革命要克服许多阻力，因此在它带来的长远利益之外，也曾有过一些暂时的过激行动。……内部的反抗，导致了人民大众的最高主权，而外来的侵略，则导致了军事统治。尽管发生了无政府状态，尽管产生了专制主义，但目的是达到了：在革命的过程中旧社会被摧毁了；在帝国时期建立了新社会。"①

米涅的《法国革命史》出版于1824年。他既不知道马克思主义的阶级斗争学说——相反，马克思本人提出阶级斗争学说还在这10年之后；也无法知道后来人们研究法国革命的成果。不但这样，他的书里许多地方充满资产阶级的偏见。他同情路易十六，鄙视厌恶无套裤党人。他恶语咒骂罗伯斯庇尔，说叛乱杀人者必然死于断头台，正如征服者必然死于战争一样。越往后，他越发毫不掩饰地反对革命群众的斗争。但无论如何，他的叙述和结论，认为

① 弗·米涅：《法国革命史》，商务印书馆中译本，第292—293、1—2页。

阶级斗争是历史前进的动力，令人无可置疑。资产阶级的偏见没有减少，反而增强了他的叙述和结论的说服力。因为他根本无意为那些事实辩护，而只是照自己的见识，指出那些他并不喜欢但却是客观存在的事实。

资本主义世界刚露头角，人们已经开始认识到阶级斗争推动历史前进，是那时新的生产力与旧生产关系矛盾尖锐化、阶级斗争充分展开了的结果。最初人们对它的认识还远不完备，历史唯物主义把它系统化了。二百年来，世界阶级斗争改造、推翻旧社会、旧制度的实践，无论深度和广度，都非二百年前的情形所可比拟了。它给人们所提供的认识阶级斗争推进历史、改变旧的社会关系体系的根据，因此也比以往任何时候更加充实、丰富。“万牛回首丘山重”，没有什么东西可以教它发生动摇。

反对从阶级斗争说明历史前进的人，不愿意或者看不出革命的阶级斗争改造旧生产关系，推进新生产力，最强有力地显示出它的地位和作用。他们不愿意或者看不出，除了革命的阶级斗争，没有任何力量能够担当起改造、推翻旧生产关系，推进新生产力的巨大历史使命。他们说，阶级斗争并不每日每时都在进行。和平稳定的状态，反而更显示出社会生产力的发展。社会进步被归结为阶级斗争，那是教条化、简单化。其实是这种看法本身太简单了。

阶级斗争推动历史前进，这当然主要是讲旧社会、旧制度过渡到新社会、新制度那种急剧的转变。马克思在《〈政治经济学批判〉序言》上，以及在其他地方一再论述这个问题，非常明确。说革命的阶级斗争推动历史前进，并非认为私有制社会里，每日每时都要爆发革命，历史才能前进。也不是说一斗马上就什么都变了。正像水从冰点到沸点，温度总要逐渐增加；人在心脏停止跳动以前，必有许多机能逐渐丧失活力。每一种旧生产方式、旧制度的崩溃，不会突然发生，要有它的演变过程。先有量变，然后发生质变。无论奴隶社会、封建社会和资本主义，都不可能经过一场阶级斗争，一次革命的行动、革命的胜利，马上就表现为生产力的发展。英国 17 世纪 40 年代的资产阶级革命，取得了资本主义对封建制度第一次重大的胜利。马克思说英国资产阶级和后来的法国资产阶级革命，并不是英国的革命和法国的革命，它们是欧洲范围的革命。这两次革命不仅仅反映了它们本身发生的地区即英国、法国的要求，而且在更大得多的程度上反映了当时整个世界的要求。这足见英国革命胜利的重要了。但直到一百多年以后即 18 世纪 60 年代，英国才发生“工业革命”，资本主义才登上第一座高峰。中国民主革命从鸦片战争到中华人民共和国成立，长达110年。其中掀起过像太平天国、义和团运动、辛亥革命，以及五四运动以后中国共产党领导的历次革命斗争大高潮。中国这时出现了民族工业，社会生产力多少有些增长。但显然只有到中华人民共和国成立，最后推翻帝国主义封建主义统治，才从根本上解决了社会生产力发展的问题。而且还必须看到，生产力的发展通过阶级斗争来实现，绝不等于说二者只有一致，没有矛盾。阶级斗争对生产力的发展，可以归于一致，可以处于对立。一致的情况下推动历史前进，对立的情况下阻挠、延缓历史前进。阶级、阶级斗争有革命的，有反对革命的，有前进的，有倒退的。一切以阶级的地位、有关的具体条件为转移。历史运行，有时候突飞猛进，而更多的时候又趑趄徘徊，迂回曲折。如果政治权力、阶级斗争与生产力的发展总顺着一个方向，历史就应当一往直前，早到达共产主义，或人们长期梦想的某种太平王国了。那样的事从来不存在，所以世界上很大一部分人，至今仍在资本主义的剥削压迫下辗转苦斗。阶级斗争与生产力的发展可以处于对立，但不能永久处于对立。历史上没有哪个统治阶级不想保持自己的地位，却没有哪个统治阶级能够最终阻止历史的变革。阶级斗争可以与生产力的发展不一致，这同阶级斗争是历史的动力并不矛盾。它只是更加暴露出阶级间的矛盾、斗争是社会历史运动不同于其他事物运动的形式，这种运动并不像北京东西长安街那样，一路笔直。看到阶级斗争中并非一斗马上就变，以至还有破坏倒退，就以此为根据，否认阶级斗争直接成为历史的动力，这只暴露了认识的表面性。历史洪流中，泡沫浮在表面上，激流在底层。用简单、表浅的办法观察，不可能认识它的激流即动力的所在。

阶级斗争推动历史变革，最终必然导致剥削制度、旧的社会关系的消灭、瓦解。这个真理对于剥削阶级毕竟过于痛苦了。一些人因之以“改善”“改良”马克思主义的面孔出现，来阉割掉它的革命实质。萨特在所著《辩证理性批判》上说，“匮乏”总是伴随着我们，一个没有“匮乏”的世界是不可想象的。人类的历史从古至今一直是同“匮乏”进行斗争的历史。人类从来不是自由地进行这种斗争的。只是靠了建立“社会集团”，人类才在有限的程度上克服了这种“匮乏”。这种集团的建立并不符合人类的本性。这种集团的实质是暴力，暴力和恐怖使集团的成员不致互相残杀，而可以共同工作。“恐怖就是友善”。[①] 萨特并不拒绝使用某些马克思主义词句，有时也说到“人的解放”之类的话。但他的论述处处都是对马克思主义的彻底歪曲。他把历史的前途说成一片阴暗，“匮乏”和集团暴力长在，亦即资本主义枷锁长在。历史唯物主义从科学上指出了阶级斗争使人类历史必然由资本主义走进社会主义。与一切曲解攻击相反，历史唯物主义指出的人类历史的发展前途，是一个区别于一切幻想和假设的，最终摆脱黑暗，充满阳光的前途。

关于马克思的阶级斗争理论的重大意义，列宁作过这样的总结性的叙述：“阶级斗争理论所以是社会科学取得的巨大成就，正是因为它十分确切而肯定地规定了把个人因素归结为社会根源的方法。第一，这个理论制定了社会经济形态的概念。它以人类任何共同生活中的基本事实即生活资料的谋得方式为出发点，把这种生活资料的谋得方式和在它影响下形成的人与人间的关系联系起来，并指出这些关系（即马克思的用语‘生产关系’）的体系是为政治法律形式和某些社会思潮所包裹着的社会基础。按照马克思的理论，每一种生产关系体系都是特殊的社会机体，它有自己的产生、活动和向更高形式过渡即转化为另一种社会机体的特殊规律。这个理论已把客观的一般科学上的重复性应用于社会科学，而主观主义者认为把这种重复性应用于社会学是不可能的。……主观主义者关于一般‘社会’的论断，这种毫无意义的不过是小市民的空想（因为连各种不同的社会制度有可能概括为几种独特的社会机体这一点都未阐明）的论断，已被对一定的社会结构形式的研究代替了。第二，‘个人’在每个社会经济形态范围内的活动，这些极为多样的似乎不能加以任何系统化的活动，已被综合起来，归结为生产关系体系中所起的作用上、在生产条件上、因而在生活环境的条件上、在这种环境所决定的利益上彼此不同的个人的集团的活动，一句话，归结为阶级活动，而这些阶级的斗争决定着社会的发展。这就推翻了主观主义者的天真幼稚的纯粹机械的历史观，他们满足于历史是由个人创造的这种空洞的论点，而不愿分析这些个人的活动是由什么社会环境决定的，是怎样决定的。主观主义被把社会过程看作自然历史过程的观点代替了，没有这种观点，当然也就无所谓社会科学。”[②] 列宁

---

①让·萨特：《辩证理性批判》巴黎1960年版，第211、520、566页。J.P.Sartre，Critique de 1a Raison Dia1ectique.

②《列宁全集》第1卷，第388—389页。

的话讲得再透辟不过了。它是对阶级对抗和建筑在阶级对抗基础上的社会关系及其运动怎样成为自然历史过程的说明，也是向人们指出，人们之间的社会关系、社会联系，并非某种孤立存在，而是作为一个社会关系客观体系运动存在的。

主观主义、唯心主义者不承认阶级关系在历史上的特殊地位和作用，更看不见不同现象所构成的社会关系统一体系。他们以为错综复杂的社会现象不但无法分辨出基本现象和次要的现象，也不需要分辨出起决定作用的事物和在从属中起作用的事物。他们或者如“文化史观”那样，把彼此毫无联系的“文化”“文明”硬指为所谓“系统”；或者如“综合史观”那样，对各种现象，不分主次，一视同仁；或者如“系列史”的主张者那样，认为马克思发起的哪个社会现象层次在整个社会中起决定作用的问题是一个还没有解决的问题。阶级、阶级对抗的存在和运动，构成阶级社会里社会关系、社会联系存在和运动的枢纽，但只有枢纽，离开社会生活中的各个领域、它们相互间的关系，历史便成为不可思议的事物。当我们说，应当辨别历史中的基本现象和其他现象的时候，就是明白地肯定了一个事实：历史不是社会阶级孤立的存在和运动。它同社会生活中经济、政治、意识形态这几个大的部分、大的领域是不可分割的。因此，人们的社会关系，也就同时表现为经济关系、政治关系和意识形态的关系。它们是一个统一的社会关系客观体系。

我们看不见某个方面的社会关系的具体形象，我们也看不见社会关系客观体系的具体形象。社会关系体系是人世世代代活动的产物，反过来，又成为人活动的客观条件和规定。人到处都碰到它们，到处都不能摆脱它们。人追求自己的目的，从事种种活动，但他们无法离开一定的社会关系网络去进行活动。他们改造、破坏旧的社会关系体系和网络，同时又建立起新的体系和网络。他们的思想关系的复杂性，表现了物质关系的复杂性。一切体系都有自己的内部关系与运动形式。社会关系体系，明显地表现出内部的非单一性，和各个部分直接、间接以至虽然疏远也仍然存在着的联系。经济关系、政治关系、意识形态关系，在不同程度上各自独立运转。其中每个部分、每个领域发生的变动，又直接、间接引起其他领域的变动，或者预示将要发生某种变动。政治形式、法律、宗教、哲学思想、民族文化传统等只是第二位的东西，但决非消极的东西。在政治领域，政权首先是强大的经济力量。每一次社会革命中，新政权的任务，就是变革旧的经济制度，保护、发展新的经济制度，从而巩固胜利了的阶级的统治。资产阶级革命一般先有资本主义经济，后建立资产阶级政权。这种政权与经济的关系，还只在于保护、促进新的经济发展。社会主义革命就不同了。无产阶级必须先夺取政权，然后去改造、消灭资本主义，从头建立社会主义经济。没有无产阶级政权，就没有社会主义经济制度的存在。如果政权在经济上是消极的，或无关重要、无能为力的，那末，无产阶级为夺取政权进行的整个斗争，就失去目的，消灭阶级压迫剥削就不知从何处着手了。法律的情形也是一样。法律反映、"翻译"经济关系（这里指民法），然后又成为一种力量，倒转过去，作用于经济，对它或者促进，或者遏止。日本近来常听到"法律成灾"的说法，并有"法妖"的说法。这表示人们对法在社会关系、财产分配状况上的不满和迷惑不解。人们的经济关系性质不发生改变，法所体现的人们的社会关系的性质也就不会改变。宗教、哲学思想等远浮在高空，但它们在社会关系体系中又都落在实处。不然的话，为什么儒家学说在中国漫长的封建时代里一直受到尊崇，世界上不少宗教教规至今神圣不可侵犯。马克思的学说总被一些人视为洪水猛兽，无非都因为它们与现实的物质利益或明显或隐蔽地相联系。每一个处在一定历史发展阶段上的社会，都具有独特的特征，即独特的社会关系体系。那种体系的全面变革，标志着人类社会关系发展的一个新的特殊阶段。奴隶社会、封建社会、资本主义社会，都是社会关系客观体系全面变革的一个特殊阶段。全面考察社会关系体系，才能了解阶级对抗，认识历史。把历史看作是社会阶级孤立的存在和运动，远不符合实际，不符合历史运动的客观实在。

西方有的研究者形容历史唯物主义为所谓"历史无人化"。这是一种曲解。历史唯物主义所说的物，指一定的生产力与生产关系的总和所构成的社会经济结构。它并不是人不在其中的、与人的劳动创造、社会活动无关的物。人的生产劳动、社会活动不能缺少自然的物，而首先是不能缺少人，不能缺少人的社会关系和社会联系。没有了人的生产劳动、社会关系和社会联系，也就不存在"生产关系的总和"以及整个社会经济结构这样的物了。如此一来，不但无从区分什么奴隶制、封建制、资本主义，也根本无法从客观实在来说明全部人类历史。所谓唯物主义把"历史无人化"了，实际是从唯心论出发，把人只看作自然的人，而不是社会的人。人始终是一定社会关系的体现者。不过在私有制时代，他们是阶级矛盾、阶级对抗这种特殊形式的社会关系的体现者。

求证至此已经完毕。

私有制时代历史研究的对象——私有制社会历史特殊的本质、它的运动形式是什么？回答是：社会阶级、阶级斗争，它们相互关系的消长变迁，和以此为枢纽的全部社会关系的客观体系及其运动。

中国古人很早就把简单、残缺、孤立、各不相属的“左史记言，右史记事”看作历史。科学文化昌明的今天，人类对自己的历史的认识，应该远远地脱离几千年以前的状况，进到一个新的水平上来了。不用说，我们绝对不可以把最广泛、最复杂的人类社会历史片面化、简单化，或者用机械唯物论的观点去看待。科学研究忌讳模棱两可，游移其词，更加忌讳不实事求是，主观武断。人对事物的认识总要带有相对性。只有荒谬无知，才会以为现在达到的认识是最后的、不可改变的了。但是显然不能因此就反过来，不去探求认识隐藏在那些最广泛、最复杂现象背后的可以简单明了地指出来的客观存在、运动的东西。指明社会阶级、阶级斗争，和以此为枢纽的全部社会关系及其体系的运动是私有制时代历史研究的对象，使人容易透过复杂现象，看出这个时代历史的特殊的本质、它的运动形式。

（四）阶级划分与现实统一又不绝对统一的问题

自然界和人类社会所有的事物，都不适合照形而上学去认识，都只适合照辩证法去认识。唯物主义历史观在阶级、阶级斗争问题上的运用，只有借助于辩证法才能实现。违反辩证法，就要走向反面。

恩格斯说：“一个事物的概念和它的现实，就象两条渐近线一样，一齐向前延伸，彼此不断接近，但是永远不会相交。两者的这种差别正好是这样一种差别，这种差别使得概念并不无条件地直接就是现实，而现实也不直接就是它自己的概念。”[①]概念和现实“只能近似地符合”。“概念和现实的统一是一个本质上无止境的过程，这种统一无论在这个场合下或是在其他一切场合下都是如此”。[②]阶级划分、阶级斗争概念和它们的现实也是这样。社会人群、历史上的斗争、事件，并非到处刻着某某阶级的大字，简单明了，一望而知，一览无余。历史异常复杂，许多现象矛盾迭出，彼此抵触。某些现象、事物，

①《马克思恩格斯全集》第39卷，第408页。

②同上书，第410页。

与阶级所指的内容并不符合。有的直接相反。其原因，在于科学概念与现实、现象本质上统一，又只能最近似地统一。两者不断地接近，永远不会绝对一致。社会人群划分为阶级，充分体现出了私有制时代最根本的现实、现象，但又不足以把这个时代所有次要、局部、个别的现实、现象囊括无余。也有概念与现实、现象本来符合的，由于人还不认识，同样显出脱节。一些历史家往往由此认定，那些与阶级划分不符合、相违反的事物，才叫历史，或者认为只能从这些现象、事物去解释历史。他们直接间接以偏概全，以个别否定一般，以现象否定本质。一听说阶级、阶级斗争，就疾首蹙额，抗拒于千里之外，或者望望然而去之的研究者，还不算在这里面。

阶级划分，本质上是一个事实问题，又是世界观问题。它至今不为一些人所接受，不足为怪。不少历史研究者主观上不反对阶级划分，但概念与现实、现象的差异，使他们陷于矛盾，最终接受现象，抛弃本质。结构主义、《年鉴》学派等，在一定的意义上主张阶级划分。但他们并不承认运动中的社会阶级以及由此形成的社会关系体系是历史研究的对象，而宁愿用一些表面现象、零星散乱事项代替基本事物。他们因此并不能全面、科学地解释历史。

中国和世界史研究中，许多涉及阶级分析的争论，往往也是由此产生的。中国近代史研究中的一些事例，足以说明这一点。

关于太平天国的例子。

太平天国是一场农民战争或农民革命运动。这个概括，明显地反映了历史运动的实际性质。但反对农民战争说的人，仍可以从不同角度提出反证。太平天国的纲领文件《天朝田亩制度》上规定：各级官员犯有错误，依次降级，直至“黜为农”或“贬为农”。几十年前，就有人拿它作为反证，来否认太平天国是农民革命。其实《天朝田亩制度》上同时也规定：“民能遵条命及力农者，则为贤良，或举或赏。”封建统治阶级从来也不承认“力田”可以成为被选举做官的一个条件，这正好证明了太平天国与封建统治势力的对立。近来日本的研究者里面，也有强调“贬为农”等不符合农民战争性质的。理由是：农民阶级是生产劳动的阶级，他们本身不应该贱视劳动。可是太平天国惩罚犯罪的人，总是判处他们种田，参加生产劳动。这与生产劳动者的农民阶级的立场正好对立，岂不是从太平天国本身证明它不是农民革命运动吗？

这除了对事实了解不全面，也可以认为是存在概念与现象的分歧引起的。但是事情并不能照形式逻辑去解决。在封建社会里，生产力很不发达，农业劳动极其艰苦。农民阶级受剥削、压迫，处于社会的底层。他们几千年来受轻视，社会上形成一种颠倒的观念：地主、统治者最高贵，农民、劳动人民最卑贱。孟轲说的“劳心者治人，劳力者治于人”，就是那种剥削压迫在观念上的反映。地主阶级专政，经常用艰苦劳动残酷惩罚农民。农民一旦可以发号施令了，自然地就照样办理，去制裁他们的敌人或犯罪分子。农民的阶级地位，他们所受到的文化、生活条件的种种限制，无法改变这种认识。问题不在于人的观念，而在产生那类观念的低下生产力。直到今天，体力劳动仍然相当艰苦，仍然没有被人们看作不可缺少，被当成接近于娱乐。事实上也不成为娱乐。有朝一日，这种情况一定会改变。社会生产力空前提高，人剥削人、压迫人的制度消灭，物资空前丰富，先进科学技术在农业中的广泛应用，体力劳动与脑力劳动的差别逐渐消失，那时人们就有了可能改变对劳动的看法。马克思说，劳动不会像傅立叶所希望的那样成为游戏，不过在农业劳动中，它的过程同时就是体力锻炼。到那时，人们即使不把农业生产看作接近于现在的旅游、打猎、体操运动、登山、划船、赛车、滑雪比赛等等，至少也不会再看作一种惩罚了。太平天国发生在封建制度顽强存在的社会里。农民用某些封建的办法行使权力，从阶级本身来看似乎是不符合的，从历史的条件来看又是符合的。那种情形，不但不足以否定农民斗争的阶级性质，倒是证明了太平天国的农民革命运动的性质。承认概念与现实、现象的差异，看到阶级社会的狭隘性，问题就可以理解了。

太平天国研究中，其他一些否定农民革命运动的主张，所持的理由、根据各不一样。凡能举出一些事实、现象的，都与现象、本质间的分歧或对这种似乎分歧的认识有关。至于编造事实，如说洪秀全、冯云山等人也是地主豪富等，那是另一回事。

关于洋务运动的例子。

洋务派属于清政权反动统治阶级中的一派，洋务运动是地主阶级的自救运动，这样说，基本适合洋务派的阶级地位和洋务运动的性质。洋务派的突出特点，是它的活动始终与外国侵略势力联系在一起。它从借用洋兵，在血腥镇压太平天国农民革命运动中兴起，逐渐膨胀成为清王朝腐朽统治集团中最得力的一派。从19世纪60年代初期往后的30多年里，清政权镇压人民反抗主要靠他们；置办、制造军火，强化军事机器靠他们；平时对外办理交涉靠他们；挨打以后签订丧权辱国、割地赔款的条约靠他们。洋务派的本钱，一是外国侵略势力把他们看作最可信任的合作者，始终给以支持。二是他们掌握军队、工业和若干中央与地方的实权。说他们是清政权反动统治阶级中的一派，与事实吻合。但和这同时，他们又引进西方近代技术，办了一批军事工业和民用工业。那些民用工业不管怎么落后，它在中国是规模较大、出现较早的资本主义性质的工业。资本主义比封建制度高出一个历史阶段。中国要摆脱半殖民地半封建统治秩序，必须民族独立，发展资本主义。洋务派既被认定为反动统治阶级，却又和资本主义的进步有联系。这种明显的矛盾该怎么解释呢？中国近代史研究者中，一些人因此极力主张重新评价洋务派、洋务运动。持这种主张的人认为洋务派并不只维护地主阶级的统治利益，他们可能是中国最早的资本主义生产关系的体现者。他们和清政府中的顽固派相反，提倡学习西方科学技术。不管他们做了多少坏事，兴办近代工业、传播资本主义，就做了最大的好事。龚自珍、魏源等是中国近代最早主张改革、学习西方的先进者。洋务派的思想和龚魏等人一脉相承。过去他们被贴上反动统治阶级的标签，把他们推进资本主义的显著功绩也给否定了。那太不实事求是了。洋务运动完全是一个进步的运动。中国近代历史的大动脉是资本主义。中国近代史的新篇章应该从资本主义写起，即从洋务运动写起：洋务运动、戊戌变法、辛亥革命，这些环节，构成了整个历史前进的链条。不这样理解洋务运动，就等于否认中国当时学习西方，引进资本主义的必要性和先进性。一味强调反帝反封建的观点，是过时的不足取的观点。有的研究者把它加以简化，叫作中国近代史研究的“洋务——维新——革命”框架说。

洋务运动研究中的这种主张，当然是提出了一个值得讨论的学术问题。出现这种主张有现实生活中的因素，更有对科学概念与现象的关系误解的重要因素。人们很容易只注意科学概念与现实、现象的一致、统一，不注意它的差异、不一致、不符合。一发现它们的差异、不一致、不符合，就以为科学概念错了，就要用现象来纠正本来正确的概念，否定概念。洋务派举办民用工业，对中国出现资本主义生产，起过某种作用。看不到这一点，不能全面说明洋务派和洋务运动。但这个事实决不足以改变洋务派大官僚和他们种种活动的反动阶级属性和历史位置。

首先，洋务派举办的工业，具有浓厚的封建性、买办性。中国最早出现的资本主义工业，有外国资本家凭借侵略势力办的；有一般地主商人官吏投资办的。外国人办的工业不必说。洋务派大官僚办的工业与封建政权结合在一起。不管叫早期官僚资本主义，或叫国家资本主义，总之不同于一般地主商人官吏办的民族工业。它的封建性、买办性，都决非举出几条枝节材料就可以解释、取消掉的。洋务运动大吹大擂、当权行令的三十几年，也就是中国最后沦为半殖民地半封建社会的三十几年。洋务派和他们的种种活动，既没有推进中国的民族独立，也没有减少民族资本主义发展所受的压迫。一切都恰恰相反。经过三十多年的经营，洋务运动终于彻底破产了。这就是基本事实。再说，中国早期资本主义工业并不都是在洋务运动的轨道中发展起来的。目前的一些研究证明，不少洋行买办积累起资金以后，自设商行，创办企业。他们成了民族工业发展的一支重要力量。没有洋务派，一般地主商人只要有利可图，也照样会去走兴办工业的道路。洋务派与顽固派不同，在清政府里面，成了主张兴办某些近代工业的代言人。问题不在他们的思想认识怎样，而在他们联系的社会阶级势力不一样。经济的力量总要为自己前进开辟道路。特别是帝国主义在中国的政治、经济、军事这种全面的势力，必然要在清政权内部强烈反映出来。没有李鸿章等洋务派，也必定出现另外一批人充当同样的角色，而且他们后来果然一代一代出现了。后代和前代自然有各种差别。不过无论差别多大，他们毕竟是一脉相承的。他们的这种继承关系，不但表现为政治经济活动的阶级利益要求上，也表现为那些首要人物个人之间的关系，就像僧家的衣钵相传那样。把洋务派的政治、经济活动分开，更是说不通的。政治，归根到底，是对一定的政权采取什么态度、提出什么要求的问题，维护它，推翻它，或者改良它。洋务派办工业、引进西方科学技术，无不出于镇压人民反抗、保持封建统治的最终政治需要。他们一点也不肯损害这个政权和它所代表的阶级的利益，只着眼于拼命维护这个政权及其阶级利益，所谓“中学为体，西学为用”，明确表现出了他们所以采用西方科学技术那种“用”，是为了保持和不触动封建政治统治这个“体”。在这个要害问题上，洋务派是坚持到底的。政治、经济分开了，他们就不成其为洋务派，而且也不成其为任何阶级势力了。所谓分开评价，只不过是表示“进步论”无法自圆其说。考察全局，我们确实找不到根据，可以把洋务派、洋务运动，看作进步的势力、进步的运动。

研究者们当然都清楚，这里提出的问题，远远超出洋务运动本身的评价。其所以肯定洋务运动，就是要以资本主义出现、成长为中心，看待全部中国近代史。帝国主义侵略下，面临被瓜分、灭亡的半殖民地的中国，人民为了生存下去，一要推翻帝国主义及其代理人封建阶级的统治，二要发展资本主义，求得民族、国家的前进，二者缺一不可。这没有什么好争论的。但它们二者是怎样的关系？首先发展资本主义，再去打倒帝国主义和封建统治，还是后者变为前者？认识中国近代历史，绝对不能离开正确解决这个问题。如果拯救国家危亡，争取民族独立是各种矛盾中的主要矛盾，是解决其他问题的关键，那我们就必须把反帝国主义反封建看作历史前进的动力，有了这个动力，才有其他。如果相反，在帝国主义的半殖民地秩序统治下，中国有无或有多少资本主义是各种矛盾中的主要矛盾，是解决民族独立问题的前提，那我们就必须把发展资本主义看作推进历史的灵魂，一切就应当服从这个灵魂。反帝反封建斗争，即使不必取消，实际也无关痛痒。二者也许可以作些折中调和，但也必有主有次，不会半斤八两。到底如何是好？历史的进程彻底有力地回答了这个问题。19 世纪六七十年代起，中国开始出现资本主义，往后并有初步的发展。就在这个时间里，即洋务运动正在展开的时期，帝国主义侵略、民族危机，不但没有停止，没有减轻，中国反而落到被瓜分的实际过程之中了。农民阶级、资产阶级发起、领导的反抗运动、革命斗争，使帝国主义的侵略受到一些阻止。最后经过无产阶级、中国共产党领导的长达 30 年的革命斗争，才终于把中国从帝国主义、封建主义统治下解放出来。历史进程的这个回答，还不算有说服力吗？非常明显，当时中国的问题，不在发展资本主义如何重要，而在如何才能发展自己的资本主义。前几代中国人，对认识这个问题有过痛苦的经历。他们对外国侵略势力不缺少感性认识，但难于从社会阶级上去理解。他们陆续提出过“实业救国”“教育救国”一类的主张，亦即认为有了资本主义，就可以使中国由不独立变为独立，由弱变强。他们都失败了。他们又陆续提出爱国、革命的主张，仍不反对帝国主义，甚至以为后者可以赞助自己的事业。他们也都失败了。发展民族资本主义，为中国历史进步所必需。但不从解决民族独立、改造旧的生产关系、社会制度入手，而从发展资本主义本身入手，就决不能满足这个必需，只会流为幻影。把资本主义作为大动脉，看待处于帝国主义半殖民地统治下的中国近代史，未免不顾历史对问题所作的回答，重新提出了一个世纪以前人们提出过的资本主义救中国的老问题。给洋务运动安上新的生产力之类的名词，并未改变问题的实质。所以，认为它是中国近代史新篇章的开头，是没有道理的。

洋务派作为一个反动的阶级，又兴办有进步性的近代工业，如何看待这个现象，现在可以作出说明了。不难理解，在一定条件下，反动统治阶级与近代工业，决不是什么势不两立、不可调和的东西。凡是有利于维持、巩固自己统治的手段，没有哪个是统治者不可以采用的。洋务派不过适逢其会。把这种看来矛盾的事物，集中于一身了。这个所谓“会”，就是帝国主义力图变中国为殖民地，民族矛盾尖锐，国内阶级斗争空前激烈，封建统治阶级濒临覆亡险境，必须适应新的形势，采取新的手段，使自己生存下去。洋务派、洋务运动，就是这个特定时代、特定社会条件的产物。洋务派反动的阶级属性，和它办工业发生过某种进步作用，对于这种矛盾，不是需要去怎么调和，而是需要承认辩证法。那正是表现出了事物的本质、概念与现象只能近似地统一，不能绝对统一。但它们的关系不是一个否定另一个的关系，不是非彼即此。它们部分地亦彼亦此。人们想对它有正确的认识，就要善于透过现象去看本质。不应该相反，拿现实、现象去否定本质。不抓住本质，就会为现象所迷惑，走到认识的歧路上去。

关于蒋介石与大资产阶级关系的例子。

蒋介石代表大资产阶级，这个概念反映蒋介石建立南京反共政权以后的客观实际。然而某些现实、现象，却使人们有根据提出完全相反的看法。前几年，英国《中国季刊》上刊载一篇研究性长文，论述蒋介石与上海资本家的关系，以大量资料为根据，提出了这个完全相反的看法。

《中国季刊》的文章上写道：那种认为新型的城市资产阶级同乡村的地主阶级构成了蒋介石政权社会阶级基础的论点，是站不住脚的。事实是这样：1927年3月，蒋介石正在准备同共产党人居于优势地位的武汉革命政府决裂。上海这时由共产党领导的武装工人所控制。3月底，蒋介石抵达上海，立即与他以前一起当过证券经纪人的同事、统治上海商业活动的宁波帮财阀头面人物虞洽卿、王震等见面。他们达成协议，前者出力，后者出钱，“调整”劳资关系，“恢复和平”。4月1日到4日，资本家付出三百万元，蒋介石于“四一二”实行反共政变。4月25日资本家再付七百万元，表示支持。蒋介石正在与武汉政权打得难解难分，需要的开支比这大得多。资本家们不愿意提供更多的金钱，蒋介石毫不犹豫，采取高压政策。5月1日，南京政府公布发行国库券三千万元；5月18日，蒋介石从南京回到上海，强迫资本家购买国库券和其他名目的债券。挨家逐户指定数目，如上海钱业公会、闸北水电公司、华商保险公会、内地自来水公司、南洋烟草公司、粤侨商业联合会等十多家大公司，分别派购十万元、数十万元到一百数十万元不等。最富的商人之一、上海总商会会长傅某被要求承担公债一千万元。傅不应允，蒋介石亲自下令逮捕，没收其财产。傅只得屈服，提供大量捐款。大批著名的商人、工厂主，纷纷以各种罪名被捕，没收财产。在他们各自捐献十万、数十万的钱财以后，才又无罪释放。蒋介石特别利用同他关系密切、无恶不作的上海流氓集团青帮，接连发动对资本家的恐怖浪潮。先施公司总经理三岁的儿子被捆票，勒款五十万元；大棉布商徐某的儿子被逮走，勒款六十七万元。资本家们或者在家里被捕，或者在街上神秘地失踪。他们任何时候都不曾经历过这样的恐怖统治。估计蒋介石靠这样的手段，筹款约五千万美元。中间蒋介石一度下野。1928 年 1 月，蒋介石重新上台，上海马上再次出现了绑架、镇压资本家的高潮。1929 年以后，紧张形势才有所缓和。据此种种，只能得出这样的结论：蒋介石、“国民党中占统治地位的领导，其政策是反资本家的”[①]。

《中国季刊》的这篇文章，事实确凿，引人入胜。说蒋介石是大资产阶级的代表，可是他偏偏如此手下无情地勒索、迫害资本家，这怎么解释呢？事情复杂，又不复杂。当时中国共产党领导的革命力量，工农运动继续强大存在。革命人民打倒帝国主义、打倒军阀，也就必然危及大地主、大资产阶级的统治利益。从大资产阶级的立场来看，或者听任共产党、人民革命势力滋长，最后不可抗拒；或者牺牲资产阶级中一部分人眼前的、暂时的利益，集中财力物力，扑灭革命，并建立起反对革命人民的牢固统治权。两个前途，两种办法，必须作出选择。蒋介石完全懂得该怎么做。他断然决定以小的、局部的牺牲，换取保持整个阶级的长远利益。正因为这样，蒋介石才成其为大资产阶级的真正代表者。而且还应该看到，并非所有资本家都受到蒋介石政策的损害，被迫掏了腰包。相反，像虞洽卿等那样买办性更强的大资本家，就在这个时间里，聚集的横财更多了。遭到无情勒索、迫害的，大多数是民族资本家，可惜《中国季刊》的文章没有重视这方面的研究。如果蒋介石的政策、他的统治如此文作者所说，是“反资本家的”，那就应该认为，他比共产党更激进了。共产党这时只主张打倒土豪劣绅，没有提出“反资本家”的政策。不过土豪劣绅往往被认为和“资本家”有所联系。实际斗争中，也就不

① 帕克思 · M. 小科布尔：《国民党政权与上海资本家》，英国《中国季刊》1979 年 3 月号，第 77 期。

免要出现“反资本家”的问题。蒋介石发动“四一二”政变，和往后举行十年大流血的反共内战，就是因为共产党纵然不是现在，将来也不可避免地会“反资本家”。蒋介石如果同共产党走上了一个方向，后来的整个历史又是怎么出现的呢？不了解现象与本质的差异，用现象否定本质，试看可以把人们引向何等荒谬的境地！

中国、国外学术研究、争论中，诸如此类的事例不可胜计。举这几个例子，可以推论其余。

恩格斯讲封建主义概念和现象的一段话，强调指出科学概念的重要意义，切不可以把它看作虚构。他说：“封建主义是否曾经和它的概念相适应呢？它在西法兰克王国奠定了基础，在诺曼底为挪威侵略者进一步发展，在英格兰和南意大利为法国的诺曼人所完善，而它最接近于它的概念是在短命的耶路撒冷王国，这个王国在耶路撒冷法典中遗留下了封建制度的最典型的表现。难道说，因为这种制度只是巴勒斯坦有过短暂的十分典型的存在，而且这——很大程度上——也只是纸上，它就是一种虚构吗？”[①] 阶级概念的决定性意义，就在它从本质上概括出了历史的存在，历史的运动。

同一切科学概念一样，阶级、阶级斗争这个概念，与现实、现象可以而且经常存在着差异、不相符合，这告诉人们，不能用僵死、简单的办法看待历史现象。那种以为只需抱住阶级划分，来回重复或者生搬硬套阶级的概念，就可以使一切迎刃而解的想法，必定要到处碰壁。如果把那种情形叫作“公式”“教条”，应该认为合乎实际。对阶级、阶级斗争简单化的说明应用，妨碍人们得出正确的理解。历史唯心主义、片面观点，最便于从这里找到活跃的地盘。我们确定私有制时代历史研究的对象是社会阶级、阶级关系和以它为枢纽的社会关系体系，其中就包括研究现象与本质的关系，发现它们的差异，认识它们的统一。只有这种深入研究，阶级划分、阶级斗争的科学概念，才能得到新的丰富和发展，与现实更加统一。阶级划分、阶级概念与现实尽管存在差异，又决不足以改变、模糊事物的本质。科学的概念不把复杂、次要的多样性排除掉，便不能得出规律性的认识。在重大历史事件中，从某些个别、暂时、具体的事实看，与阶级划分显示出相违反，不相符合；从全局看，又是一致的，符合的。主观唯心主义的研究，用派生、个别、局部现

①《马克思恩格斯全集》第39卷，第410页。

象、事实，取代阶级分析；用差异抹煞概念与现象本质的统一。他们往往罗列出这样那样的大堆现象，以为历史就止于此了。实际这只表示他们对历史的认识止于此了。他们从主观唯心的角度指责阶级划分，历史唯物主义为所谓“公式”“教条”。那种办法很廉价，但与科学研究不相干，它不能推进认识历史，当然也不能从理论上、实践上驳倒历史唯物主义。

科学概念与现实、现象的关系是一个重大理论问题。哲学首先要研究，历史学也要涉及。历史学的所谓方法论，除了某些纯技术性的内容，都是讲的历史观和认识论。研究科学概念与现象，在认识论中占有很大的重要性。把阶级、阶级间的斗争、以它为枢纽的社会关系客观体系及其运动作为历史研究的对象，不只要解决历史观的问题，同时也要解决认识论的问题。

三

根据历史唯物主义，辨认研究的对象，在历史学里面并非无足轻重，可有可无。它不论在理论上、在历史研究的实践、应用上，都有重要意义。

第一，它推倒历史研究不存在客观对象的臆说。

西方的现在主义、相对主义，中国研究者中有人提出的历史不能成为科学的主张，极力传播着这类臆说。现在主义、相对主义人们大致知道，中国研究者否定历史研究存在客观对象的说法，并无名气，却别具一格。他们说，一种学问的成立，不应当以它的研究方法为主，而应当以它所研究的对象为主。各种科学如化学、物理、生物、社会学、经济学、地理学等，所研究的对象无不有其实实在在的现象和变态罗列在面前，使我们可以由直接间接所得的材料，去下研究的工夫。历史便不然。“历史所研究的对象是过去的事实，所谓历史的事实。那些事实既然是过去了的，过而不留，叫我们怎么去直接观察呢？这不是捕风捉影，为事实上所不可能的吗？”结论是历史“固然不属于哲学、文学，自也不属于科学，所以说，‘历史只是历史’”[①]而已。

承认不同对象的学问，不能看作同样的性质，这本来是正确的。但用形而上学观点，从形式上而不从实质上看问题，所得出的认识却是十足谬误的。

① 金兆梓：《历史是否科学》，《改造杂志》创刊号，第39—40页。

凡属一切“过而不留”的东西，都非“实实在在，明明白白”，那历史确实不成为客观的对象了。即使真的起古人于九泉之下，把往事重演一遍，令今人作实地的观察，也不可能实现这种主张者所提出的要求。因为谁也没有办法让时间停止不动。一场对话下一句刚开始，上一句又“过而不留”了。可是人们都知道，人类生活中今天所遇到、所发生的一切，从生产劳动的物质条件、吃喝住穿状况、阶级压迫剥削，到整个社会关系体系，它们无一不是“实实在在、明明白白罗列在我们跟前，有凭有据的”。没有这实实在在的一切，便压根儿无所谓社会生活、社会历史。它们的客观实在性如果可以否认，那自然没有什么好讨论了。既然它们今天是罗列在我们面前，有凭有据不能否认的事物，为什么一移到昨天和前天，一查问这一切的来由，就都成了“过而不留”的非客观实在的东西了呢？今天无例外地都要变成昨天和前天。准此以往，一切客观实在的事物，等到一个早晨醒来，就都要变成非客观实在的幻影。全部人类社会生活，物质的和精神的，美好的和丑恶的，都不过是一场虚幻，一枕黄粱。中国的这种否认历史研究对象客观实在性的说法，和西方现在主义、存在主义一样，都是唯心论的臆说。他们的议论花色不同，客观的作用都是一样：抹煞人类社会历史发展的客观进程，便于资产阶级唯心主义随心所欲解释历史。辨认出历史研究的对象，使“人事”对象说等各种学说得到适当评价，否认历史研究对象客观实在性的臆说也就不攻自破了。

第二，它指出研究私有制时代的历史必须依靠阶级分析。

旧的历史观点，强调历史研究应当是“纯纪载”的。持这种观点的人，拒绝阶级分析，标榜“客观主义”。大家熟悉的普鲁士历史编纂家利奥波德·冯·兰克的名言：“事实是怎样就怎样叙述。”或者说，“不可动摇的法则，乃是对于记载下来的事实必须坚守不移”。猛然看上去，似乎颇有道理。难道任何研究可以不顾事实，改变记录吗？可是再追问一下，哪种事实算记录下来了的，哪种又不算记录下来了的，问题就暴露出来了。例如兰克本人那样强调必须客观对待事实，而他对于德国农民战争的事实，就或者力图抹煞，或者加以攻击反对。他宣称“历史是国王的科学”，可是谁都知道，仅仅叙述国王、统治者的活动，怎么也不能成为科学的历史。原来兰克所谓的“事实怎样就怎样叙述”是以研究者认为应当采取的事实为条件的。所谓“纯客观”，实际上并不存在那种东西。旧的历史书、研究著作，都不过是作者按照自己的观点，对那些事实的编排和记录。它们有的如中国“廿四史”那样，偏重于帝王家谱式的记录，有的流为与社会生活绝少关系的趣闻逸事汇集。以阶级斗争、社会关系体系及其变迁作为研究对象，就抓住社会生活中最基本、最普遍的事实，不至于再重复旧的历史书、研究著作上那种片面、表面和现象的零散叙述了。这同样是研究者根据自己的观点，对事实的编排和记录，但这是历史基本内容、事实、过程的记录。这样的记录不但不排斥任何足以说明历史基本内容、事件、过程的事实；相反，它必须以这些事实为最后依据。不过它遵循阶级分析，不用“客观主义”旗号来掩盖历史的实质。旧记录、研究著作中的各种糟粕，与社会生活无关的闲谈琐闻，在这里也没有它们的地位。

第三，它强调深入具体问题、具体事实的研究。

死板的社会学研究方法，借口反对“个别论”，使历史的内容公式化、简单化。生动丰富的历史过程，也变成剩下几根“筋”，少肉无血。现在一种没有社会学之名的公式——单纯从社会生产力水平、资本主义经济因素来评价殖民地半殖民地历史事件、人物的观点，也同样不能说明历史现象。因为这种观点不是建立在历史演变的核心——阶级对抗和整个社会关系体系的具体研究、具体分析基础上的。社会生活、历史事件是具体的，这种研究必须是具体的。历史只有从事件的发展中，从事件的时间顺序、起源、演变、结局的过程中去考察、认识。否则不成其为历史研究了。我们所确认的研究对象，就在各式各样的事件发展过程、起源、演变、结局之中，不在那之外。私有制时代里，正像不存在没有起源、一定发展过程和结局的阶级斗争、社会关系一样，也不存在没有阶级斗争、社会关系内容的事件起源、发展过程和结局。缺少逐个逐项的、不同层次的具体问题的研究，就谈不到对历史的认识。逐个逐项、不同层次的具体问题研究、解决的过程，也就是对阶级斗争、社会关系体系认识、理解，融会贯通的过程。一切和这相反的研究都不可取。凭几条简单的公式永远也办不了什么事。

历史唯心论与历史唯物论，面对的社会现象相同。由于立脚点相反，对事物、事件的看法处处分歧对立。唯心主义看到了社会现象的复杂性，但无法抓住本质的事物。因此，它只能停留在个体的、现象上的描述、分析，对于整个社会关系内在的联系、它们的演变，不得不出于臆想和猜测。先天的弱点，使那种研究不足以真正成为一门科学。唯心论否认历史运动中存在不以人的意志为转移的客观规律性；有时也讲规律，但并非指对社会关系内在联系的认识，不过表示研究者的主观任意性。根据历史唯物主义观点，确认历史研究的对象是社会阶级、阶级斗争以及由此构成的社会关系客观体系及其运动，事情就截然不同了。它找到了历史研究如何成为科学的前提。社会阶级、社会关系体系不但是客观地存在的，它的范围明确，内容主次分明。以前人们有时拿历史唯物主义的一般规律、社会经济的规律来说明历史的运动，它们或者失于宽泛，或者失于狭窄。辨明研究的对象以后，就可以确切去探寻历史运动本身的规律了。

历史学理论的建设问题①

一

历史学理论的建设，现在不是一个新问题了。以前我们多半用马克思主义的历史唯物主义代替历史学理论。国外也有类似情况。其实只要稍加思索，谁都知道，历史唯物主义决非单讲历史学或历史研究的理论。凡以人类社会生活、社会活动为对象的学术研究、学理探讨，历史唯物主义对它们一概适用。我们用不着引经据典，说恩格斯、列宁是怎样叙述《共产党宣言》《哲学的贫困》《资本论》上运用历史唯物论研究社会形态，解剖资本主义，批判唯心论哲学的，等等。把历史唯物主义看作历史学的专有理论，一方面失之于太狭窄，缩小了它本来的广泛意义；一方面又失之于太宽泛，似乎有了它，历史学具体的理论研究、专门知识就可以不必要了。历史学理所当然要有自己的专门理论。自然辩证法讲自然界的普遍规律，但没有人因此认为物理学、化学、生物学等等就不需要有本门科学的专门理论了。历史唯物主义不能代替历史学的专门理论，正同此理。历史唯物主义是一个整体。它涉及的内容很广，我想围绕生产力与生产关系的理论这个中心，来讨论一下历史学理论的建设问题。

生产力与生产关系、经济基础与上层建筑的理论，在历史研究中的决定性意义，马克思结合具体事实作过论述。1859 年，《政治经济学批判》出版以后，美国一家报纸指责说，那上面讲的生产力与生产关系、经济基础与上层建筑的理论，固然适用于物质利益占统治地位的现今世界，但却不适用于天主教占统治地位的中世纪，也不适用于政治占统治地位的雅典和罗马。马克

① 原载《近代史研究》1985 年第 4 期，原题为《论历史学理论研究》。后收入《刘大年史学论文选集》，改为现题。——编者注

思回答说:“居然有人以为这些关于中世纪和古代世界的人所共知的老生常谈还会有人不知道，这真是令人惊奇。很明白，中世纪不能靠天主教生活，古代世界不能靠政治生活。相反，这两个时代谋生的方式和方法表明，为什么在古代世界政治起着主要作用，而在中世纪天主教起着主要作用。此外，例如只要对罗马共和国的历史稍微有点了解，就会知道，地产的历史构成罗马共和国的秘史。而从另一方面说，唐·吉诃德误认为游侠生活可以同任何社会经济形式并存，结果遭到了惩罚。”[①]马克思这段话，没有使用现在我们时常看到的整体观念、系统论那类词。但它很好地说明了生产力与生产关系的理论，是整体的科学历史观和方法论的基础理论。古代世界的政治，中世纪的天主教，唐·吉诃德误解了的游侠生活，都表现为历史现象中的一部分，然而并非最后决定的部分。它们分别反映了某种生产力与生产关系的状况，又反作用于那种状况。人类要生存下去，必须靠一定的生产力，与自然界进行物质交换，解决吃、喝、住、穿的问题。人们与自然界进行物质交换，彼此又必须结成一定的关系，即生产关系。不然，他们就要像猴子和其他低级动物，简单地从自然界去收集生活资料，谈不上生产生活资料。生产力决定生产关系，反过来，生产关系又阻滞或推进生产力。两者又对立，又统一，构成永不停息的矛盾运动。仍以欧洲历史为例，古代世界的政治，变而为中世纪的天主教，又变而为资本主义、工业社会，又变而为社会主义制度，它们的最终动力来自哪里？就来自生产力与生产关系的矛盾运动。只要人类生活、生产继续下去，这种矛盾运动就会继续下去。不过它们可以由对抗性的改变为非对抗性的，由旧的内容、形式改变为新的内容、形式。生产力与生产关系的理论，提供的历史观与方法论，就是建立在人类社会生活这种最底层、最枢纽的矛盾运动上的。生产力与生产关系变革，与之相联系的政治、法律、意识形态或迟或速也发生相应的变革，就像轮轴滑动，整个列车也跟着运行一样。从整体出发，系统地解释社会历史，这是何其鲜明，又何其强有力！要驳倒这个理论，就必须证明一个事实：人们创造历史，并不需要首先解决吃、喝、住、穿，生存下去；而且人们只需单个地与自然界进行物质交换，用不着结成一定的生产关系、社会联系。看来这是没有什么办法可以证明的。

历史不断前进，人们对生产力与生产关系理论的认识也不断前进。我们一

---

①《马克思恩格斯全集》第23卷，第99页注33。

般熟悉、懂得了，还需要经常汲取新的、创造性的思想，使它不断提高。关于生产力与生产关系矛盾在社会主义制度内的运动规律问题，关于技术革命与生产力内容的问题，或者以前我们了解不正确，或者马克思主义有关的论述过去未被重视。对它们都要加强研究，然后去应用于准确地解释历史。

二

社会主义制度下生产关系与生产力的矛盾，对于这样一个根本性问题，以前存在各种观点、主张，有的针锋相对。60年代，“文化大革命”开始以前和中间，社会主义社会的矛盾、社会主义的生产关系与生产力不相适合，成为一个天天讲的空前尖锐的问题。不过直接的话并非讲生产关系，而是讲阶级关系。那就是“以阶级斗争为纲”“抓革命、促生产”以及同类的其他口号。阶级斗争、革命，都是讲的生产关系问题，而不是讲的生产力问题。按照这个理论，生产关系与生产力存在矛盾，但矛盾主要来自旧社会遗留的生产关系没有彻底解决。那里面有资本家的定息、集体化了的农民中的“小生产”、职工的工资差别以及意识形态的某些内容等等。也就是说，问题主要来自旧生产关系的遗留那个方面，不在于生产力低下这个方面。人们的生活中存在差别、不平均，妨害了社会主义制度的巩固，存在资本主义复辟的危险。解决的办法，是向生产关系打主意，缩小差别，减少不平均。这个矛盾理论付诸实行，便是“无产阶级专政下继续革命”。它的后果如何，早已人所共知。社会主义社会中，“以阶级斗争为纲”“无产阶级专政下继续革命”，它们是以马克思主义最新发展的名义提出的，政治上、理论上都不容许挑战。一个时期里，它们被作为马克思主义的基本理论，广为宣传，教人信而不疑。

理论一定要反映实际，建立在牢固的事实基础上。否则不会成为科学理论，不会有利于社会主义的伟大实践和科学建设。1984年中共中央《关于经济体制改革的决定》，全面总结中国社会生活的实际，再次对社会主义社会的矛盾作了分析。《决定》上说，社会主义社会的基本矛盾仍然是生产关系和生产力、上层建筑和经济基础之间的矛盾。目前这种矛盾主要来自生产关系、上层建筑方面一种特有的现实，即来自社会主义改造中逐渐形成的一种同社会生产力发展不相适应的模式。正是从这个矛盾出发，《决定》中制订出一整套重大的方针、政策，改革现有模式。其目的是克服现实生活中前进的障碍，使社会主义制度的优越性充分发挥出来。在一个极短时间里，中国先在农村，后在城市，迅速改变面貌，欣欣向荣。它已经被历史记录在案，用不着论证。

中国在社会主义道路上走过了伟大而又不平坦的三十几年。中国十亿人，三十多年社会主义建设的实践，正反两方面的经验，集中到一点：社会主义制度优越，但不应当也不可能固定于某种模式。生产力决定生产关系，基础决定上层建筑。我们的社会生活中存在差别，在目前的生产力状况下难以解决。社会主义制度只能消灭阶级剥削，不能消灭差别。承认差别，创造条件去缩小直至消灭差别，首先就要发展社会生产力，满足人民的物质与精神生活需要。

遵循科学原理，才有正确方向。我们可以这样问一问：强调社会主义社会必须发展生产力，究竟意味着什么？人类社会历史从资本主义进到共产主义，是极其伟大的转变。马克思主义创始人一开始就指出，从资本主义到共产主义，其间必须经过社会主义、“按劳分配”的历史阶段。其所以必须经过这个阶段，是因为社会主义在消灭剥削制度的基础上，可以创造出更高的劳动生产率，创造出丰富的物质财富，提高人们走向共产主义的自觉性。到那时，才可以最后战胜资本主义，进入共产主义。劳动生产力低下、贫穷、物资匮乏，人们只有要求“平均”，而又终归陷于空想。社会物质财富极大丰富了，人们就不需要私人占有财富，可以实行共产了。中国封建时代的“亚圣”孟轲说，“民非水火不生活。昏暮叩人之门户，求水火，无弗与者，至足矣”。孟轲当然不可能知道什么叫共产主义，他只能幻想由某个圣人来把菽粟变成水火那样之多，使所有人的需要得到充分满足。不过他的话无意之中合乎一个科学原理：共产主义要在极大丰富的物质基础上去实现。列宁说，黄金在世界上有一天会用去盖厕所。意思也就是说，剥削制度消灭，社会财富极大丰富以后，黄金也失去它的私人占有价值，只有作为公共建筑的装饰物去使用了。空想社会主义没有也无法解决的这个问题，由马克思主义创始人提出的科学社会主义理论第一次彻底解决了。马克思、恩格斯的全部著作，可以说基本上都是讲这个问题的，《共产党宣言》、恩格斯的《社会主义从空想到科学的发展》是集中讲这个问题的。强调社会主义必须发展生产力，启发人们的共产主义觉悟，就是意味着保证社会主义不倒退到资本主义，最后战胜资本主义。这正是马克思主义科学原理所在。至于怎样最好地发挥社会主义制度的优越性，必须实事求是，一切从实际出发。马克思、恩格斯、列宁他们谁也没有给我们制订某种模式。马克思在《哥达纲领批判》上的论述，现在也没有人把它作为模式看待。社会主义至今仍然是人类历史上最大的新事物。它的客观规律还有待于人们去充分掌握。一部中国近代史向我们大声宣布的结论是：只有社会主义才能救中国。中国是社会主义国家，我们坚持四项基本原则，其中一条就叫作坚持社会主义道路。坚持社会主义道路，决不等于坚持某种模式。坚持社会主义道路是一回事，坚持某种模式是另一回事。不能把两者混在一起，混为一谈。坚持社会主义道路而又不局限于某种模式，目的是最快最好地发展社会生产力，极大地增加劳动产品，丰富社会财富。凡是足以发挥社会主义优越性，加速战胜资本主义的，都是可行的，应当采取的；反之，都是不可取的，应当改革或者排除的。模式如果必不可少的话，它只应该服从道路，不能相反，道路服从模式。中国历史上的奴隶制、封建制都表现过自己的生命力，又都不同于西方的模式。中国的社会主义有什么理由固定于某种模式呢？人的认识不能逃脱实践的限制，经过实践，实事求是，又可以跳出那种限制。我们经过三十多年的实践，以前不认识的事物，现在认识了。这完全合乎认识发展的规律，合乎逻辑。遵循马克思主义的科学原理，又实事求是，人们的认识就前进了。

社会主义社会的矛盾是一个复杂问题。现在我们在讨论，国外也在讨论。苏联报刊上不久以前就连载有讨论这个问题的文章。我国进入社会主义制度距离半殖民地半封建的旧中国毕竟只有三十多年，现在继续同资本主义世界交往。旧制度的“印记”——而且尚非浅显的“印记”在我们这里不但目前没有消除，今后一个相当时间里也不会迅速消除。我们说，目前上层建筑与经济基础之间的矛盾主要来自社会主义改造中逐渐形成的现在已经同生产力不相适应的模式，并非认为旧的矛盾、“印记”已不存在。旧的矛盾在一定情况下还可以尖锐爆发。矛盾有主有次，解决问题必须抓住主要环节。马克思主义告诉我们这是正确的观点方法。

历史学理论研究，要用辩证法的观点看待历史的矛盾运动，看待生产力与生产关系的运动。过去我们对于一定社会制度里生产力与生产关系的适合与不适合，似乎有一种看法：要不，矛盾；要不，适合。实际情形比这复杂得多。前述《决定》上提出的生产力与生产关系、基础与上层建筑矛盾的崭新内容，只有社会主义制度中才存在，阶级剥削社会中不可能存在。但是每当一种新制度代替旧制度，如封建制代替奴隶制，资本主义代替封建社会的时候，先进与落后、适合与不适合，交织在一起，彼此矛盾斗争，更必然是一种普遍现象。例如中国封建社会前期，就开始了大规模的农民战争，英国资本主义前期就出现了工人罢工斗争、宪章运动，实际上那里的封建制度、资本主义制度成熟不久，生产力还大有发展余地。同样，相反的情形也到处能够找到。辩证法对历史事物的肯定理解中，同时就包含对它们的否定的理解，对每一种事物现存的运动形式，都看作它们的内在矛盾运动和不断自我改造、否定的形式。抓住其中的一点一面，简单绝对，那样的看法都不符合实际。深入这方面的研究，会推进对历史本质的认识。

三

生产力、生产关系各有自己固定的内容，只强调这个部分便会造成忽视那个部分。就像不重视生产关系变革，阶级斗争就不能全面说明历史怎样前进一样，不重视生产力的发展、技术革新和革命，也决不能全面说明历史怎样前进。以往我们了解生产力理论，恰恰严重忽视了技术基础、技术革命这个方面。

50年代，中国经济学者对于生产力的内容由哪些要素构成，有过热烈的讨论。他们分为两种主张：一种主张认为生产力由人的劳动力、生产工具所构成，即所谓“两要素”说；一种认为必须加上劳动对象，即所谓“三要素”说。现在我们不是从经济学角度，而是从历史学理论来讲这个问题。

斯大林在《联共党史》上说：生产工具的发展和改善当然是由参加生产的人们所实现，而不是与人们无关，所以，由于生产工具的变更和发展，“人们，即生产力中最重要的原素，也随着变更和发展起来，他们的生产经验、劳动技能以及运用生产工具的本领，也随着变更和发展起来”[①]。苏联哲学家罗森塔尔、尤金解释生产力，也仅仅重复说，随着生产工具的改变，“和生产工具密切相联系的人们，即生产力中最重要的因素”也发展了，他们的劳动技能也发展了。这个论述很明白，强调人是“生产力中最重要的原

①《联共（布）党史简明教程》莫斯科中文版，第156页。

素”，强调人的“生产经验”“劳动技能”；虽然也说到“生产工具的发展和改善”，对于科学技术的地位却只字没有道及。《联共党史》上的论点，长期支配学术界的看法。60 年代，批判所谓“唯生产力论”，目的和实践效果，都是强调讲生产关系、阶级关系，不重视讲生产力，不讲科学技术，更加深了这种看法。批判“唯生产力论”所持的理论根据之一，是说马克思在《哲学的贫困》上讲过：“一切生产工具中，最强大的一种生产力是革命阶级本身。革命因素之组成为阶级，是以旧社会的怀抱中所能产生的全部生产力的存在为前提的。”[①] 似乎马克思是把“革命阶级本身”作为“生产工具”来看待的。这显然是一种误解。马克思这段话是讲革命阶级的地位和作用，并非讲人在生产力中的地位和作用。讲人在生产力中的作用，怎么也不会把革命阶级本身变为“生产工具”的一部分。这类误解，也使过去我们对生产力的理解，成为片面的极不准确的了解。

马克思怎样讲生产力呢？科学技术革命，机械的完善、使用，在马克思的著作中占着非常重要的地位。《经济学手稿》《资本论》分析英国产业革命，指出它发展的方向和前景，是机器成为最完善、最适当的“自动的机器体系”。这种自动机器体系“由许多机械的和有智力的器官组成”。“它们是人类的手创造出来的人类头脑的器官，是物化的知识力量”。[②]“现代工业从来不把某一生产过程的现存形式看成和当作最后的形式。因此，现代工业的技术基础是革命的，而所有以往的生产方式的技术基础本质上是保守的”。自动机器体系在细节方面还会不断改进。“米拉波的格言‘不可能？永远别对我说这种蠢话’，特别适用于现代工艺学”。[③] 最完善的有“人类头脑器官”“有智力”的自动机器体系，不用说，也就是高度科学化、自动化、智能化的体系。

早在一百多年以前，谁也不知道何谓电脑、机器人，可是这种“有智力”的自动机器体系的应用，对人的劳动和整个生产过程会带来怎样的后果，马克思作了详尽的具有惊人科学预见的分析。他说：那时资本主义生产，“劳动表现为不再像从前那样被包括在生产过程中，相反地，表现为人以生产过程的

---

①《马克思恩格斯全集》第 4 卷，第 197 页。

②《马克思恩格斯全集》第 46 卷，下册，第 208、219 页。

③《马克思恩格斯全集》第 23 卷，第 533、523 页。

监督者和调节者的身份同生产过程本身发生关系，这里已经不再是工人把改变了形态的自然物作为中间环节放在自己和对象之间，而是工人把由它改变为工业过程的自然过程作为媒介放在自己和被它支配的无机自然界之间，工人不再是生产过程的当事者，而是站在生产过程的旁边”。“一旦直接形式的劳动不再是财富的巨大源泉，劳动时间就不再是，而且必然不再是财富的尺度，因而交换价值也不再是使用价值的尺度。群众的剩余劳动不再是发展一般财富的条件，同样，少数人的非劳动不再是发展人类头脑的一般能力的条件。于是，以交换价值为基础的生产便会崩溃，直接的物质生产过程本身也就摆脱了贫困和对抗性的形式”。[①]这个论述的极大重要性是容易看出的。社会财富的巨大源泉，由人的直接劳动变为人站在生产过程的旁边，给以监督、调节；财富的尺度，由劳动时间变为人们可以自由支配的时间；现实财富表现为已消耗的劳动时间和劳动产品之间空前的不成比例上，以交换价值为基础、进行等价交换的生产失去了存在的必要性、合理性——而所有这一切，是一个决定性事实造成的：有“人类头脑器官”的自动机器体系进入生产行列。

新技术革命改变生产力的性质，并且必然使生产关系发生根本变革，现在，即马克思所论述的这种前景，比任何时候都来得深刻、突出，无可置疑。事情很明显，讲马克思的生产力理论，从中抽掉科学技术、自动机器体系——它们现在称作电子技术、智能机器人的内容，就等于从中抽掉了资本主义从娘肚子里带来的自我爆炸和自我改造的物质力量的基础部分，抽掉了生产力的崭新内容。照这样了解马克思主义创始人的著作，客观上造成把历史唯物主义割裂开来，成为一种半唯物论的东西。

科学之所以有力量，是因为它反映客观世界的实际状况。马克思的生产力理论在书本上遭到忽视的部分，由资本主义世界生产力与生产关系新现象所提供的最大量、最生动的证据，使它本来的光辉充分显示出来了。这是足以发人深思的。

今天，世界上一次新的技术革命蓬勃兴起，引起了越来越多的人注意。讨论这场技术革命或革新的论著，有把它们分为微电子技术、宇航工业、遗传工程、海洋工程等四个领域的，有加上新材料、新能源分为六个领域的。电子技术与计算机在它们中起着带头的作用。西方一些研究者称呼新技术革命

---

①《马克思恩格斯全集》第46卷，下册，第218页。

是“新文明的诞生”，或从所谓“工业社会”到“信息社会”的转变。美国托夫勒的《第三次浪潮》、奈斯比特的《大趋势》，关于这方面的论述有相当的代表性。托夫勒、奈斯比特极力否认资本主义社会存在阶级矛盾、阶级对抗，说“从农民到工人，再到职员，这就是美国的简史”；现代科学技术发展，使“跃居于权力之巅的是组织者”；他们认为人类社会到资本主义就不再发展了，资本主义是“世界有史以来最有力量，最有向心力，最有扩张性的制度”，等等。但他们费大量篇幅去论述的，是科学技术革命以及由此所卷起的历史潮流巨变。作者引用各种资料，说明从经济领域的劳动方式、生产组织、产业结构，一直到国家形式、家庭关系、社会规范、意识形态，都正在或即将在新技术革命的冲击下，发生与以往大不相同的变化和变革；而有关国家政府的政策、议会立法、当局者的言论和采取的对策等，又与这种变化和变革的“大趋势”相抵触，不相适应。他们直率警告：“不迟早面对一次潜在的爆炸性的政治革命，是不可能的。”[①]那些论述看来自相矛盾，论断分析也远不深刻，没有说出事情的本质。但那些论著的可贵之处，是敏锐地觉察出来了资本主义制度的脚底下正在强烈震动。生产关系、上层建筑顽强地要求保持资本主义统治，经济领域中，新科学技术、生产力发展的浪潮，又从基础上一天天破坏旧生产关系，挖空资本主义统治的墙脚。社会生活中这种深刻矛盾无法调和，只能由一场全面变革去解决。马克思所分析的“有智力”的自动机器体系出现以后，人的直接劳动不再是财富的巨大源泉，劳动时间不再是财富的尺度了，以交换价值为基础的资本主义生产便开始崩溃了；西方言论家们的著作中所反映的深刻社会矛盾，不正是这种性质的矛盾，又是什么呢？

当然，人们使用的语言、概念总要因时、因地而异。一百多年以前，马克思叫作直接物质生产过程摆脱贫困和对抗形式，即社会生产摆脱资本主义剥削、压迫的，现在西方言论家叫作“新文明”“信息社会”；马克思叫作“有智力”的自动机器体系的，现在人们叫电子技术、智能机器人；马克思叫作“只有在没有阶级和阶级对抗的情况下”，社会进化将不再是政治革命的，西方言论家们叫作“爆炸性的政治革命”。也就是说，他们使用的语言、概念尽管不同，讲的问题的实质是一样的，而且有些语言、概念也基本相同。

马克思关于新科学技术改变生产力的性质，并且必然促使生产关系发生

---

①《第三次浪潮》第26章。

根本变革的理论，向我们指出：与唯心论相反，唯物论的历史学理论研究，不是从人的头脑，即人的思想、精神等去寻求历史现象的解释。历史的发展变化，根源在于社会物质生活条件的变化。科学技术就是这种物质生活条件的组成因素。智能机器体系产生于现代社会生产力，过去的一切生产工具革新都不可能带有这种性质。但历史上生产工具、生产技术的重要创造发明，总要给社会生活带来显著影响。历史书上常常叙述石器、金属工具、印刷术、火药、指南针等等，就是表示不能不承认它们出现和存在的各种影响。生产工具、生产技术的革新被人们认识到了，毕竟零零散散，理解也未必透彻。马克思生动形象地指出，人体解剖对于猴体解剖是一把钥匙。低级动物身上表露的高等动物的征兆反而只有在高等动物本身已被认识之后才能理解。研究现代科学技术如何正在促使资本主义生产关系发生全面变革，对于了解过去的生产工具、生产技术革新如何推进历史，就正具有这样的深刻意义。但是，有一点必须马上指出，我们强调生产工具、技术革新的重要意义，与西方现在流行的一种观点是截然不同的。西方那种观点反对从生产关系划分历史时代，主张用科学技术水平去衡量、说明历史的一切。这种观点显然是伴随着现代科学技术发展而得到传播的。它承认科学技术的作用，但孤立地看待这种作用。其中既没有人与人的社会关系，也没有“历史因素”。那些科学技术是在什么社会关系条件下创造出来的，由谁支配的，它们产生的财富又是归谁所有的，这一切，都被撇到一边了。目中无人，见物不见人。人创造自己的历史，被变成了科学技术创造人的历史。可是谁也无法证明，一切科学技术能够离开人的活动、人的社会关系去自行创造出来，自行成为一个历史的万花筒。因此，单纯的科学技术观点根本无法解释历史，相反，导致人不能了解历史真相，看不见阶级社会的阶级剥削、压迫、阶级对抗。那种观点不能成为科学的历史观点，是显而易见的。

历史学理论不同于自然科学学说。自然科学所看见的电脑、机器人，不过是力学、光学、声学、电子技术等等。历史学所看见的不一样。马克思说：“各种经济时代的区别，不在于生产什么，而在于怎样生产，用什么劳动资料生产。劳动资料不仅是人类劳动力发展的测量器，而且是劳动借以进行的社会关系的标示器。”[①] 人们知道，石器、青铜器、铁器、代替人手臂的机械分

①《马克思恩格斯全集》第23卷，第204页。

别标志着原始社会、奴隶制、封建制、资本主义制的社会关系，那么，上面讲的完善自动机器体系——部分地代替人脑功能的智能机器人的出现，它所标志的，就只能是科学共产主义社会的曙光了。从资本主义进到共产主义，还要实现生产关系的变革。生产力发展，自动机器体系越来越完善和普遍采用，迫使人们不管采取什么形式，总要实行那种变革。这就是加进人和人的社会关系即阶级关系，加进“历史因素”以后，我们看到的电脑、机器人等最新生产工具的意义。它们在这里再也不是自然科学上的力学、光学、声学、电子技术等等了，而是人类社会发展史上，从石器工具起，论资排辈往下数，最新一代的“代表人物”。全面了解马克思的生产力学说，看到人的积极革命要素，也看到科学技术革命、发展的要素，使我们对世界新技术革命得出了这个认识。这就是说，历史学理论研究，一要反对、克服各种唯心论；二要与单纯的科学技术观点划清界限——而这种观点与唯心论是容易结下缘分的。

理论联系实际是马克思主义的一个原则。历史学理论讲的是如何看待历史，认识过去，这与哲学、经济学等同现实的关系当然不一样。但讲过去的事情，与联系现实并不是对立的。历史学理论不是直接解说现在的生活，而对过去的解释又必然这样那样触及现在的生活。何况理论研究中，一些基础性的内容很难从时间上划分过去、现在的界线。马克思讲的生产力、现代科学技术理论，就属于这种无法从时间上划分过去、现在界线的问题。以前中国的学者如章太炎强调“讲学要对症下药”。当代西方有的资产阶级历史学派，旗帜鲜明地反对把历史研究变为好古家的事业。马克思主义历史学的理论研究不能成为好古家事业的一部分，从事这方面研究的人，应当是关心现实，对人类未来充满信心的人，和未来的变化有关的人。

现在还应该补充一下：我们说马克思的生产力、科学技术理论，从社会生产底层破解了资本主义世界新现象中尖锐矛盾的谜底，当然这丝毫也不能解释为世界现实生活、理论研究中的不管什么问题，一律可以从马克思主义创始人的著作中去寻找现成答案，更不能解释为可以牵强附会，似乎马克思、恩格斯把后来的一切都讲到了，“古已有之”。马克思主义是科学，不能用非科学的态度去对待它。坚持科学原理和把马克思主义当作教条，两者毫无共同之点。各种问题的答案只能从科学研究去寻找。

四

如前面所述，生产力与生产关系的理论，基础与上层建筑的理论，提供了整体的科学历史观和方法论的基础。我们从这个基础理论出发，去了解人类社会历史，迄今为止，人类社会按顺序数，显然存在过三个大的系统，即原始共产制系统、私有制系统、社会主义所有制系统。在私有制那个大的系统里，奴隶制是一个系统，封建制又是一个系统，资本主义又是一个系统。毫无疑问，这每个系统，都只能是一个复杂的、有弹性的、概括的统一体，决非铁板一块，针插不进，水泼不入的东西。所谓系统，与典型、模式绝不相干。同一个系统，在不同的国家、民族中各有自己的式样，不能想象它们千人一面，千篇一律。系统，也不意味着秩序井然，完备无缺，尤其不表示我们对它的了解完备无缺。现在我们所知道的人类社会历史，好比茫茫大海中露出洋面的一系列岛屿，有似断似续的，有若隐若现的。海洋下面潜藏的崇山峻岭、穷沟大壑，为人们目力所未及见的，还不知凡几。因此，历史学理论建设的任务，是要根据生产力与生产关系、基础与上层建筑的原理，结合历史实际，解说原理细节，填补其中种种空缺，发展新的方面，新的内容，使历史学理论成为自己的整体科学，自己的系统工程。那时就像鸠摩罗什弟子僧肇记载的梵志白首还乡，对他的邻人所说的那样："吾犹昔人，非昔人也。"那时历史学理论还是历史唯物主义，又不是简单地重复历史唯物主义，而成为自己专门的系统科学了。

历史学理论建设要实现这个任务，必须做大量的工作。

首先，当然是要重视具体问题的研究和这方面所取得的一切进展。

翻出任何一部历史书，上面无不写着一连串的一定时间、地点、发生的事件和人物的活动。历史研究必须清楚那事件及其有关的史实。不论题目大小，问题简单还是复杂，先要解决事实究竟如何，然后才谈得上对它的认识如何，再然后才能谈得上如何提到理论高度加以概括。50年代初，报刊上讨论电影《武训传》。有篇文章说，武训兴学出现在几百年以前，值得歌颂。另一位作者马上指出：文章发了许多议论，连武训为何时人都没有闹明白，我们怎么能够相信那议论是有根据的呢？历史研究要解决的重大事件，要说明的问题，比武训其人其事不知道要复杂多少，重要多少，那些事件、问题，或者由于时代久远，记载、实物缺失而湮没不彰；或者记录本身篡改、掩盖真相，不足凭信；或者事实不虚，但不反映历史的本质。资产阶级公然伪造历史，更常常需要提防。历史家们必须耗费大量的劳动，去研究那一桩桩重大事件，那一系列具体问题，为理所当然。不这样，历史研究工作在开步走以前就得停止下来。可是史实的研究了解，并没有尽到历史研究的全部职责。对史实的了解，不能代替，也不能脱离一定的观点、分析，了解史实不能处于认识的真空状态。哪些观点、认识可取，哪些不可取，依据什么？这个任务就只有由理论研究来解决。理论研究又只能建筑在史实、具体事项研究的基础上。具体问题的研究前进了，理论研究、系统工程才能前进。两者颠倒过来不行，偏废其中的一面也不行。

其次，要关心、了解社会科学中其他学科研究的状况，关心、了解现实生活。

历史学理论研究，不可能单枪匹马，孤立地一往直前。它的成绩怎样，最后不能离开马克思主义哲学、政治经济学这些基础科学关于当代社会发展理论研究的成绩怎样。当代社会总的发展理论要解决的，归根到底，不外乎两个问题，这就是前面已经说到的，一个现代社会主义的具体规律问题，一个现代资本主义具体规律问题。离开现实的社会主义，就无法谈论社会主义；同样，离开现实的资本主义，就只能谈论它过去的种种，而不能说明现代资本主义。人们认识世界是为了改造世界，知道过去的历史表现出的基本规律、总的倾向，也要认识它当前的形态、具体特点。如果当前的特点，趋向违反过去的认识、理论，那就不是削足适履，把新的现实嵌进旧理论的框架或系统里面，而是要倒转过来，根据现实去改变旧的理论、旧的系统学说，改变到与现实相吻合，从本质上反映出现实为止。一切游移含混，都无济于事。当今自然科学研究中，把基础的足以带动其他领域的研究，称作前沿科学。现代社会主义、现代资本主义具体规律的研究，正是整个社会科学的前沿科学。历史学理论研究，必须熟悉哲学、政治经济学等关于这方面研究的最新成就，汲取其中相关的部分，用来充实本门科学的内容。拒绝了解现实生活，以为它并非高深玄妙的“学术”，乃至摇手相戒，悬为厉禁，那样的时代早已过去了。

再其次，中国历史学的传统，也应当知道和加以研究。

中国传统的历史学，主张理论与史实必须同时并重。据说孔子最先根据周代列国史书上的“事”，从中发明了他所认为的“义”。所谓其事则齐桓晋文，“其义则丘窃取之矣”。中国封建时代的历史学，从这时起，就比较系统地提出了自己的理论观点。司马迁在《史记》十二诸侯年表上进一步说：讲历史，要重视“义法”。他认为《春秋》那部著作“约其文词，制以义法”，是值得效法的。“法”指方法，即如何处理资料；所谓“义”，用现在的语言来讲，就是观点、主义，或者理论。近代有人评论“义法”问题说：“义，属于主观者也，其为物也，因人而异；法，属于客观者也，其为事也，应用如一。义只可以意会，而法则可以言传；义只可以藏之己，而法则可以授之人。故后之治史学者，少言义而多言法，因义随时变，而法可执一故也。”[①]中国封建历史学的“义”，指所谓“笔削褒贬”“正统”“书法”，如《春秋》上的“元年，春，王正月”“郑伯克段于鄢”，《左传》《资治通鉴》等书上的“君子曰”“臣光曰”之类。从《春秋》公羊传起，不少人对“义”作过解释，都不算周详。朱熹作《资治通鉴纲目凡例》，一一列举“义”的内容，才灿然大备了。它表面上非常精密，实质上不过是字眼、概念的摆弄，并不能告诉人们历史的客观实际是怎么一回事。封建统治者无例外地要从历史上寻找自己统治权的合法根据，他们之间的利害关系、环境条件又各不相同，反映那种需要的历史书，对历史事件、人物的“书法”也就跟着改变，毫无客观标准可言。说它们“纯属主观，因人而异”是很正确的。但这绝不表示观点理论对于封建时代历史家们并不重要。相反，“书法”“褒贬”的争论和斗争，充满旧的历史书撰述过程。那种斗争有时甚至相当激烈，史官们因此被贬谪杀头的屡有所闻。我们今天讲的理论研究，是讲马克思主义历史学理论研究。中国传统史学强调理论与事实并重，这一点就值得重视。封建时代撰写的“正史”，把同时代众多的人物、事件、社会经济状况、思想理论、文学艺术等集中在一起。它们只是现象的描写，表象的集合。马克思主义历史学理论研究，却正可以从那些现象、表象中去探测整体性、系统性的东西。国外历史学凡属好的传统，不管来自何方，我们同样也要知道和加以研究。

又其次，理论建设要重视知识更新。那些知识有史料学方面的，也有理论方面的。

---

①〔美〕傅龄著，李树峻译：《历史研究法》，陆懋德《序言》。

人类社会的历史，过去认为可以追溯到数十万年以前，现在知道它长达百万年以上，私有制在历史上越发显得只不过是弹指一挥间。人口数量增减要对社会生活发生影响，老早人们就注意到了。马尔萨斯的“人口论”把社会现象变为自然现象，把无产阶级的贫困看作它本身的罪过，并主张因此惩罚它，那当然是一种露骨的替资本主义残酷的阶级剥削压迫辩护的理论。马克思、恩格斯从这个角度出发，给予批驳，揭露了那种理论的虚伪愚蠢。资产阶级的历史著作里，有主张以人口增减状况为依据，说明历史治乱兴衰的“人口决定论”，自然也无法认识阶级对抗社会的历史。但是批驳马尔萨斯“人口论”、指出人口增长不能成为社会历史发展的决定力量，并非认为人口增减与历史发展无关。据联合国统计，世界人口增长的情况是：1800 年，10 亿；1930 年，20 亿，130 年增加 10 亿；1960 年，30 亿，30 年增加 10 亿；1975 年 40 亿，15 年增加 10 亿；1984 年，48 亿，9 年增加 8 亿。1987 年，世界人口已经闯过 50 亿大关。世界人口增加的这种趋势，在历史活动里不会不成为一个新的因素。人类的繁殖，亘古以来由自然过程完成。现代医学的试管婴儿，使生殖细胞从时间和空间上开始脱离人体。人可以干预自己的生殖过程，已经对社会提出新的问题。客观世界永远不会停止在一个水平上，人的认识和知识也永远不会停止在一个水平上。陈旧的事件要被淘汰，陈旧的知识也要被淘汰。

理论知识的更新中，还涉及知识结构问题。历史研究需要广泛的社会科学知识，也需要必备的自然科学知识。缺少了自然科学知识，是一个弱点。而且从博大精深去要求，只有一般自然科学知识还很不够。以前有人认为，中国人与欧洲人的知识结构向来不一样。欧洲人重实践，重自然科学知识，中国人则否。如果确实有这样的现象，那也不是天生的。况且事实并不尽然，李约瑟一部《中国科学技术史》就足以说明这一点。世界新科学技术革命兴起，电脑、控制论广泛应用，它们是否或在什么范围内可以用来研究历史，有些作者在试探、讨论。人类社会历史前进、运动中的问题，要从社会关系、社会内在矛盾去寻找答案，不能在其他地方寻找答案。一种历史生产形式的矛盾的发展，是这种形式瓦解和改造的唯一的历史道路。对自然科学的掌握、了解，不能代替社会内在矛盾、社会发展规律的研究。这个问题不难理解。一切科学发明、发现都是人类文明的前进。它们都必然会对人认识世界、改造世界发生作用。科学与无产阶级的利益、与马克思主义只有一致，没有冲突。

我们要像马克思、恩格斯那样热忱欢迎科学，渴望认识和追求科学。对一切新的技术，作为手段都是可以利用的，没有什么要排斥的。有些问题现在说不清楚，历史的发展会去说清楚。历史研究，特别是历史学理论研究，应该给自己提出这样的任务：用最新的科学成就和最现代化的手段，充实、发展马克思主义历史唯物主义，装备科学的世界观、历史观。克服知识老化，加速知识更新，才有利于实现这个任务。

知识更新会碰到各种障碍，这要看怎么对待。在中国和西方都很著名的《马可·波罗游记》[①]上，一开头讲了一个故事：《马可·波罗》书出版以后，翻译传诵，风行一时。但很少有人信为实录，认为不过是一个旅行家的粉饰虚构之作。社会上牢不可破的成见，使他的亲友也不得不持同样的看法。因此，马可·波罗临终前，亲友们为“拯救他的灵魂”起见，哀求他否认游记上讲过的东西。马可·波罗郑重声明，他不但没有言过其实，而且他“所见的异事尚未说到一半”。这个故事说明，追求和更新知识并不容易。首先要同自己头脑里的障碍作斗争，有追求新知的热望。要像马可·波罗那样勇于对待事实，而不能像他的亲友们，把自己不理解的，认为不重要的或不乐于承认接受的，统统当作世界上也不存在。

---

①《马可·波罗游记》很大部分记载中国的事情。马可·波罗是否到过中国，不断有人怀疑，加以否定。最近的一次否定，是中国、意大利、美国合拍《马可·波罗》电视片引起的。1982年4月14日《泰晤士报》发表英国克雷格·克鲁纳斯写的一篇文章，题目叫《马可·波罗到过中国没有？》。作者说：耗资2300万美元，意大利、中国、美国已经合拍完毕的电视巨片，“有可能”使马可·波罗自己也感到意外，马可·波罗可能根本没有访问过中国。其理由是：中国浩如烟海的史籍中没有查到马可·波罗的材料；游记中很多地方充满可疑的数字；对蒙古皇帝的家谱说得含糊不清；作为中国文化特点的茶、汉字、印刷术根本没有提到；许多中国地名用的是波斯叫法。因此，游记可能是马可·波罗看过某种波斯的《导游手册》，再加上些道听途说编造而成的。我觉得凭这些理由并不足以否定《马可·波罗游记》。那上面许多具体记载不可能靠想象编造出来。本来它不是什么历史家的实地考察记录或报告，而只是一个长期在中国生活、加上某些自我炫耀，而又知识有限的商人的晚年回忆录。我们这样看，完全合乎实际，那些疑问也就容易解释了。详细的论证，可看余士雄主编《马可·波罗介绍与研究》（书目文献出版社）。

历史学理论研究如何再推进？①

歙县这次讨论会的中心，是历史研究方法论。理论与方法不可分离。探讨理论自然也要探讨方法论。一般地说，理论重于方法，左右着方法。解决方法问题，刨根到底，必定要和理论研究联系起来。

历史学要有自己的专门理论。无人反对。不过学者百家殊方，奉行什么理论，也就宗旨各异。以前我们多半用马克思主义的历史唯物主义代替历史学理论。国外也有类似情况。其实只要稍加思索，谁都知道，历史唯物主义决非单讲历史学或历史研究的理论。凡以人类社会生活、社会活动为对象的学术研究，学理探讨，历史唯物主义对它们一概适用。我们用不着引经据典，说恩格斯、列宁是怎样叙述《共产党宣言》《哲学的贫困》《资本论》运用历史唯物论研究社会形态，解剖资本主义，批判唯心论哲学的，等等。把历史唯物主义看作历史学的专有理论，一方面失之于太狭窄，缩小了它本来的广泛意义；一方面又失之于太宽泛，似乎有了它，历史学具体的理论研究、专门知识就可以不必要了。历史学理论研究，其目的，在于使马克思主义的历史唯物主义普遍原理具体化，和用古今中外的广泛事实、经验充实这个普遍原理，回转来，更准确地认识、解释历史和应用于历史科学研究实践。马克思主义各门科学的研究，都必须是理论联系实际，从实际出发的，历史学理论研究也必须是理论联系实际，从实际出发的。这方面近几年做了不少工作，有更多的工作需要我们来努力，再加推进。如何再推进，请大家出主意。我想到的有两三条，在这里提出来，同各位商量。

---

① 原载《史学理论》1987年第1期，原题为《欲登高，必自卑——1986年5月6日在歙县历史学理论讨论会上的发言》。现据1986年4月29日手稿改为现题，文字稍有出入，在本文中注明。——编者注

一、制订长远一点的规划或设想，切实办好历史学理论讨论会

1984年以来，我们几次讨论会对于打破沉寂状态，制造重视理论研究空气，功不可没。事物是发展的。没有空气不行，只有空气也不行。学术研究和其他一切工作一样，最后总要落到实处。目前学术讨论会的会风有值得商量改进的地方。不少讨论会名义上有个中心，其实只能算个领域、大范围。事先也并不要求取得某种具体结果。参加者提供一篇文章作为入场券，不远千里而来，往往又两袖清风回去。名多于实，文胜于质，很难帮助提高学术水平。当然我是说“不少”，并非“所有”。改进学术讨论会，一个重要的方面，是提出科学上有意义的问题，或者一本书、几本书，或者一篇、几篇重要论文，事先分头研究、撰写，要求经过讨论，取得某种结果。讨论会可以灵活多样，大会小会相结合。与会者带着自己的研究心得或者疑难，集中于共同的问题上，彼此认真讨论、辩难。取得了共同认识，是收获、进步，辨明了分歧实质，同样是收获、进步。所谓要求讨论取得某种结果，就是指的这一些，而不是说，经过一次讨论，就在理论问题上有重大突破。事情没有那么简单。但是只要充分研究、准备，在某些问题上取得相当进展，则是可以期待的。历史学理论讨论会创始以来，每年举行一次，现在好像也没有理由停止不办了。进一步办好，就需要拟订一个大体规划、设想，提出一批重点问题，每次按照计划，做好讨论准备工作。计划性就是目的性、主动性。有计划绝不等于把什么都规定得很死。执行中也可以改换题目，承认“历史的偶然性”。确定奋斗目标，出成果，在规划、设想中，要成为富有想象力、吸引力的部分。讨论会与个人研究计划相结合，若干时候以后，产生一批中国历史学理论著作。专题研究，综合性著作，不同观点、风格的，各显其能。它们中间应当出现一些马克思主义中国化的、有时代特色的、代表中国历史学理论研究最好水平的名著、不朽之作。在计划执行中，把这个要求逐步落实下来，特别是落实到我们的中、青年同志肩上。这不但需要，也有现实可能性。讨论会办得好，必定能保持生气；自流下去，有朝一日，可能“后遂无问津者”。

二、重点翻译、介绍一批国外历史学理论书籍，准确了解外界

历史哲学、历史方法论的书，国外常有出现。小部分翻译、介绍过来了，大部分限于国内外论著中的零星引述。做好任何一种工作，都要了解、熟悉周围情况，作调查研究。有重点有选择地翻译、介绍一批国外历史哲学、历史学方法论的著作，这是历史学理论研究中调查工作的一部分，对于我们了解情况、推进研究是不可缺少的。问题在于根据什么去选择。生产技术、自然科学的“引进”好划杠杠，即看那些东西是否先进。社会历史学说、理论反映的是不同阶级利益，不同世界观。我们要求翻译、介绍先进的研究成果，但不能只限于先进成果。某些著作、理论与先进不沾边，而且恰恰相反。我们有必要准确了解的，也应当在选择之中。大致加以分类，它们是：（一）应用马克思主义历史唯物主义研究，有新鲜内容的；（二）非马克思主义观点，但在具体问题研究上有科学成果或研究方法上有合理因素可以汲取的；（三）坚持历史唯心论，反对历史唯物论，但流传广泛，影响显著，我们需要了解的。（一）类中要注意西方马克思主义有价值的研究。（二）、（三）两类中，学派各异，主义繁多，如《年鉴》学派、结构主义、新黑格尔主义、新自由主义等等，翻译、介绍要尽量选择它们的代表作。引用现代自然科学方法研究历史，苏联、美国都有这方面的书籍。选择中也包括这类书籍。有些所谓理论，在国外严肃的历史学理论著作中，早已几乎无人提及。我们就没有必要当作时髦货推荐给读者，以至无谓地造成这个热，那个热。一要解除自我封锁，二要分析、批判对待，我以为这是介绍、了解国外哲学、社会科学理论、学说的原则态度。

中国马克思主义历史学理论研究中，要了解、熟悉国外不同流派的学说、观点，这里想强调一下，应该从加强马克思主义历史唯物论系统研究的联系上来看待这个问题。

前面说过，历史唯物主义并非历史学的专有理论，它是解说人类社会生活各种现象的普遍原理，因此，是历史学理论的基础。历史学理论研究要前进，必须把打基础的工作放在突出的位置上，结合实际加强历史唯物论的系统研究。以前一提起系统研究马克思主义理论，不是被当作教条主义，就是

被认为脱离实际。社会生活实践，表明那种看法，对理论和实践的认识都很片面。例如，历史唯物论应当坚持什么，反对或克服什么，看来是最明白不过的。应用历史唯物主义，必须坚持它的基本原理，反对教条主义、公式主义，反对经济唯物论、机械唯物论和其他种种错误观点。教条主义把马克思主义看作僵死的条文，直接与这个科学的、革命的学说相对立，破坏这个学说。公式主义、经济唯物论、机械唯物论或者使历史唯物论遭到歪曲，或者把它庸俗化，变成与科学相反的观点、理论。然而坚持什么，反对什么，实行起来，并非一概那么容易。观点不同，分歧相去之远，不可以道里计。卢卡奇就批评恩格斯讲的辩证法不是辩证法，是机械唯物论。波克罗夫斯基关于俄国历史的著作，30年代被批评为经济唯物论，50年代改过来，又认为是唯物论的。现在我们的研究、争论中，有指某些观点、叙述为教条主义，某些观点、叙述为机械唯物论的，它们可能对，也可能不对。至于像俄国民粹派认为马克思主义的唯物论，是经济唯物论；中国资产阶级有些历史撰述上，硬指历史唯物论为教条、公式，长篇大论反驳他们所谓的教条主义、公式主义，那就不必说了。有效坚持历史唯物论的基本原理，克服资产阶级偏见，不能缺少对历史唯物论的系统研究。又例如近些年里，我们几次在重大历史理论问题上，展开过热烈的讨论和争论。最后又都没有说出个青红皂白，不了了之。关于历史前进动力问题的讨论，据报刊报导，不同见解多至五六家，而每一家又都自认为合乎马克思主义，没有例外。〖是不是都那么合乎马克思主义肯定存有疑问，试拿其中的“合力”推动历史说，就明显不合乎马克思主义的观点。什么叫“合力”，恩格斯叙述历史唯物主义原理时，指出不能从个人的主观动机、愿望等等，即不能从人的精神世界认识解释历史，而要从……去认识、解释历史时，举一个自然科学的原理作为比喻。这是历史唯物论的基本理解，我们都没有确定的了解，如何讲历史学理论？韩非《显学篇》：“孔子、墨子俱道尧舜，而取舍不同，皆自谓真尧舜。尧舜不复生，将谁使定儒墨之诚乎？”〗[①] 韩非说，儒家、墨家都宣称自己的道理来自尧舜，可是尧舜不能复活了，有谁能够证明儒墨的话诚实可信？韩非的话几乎可以用来形容我们讨论中的情况。尧舜并没有理论著作，儒墨有解说自由。历史唯物论是科学理论，科学上的是非，正确答案只能有一种。争论各方那样众说纷纭，

① 此处补人文章初刊时被删除的文字。——编者注

这决非偶然。改变现状，要靠加强历史唯物论的系统研究。把各种情况集中到一点：历史学理论必须抓住系统研究历史唯物论这个环节，做好基础工作。而这种系统研究，又决不是与世隔绝，关起门来，就可以行得通的。打开大门，流通空气，了解国外历史学理论、学说，来推进我们自己的研究，就成为完全必要了。

西方资产阶级理论著作成批介绍过来，能不传播现代唯心论吗？有这种可能，但不必担心。它最终只会促进历史唯物论更有力的传播。中国俗语：不怕不识货，只怕货比货。比较增强识别，斗争推动前进。

马克思主义历史唯物论足以战胜资产阶级历史唯心论，世界历史早已证明了，现在继续在证明着。我们吸收国外研究的科学成果，加强自己的理论力量，和有的放矢，分析批判现代历史唯心论，正是一回事，不是两回事。《红楼梦》上所说的东风西风，总是一方压倒一方，思想理论领域，同样如此，不过内容、形式都比简单的“压倒”远为复杂。东风西风一方压倒一方，统一在同一个过程里。一方压倒，就是另一方被压倒。在历史学领域，历史唯物论的研究加强，历史唯心论就受到抵制、削弱，衰退下去。西方社会历史学说总是那样层出不穷，有多种原因。它们与现实联系是非常密切的，不发生历史研究与现实相脱离的关系问题。现实不断演变，历史学说也就不断翻新。其中有一种情况，是在科学世界观面前新产品风行一阵以后，很快又在市场上落价、滞销，需要有最新牌号来吸引顾客了。凡确无存在价值的东西，不管一时怎么“时髦”受宠，经过比较识别，最后必定为人们所抛弃。

三、出版一个专门的马克思主义旗帜鲜明的历史学理论刊物

单独办一个历史学理论刊物，研究者中很少有人不赞成的。难点是在如何把刊物真正办好，不要成为徒然增加一个刊名和多开辟出一块发表文章的园地。现在国内发表历史论文的刊物，指不胜屈。综合、断代和各种专史的刊物，差不多一应俱全。缺少一个专门的理论刊物，未必就妨害我们的研究。下决心办了，就要有特色。“马克思主义旗帜鲜明”这个要求是不是提得高了？

我们本来是用马克思主义从事历史研究的，加上“旗帜鲜明”几个字，无非是说要特色鲜明，不发生高低差别问题，不管有没有那几个字，一要反对老式教条主义，即反对把死守条文、经院学派注释讲解，当作马克思主义历史学理论研究；二要反对新式教条主义，即反对把资产阶级的某些理论、说教，当作金科玉律。而它们又只有在百家争鸣中去加以辨别，马克思主义旗帜鲜明，理论联系实际，实事求是，专门的历史学理论刊物要抱定这个宗旨来创办，也要靠贯彻这个宗旨来保持自己的生命力。

专门的历史学理论刊物，要不要译载国外刊物上的有关文章？国外的历史哲学、历史方法论著作，我们既然要翻译介绍，如果把同类的文章在刊物上介绍给读者，作用是一样的，而且更加及时些。译载国外论文应该成为版面一个组成部分。我们翻译介绍国外论著的选择根据，也就是刊物上选载译文的根据。选载文章的观点，与我们是否赞同那些观点是两回事。全译和摘译、有无评论，根据情况而定。刊物可以因此更加活泼，可以就这些问题展开讨论，开阔视野。

端正学风，刊物担负着重要责任。当前端正学风的必要性，不知多少人讲过了。究竟从何处着手，我想介绍一下梁启超在《清代学术概论》上，关于正统考据学派学风的评述。一共十条，这里摘抄出其中六条，原文是这样的：一，“凡立一义，必凭证据。无证据而以臆度者，在所必摈”。一，“孤证不为定说。其无反证者姑存之，得有续证则渐信之，遇有为之反证则弃之”。一，“隐匿证据或曲解证据，皆认为不德”。一，“凡采用旧说，必明引之，剿说认为大不德”。一，“所见不合，则相辩诘，虽弟子驳难本师，亦所不避。受之者从不以为忤”。一，“辩诘以本问题为范围，词旨务笃实温厚，且不肯枉自己意见，同时仍尊重别人意见。有盛气凌轹，或支离牵涉或影射讥笑者，认为不德”。在十条以后，梁启超用一句话加以概括，说“当时学者，以此种学风相矜尚，自命曰‘朴学’”。这简短六条，讲了四个内容。第一，坚持治学严谨态度，立论必须凭充分证据。第二，做学问要讲道德，抄袭、剽窃，是大不道德的行为。第三，学术讨论应当指名道姓，受到指名的人，不要认为是触犯自己，有损名誉或受到不客气对待。第四，学术批评中人人平等，盛气凌人，影射攻击都是不道德的。马克思主义历史学理论研究的对象，与朴学研究对象没有相同的地方。梁启超书上讲的这几条，今天是否适用？我以为条条适用，朴学研究的对象有阶级性，而朴学家那种治学态度，则是表现了中国旧文化的民主精华。他们“相矜尚”的好学风，我们没有理由不去汲取。多说不如多做。这几条明白具体，研究者容易掌握，刊物编者和读者也不难判断。我主张历史学理论刊物在端正学风上多做工作，首先从这几条实行起。论文作者、编者、批评者来一个“以此相矜尚”，再加上理论联系实际的内容，我们的马克思主义新学风就可以普及了。

认真办好刊物，口说不费吹灰之力，实行起来，困难可想而知。但事在人为。历史学理论研究者决心有所作为，办出一个宗旨明确、学风端正的专门刊物，是可以做到的。

与中国社会主义建设事业需要大前进同时，中国马克思主义历史学需要有一个大前进。这在很大程度上取决于理论研究的前进。有计划地举办讨论会等几项工作，旨在为理论研究前进创造条件，而不是事情的关键所在。关键是在我们的研究者发大愿、下苦功，真正作出科学上的新创造。科学创造中，必须反对抱残守缺，食古不化，破除一切“师说”、“家法”、门户之类，必须善于接受一切新事物、新观点。如其不然，只有与科学创造绝缘。坚决抛弃陈旧的东西是一回事，道听耳食，“唯新说是尚”，任意否定历史实践检验正确的科学理论、革命观点又是一回事。中国革命的胜利有一个过程，人们对马克思主义理论的认识也有一个过程。历史不像东西长安街那样笔直，人对历史的认识也不像东西长安街那样笔直。今天我们对理论的认识有些地方肯定比过去大踏步前进了。但这绝不意味着我们以前对马克思主义基本理论的了解都错了。就拿阶级斗争、阶级分析来说，如果它们都错了，中国革命的胜利又是从何而来的呢？一个人爬山，不会刚刚从山脚爬上某个高度，就回过头来责备自己为什么不一开始就站在现在的高度，而要愚蠢地从那么低的地方爬起，因为任何人都知道，从低处爬起是正确的和必不可缺少的，而不能够把它忘记掉、否定掉。中国的历史学理论研究，要研究、分析中国和世界的全部历史，要分析中国马克思主义历史学的过去，摒弃其中不成熟的、过时的部分，继承、发扬它的科学传统和革命精神。不能把革命精神看作似乎幼稚的表现。中国现在刚刚跨进社会主义，而且是初级阶段的社会主义，要达到人类理想的共产主义世界，道路还修长而遥远。谁不准备丢掉共产主义理想，谁就不应该丢掉革命精神。“欲至远，必自迩；欲登高，必自卑”。铭记自己所处地位的卑和近，我们才能自觉地继续奋斗，奔向远处、高处。中国革命是这样，历史学理论研究也是这样。列宁评论一些社会民主党人阉割马克思国家学说的革命性时说：他们“把这一点看作过时的‘幼稚的东西’，‘照例’不讲它，正如基督教徒在基督教成为国教以后，把带有革命民主精神的早期基督教看作‘幼稚的东西’而‘忘记了’它一样”[①]。马克思主义是科学，不是成了国教的基督教，我们没有根据可以“忘掉”它。

①《列宁选集》第3卷，第207页。

历史前进的动力问题[①]

什么是社会历史前进的动力？争论的焦点集中在私有制时代历史如何前进的问题上。

马克思主义的历史唯物主义问世以前，对于什么是人类历史前进的动力，出现过各种各样的答案，有过无数的争论和辩难。例如理性史观、法国唯物论的“意见支配历史”论、黑格尔的“绝对精神”论、精神史观、心理史观、社会心理史观、英雄创造时势论、生物史观、地理环境决定论等等，是其中比较重要的，有不同的影响。它们大多数是历史唯心主义，个别的是机械唯物论，但都无法对历史动力作出客观解释。马克思主义的历史唯物主义，拨开了人类在认识自己的历史过程中长期迷蒙着视线的重重浓雾，好像青天露在顶上，谁只要肯抬头，就可以看见真相了。以往关于历史动力的种种随心所欲的解释，如今由具有不可动摇的客观物质基础的认识所取代。人类认识自己历史的旧时代从此结束，新时代从此开始。然而争论并没有就此缓和下来。历史唯心主义对于这样的问题，尽管表明它无能为力，旧学说隐退了，新学说又竞相表演，力求在历史动力这个根本性问题上争得一席之地。马克思主义的研究和宣称应用马克思主义研究历史的论述中，或者由于强调的方面不同，或者出于对文献理解的差异，往往各持一端，各执一说。旧的争论这里不去讨论了。新的分歧意见中，有几个问题，我想值得分别说一说，并作一点判断。

---

① 本文原载《刘大年史学论文选集》，是在《关于历史前进的动力问题——在太平天国学术讨论会上的发言》（《近代史研究》1979 年第 1 期）、《异化与历史动力问题》（《哲学研究》1984 年第 4 期）及《说“合力”》（《历史研究》1987 年第 4 期）三文基础上改写的。编校者在编辑此文时，补上了改写过程中删去的部分。——编者注

生产力与阶级斗争哪一个推动历史前进？

私有制历史时代，生产力与阶级斗争，其中只有一个是推动历史前进的动力，还是两个都是？如果只能有一个，它是生产力还是阶级斗争？如果两个都是，它们的关系到底怎么样？这个问题涉及应当如何理解历史唯物主义的原理、马克思主义的阶级斗争学说，当然也就涉及对具体历史事件、人民斗争的认识和评价，即它们的作用如何，是否和怎样推动了社会历史的前进。

这个问题，可以从这样几个方面来看：

第一，人类社会发展前进，归根到底，决定于生产力的发展前进。离开这个前提，就离开了历史唯物主义的基础。但在阶级社会里，生产力推动历史前进则表现为生产关系一定要适合生产力性质，表现为生产力与生产关系的矛盾，阶级斗争。生产力与阶级斗争的关系怎样，马克思主义经典著作上有一系列论述。恩格斯说得很明白："每一个历史时代主要的经济生产方式与交换方式以及其所必然决定的社会结构，是该时代政治的和智慧的历史所赖以确立的基础，并且只有从这一基础出发，这一历史才能得到说明；因此人类的全部历史（从土地公有的原始氏族社会解体以来）都是阶级斗争的历史，即剥削阶级和被剥削阶级之间、统治阶级和被统治阶级之间斗争的历史……"①"当某一个国家内部的国家政权同它的经济发展处于对立地位的时候——直到现在，几乎一切政治权力在一定的发展阶段上都是这样——斗争每次总是以政治权力被推翻而告终。经济发展总是毫无例外地和无情地为自己开辟道路，最近这方面最显著的例子，就是我们已经提到过的法国大革命。"②经济生产方式产生的社会结构，最终表现为阶级结构。经济发展推翻政治权力、为自己开辟道路的斗争，当然就是代表新生产力的阶级推翻代表旧生产关系的阶级为自己开辟道路的斗争。经济发展，生产力的前进，不能自然而然地改变历史，要通过阶级斗争、伟大的革命运动来变革历史。对于这一点，最有说服力的事实是：十月革命时的俄国，实行社会主义改造时的中国，生产力相对落后，或者落后得很远，但建立起了社会主义制度；反过来，一些西方国家生产力

---

①《马克思恩格斯全集》第21卷，第408页。

②《马克思恩格斯全集》第20卷，第199页。

水平相对地高，以至高出许多，至今仍停留在资本主义社会；这集中说明了生产力的发展不能自行变革历史，它只有通过阶级斗争，社会革命，才能推翻旧社会、旧制度，建立新社会、新制度，改变历史的进程。因此，我们应当说，私有制社会里，阶级斗争是推动历史前进的直接动力。讲到这里，持相反意见的人马上要出来说，此言非也！私有制从哪里来的，不是从以前的生产力发展来的吗？照我想，马克思主义的辩证唯物主义已经回答了这个问题。私有制社会的矛盾不能推到私有制以前去同样地加以看待，就像人是由类人猿进化来的，我们不能把人类社会的进化同类人猿的进化、猴子的进化同等加以看待一样。原始社会、私有制社会、科学共产主义社会本质不同，生产力的特点也就不同。不能用原始社会的规律衡量私有制，也不能用私有制的规律衡量科学共产主义，正是同一个道理。马克思最重视科学的发明、发现，重视生产力的发展。马克思说“蒸气、电力和自动纺织机甚至是比巴尔贝斯、拉斯拜尔和布朗基诸位公民更危险万分的革命家”。恩格斯说：任何理论科学中的每一个新发现，“都使马克思感到衷心喜悦”。但也正是马克思、恩格斯，他们反复阐明私有制社会里，阶级斗争是历史发展的动力。他们并没有觉得这两者有什么矛盾或者还需要补充什么。我们无法想象马克思、恩格斯那种严密的科学工作奠定了伟大的科学共产主义理论基础，而恰恰在这个根本问题上自相矛盾，或者遗忘了什么东西。假定那样想，是绝对说不通的。马克思、恩格斯指出，共产党人可以把自己的理论用一句话表示出来，消灭私有制；又指出，共产党人公开宣布，他们的目的，只有用暴力推翻全部现存的社会制度才能达到。既然认定阶级斗争不成为或者只能在次要的意义上成为历史前进的动力，那末，用暴力推翻私有制，无产阶级对资产阶级的社会主义革命，就成了多余的，可有可无的，只须等待生产力的发展去自然地实现就可以了，阶级斗争学说，因此也就不成其为无产阶级手中最锐利的武器了。马克思主义生产力的理论就这样形成了与整个马克思主义学说的对立。把生产力作为阶级社会里直接决定历史前进的动力，永远也无法消除这种对立。马克思主义理论由一整块钢铁所铸成。阶级斗争是历史前进的直接动力，完全表明了马克思主义学说是一个科学的、严密的整体。

第二，阶级斗争是历史前进的直接动力，这当然主要是讲旧社会、旧制度过渡到新社会、新制度那种急剧的转变。马克思在《〈政治经济学批判〉序言》中对这个问题所作的经典论述，在其他地方所说的“革命是历史的火车头”，“暴力是每一个孕育着新社会的旧社会的助产婆”等等，都是同一个意思，非常明确。从奴隶制到社会主义嬗变、前进的全部历史都证明，这是像自然科学原理一样精确的客观真理。当然革命的阶级斗争推动历史前进，并不是说私有制社会里，每日每时都要爆发革命，历史才能前进。正像水从冰点到沸点，温度总要逐渐增加；人在心脏停止跳动以前，必有许多机能逐渐丧失活力。每一种旧生产方式、旧制度的崩溃，不会突然发生，要有它的演变过程。先有量变然后发生质变。封建社会的农民战争，就是封建制度内部矛盾、变化的表现。有了那些渐变，有了新的经济成分，新的阶级力量，然后才有突变。封建制于是乎被推翻，资本主义于是乎建立。农民战争哪些起了促退作用，哪些起了促进作用，需要分别加以研究。我们可以肯定的是：由于环境、条件不同，某些农民战争所起的促退作用，必定为另一些农民战争所起的促进作用所补偿而绰有余裕。正像鲁迅所说，历史好比粗人算账，四舍五入。四舍五入，总数加在一起，历史还是前进了。私有制社会里，不可能一次革命的行动，革命的胜利，马上就表现为生产力的前进。英国17世纪40年代的资产阶级革命取得了资本主义对封建制度的第一次重大胜利。马克思说，英国资产阶级革命和后来的法国资产阶级革命，并不是英国的革命和法国的革命，它们是欧洲范围的革命。这两次革命，不仅反映了它们本身发生的地区即英国、法国的要求，而且在更大得多的程度上反映了当时整个世界的要求。这足见英国革命胜利的重要了。但一直到一百多年以后即18世纪60年代英国才发生“工业革命”，资本主义才登上第一座高峰。中国的五四运动有重要意义，但它并不能马上提高社会生产力。红军长征的胜利关系到革命的成败，但它并不直接表现为生产、生产力的增长。整个中国近代史上的历次革命运动都是这样。就讲中国近代史上的太平天国吧。太平天国是否推动了社会生产力的前进，我以为从直接的结果来看，很难找到它推动生产力前进的有说服力的论据。它的重要意义是很明显的。它把广大分散的人民反抗斗争集中起来，对封建宗法社会的全部权力、秩序加以扫荡，极大地加速了清王朝和整个封建制度的衰落、崩溃，此其一。它对外国侵略者展开大规模武装斗争，打破了西方资产阶级迅速把中国殖民地化的企图，此其二。太平天国在思想上、组织上都比过去许多次农民战争发展得更高些，对于后来的人民群众斗争具有显著影响，此其三。但这些都不属于直接推动生产力的内容。如果我们的眼光看得远一点，情形就不一样了。把太平天国放在中国整个民主主义革命，即从旧民主主义到新民主主义革命的全部过程中加以考察，把它看作推翻半殖民地半封建社会的有重要意义的一步，有了它，然后才出现义和团运动、辛亥革命，而后才有五四运动，而后才有新民主主义各个阶段的斗争，而后才有民主革命的伟大胜利，而后才有社会主义制度下生产力的大发展，就可以说它是推动了生产力的前进。太平天国可以如此看，义和团运动、辛亥革命和新民主主义革命各个阶段的斗争都可以如此看。费了100年，革命对生产力才充分发挥出它的作用，似乎把时间拖得太长了。事情在于整个中国民主革命的时间就有那么长。旧民主主义经过80年，都失败了。新民主主义经过30年，才取得了胜利。110年的斗争加在一起，就解决了一个反帝反封建问题。在这个时间里，中国出现了民族工业，社会生产力多少有些增长。但显然只有推翻了帝国主义、封建主义统治，才从根本上解决了社会生产力发展的问题。

第三，私有制社会里，生产力的发展要通过阶级斗争来变革历史，绝不等于说二者浑然一体，或者只有一致，没有矛盾、对立。阶级斗争对生产力的发展可以归于一致，可以处于对立。一致的情况下推动历史前进，对立的情况下阻挠、延缓历史前进。阶级、阶级斗争有革命的，有反革命的，有前进的，有倒退的。一切以阶级的地位、有关的具体条件为转移。恩格斯说：国家权力对于经济发展的反作用可能有三种：它可以沿着同一方向起作用，在这种情况下就会发展得比较快；它可以沿着相反方向起作用，在这种情况下经过一定的时期就要遭到崩溃；或者是它可以阻碍经济发展沿着某些方向走，而推动它沿着另一种方向走，这第三种情况归根到底还是归结为前两种情况中的一种。但是很明显，在第二和第三种情况下，政治权力能给经济发展造成巨大的损害，并引起大量的人力和物力的浪费。[①] 历史事实就是这样。古往今来，社会生产、历史运行，有时候突飞猛进，而更多的时候又走着迂回曲折的道路。如果政治权力、阶级斗争与生产力发展总顺着一个方向，历史就应当笔直前进，早到达共产主义了，而现在世界上很大一部分人却仍在资本主义的剥削压迫下辗转苦斗。“四人帮”叫喊阶级斗争搞好了，生产就自然上去了，在政治上是别有用心，在理论上是毫无根据的谰言。历史唯物主义告诉我们，社会关系和生产力密切相关。手推磨产生封建主为首的社会，蒸

① 《马克思恩格斯全集》第37卷，第487页。

汽磨产生工业资本家为首的社会。阶级对立、阶级斗争是生产力发展的产物，也要为生产力发展所消灭。马克思说“阶级的存在，仅仅同生产发展的一定历史阶段相联系”。生产力发展到了更高的阶段，阶级的消灭就和它的出现一样，再也没有什么力量可以阻挡得住。在那以后，生产力带动社会前进的图景怎样，马克思主义经典作家已经从科学上作了说明。要讲出更详尽的东西，那还是未来的任务。

第四，生产力与阶级斗争到底谁推动历史前进的问题，同历史研究的对象、任务直接相联系。每一门科学都有自己特定的对象、任务。历史研究的对象、任务是什么？历史包罗万象。作为一门科学，包罗万象等于没有对象。《联共党史》上说：历史科学的首要任务是要研究和揭示生产的规律，生产力与生产关系发展的规律，社会经济发展的规律。这里说的“历史科学”实际指的历史唯物主义。历史研究与历史唯物主义紧密相联，但又不是一回事。历史学要研究生产力与生产关系，社会经济发展的规律，但它有自己的中心。在私有制社会里，既然阶级斗争是推进历史发展的动力，历史学的对象、任务，就应当是研究一幕一幕阶级、阶级斗争的种种基本事实，研究那些基本事实所表现出的阶级、阶级间的矛盾、运动。这就是历史研究的中心。我们都知道恩格斯关于自然科学研究对象的精辟叙述：自然科学的对象是运动着的物质、物体。物体和运动是不可分的，各种物体的形式和种类只有在运动中才能认识，离开运动，离开同其他物体的一切关系，就谈不到物体。物体只有在运动中才显示出它是什么。因此，自然科学只有在物体的相互关系中，在物体的运动中观察物体，才能认识物体。对运动的各种形式的认识，就是对物体的认识。所以，对这些不同的运动形式的探讨，就是自然科学的主要对象。恩格斯讲自然科学的话，使我们可以认定，历史科学的任务是研究千态万状的历史事实，研究运动中的由属于一定阶级的分子所组成的各个阶级和阶级间的矛盾、斗争。在私有制社会里，离开阶级、阶级斗争的具体事实——包括经济发展、上层建筑领域的事实，离开一个阶级与周围的关系，便没有了社会的运动，没有了历史。每个阶级只有在事件中，在运动、斗争中，才能显示它的地位和作用是什么，才能使人们有所认识。对事件、对阶级、阶级斗争的认识，就是对历史的认识。毛泽东在《矛盾论》里准确指出，科学研究的区分，是根据科学对象所具有的特殊的矛盾性质决定的。对于某一现象的领域所特有的某种矛盾的研究，构成某一门科学的对象。社会科学的对象就是生产力和生产关系、阶级和阶级的互相斗争等等特殊的矛盾。阶级、阶级斗争这个特殊的矛盾，规定了历史学所要研究解决的，是社会运动中的矛盾和它的客观规律性，即帝王将相、奴隶主、地主、资本家那些剥削者、压迫者阶级与奴隶、农民、工人和其他劳动人民那些生产者、被剥削者、被压迫者阶级之间的矛盾和它的客观规律性，而不是或至少主要不是人与自然之间的矛盾和它的客观规律性。生产力状况、生产斗争、经济发展，在历史科学中所以占有重要地位，就因为它是阶级、阶级间的矛盾运动的物质基础。阶级的诞生，阶级斗争的客观条件，斗争的结局等，都必须从生产力状况、经济结构中去寻求原因，作出说明。作不出这种说明，就失去了历史唯物主义的根基。以前人们在这方面的研究，并非多了，而是太不够，太缺少了。正像生产力的地位不能代替阶级斗争的地位一样，我们不能用对生产力以及生产、交换等经济关系的研究代替阶级斗争的研究。恩格斯指出，费尔巴哈下述见解完全正确：纯粹自然科学的唯物主义，是人类知识的大厦的基础，但是，不是大厦本身。我们也可以这样说：生产力、社会结构是历史的基础，但不是阶级斗争、阶级矛盾运动的本身。历史学的对象、任务，以前者为中心，还是以后者为中心，这是大不相同的。三四十年代，苏联批判过所谓波克罗夫斯基历史学派。据苏联早年的出版物上说：波克罗夫斯基对贵族资产阶级史学作了激烈批评以后，又以经济唯物主义的精神把马克思主义庸俗化。"波克罗夫斯基不懂得历史发展和社会生产的两个方面的客观规律性，不懂得生产力和生产关系的发展的辩证法，不懂得阶级斗争和国家经济发展的联系，上层建筑在社会发展中的积极作用，群众的创造作用，个人在历史上的作用以及历史唯物主义理论的其他重要原理"。又说，波克罗夫斯基在他的许多著作中"实际上提出了取消历史作为一门客观科学的观点。片面地研究具体历史材料，粗暴地把历史社会学化"。[①] 这些批评，都是指出以生产力、经济材料代替阶级斗争的研究，使历史不成其为一门科学了。马克思说，蒸汽、电力、自动纺织机比巴尔贝斯、拉斯拜尔、布朗基更起革命作用，这不等于说，研究法国1848年的革命，只要把当时的蒸汽机、纺织机等统计清楚，作出估计，就可以了。法国二月革命推翻了七月王朝，资产阶级共和

---

①《苏联大百科全书》1955年付印，第33卷，又1936年1月26日《苏联人民委员会和联共（布）中央关于历史教课书的决议》。

派掌握临时政府，但对实行共和制度畏缩不前。2月25日，自然科学家、政论家拉斯拜尔率领工人代表团来到市政厅，要求临时政府成立共和国，并规定必须在两小时内实现。否则他将率领20万人民来市政厅问罪。临时政府没有选择、拖延的余地，马上宣布实行共和制。法兰西第二共和国的诞生，就是这场激烈的阶级斗争的结果。我们即使最详尽地叙述了当时的社会生产力，而不去说明资产阶级各派系的对立，不去说明拉斯拜尔、巴尔贝斯、布朗基和广大人民群众的勇敢斗争，就无从了解法兰西第二共和国的出现和后来法国的历史。阶级、阶级斗争是不是历史研究的对象，马克思主义与资产阶级唯心主义在这个问题上始终是根本对立的。仍以太平天国为例，我们说它是一场空前规模的农民革命，资产阶级唯心主义者坚决否认。他们反对农民革命说，目的就是要反对阶级斗争说。大家都知道，研究太平天国有年，做过许多有用的资料收集、考订工作的简又文就是这样立论，而且坚持不懈的。他在《太平天国典制通考》的长篇序言上，专门列出“左派史观之检讨”一节，论证太平天国不是一场农民革命，因而也不是一场阶级斗争。其理由是：太平军和湘军同样多是农民出身，并非只有太平军战士是农民出身。两军之战，“分明是农民打农民”。《天朝田亩制度》不过是一种行政措施，不反映农民对土地的要求，不能作为“农民战争”或“土地革命”的论据。曾国藩《讨粤匪檄》指责“田皆天主之田”，那是对《天朝田亩制度》产生了误解。洪秀全、冯云山、石达开、韦昌辉与曾国藩、左宗棠、李鸿章、胡林翼一样都是地主豪富出身，他们的区别只有新封建和旧封建的区别。“左派”史家由于“以阶级斗争为社会进化之原则，以经济物质为人类历史之中心”，削足适履，移史就观，所以谬误云云。简又文写了很多书，发了很多议论，但是实在地讲，他基本上没有了解太平天国。《共产党宣言》上说，有文明以来“所有一切社会的历史都是阶级斗争的历史”。对于这句话，我们不可以当作标签，但是必须看到它所包含的全部历史事实。历史研究的对象、任务是什么，考察过去的事实，明显表现出了这样三种观点：一，以阶级、阶级斗争的矛盾、运动为中心；二，以生产力、生产斗争为主体；三，不承认阶级、阶级斗争是历史研究对象的各种各样的说法。考察过去，会帮助我们来分析、解决历史研究的对象、任务问题。

〖太平天国是近代中国阶级斗争的一次巨大爆发。它在鸦片战争以后迅猛兴起，席卷大半个中国，提出一整套理论和纲领，凭着自己建立起来的武装力量和革命政权，同中外反革命势力反复较量，达十四年之久，造就了旧民主主义革命时期中国第一个革命高潮。中国封建时代，农民阶级多次发动过大规模的战争，毛泽东同志强调指出了它们的历史功绩。欧洲国家的农民战争中，著名的有15世纪的捷克胡司战争、16世纪的德国农民战争等。恩格斯对于德国农民战争并有经典论述。相比之下，太平天国发展得更加完整，这使它在中国和世界农民革命的历史上都占有光荣的篇页。近代中国社会的矛盾、运动在这里第一次得到了充分的展开。当时的社会阶级一齐踊跃出场，扮演着自己固定的角色，顽强表现了它们所具有的截然不同的作用。对这场阶级斗争的认识提高了，对中国封建制、半殖民地半封建制历史的认识也就提高了。马克思说，太平天国是中国停滞社会的产物。停滞社会，即封建社会低下的生产力状况。认识太平天国，这是一个唯物主义的基本前提。当然有鸦片战争以后新的社会矛盾，但不能丢掉生产力状况、经济发展水平这个前提。

"百家争鸣"是党的推进科学文化的方针。我讲这一些，并非认为别的主张不需要重视，自己的想法一概无可反驳。历史前进的动力问题在历史研究中占有很大的重要性。生产力与阶级斗争怎样内在地统一在一起，需要有完整的理解。我讲这一些，只有一个目的，响应讨论。学术、理论问题上的认识分歧，不能指望哪一个人来作一次解答，或者由谁在未经充分讨论的情况下做出结论来解决。那是靠不住的。学术、理论问题只有通过自由讨论，逐步求得认识一致。如果大家的马克思主义、毛泽东思想的理论水平提高了，在这些问题上大踏步前进的基础就奠定了。

邓颖超同志最近在社会科学院召开的五四时期老同志座谈会上说："社会科学研究要抓根本。这个根本就是马克思列宁主义、毛泽东思想。马克思主义的核心是辩证唯物主义和历史唯物主义，应该大大提倡社会科学工作者学习辩证唯物主义和历史唯物主义。"我认为邓颖超同志的意见非常好。整个社会科学研究要这样做，历史研究当然也要这样做。有了马克思主义，历史研究才第一次建立在科学的基础上。就像历史前进会有各种曲折，但人类要摆脱私有制，进到社会主义、共产主义毕竟不可阻挡一样，马克思主义理论总要这样那样遭到历史唯心论的歪曲、破坏，但作为科学真理，它的光辉毕竟不可掩盖，而且必将在斗争中继续发展。历史科学要前进，第一，必须靠马克思主义理论的指引，第二，要做扎扎实实的资料工作，专题研究。二者互相联系，缺了哪一项，我们都无法前进。两项中，马克思主义是灵魂。缺少了灵魂，我们照样可以走资产阶级繁琐主义的老路，不能揭露阶级、阶级斗争的客观规律性。中国历史、中国近代史的研究，面临着极其繁重的任务。有的正在讨论的理论问题涉及如何理解马克思主义的基本原理。许多专题、专史的研究，或者急需动手，或者正待整理、总结。肃清"四人帮"唯心论实用主义流毒的工作，还要继续进行。历史研究中的实用主义，与其说是"四人帮"独有的特征，不如说是一种国际现象。苏联一些挂着马克思列宁主义历史学招牌的人，用资产阶级种族主义、大俄罗斯沙文主义和实用主义的手法，从头篡改中国近代史和整个中俄关系的历史，来诬蔑、攻击中国。在那里，历史学被变成了霸权主义的工具。近年来，唯心史观和实用主义在越南也恶性发展。他们仿效苏联人的榜样，用讲历史和所谓"社会调查"等，极力为越南现在的领导人推行反华政策制造根据，煽动资产阶级民族主义情绪。对于资产阶级实用主义，需要用马克思主义去批判、克服。上述这一切，都要求我们必须抓好根本，进一步学习、掌握马克思列宁主义、毛泽东思想。

太平天国史是近代史研究中成绩比较显著的一个领域。但要解决的问题仍然不少。我希望这次讨论会能够有力地推进太平天国研究，并为提高我国马克思主义历史学水平做出贡献。〗①

列举出这几个方面，主要的内容大体说到了。

回到开头提出的问题上来：生产力与阶级斗争，其中只有一个是推动历史前进的动力呢，还是两个都是？如果只能有一个，它是生产力还是阶级斗争？如果两个都是，它们的关系到底怎么样？对此我们需要有统一、完整的理解。生产力是最终起作用的，阶级斗争是直接起作用的。它们的关系不是一个排斥一个，一个代替一个。它们紧密联结，又各立门户。生产力与生产关系的矛盾运动，生产方式的变化和发展，决定整个社会的变化和发展。在私有制历史上，这种变化发展，是通过阶级矛盾与对抗，通过阶级间的斗争来实现的。因此，说阶级斗争推动历史前进，是对问题的本质回答。

---

①此处补入《关于历史前进的动力问题——在太平天国学术讨论会上的发言》原有的文字。——编者注

人的异化、人性是否历史前进的动力?

〖异化问题的讨论和争论，在思想理论上涉及的面很广。对讨论中出现的社会主义异化论、人道主义世界观和历史观的宣传，从理论上、实践上作出马克思主义的回答，具有广泛的必要性。胡乔木同志的《关于人道主义与异化问题》文章的重要意义，就是对这个问题及时地作了切实的、全面系统的马克思主义的回答和论述。异化问题的讨论，与历史研究有直接关系。它的关系是什么，胡乔木同志的文章把这个问题彻底讲清楚了。那就是到底什么是人类社会历史前进的动力，是生产力的发展，还是人性和人的异化？历史前进的动力，是历史研究中的根本理论问题之一，是所有研究者都需要关心的。胡乔木同志的文章，号召思想战线上的同志积极参加这场维护马克思主义思想阵地的争论。我的这篇东西很肤浅，拿出来，主要是表示响应号召，并向专家请教。历史学方面不少同志热心理论问题研究。我希望看到多有一些研究者参加到异化问题的讨论和争论中来。史学理论，马克思主义历史研究的科学水平，必将在这种讨论中获得丰富、提高，大受裨益。

历史发展的动力，老早就是人们在探索的问题。马克思主义的历史唯物主义问世以前，对于什么是人类历史前进的动力，出现过各种各样的答案，有过无数的争论和辩难。例如理性史观、法国唯物论的“意见支配历史”论、黑格尔的“绝对精神”论、精神史观、心理史观、社会心理史观、英雄创造时势论、生物史观、地理环境决定论等等，是其中比较重要的，有不同的影响。它们大多数是历史唯心主义，个别的是机械唯物论，但都无法对历史动力作出客观解释。

马克思主义的历史唯物主义第一次发现，人类历史前进的动力，是生产力的发展，生产力与生产关系的矛盾，在阶级社会是表现这种矛盾的阶级斗争。这个伟大的科学发现，拨开了人类在认识自己的历史过程中长期迷蒙着视线的重重浓雾，好像青天露在顶上，谁只要肯抬头，就可以看见真相了。以往关于历史动力的种种随心所欲的解释，如今由具有不可动摇的客观物质基础的认识所取代。人类认识自己历史的旧时代从此结束，新时代从此开始。尽管在这以后，历史唯心主义的学派继续层出不穷，但是没有哪一个足以经得起历史唯物主义的反驳，站稳脚跟。

现在，关于人性、人的异化论的主张者，是掉一个角度、换一种形式，又一次提出了那个老问题：究竟什么是人类历史前进的动力？要求人们再一次展开辩论。

异化问题的讨论中，一些文章上写着：黑格尔、费尔巴哈只是应用了异化概念，异化构成一种学说，开始于马克思。所以人们应该把这个学说，称之为“马克思主义异化论”。异化不只存在于资本主义，也存在于社会主义。今天社会主义社会的各种弊病，用一个哲学名词概括，就是“异化”。〗①

人性问题，是中国和西方哲学中一个古老的题目。孔子、孟轲、荀况、黑格尔都谈过人性或人性的善恶问题。中国又有“古人不以善恶论性”，人性“非止善恶所能弘通”等说法。不过他们都没有直接和历史动力联起来，加以发挥。近来异化问题的讨论中，一些文章上提出历史的前进，必须从人性上来加以解释。人类历史是人性异化和人性复归的历史；列为公式，那就是“人——非人（假人）——人”。历史唯物主义应当是关于人的本质形成、丧失和复归的规律和条件的科学。不可以满足于马克思主义的历史唯物主义，要“以人为中心”，建立一个新的历史唯物主义的体系。如此等等。

〖照这些叙述，明白无疑地认为历史发展的动力，是离开特定社会关系、社会条件的人性、人的本质和人的异化。人性问题，是中国和西方哲学中一个古老的题目。孔子、孟轲、荀况、黑格尔都谈过人性或人性的善恶问题。不过他们都没有直接和历史动力联系起来，加以发挥。在异化问题的讨论中，写作上述文章的同志，确实是提出了一种新的见解，新的历史观点。它应该名副其实，称作“异化史观”。

马克思说，人们迄今总是为自己造出关于自己本身、关于自己是何物或应当成为何物的种种虚假观念。“异化史观”的主张者也是这样。他们造出了哪些历史是何物或应当为何物的观念呢？归结起来是：第一，社会主义异化论；第二，人性支配历史论。他们讲历史的动力，但并不以全部人类历史为研究对象，虽然“人——非人——人”的公式似乎也包含全部历史，而实际却只是以社会主义制度的历史为对象。他们所要研究解决的，不是人类社会的过去，而是人类社会的现在和未来。他们并不广泛搜集史料，考证辩论，主要

① 此处补入《异化与历史动力问题》原有的文字。——编者注

只是就马克思的著作考证辩论，特别是就马克思著作中讲人、讲异化的地方考证辩论。第一、第二两个观点是紧密结合在一起的。可是这两个观点又都是完全经不起考察的。〗[①]

怎么来看待这样的观点、理论呢？

第一，异化论的主张者，说他们认为人的异化是带有历史普遍性的道理，异化不只是在私有制、资本主义社会中存在，在公有制社会下照样发生，这是以马克思讲异化的著作为根据的。可是马克思无论在什么地方也没有给这种说法提供根据，恰恰相反，只有对他们的论据的直接否定。

凡是查阅过马克思主义著作的人都知道，马克思集中讲异化，是在《1844年经济学哲学手稿》的“异化劳动”“共产主义”等几节里面。在“异化劳动”这一节的一开头，马克思就直截了当地指出：“我们是从国民经济学的各个前提出发的（这里是指亚当·斯密、李嘉图等的资产阶级经济学。——引者）。我们采用了它的语言和它的规律。我们把私有财产，把劳动、资本、土地的互相分离，工资、资本利润、地租的互相分离以及分工、竞争、交换价值概念等等当作前提。”[②]在这短短三句话中，马克思两次讲他谈论问题是有“前提”条件的。这个“前提”就是私有财产、资本利润等等，就是资本主义制度。然后，马克思就集中论述在私有制统治下面，劳动所产生的对象，即劳动的产品，怎样作为一种异己的存在物，作为不依赖于生产者的力量，同劳动相对立，也就是所谓劳动的异化。这种劳动异化是不是永远没有止境，不受历史发展的约束？马克思认为事情根本不是那样。他在“异化劳动”一节后面的“共产主义”一节里面，强调讲了这个问题。其中有些哲学术语，如“人的本质”“类”等等，马克思很快就在《德意志意识形态》里面宣布它们并不可取，总的意思是非常明确的。异化现象，是以私有制度为前提、为根据的，是私有制、资本主义矛盾的产物。〖劳动异化，根本不适用于分析共产主义初级阶段的社会主义，恰恰相反，私有制的消灭，社会主义、共产主义制度的诞生，正是使异化得以克服，能够消除；以前产生异化的根据，如今再也不存在了。依据那些原话以及整篇著作的意思，我们只能作出这样的判断：马克思关于异化的论述，只是揭露、批判资本主义的，不是讲社会主义

---

① 此处补入《异化与历史动力问题》原有的文字。——编者注

②《马克思恩格斯全集》第42卷，第89页。

的。异化只存在于特定的历史阶段，不是所有社会制度、一切时代的普遍现象。〗[①]就在“异化劳动”的一节里面，马克思说：“从异化劳动同私有财产的关系可以进一步得出这样的结论：社会从私有财产等等的解放、从奴役制的解放，是通过工人解放这种政治形式表现出来的，而且这里不仅涉及工人的解放，因为工人的解放包含全人类的解放；其所以如此，是因为整个人类奴役制就包含在工人同生产的关系中，而一切奴役关系只不过是这种关系的变形和后果罢了。”[②]马克思在这段话里，除了肯定异化劳动只是和私有财产联系在一起的，还进一步指出，社会从私有财产、从奴役制的解放，要通过工人的政治斗争来实现，以及这种解放必然带来社会的彻底改造。这个改造，就是“全人类的解放”。〖废除了生产资料私有制的社会主义本身还要发生异化，那全人类的解放等等，只能看作是没有科学根据的了，共产主义会被看成从科学变成了空想！

“异化史观”的主张者说，他们论述人性，人的异化和复归，是合乎辩证法的，而且是马克思主义“唯物主义”的辩证法。如果说，对人类历史过程的这种描述，是貌似辩证法的话，那么，关于唯物主义就连一点影子都没有了。〗[③]这一些，正是对公有制社会、共产主义要存在异化劳动的反驳。

马克思是经过黑格尔、费尔巴哈走向历史唯物主义，建立科学共产主义学说的。马克思先是吸收、随后是按照唯物主义改造黑格尔的辩证法，用来观察和认识客观世界。马克思在《手稿》上使用异化这个概念的时候，还没有创立历史唯物主义，没有指出私有制是社会生产力发展的一定阶段所必然产生，又为生产力继续发展所必然消灭的。但就是在那时，他也并不是抽象地讲异化，而是如前面所说，具体地讲在资本主义制度统治下面，劳动所产生的对象，作为不依赖于生产者的力量，同劳动相对立，而一旦工人从资本主义剥削下解放出来，也就是劳动异化的克服。他是鲜明地把异化现象看作是历史地形成的，又历史地消灭的。在这里，谁也找不出根据，说马克思是把人的异化、人的本质看作似乎是历史前进动力的。

〖恩格斯说，肯定、否定、否定之否定是一种非常普遍的因而也是非常广

---

① 此处补入《异化与历史动力问题》原有的文字。——编者注

②《马克思恩格斯全集》第42卷，第101页。

③ 此处补入《异化与历史动力问题》原有的文字。——编者注

泛地起作用的重要的规律；辩证法是关于自然、人类社会和思维的运动和发展的普遍规律的科学。如果异化不只是揭露私有制、揭露资本主义社会，也可以移用来认识社会主义，人们立刻就会发现，这与辩证法是明显对立的。我们对人类社会历史发展过程的认识，用辩证法的观点来看，原始共产主义社会是正题，是肯定，私有制是原始共产主义的反题，是否定，社会主义、共产主义是前者的合题，是否定之否定。如果社会主义还和资本主义一样，还要异化，那么，我们对历史发展的认识，什么时候才能达到合题，即达到真正的高级的统一呢？如果社会主义还在继续异化中，那么，人和人之间对抗性的矛盾何时才能解决呢？但是只要我们回到马克思论述这个问题的本来的意思上来，肯定他讲的异化只是揭露资本主义矛盾的，而不是其他，更没有普遍的含义，那就一切顺理成章了，就合乎辩证法，使认识由低级达到高级的统一过程就完成了。哲学，认识论的任务，是要帮助人们认识事物的本质，指出前进的方向。用异化来说明社会主义社会的矛盾，只能导致人在实践中迷失方向，而不能指出方向。因为它只是否定什么，没有肯定什么。辩证唯物主义与历史唯物主义告诉我们：从原始共产主义到私有制，再到科学共产主义，这是人类认识社会历史发展所达到的真正高级的统一，也是唯一科学的统一。从"异化史观"的公式里面，谁也看不见马克思在什么地方把异化改造成为唯物辩证法，看见的，只有这些作者明白地把生产力的发展，生产力与生产关系的矛盾，与人性、人的异化等同起来；明白地把自己的唯心论说成是唯物论。〗①

第二，异化论的主张者说，"人是马克思主义的出发点"、中心和目的，人道主义是马克思主义的"核心""实质"。不从人道主义解释历史，便是"见物不见人"，便是表明"人"在马克思主义历史观里不占重要地位。

"人的问题"在马克思主义的历史唯物主义中，占的地位怎样，只要如实地对待事实，根本没有什么好争论的。马克思主义认定，人类历史的第一个前提无疑是有生命的个人的存在。不过这个个人是在一定历史条件和社会关系中的个人，而不是思想家所理解的"纯粹的"个人。一切真正的哲学，归根到底，都是以讲人、人类社会为主题的学问。马克思说，哲学家们只是用不同的方式解释世界，而问题在于改造世界。难道"解释世界"不是讲人对

---

① 此处补入《异化与历史动力问题》原有的文字。——编者注

世界的解释，“改造世界”不是讲人对世界的改造和自我改造，还有什么山石草木或飞禽走兽对世界的认识、改造和自我改造？马克思的整个学说就是人类认识、改造世界和自我改造的学说。如果说，人的问题、人对社会的认识和改造在马克思主义中并不占有重要地位，那么，这个学说在诞生以来的一百余年里，资产阶级、历史唯心主义总是对它无休止地反对和攻击，那又是为什么？不就是因为它指出工人阶级的解放、整个人类社会的改造触犯了剥削阶级的利益和偏见吗？因此，提出所谓“人的问题”，其实质根本不在马克思主义重视人的程度如何，以及马克思全部著作中在哪些地方、有多少次讲到了人，等等，其实质是要用抽象的人道主义解释历史，主张人性支配历史论。这只要稍稍作一点回顾，意思就异常明朗了。“人是马克思主义的出发点”，也就是认定马克思主义是从人本身出发解释历史的。从人本身出发认识和解释世界，是费尔巴哈人本主义的核心。费尔巴哈叙述他所认为的人的本质、本性的时候说：“人自己意识到的人的本质究竟是什么呢？或者，在人里面形成类，即形成本来的人性的东西究竟是什么呢？就是理性、意志、心。一个完善的人，必定具备思维力、意志力和心力。思维力是认识之光，意志力是品性之能量，心力是爱。理性、爱、意志力，这就是完善性，这就是最高的力，这就是作为人的人底绝对本质，就是人生存的目的。”[①]马克思经过费尔巴哈的桥梁走向唯物主义，在他的早期著作中留有费尔巴哈的某些概念和语言，那是不足为奇的。主张异化论的文章中反复摘引的《1844年经济学哲学手稿》和《〈黑格尔法哲学批判〉导言》上讲的诸如“共产主义，作为完成了的自然主义，等于人本主义”，“共产主义则是通过私有财产的扬弃这个中介而使自己表现出来的人本主义”，“人的根本就是人本身”，“人是人的最高本质”等等，正是那种不足为奇的和自然情况的反映。但是，马克思很快就在著名的《关于费尔巴哈的提纲》中，批判和清算了费尔巴哈的人的本质的思想。“人的本质并不是单个人所固有的抽象物，实际上，它是一切社会关系的总和。”[②]这是马克思主义有关人的本质最早的科学界说。紧接着，《德意志意识形态》对唯物史观作出了详尽的论述，开创了整个世界观的根本变革。费尔巴哈在马克思的思想发展过程中，从此永远成了历史的陈迹。如马

①《费尔巴哈哲学著作选集》下卷，第27—28页。

②《马克思恩格斯全集》第3卷，第5页。

克思所说，它剩下的是“给人造成一种非常滑稽的印象”[①]罢了。

费尔巴哈的从人本身出发，认识和解释世界，究竟是什么意思？意思就是人性决定历史论。马克思指出：费尔巴哈把人只看作是“感性的对象”而不是“感性的活动”，因为他仍然停留在理论的领域内，而没有从人们现有的社会联系，从那些使人们成为现在这种样子的周围生活条件来观察人们。“费尔巴哈从来没有看到真实存在着的、活动的人，而是停留在抽象的‘人’上，并且仅仅限于在感情范围内承认‘现实的、单独的、肉体的人’，也就是说，除了爱与友情，而且是理想化了的爱与友情以外，他不知道‘人与人之间’还有什么其他的‘人的关系’”。“当费尔巴哈是一个唯物主义者的时候，历史在他的视野之外；当他去探讨历史的时候，他决不是一个唯物主义者。在他那里，唯物主义和历史是彼此完全脱离的”。[②]马克思的评说告诉人们，从人本身出发解释历史，就是从人的理性、人的意志、人的品质、人的完善性等解释历史，也就是从抽象的、脱离社会关系的、除了爱与友情不知道还有什么“人的关系”的人的本质、人性出发解释历史。“人是马克思主义的出发点”的命题，是从费尔巴哈那里搬来的、马克思扬弃了的、多次批判过的人性决定历史论。本来面目，了如指掌。

第三，异化论的主张者中，有些文章对于为什么说人是马克思主义的出发点，远不限于考证马克思著作。他们作出各种引申发挥，证明自己的观点是有理有据的。

他们说：人是万物之灵，“人类对自己所持有的这种强烈的人的意识，完全是人所独有的，是人的全部价值和尊严的基础，是推动人的发展和完善的强大力量”。“阶级社会里人的这种异化和非人化，引起了人们正当的愤慨，历史上许多有正义感的思想家和哲学家对此发出了强烈的忿懑和抗议”。“所有这些人道主义的学说和理论，都从不同的角度猛烈地抨击了封建制度和资本主义制度对人的摧残，满腔热情地抒发了他们对人的幸福和完善所抱的伟大理想。尽管他们所说的人都是一般抽象的人”，“这无论如何是一种历史的进步”。在这里，“强烈的人的意识”、“人的全部价值”观念、人的“正当的愤慨”、“人道主义的学说和理论”等等，都成了“推动人的

---

①《马克思恩格斯全集》第31卷，第293页。

②《马克思恩格斯全集》第3卷，第50、51页。

发展和完善的强大力量”，历史的进步都离不开从这些地方去解释。作者只差用一句话概括起来了：人类历史是人的意识、人的精神的历史，是抽象的“人”的历史。《德意志意识形态》说：“哲学家们在已经不再屈从于分工的个人身上看见了他们名之为‘人’的那种理想，他们把我们所描绘的整个发展过程看作是‘人’的发展过程，而且他们用这个‘人’来代替过去每一历史时代中所存在的个人，并把它描绘成历史的动力。这样，整个历史过程被看作是‘人’的自我异化过程，实际上这是因为，他们总是用后来阶段的普通人来代替过去阶段的人并赋予过去的个人以后来的意识。由于这种本末倒置的做法，即由于公然舍弃实际条件，于是就可以把整个历史变成意识发展的过程了。”① 这段话，每一个字都像是针对“异化史观”、人性决定历史论的研究者讲的。他们“看见了他们名之为‘人’的那种理想”，“并把它描绘成历史的动力”，“于是就可以把整个历史变成意识发展的过程了”。他们本来并不以此为然，但是，他们从抽象的、脱离社会关系的人性出发，最后还是没有能够避免走到了这个境地。

不管关于人性的议论多么悠久了，没有哪个严肃的历史学家至今还是赞成把抽象的人性或人的自然本性作为历史动力去看待的。以《历史的观念》一书闻名的英国哲学家和历史学家科林伍德可以作为这方面的例子。科林伍德强调说，“事实上并不存在对每一个人都相同的所谓人类本性”。人性可以广义地作为一个集合名词使用。但是“严格说来，没有人性这种东西，这一名词所指称的，确切地说，不是人类的本性，而是人类的历史”。他列举理由说：“如果战争只是人类历史中产生的一种现象，如果它在我们这个现实世界中作为反复出现的事实，是产生于我们政治制度的组织方式和政治习惯的形成方式，那么结论就是既然历史产生了战争，历史也就能废除战争；既然战争在原则上是一种能够消除的东西，那么认为战争是一种罪恶的人们的任务就是去重新组织我们的政治生活，以便找到消除战争的途径。如果战争是基于人类的某种好斗的自然本性，是不能消除的，那么试图消除战争只能导致灾难性的后果。”“相反的结论是不能成立的。试图消除战争的努力的一两次，甚至上百次失败，并不能证明战争是由于人类的自然本性，正如一个人戒烟的

①《马克思恩格斯全集》第3卷，第77页。

失败并不能证明烟瘾是人类的本性一样。”[①] 科林伍德被认为是克罗齐新黑格尔主义学派代表人物之一，具有进步政治观点，哲学上反对马克思主义。但他用战争来说明抽象的人类自然本性的有无，是极富有说服力的。战争由历史所产生，已经为过去所证明了。战争必然由历史所消灭，也肯定要为未来所证明。自有文字记载以来的历史上，战争是人类生活中重大的反复出现而又与历史演变紧相关联的突出事实。这样的事实尚且不取决于人类本性，那么还有什么历史事实能够由抽象的人性去作出有意义的解释呢！

马克思主义历史唯物主义讲的是整个人类的历史。但是它的出发点和人性论正好相反。它不是从人的本性、本质去观察、认识历史，而是抛开它们，转而从人类存在不可须臾离开的人的生产、社会联系来观察历史，发现它的前进动力的。1879—1880 年马克思写的《评阿 · 瓦格纳的〈政治经济学教科书〉》中，批评阿 · 瓦格纳关于商品价值问题的观点时说，他“甚至没有看出我的这种不是从人出发，而是从一定的社会经济时期出发的分析方法，同德国教授们……的方法毫无共同之点”[②]。马克思这句话是具体讲政治经济学的方法，毫无疑问，同他的整个思想体系的出发点是一致的。他特别强调指出：“‘人’？如果这里指的是‘一般的人’这个范畴，那末他根本没有‘任何’需要；如果指的是孤立地站在自然面前的人，那末他应该被看作是一种非群居的动物；如果这是一个生活在不论哪种社会形式中的人，——瓦格纳先生就是这样假设的……那末出发点是，应该具有社会人的一定性质，即他所生活的那个社会的一定性质，因为在这里，生产，即他获取生活资料的过程，已经具有这样或那样的社会性质。”[③] 生产、获取生活资料，决不单单是政治经济学范围的问题，而是整个人类历史存在、延续和如何运动的问题。马克思正是从这里入手，来建立起自己的伟大科学思想体系的。普列汉诺夫在《论一元论历史观之发展》中，也十分准确地指出了这一点。他说：不论是法国唯物论、空想社会主义者、黑格尔，对于认识社会历史运动，都没有能够给多少令人满意的回答。他们直接间接都是乞援于人的天性。“马克思的伟大的功绩就在，他完全从相反的方面去接近问题，他把人的天性看作是永远地改

①《国外社会科学》1982 年第 12 期，第 19—20 页。

②《马克思恩格斯全集》第 19 卷，第 415 页。

③ 同上书，第 404—405 页。

变着的历史运动的结果，其原因在人之外”[①]。马克思本人，以及普列汉诺夫都鲜明有力地阐明了历史唯物主义的科学方法论。它是和一切历史唯心主义截然相反的科学的方法论。

历史的运动“其原因在人之外”，换句话说，也就是历史唯物主义指出的，历史的动力不在“人类本质”，人的天性上面，是在人们的社会关系、物质生活条件之中。〖马克思、恩格斯根据新的出发点，从《德意志意识形态》到《社会主义从空想到科学的发展》等一系列著作中，反复地、详尽地论述了它的原理。

马克思在《〈政治经济学批判〉序言》中写道：“人们在自己生活的社会生产中发生一定的、必然的、不以他们的意志为转移的关系，即同他们的物质生产力的一定发展阶段相适合的生产关系。这些生产关系的总和构成社会的经济结构，即有法律的和政治的上层建筑竖立其上并有一定的社会意识形式与之相适应的现实基础。物质生活的生产方式制约着整个社会生活、政治生活和精神生活的过程。不是人们的意识决定人们的存在，相反，是人们的社会存在决定人们的意识。社会的物质生产力发展到一定阶段，便同它们一直在其中活动的现存生产关系或财产关系（这只是生产关系的法律用语）发生矛盾。于是这些关系便由生产力的发展形式变成生产力的桎梏。那时社会革命的时代就到来了。随着经济基础的变更，全部庞大的上层建筑也或慢或快地发生变革。”[②]大家知道，这是历史唯物主义的经典表述。〗[③]

马克思把唯物主义对自然的认识推广到对人类社会历史的认识，确立起历史唯物主义的完备体系。它是迄今为止科学思想中的最大成果。在那以后，世界历史的翻天覆地的变化，科学上一切新的重大发现，都证明马克思主义的历史动力学说是唯一科学的动力学说。

西方文献记载，古希腊某个神庙前有一句石刻铭文：“认识你自己。”从苏格拉底到黑格尔、费尔巴哈的万千哲学家，历尽辛勤，多方寻求“认识自己”的奥秘，寻求人类历史动力的源泉。他们因为总是求助于人的本性，又总是在暗道摸索中没有最终发现前方的曙光。他们自称或者被人们称为历史

---

① 《普列汉诺夫哲学著作选集》第 1 卷，第 676 页。

② 《马克思恩格斯全集》第 13 卷，第 8—9 页。

③ 此处补入《异化与历史动力问题》原有的文字。——编者注

唯心主义。异化论的主张大抵也是这样。它改换的是外貌，信奉马克思主义词句，但没有改变唯心主义的实质。

马克思主义的历史学反对唯心论的异化论即人性决定历史论，从理论上加以辩驳，这当然是重要的。但站出来反驳而且最有力量的是历史事实。那就是社会主义制度的诞生和存在。因为社会主义制度和奴隶制、封建制、资本主义制度一样，都不是什么人性，或人的天性，或人道主义的产物，而是生产力发展、生产力与生产关系的矛盾、阶级斗争的产物。要是抽象的人性、人的天性能够支配历史，那么在世界文明史上存在了长达数千年，至今还受到资产阶级拼命维护的残酷的人剥削人、人压迫人的社会制度，就压根儿不会在世界上出现，再大的天才哲学家也就无从发明异化这个概念，去纠缠一些人的头脑了。只要生产力的发展在人类生活中是不可阻挡的，资本主义灭亡、社会主义诞生并且向更高阶段发展就是不可阻挡的。历史不能从人性得到解释，相反地人性必须由历史来解释。用人性、人的异化解释历史，就像神学史观中用善和恶解释历史，儒家学说中用君子小人解释历史一样，没有、也不可能说明任何问题。它只是换一个“高深”的方法，表示那些研究者的认识确实经历了一场“复归”，从少壮又“复归”到了童年的某个时候。

异化论的主张者中有人提出，要“以人为中心”，建立新的历史唯物主义体系。其实这并不是新的发明。在国外，很早已经传出这种调子了。三四十年代，德国、比利时就分别有人宣传用异化论改造马克思主义的阶级斗争学说，主张以“人的斗争”“人的革命”代替阶级斗争。法国存在主义哲学家萨特更是这种历史观的积极鼓吹者。他和我们的异化主张者一样，说马克思的历史观里缺少了“人”。他要建立“历史人学”。这个“历史人学”的内容，就是人的“异化——造反——再异化——再造反”，循环往复，以至于无穷。我国学术界“异化史观”的某种流行，究竟是自行发明的，还是从外国进口的，那都无关紧要。不过应当看出的是，它明显地带有双重性质。世界范围资本主义与社会主义两种制度的复杂斗争，必然要在人们的思想意识上各有倾向地反映出来。这是它的一般性。中国“文化大革命”的曲折到底是怎么回事，一些人思想上没有接受党的关于建国以来若干历史问题决议的说明，而要自己另求答案。这是它的特殊性。“以人为中心”的历史唯物主义体系会是个什么样子，现在不得而知。但可以预先肯定，那必定是与马克思主义相对立的，必定是要为历史唯物主义所否定的体系。

〖到底什么是人类历史前进的动力？资产阶级唯心主义历史学与马克思主义历史学研究来研究去，争论来争论去，最后要说明的都是这个问题。真理只会愈辩愈明。每经过一场有意义的辩论，历史唯物主义旗帜上的这些字句就更加光华夺目：历史前进的动力，是生产力的发展，生产力与生产关系的矛盾，在阶级社会是表现这种矛盾的阶级斗争。异化问题的讨论，所带来的也必将是同一结果。〗①

"合力"是否历史前进的动力？

"合力"推动历史前进，这是动力问题的争鸣、讨论中，别开生面的一种主张。因为恩格斯在一封阐述唯物史观的长信里，讲到了这方面的问题，"合力"说一时便不胫而走。

恩格斯的信上说："第二，历史是这样创造的：最终的结果总是从许多单个的意志的相互冲突中产生出来的，而其中每一个意志，又是由于许多特殊的生活条件，才成为它所成为的那样。这样就有无数互相交错的力量，有无数个力的平行四边形，而由此就产生出一个总的结果，即历史事变，这个结果又可以看作一个作为整体的、不自觉地和不自主地起着作用的力量的产物。因为任何一个人的愿望都会受到任何另一个人的妨碍，而最后出现的结果就是谁都没有希望过的事物。所以以往的历史总是象一种自然过程一样地进行，而且实质上也是服从于同一运动规律的。但是，各个人的意志——其中的每一个都希望得到他的体质和外部的、终归是经济的情况（或是他个人的，或是一般社会性的）使他向往的东西——虽然都达不到自己的愿望，而是融合为一个总的平均数，一个总的合力，然而从这一事实中决不应作出结论说，这些意志等于零。相反地，每个意志都对合力有所贡献，因而是包括在这个合力里面的。"②"合力"推动历史前进的主张者，认为这个叙述内容全面，而且最新鲜。它是恩格斯晚年关于唯物史观最成熟的带有最后总结性的叙述。因此断言，其他学说都陈旧了，只有"合力"是历史前进的动力。

---

①此处补入《异化与历史动力问题》原有的文字。——编者注

②《马克思恩格斯全集》第37卷，第461—462页。

这个动力主张能否成立，我以为回答是否定的。恩格斯讲的“合力”，并没有给这种主张提供依据。

第一，历史运动中客观的力，本无差异可言，不过表现为各种不同现象。人们用“合力”与“动力”来说明历史运动时，就是根本不同的两件事了，尽管只有一字之差。动力是讲事物的性质，其中或曰人的本性，或曰绝对精神，或曰地理决定，或曰人口决定，或曰阶级矛盾、阶级斗争，都指的是不同性质的事物。它的焦点在性质上，与数量无关。合力则不然。它是讲事物的数量。何谓“合力”，在物理学上它只有一个意思：两个矢量相加之和。而每一个矢量只表现为一定的方向和数值。也就是说，“合力”是把物理学变为数学来处理的，是用图解来表达的。恩格斯那段论述里反复讲：“许多单个的”，“其中每一个”，“许多特殊的”，“无数互相交错的”，“无数个力的平行四边形”，“一个总的平均数”，“一个总的合力”等等，数量占据中心的位置。那些数字不直接表现为力的质，而直接表现为力的量。因此，动力与合力，一个讲的定性问题，一个讲的定量问题。现在我们要解决的，是动力的性质如何，不在数量如何。诚然不错，阶级对抗、阶级斗争中，也有数量存在。没有两个以上的阶级并立，就无从谈起阶级矛盾和阶级斗争。私有制各个社会阶段不同，互相矛盾或同时并存的阶级数量各不一样。奴隶社会主要只有奴隶主与奴隶两个阶级（古代罗马还有一个游民无产阶级）；封建制历史上主要只有地主、农民、城市手工业阶级；中国近代史上有外国资产阶级、中国地主阶级、农民阶级、买办资产阶级、民族资产阶级、工人阶级和城市小资产阶级等等。然而我们说阶级斗争是历史前进的动力，是要辨别它的性质，如辨别是否人的本性、绝对精神、人口决定论、地理环境决定论等等，而不在于辨别同时参与斗争的阶级的数量多少。假使认为这也是数量问题，那就应该说，奴隶制是一种动力，封建制是一种动力，资本主义又是一种动力。从来没有人提出这种动力主张，因为这不成其为一种主张。事物的性质与数量不能分开，但混淆不得。混同起来了，就难免差之毫厘，谬以千里。

第二，合力说的主张者，对两者不加区别，用合力来代替历史前进的动力，使自己陷入一连串矛盾，无法解脱。（一）它首先造成人们的错觉，仿佛动力是一种抽象的东西，没有质的规定性。历史变化、运动，不在力的性质，而取决于力的数量。于是大家辩难、聚讼不休的阶级斗争、人的本性等等的界线，就成为可以泯灭的，或只需要从数量上加以区别的东西了。这是所有动力说都不会接受的。(二)合力由两个方向不同的矢量所构成。矢量一表示方向，二表示数值。两个数值相等的矢量，方向相差越大于90度，合力就随之递减；反之，方向相差越小于90度，合力就随之递增。两个数值相等的矢量，方向靠近180度，合力微乎其微。反之，矢量方向一致，紧相靠拢，合力数值最大，成为一加一等于二。合力当作动力应用到历史前进问题上，事情是什么样子呢？那就意味着两个对抗的社会阶级，它们的利害差距越大，斗争越激烈，历史前进的动力越小，最后微乎其微。反之，它们的利害差距越小，越没有矛盾斗争，历史前进的动力就越大，成倍增加。照此看来，历史家们一直重视的奴隶起义、农民战争、资产阶级革命、民族独立解放运动等，都意义很小，以至微不足道。相反，阶级“合作”，阶级“融合”，才是合理的。社会阶级矛盾在这里实际上被取消了。矛盾是人类社会历史前进的动力。人类社会历史前进不已，在于它的内部矛盾运动不已。如前面所讨论过的，在私有制时代，这种矛盾表现为阶级对抗，阶级斗争。矛盾愈小，愈显其相得益彰，矛盾愈大，愈显其事与愿违的合力，又凭什么去推动历史发展前进呢？“西方现代历史唯心论的鼓吹者，用工人向公司投资入股和工人从企业获得福利收入，来证明当代社会正走向‘阶级融合’，或所谓‘人民资本主义’。他们没有想到从马克思主义著作上找合力理论作为根据，如果想到了，‘合力’说是可以被解释为他们的理论根据的”。(三)合力，即所谓力的平行四边形(或叫平行四边形法则)的对角线，依照两个矢量的方向、数值不同，其位置也变换游移，居无定所。但归根到底不外两种情形：一种，两个矢量的方向相差不管大于或小于90度，而数值相等，这时对角线的位置就处在它们的正中间。一种，两个矢量的方向同前，数值不一样，这时对角线就必定靠近数值大的矢量一边。合力当作动力应用到历史前进问题上，事情又是什么样子呢？对角线如果处在两个矢量的正中间，那就要认为革命阶级与反革命阶级的历史作用，半斤八两，谁也不成为前进的动力；对抗阶级也就无所谓革命的与反革命的、拉车向前的与拉车向后的区别了。对角线如果靠近数值大的矢量一边，那就要认为历史的重大斗争中，不管革命阶级与反革命阶级，它们都是这种前进动力的一部分，不过贡献大小有别。例如中国取得抗日战争的胜利，日本军国主义是中国取得胜利的力量的一部分；人民取得打倒“四人帮”的胜利，“四人帮”的力量是人民取得胜利的力量的一部分。看来这太荒诞，没有人会承认它的合理性。但只要把合力看作动力，就无法避免陷入这种荒诞的境地。（四）两个矢量方向相反，数值相等，成一条直线，这时合力等于零。历史运动川流不息，就因为人类社会生活、生产中的矛盾运动川流不息。合力等于零了，就意味着社会生活、生产停息静止了。这时我们说合力就是动力，那实际是说，无就是有，零就是力，无力正是有力。类似的语言，从中国古代唯心哲学里可以找到，可惜违反科学。现代物理学、天文学研究中，有一种关于宇宙形成的假说，大意是宇宙起源于无，也可以叫作“无中生有”“有生于无”。不过它无非一种假说，并不能证实。这一连串“小小麻烦”，还不足以证明合力与动力，是不能摆在同等位置上比肩看待的两件完全不同的事吗？

第三，前面举出的恩格斯的话，没有给“合力”说提供根据，所以被当作根据，这里头表现了种种误解。头一层误解，恩格斯不过在打个比喻，“合力”说误解比喻为实事了。比喻即使非常切合，也不能与实事同等看待。“山舞银蛇，原驰蜡象”，雪山毕竟并非白蛇蠕动，冻原到底也非白象奔跑。何况比喻往往有局限性，硬行一一落实，画虎不成，反类其犬。再一层误解，力的平行四边形公式，适合于说明一定历史事件、一定时间里阶级斗争所达到的状况、结局或结果。这一点很显著。当矛盾对抗的社会势力、集团，暂时一方不能战胜另一方的时候，历史事件呈现为某种中间的、调和的、对峙的、胜负不分的状态，相当于对角线处在平行四边形的中间位置上，尽管那只是暂时的、相对的状态。阶级斗争中一个阶级战胜另一个阶级、一种制度代替另一种制度，例如封建制代替奴隶制，资本主义代替封建社会，其中仍有旧的势力、旧的事物保持下来，那种状态、结果，就相当于对角线靠近数值大的矢量一边。恩格斯正是用“合力”这个比喻来说明一定历史事件、一定时间里，阶级斗争所达到的状况和结果的。他反复说“最终的结果”，“一个总的结果”，“这个结果”，“最后出现的结果”等等，强调指出了他所要说明的事情是什么。一经离开这个范围，合力比喻就到处与事相违，于理不通了。最后一层，也是最大的误解，恩格斯打那个比喻，是讲唯物史观里面一个小范围的问题，“合力”说的主张者误解为那是讲整个唯物史观的基本原理了。就在同一封信上谈到“合力”以前，恩格斯写道：“根据唯物史观，历史过程中的决定性因素归根到底是现实生活的生产和再生产。无论马克思或我都从来没有肯定过比这更多的东西。……经济状况是基础，但是对历史斗争的进程发生影响并且在许多情况下主要是决定着这一斗争的形式的，还有上层建筑的各种因素：阶级斗争的各种政治形式和这个斗争的成果——由胜利了的阶级在获胜以后建立的宪法等等，各种法权形式以及所有这些实际斗争在参加者头脑中的反映，政治的、法律的和哲学的理论，宗教的观点……这里表现出这一切因素间的交互作用，而在这种交互作用中归根到底是经济运动作为必然的东西通过无穷无尽的偶然事件向前发展。否则把理论应用于任何历史时期，就会比解一个最简单的一次方程式更容易了。我们自己创造着我们的历史，但是第一，我们是在十分确定的前提和条件下进行创造的。其中经济的前提和条件归根到底是决定性的。但是政治等等的前提和条件，甚至那些存在于人们头脑中的传统，也起着一定的作用，虽然不是决定性的作用。”①恩格斯先讲过了这许多道理，然后才接下去，说“第二，历史是这样创造的”那一段话。或者有人说，恩格斯信上前面那些话人所共知，为什么还要不惮其烦来引述一遍？人所共知了，未见得人所不忘了。恩格斯在这封信里全面叙述了历史唯物主义的基本原理。用现代系统科学的说法，说明历史唯物主义是一个整体系统。在这个整体系统中，包括三个大的子系统，即经济基础、阶级斗争、政治法律等上层建筑和意识形态领域。它们交互发生作用，统一在历史过程的整体运动中。但“历史过程中的决定性因素归根到底是现实生活的生产和再生产”。“其中经济的前提和条件归根到底是决定性的”。社会历史前进的动力，是历史的整体运动问题。它不能和整体系统分开，不能离开其中的决定性因素。恩格斯信上“第二”以下，是讲人们的意志、愿望在创造历史中怎样发挥作用的。“意志”“愿望”“希望”等内容在叙述中再三重复。意志、愿望或属于上层建筑，或属于意识形态，总之，只能归于唯物史观的一个子系统之中，并不反映这个学说的整体系统；在几个子系统里，意志、愿望又不属于现实生活的生产再生产、经济基础的子系统，而只能归于精神、思想的非决定性子系统之中。前者是物质的，后者是精神的。“合力”说的误解，就是：（一）用子系统的内容代替整体系统；（二）用非决定性的内容代替决定性的；（三）用精神的代替物质的。抓住子系统而丢掉整体，就因为忘怀了人所共知的基本原理。

第四，“合力”说的主张者会起来辩驳说，合力推进历史并没有排除阶级矛盾、阶级斗争。合力正是反映出了不同阶级的矛盾对抗，反映出了它们在

---

①《马克思恩格斯全集》第37卷，第460—461页。

斗争中的力量聚集和会合。排除了那些阶级、社会势力的存在与斗争，又从哪里去找到合力，去看到历史的现状、结局和结果？认为合力讲的是事物数量问题，不是事物性质问题，实际是对合力存在前提的否定。合力的前提否定不了，“合力”说当然也就千稳百当，站住脚跟，动摇不了。这个辩驳铮铮其词，相当有道理。但是人们马上要问：既然如此，为什么不直截了当说私有制时代阶级斗争是历史前进的动力，而要拐弯抹角，用“合力”说去取代科学的动力学说呢？其所以要取代，总认定它有缺陷，难满人意。否则，何必多此一举！现代科学日新月异，凡用新的成就取代旧的成就，都因为旧的东西落后了，不适合生活、生产和科学前进需要了。唯物史观的阶级斗争动力说，并不存在落后了，要被淘汰的问题。倘若确实落后，要被新学说所代替了，新学说应该更加完善，更加穷极几微，剖析毫芒。如果有的话，“合力”说显然不具备竞选的资格。

系统地研究历史唯物主义理论，是马克思主义历史学的一个重要任务。对于马克思主义创始人的著作，重在掌握其精神实质。恩格斯致约 · 布洛赫函的深刻意义，在于说明社会历史运动本质上是一种自然过程，受同自然法则一样的客观规律的支配。历史事变、前进运动必须通过具有思想意志的人们的活动才能实现，但人的意志思想，并不能创造和改变历史运动的规律；相反，这些规律约制着抱有不同意志、愿望的人们的斗争和活动。平行四边形法则这个比喻，是最正确、贴切呢，还是有缺陷，没有找到最好的语言来表达？关于这一点，不妨进一步讨论。涉及高度抽象思维的问题，唯书是尚，或者鲁莽灭裂，都难以增进真正的了解。

马克思主义文献上拿自然科学作比喻，一般极其鲜明，使人对事物的认识一目了然。恩格斯就很欣赏普列汉诺夫用物理学上的位能、动能来比喻人民群众创造历史的作用。演绎、解释一下他们的意思：人民群众的力量，革命的阶级斗争，就像物理学上物理机械运动的能量有位能，有动能两种形式。位能是以潜在形式蕴藏在物体内部的能量。水从高处往低处流，石头从高处往低处滚，就是水、石头蕴藏有位能的表现。动能是以运动形式表现出来的能量。水流越急，石头从高处往下落的速度越快，动能就越大。位能和动能在一定条件下可以转化，动能也可以从位能中测量出来。“运动应当从它的反面即从静止找到它的量度，这对于我们的形而上学者来说当然是一道难题和一副苦药。这确实是显著的矛盾。……但是这总是事实：悬挂着的石头代表一个可以由石头的重量及其与地面的距离确切地计算出来的（按：指重量 × 落下距离 = 位能的释出），可以通过各种方法——例如垂直地落下，从斜面滚下，绕轴旋转——随便加以利用的机械运动的一定的量（按：即落下到地面时，石头运动的动能），而装上了子弹的枪也是这样”。物体的动能可以从位能中衡量出来，位能也可以从动能中衡量出来。谁即使看不出位能形式的能量，也决不会看不出动能形式的能量。因为从来没有谁否认发射出来的子弹具有穿透作用，也没有人愿意让飞来的巨石检验自己脑壳的牢固程度。孙武就用“转圆石于千仞之山”来形容锐不可当，足见他很懂得动能形式的能量。同样，谁即使否认微波漾荡状态下人民群众的强大力量，也决不会看不出急风骤雨下革命阶级的威力。因为反对革命的阶级从来不肯躺在床上等待革命到来，而要千方百计逃避革命的打击。革命阶级、人民群众急风骤雨的斗争，一夜之间把历史的面貌完全改变，这是人们到处看得见的。平行四边形法则如果从人的意志、愿望领域，图表式解说了历史唯物论的一个部分；那么，能量转化定律则从人民群众、阶级斗争所处的历史地位、所起的历史作用上，形象地解说了历史唯物论带有全局性的部分。

到底什么是人类历史前进的动力？各种旗号的历史学与马克思主义历史学不断研究，反复争论。真理只会愈辩愈明。每经过一场有意义的辩论，历史唯物主义旗帜上的这些词句就更加光辉夺目：历史前进的动力，是生产力的发展，生产力与生产关系的矛盾，在阶级社会是表现为这种矛盾的阶级斗争。现在的讨论，所带来的也必将是同一结果。

马克思主义与中国传统文化[①]

中国传统文化与西方文化是什么关系？在中国文化的发展中，马克思主义起过什么作用，处于怎样的位置，算不算中国近代文化的组成部分？这是讨论中西文化及其关系时经常遇到而又意见分歧的问题。从历史学的角度看，郭沫若等中国最早一代马克思主义历史研究者，所要处理并且得到了正确处理的也正是这些问题。历史学是基础科学，一个国家、民族文化的历史，是那个国家、民族文化的基础部分。从中西文化及其关系的层面上系统地总结、了解中国第一代马克思主义历史学及其他领域研究者们的经验，对于我们正确地处理中西文化及其关系问题，是有意义的。

中国传统文化，当然是指中国的民族文化。马克思主义与传统文化的结合，意味着前者的民族化。马克思主义崛起于西方。产生它的社会背景、思想源流也只在西方。中国传统文化无论内容和形式，都与马克思主义很少相像的地方。因此，人们很自然地想到，在中国传统文化面前，马克思主义是地道的“外来异物”。中国“国情特殊”论者主要就是强调这一点。在历史学领域里，马克思主义研究者第一次科学地解答了这个问题。从郭沫若的《中国古代社会研究》起，他们给我国历史学划分出了一个崭新的时代。马克思主义古典文献上论述的社会形态、社会历史发展阶段，不仅仅存在于欧洲、美洲，也基本上存在于中国历史发展的过程里。他们的研究切实证明了这个重大事实。中国社会历史从何处来，将要走向何处去，在人们面前显得一下子豁然开朗了。

马克思主义之所以能够应用于研究中国历史，根据在哪里？根据不在中国历史之外，只在中国历史运动之中。甲骨钟鼎文字和先秦以下浩如烟海的文献记录表现的中国社会制度、历史演变，有什么样子，马克思主义才能够讲出什么样子。马克思主义的应用，改变了的是主体对客体的认识，而不是

---

① 原载《求是》1989年第7期。后收入《刘大年集》，中国社会科学出版社2000年版。——编者注

改变了客体的存在。反对者指责说，马克思主义的研究是“削足适履”，“移史就观”，这显然是不正确的。尽管如此，它还是不能否认这样的应用并非脱离了中国历史的基本事实，而只是依据科学观点来重新认识那些事实。巧妇难为无米之炊，科学不能靠杜撰虚构成立。马克思主义产生于西方，它一旦与中国内在根据相结合以后，就成了中国文化的重要组成部分。在中国历史学里面，它再也不是“外来异物”，而是与中国文化熔铸为一体了。恩格斯说，每个国家运用马克思主义，必须穿起本民族的服装。这里借用服装来形容民族化，中国马克思主义历史学所做的工作，就是穿起中国民族服装，把一个本来陌生的科学思想认识体系民族化，来发展、创造我们民族新文化的工作。

在历史学领域——事情当然早已远远超过历史学领域，我们说，马克思主义这个西方先进思想与中国传统文化相结合，实现了民族化了，不以为然的，大有人在。关键在于他们不去从发展变化的观点看待中国文化。和一切社会现象一样，传统文化绝非是离开整个历史运动而傲然独立的怪影，它必然要跟着历史的新陈代谢而代谢，跟着历史的发展演变而演变。照永久固定的观点看待中国文化，事情就会变成完全不可理解的。例如最近台湾有的知名人士提出用“中国文化统一中国”，乍一看显得相当有理，并且人们也可以相信，这是从中国民族立场提出问题的。但是矛盾和疑问也是非常明显的。“中国文化”这个提法，不把中国的马克思主义思想学说包括在里面，意思明白，不止于弦外之音。在古代，如果说，中国文化的主要部分指两千年来汉文化中的孔子教义、儒家学说，这大概没有好反驳的。中国文化不能只有古代，没有近代。近代中国文化的主要部分是什么？不管人们赞成与否，这样一个事实却无法否认：三民主义、与中国传统文化相结合的马克思主义占着近代中国文化主导的位置。孙中山在《民报》发刊词上第一次提出“三民主义”，开宗明义说：“余维欧美之进化，凡以三大主义，曰民族，曰民权，曰民生。”在同盟会革命方略上又说：“虽经纬万端，要其一贯之精神则为自由平等博爱。”欧美进化的三大主义和作为法国大革命旗子的“自由平等博爱”，都是西方文化，后来又都成了中国文化的一部分。40年代的重庆，一些人试图照儒家文化形象摹写三民主义，抹煞孙中山的学说取自西方，孙科有力地反驳了那种臆说。孙中山采择西方“三大主义”建立自己的学说，和中国另外一些先进分子接受马克思主义建立自己的学说，先后只差十年多一点。从它们的酝酿过程来看，几乎是同时的。固定地看待中国文化，把三民主义，中国的马克思主义思想学说，统统排除在中国文化外面，试问这如何讲得通？

事实上，即使在古代中国，统治整个封建社会的孔子教义、儒家思想，从来就不单纯。它一直是处在不断演变的过程中。且不说汉代以后儒学里面怎样掺加进去了佛、道的内容，我们只需看看从孔子讲“六艺”，到董仲舒调和阴阳家言，讲天人合一，再到朱熹专讲“四书”，宣扬性理，就知道后来的儒家学说与最初的孔学有多大的不同，可以说是面目全非了。一定的思想文化产生于一定的社会经济基础。孔学是小农经济的产物。两千年封建社会里小农经济多少有些缓慢的移动。儒学为了适应不同的时代生活，表面一直保持着它的框架，实际上不得不缓慢而又显著地改变自己的内容和形式。中国到了近代，资本主义产生，封建的经济生活发生动摇，反儒学运动也就一个接连一个兴起。五四运动高喊“打倒孔家店”，最后宣告了儒学统治的结束。把思想文化作为整个历史的一部分，承认历史发展、丰富了，民族文化也必然跟着前进、丰富，那么，依照中国文化来解决中国问题一类的提法，就会变得顺理成章，对立、争论也就可以找到解决的途径。马克思主义原理已经融合到中国民族文化里面，并且为我们的民族文化增添了新的巨大活力。毛泽东说，从孔夫子到孙中山都要总结。这是从历史发展看中国文化的，是正确的。只要不割断历史，我们就会承认孔子、孙中山、与中国传统相结合了的马克思主义，是中国不同历史时代的文化主流。

中国自从进入近代，与西方政治、经济、文化全面接触起，怎样看待中国传统文化与西方文化以及它们两者的关系，长时间里争论不息。旧的回答刚刚过去，新的问题又被提出来，或者旧话重提。目前这种争论正在进入新的一轮。它是在中国社会主义时代条件下出现的，而且不止在一个阵地上展开。关于《河殇》的争论是其中的一个例子。新一轮争论反映了中国和西方社会生活、社会矛盾的新形势，传递了大量新的信息。中西文化的强烈差异存在一天，中西文化如何结合的争论和讨论就不会停止。郭沫若以下最早一代马克思主义历史研究者，他们在中西文化及其关系上提出供我们思考的，说到最后，不外乎两条：第一条，批判地继承传统文化。第二条，批判地对待西方文化，汲取其中一切先进的东西。在今天，我以为，第一条我们应该坚持，第二条同样应该坚持。所以这么讲，并非无的放矢。崇儒尊孔、新儒学和儒学第三次复兴的声浪，在国外和国内可以感到洋洋乎盈耳。五四运动因为响起了“打倒孔家店”，而被批判为丢掉了中国文化，以至与义和团、红卫兵共举。倒转过来，主张全盘西化者正不乏其人，一些陈旧学说在西方老家早被遗忘，无人问津了，在中国又翻腾出来作为最新思想推荐给读者。这两种情况都存在于当前的思想文化论说中。我们有理由正视它们，没有理由回避它们。那两种看法截然相反，所指出的事情又正相同，即拒绝或部分拒绝马克思主义历史学在中西文化上所表现出的原则观点，是明白无误的。

对于传统文化，没有人想一笔抹煞孔子和孔学。如果孔学只有不合理的一面，那就必须认为以往绝大部分的历史都是不合理的存在。人们的智力不会相信如此。就历史学来说，西汉今文经学中所包含的“大一统”、三世进化观和《礼运》大同理想等很有气魄、视野开阔的思想，至今尚没有得到充分的研究。但这不等于我们认为可以搬用孔学体系来认识和处理现实生活。不去用批判态度对待孔学为代表的古代文化，除了表示倒转历史车轮，难以表示别的什么。孔学保守、封闭带来的危害，近代的中国人、外国人不知讲过多少。严复大声疾呼：中国严重落后，根源在于教化学术乖戾，“六经五子亦皆责有难辞”。日本人远藤隆吉说，孔子是“支那祸本”。他们的严厉批评，在今天仍然值得引起注意。重新认识和批判对待传统的文化，才能产生新的文化。

对于西方文化，要和对待任何事物一样，实事求是。马克思主义诞生于距今一个多世纪以前。世界发生了翻天覆地的变化。社会主义矗立在地球上，资本主义仍然表现出顽强的生命力。马克思主义古典文献上的一些论点过时了，那丝毫也不足为怪。我们是从事科学探讨，决不能变成儒家经生的抱残守缺。马克思主义产生于资本主义生产关系出现以后，这种关系在世界范围以内还没有成为过去。西方世界的社会历史学说不断翻新，如果讲覆盖、讲超越，从个别认识上看应该这样说，从总的观点看就不能这样说。在世界范围内，现在没有任何一种社会历史学说，足以取代马克思主义的科学体系。它过去是、现在仍然是最先进的科学社会历史学说。马克思主义历史学只有凭借这个学说，并随时汲取世界一切先进的认识成果，来使自己不断获得前进。汲取“一切先进”的成果，是说我们的认识道途是永远敞开的，永远不会有“封顶”的日子。

马克思主义与传统文化，涉及广泛的领域。郭沫若等最早一代马克思主义历史研究者所取得的创造性成就，只属于其中的一个方面。但它所指出的事情是带普遍性的。有的研究者问道：中国传统文化是否能够在一定条件下转化或者孕育出新的社会主义文化？如前面所述，与中国传统相结合了的马克思主义对此已作出了回答。如果一定要列举出孔子教义、儒家学说里面，哪些东西对我们今天仍然有益和应当汲取，那必定是仁者见仁，智者见智，言人人殊。照我的看法，孔学是讲治术、面对现实，而不是脱离现实的；是理性的，而非神学的；是有条件地主张变革，承认“穷则变，变则通”的，是追求对“道”即社会历史规律性认识的，“君子忧道不忧贫”，“朝闻道，夕死可也”。而这一些，都符合我们对中国传统文化自我更新、自我开放，积极接纳时代精神的需要。马克思主义与传统文化相结合，中国文化就会像以往在东方文化中保有高度繁荣和显耀地位一样，今后也将继续保有它的高度繁荣和显耀地位。这样说，当然并没有忽视作为意识形态的文化同社会物质生产、经济生活这样那样的联系。它们的动作是双向的，它们大体上要荣枯与共，休戚相关。

说历史的选择[①]

一部中国近代史由人们作过各种解说，其实更应该从历史的选择上来作解说。中国的近代指半殖民地半封建的整个时代，我们又叫民主革命时代。这段历史的时间不长，变动不小，在中国社会发展中处在很重要的地位上。它的前面是封建社会，后面是社会主义社会。中国没有经过独立的资本主义发展阶段。半殖民地半封建这种特有的社会形态，代替了独立发展的资本主义阶段。中国的近代比以往任何时候都更加复杂，矛盾斗争也更加尖锐。它作为昨天的中国，与中国今天的生活脉络相通，声气相连。了解这段历史可以增加多方面的知识。照通常的说法，历史又总有自己的主线。在半殖民地半封建社会里的反帝反封建斗争，就是近代中国历史的主线。论“国情”，它是旧中国的基本国情。了解这段历史，即了解旧中国的基本国情，直接关系到正确了解、认识今天我们现实生活中一个头等重大的题目，这就是中国何以选择了，或者何以走上了社会主义道路?

前一个时期，意识形态领域怀疑、否定马克思主义，怀疑、否定社会主义道路的议论，充斥报纸书刊。一个讲哲学、讲辩证法的报纸上，在评价新中国教育的时候，肯定中国近40年来的教育是失败的，然后，进一步断言：“自然，这种失败是政治、经济、意识形态、价值观念、体制、所有制等等失败的集中表现，是一种文化选择上的失败，一种名副其实的文化失败。”[②]这种十分荒诞的“全盘失败论”，中心意思是说，中国人选择马克思主义选错了，失败了；选择社会主义道路选错了，失败了。诸如此类的宣传，在讲哲学、讲辩证法的论坛上进行，说明那种思想观点在意识形态领域相当时髦。它受到一些人的鼓励支持，也得到一些人的拍手叫好。在这个时髦宣传中，自然少不了谈论历史的文字中各种令人吃惊的议论。马克思主义的近代史研究，就是要根据事实讲清楚中国走上社会主义道路的来龙去脉。中国选择什么道

---

① 原载《求是》1989年第24期。——编者注

②《拯救教育，刻不容缓》，《自然辩证法报》1989年3月4日。

路，走向哪里去，第一次尖锐提出这个问题，是新中国诞生以前110年的鸦片战争。中国在战争中失败，外国资本主义的侵入，使中国面临着两种选择：一是沦为外国的殖民地，一是模仿西方，独立发展资本主义。外国侵略势力给中国选定的是前一条路，它们只需要中国走这条路。由于中国人民始终坚持反抗斗争，愈战愈奋，外国资产阶级给中国选定的殖民地道路才终于没有能够实现。和这同时，一些先进的中国人以及统治阶级里的少数人，选择的是后一条路。它的基本内容是以西方资本主义为师，向资本主义求救。地主阶级洋务派提出的“求富求强”“西学为用”，被迫承认和强调了学习西方的必要。尽管这和它不肯放弃维护封建统治的“体”是自相矛盾的。中日甲午战争中，清政府大败，洋务运动宣告破产。中国出路何在，问题更加突出了。许多具有资产阶级思想倾向的爱国知识分子，从康有为居首的维新派到孙中山为首的革命派，都要求走外国资本主义走过的老路，来解决中国摆脱外国的半殖民地殖民地统治，获得民族独立，实现国家富强的问题。这是当时人们所能认识和所能选择的最正确的道路。他们这样奋斗了，后来一切抱着同样愿望的人们也这样奋斗了，但他们都没有达到目的。

近年来有一种说法，以为中国只要早日实行资本主义，就一切都好了，生产力水平自然会提高起来。这种说法的前提，是中国历史上从来没有实行过资本主义。殊不知，半殖民地半封建的社会里，就有资本主义。半封建的那一半就是资本主义。清政府统治时期，外资在中国办的企业，洋务派的“官督商办”企业、商办企业，难道不是实行的资本主义吗？袁世凯、北洋军阀统治下没有实行过资本主义吗？蒋介石统治下没有实行过资本主义吗？结果如何呢？症结不在中国没有实行过资本主义，而在于中国没有独立的民族资本主义。抗日战争时期，日本规定日军占领下的华中、华北企业，必须是日资占51%，华资最多只能占49%。中国要独立地实行和发展资本主义，帝国主义却要由它们来在中国实行垄断资本主义。中国有自己的官僚垄断资本，站在它背后发挥作用的仍然是外国资本。殖民地半殖民地的统治，决定了中国民族资本主义永远无法摆脱自己头上的枷锁。中国人选择资本主义道路，从维新运动到1949年以前，经历了50年以上，从鸦片战争以后的摸索阶段算起，共经历了110年。历史的结论是“资本主义救中国”这条道路走不通。中华民族要独立，国家要振兴，就必须走另外的也是最新的一条路——社会主义的路。

社会主义是人类的崇高理想，它在中国变成直接的现实，是在人民共和国成立以后，并非在此之前。1954年的中华人民共和国宪法，从法律上最后确立了社会主义制度。中国人选择社会主义的道路，却远远不是这个时候开始的，而是和民主革命的长期斗争，特别是和共产党领导人民取得全国政权的斗争紧密联系在一起的。新民主主义革命的开始，也就是中国选择社会主义道路的实际开始。不看到历史的全过程，就不能说明中国的社会主义是从何处来的和它为何是不可避免的。

谈到所谓选择，当然是人的主观愿望起了作用。历史是人创造的，人又是抱着一定的主观愿望、意志去创造的。历史从来不能离开人的主观活动，但历史又绝对不是按照随便什么人的主观愿望、意志演变的。究竟谁给中国选择了社会主义道路？人们会脱口回答说，是共产党人选择的。但它决不是凭少数共产党人的主观愿望选择的，而是历史发展的结果。共产党人选择社会主义道路并积极投入斗争，一开始就碰到了抱着绝对相反愿望的人们的坚决反对，残暴压迫。帝国主义坚持反对中国选择社会主义前途，然而没有能够如愿；地主阶级坚持反对，也没有能够如愿；大资产阶级坚持反对，也没有能够如愿；它们联合起来，共同反对，尽了一切努力，最后仍然没有能够如愿。从力量上看，它们占有压倒优势。如果历史可以由它们的主观愿望、意志去决定，中国就永远不会出现社会主义。为什么力量最初微不足道的共产党人的愿望能够实现，而那么多强有力反对者的愿望却通通落空了呢？中国近代历史告诉我们的是：第一，社会主义道路是三四代先进的中国人，沿着资本主义道路苦斗，处处碰壁，国家处境每况愈下，民族灾难日益深重，他们被迫总结经验教训，然后改弦易辙，作出选择的。这些先进的中国人包括孙中山那样伟大的民主主义革命家。共产党的创始人陈独秀、李大钊、毛泽东等人，也都是先参加民主革命斗争，然后转向社会主义的。第二，是中国共产党领导选择的，这个事实尽人皆知。就在最近，日本《朝日新闻》还讲到过这个事实，认为“‘没有共产党，就没有新中国’这一中国的歌词，至今仍有某种说服力”[①]。共产党把马克思主义与中国革命相结合，使这个选择由可能变成了现实。第三，是大多数中国人在共产党领导或影响下，在激烈的反帝反封建斗争中空前提高了觉悟，群起参加选择的。这里应当特别注意

①《迎来建国40周年的中国受到考验》，日本《朝日新闻》1989年9月30日社论。

帝国主义的野蛮侵略，它造成了中国人民的重重灾难，也促进了中国绝大多数人的觉悟。帝国主义越是驱赶中国走向殖民地，中国人民就愈发感受到被奴役的威胁。他们没有别的前途可以选择，只有社会主义一个前途可以选择。恶变善，反变正，促退变促进。祸与福在一定条件下互为转化，帝国主义侵略的祸，伏下了中国走向社会主义的福。而在绝大多数人中，主要是站在历史关键转折点地位上的劳动人民。他们起来参加选择社会主义了，少数共产党人的主张就一变而成了中国绝大多数人的愿望，从而形成了巨大的历史潮流，这个潮流势不可当，浩浩荡荡，非顺应它走下去不可。这就是中国社会主义道路的来历。

社会历史演变中，没有无原因的结果，也没有无结果的原因，那种持有中国走社会主义道路来自共产党人的选择，是属于偶然性，只要当初选择资本主义就一切都好了的看法的人，全然不了解刚刚过去的整个的历史。他们不但不了解共产党是在伟大的历史潮流激荡中发挥作用的，也不了解中国革命胜利以前三四代人连续奋斗积累起来的经验教训，更不了解帝国主义侵入从反面激起了中国人民大众的觉悟和反抗，积极参加选择社会主义的前途，否定了资本主义前途的历程。有些人“不了解”或者“忘记了”近代中国反帝反封建的民主革命的全部斗争，其出发点当然不在重新估量、评价现实生活。他们把作为原因的上一段历史看错了，对于作为结果的社会主义现实也必然不能得出正确的看法，以致愈议论，谬误愈甚。

说到这里，我们就知道了中国是如何走上社会主义道路的问题。近代历史为我们提供了两个基本认识：一个是中国走上社会主义道路，不取决于任何人的主观愿望，它是近代中国历史舞台上各个社会阶级、各种社会势力之间长期反复斗争的结果。其中外敌侵入，在中国社会生活中起着恶毒作用的帝国主义占有特殊地位。如果说历史的运动和重大结局是由“合力”构成的，那末，在选择中国社会主义前途的“合力”中，就有帝国主义违反自己愿望从反面提供的重要份额。这也就是说，社会主义是历史的选择。单从人们的主观愿望去解释，永远也讲不通。共产党的愿望因为符合中国历史发展的趋势，才得到了实现。再一个认识，民主革命胜利以后转变为社会主义，是历史选择的继续。没有什么力量可以阻止或改变这个选择和这个继续。实行社会主义制度的时间、具体形式可能有变通余地，但余地也未必很大。因为历史的前提造成了，国际环境规定了，国内条件具备了。它的实行是不可避免的、合理的。没有可以推倒这种必然性、合理性的任何根据。这两个认识，都关系到正确看待今天的现实生活，关系到对一些现实问题的确切回答。马克思主义的近代史研究取得了重大成就，自然有不少问题要继续深入研究，这方面研究的成绩越多，就会越发丰富我们关于中国选择社会主义道路历史的认识。

中国建立社会主义制度以后，国家发生了一系列决定性变化。这主要表现在：一、公有制为主体的所有制，代替了世代相承的私有制；劳动人民受剥削、受压迫的时代过去了。二、半殖民地半封建社会的结束，中国社会重新走上独立发展的道路。社会生产力有了迅速提高，已经建立起独立的工业体系，占人类五分之一人口的温饱问题基本上得到了解决。三、国家坚强统一、国内各民族团结协调，改变了旧时代的地区间、民族间的对抗纷争及战乱不息的状态，不同地区、各族人民共同发展的障碍消除了，出现了中国近代历史上从未有过的和平稳定时代。四、中国由资本主义大国侵略凌辱的对象，变成了国际舞台上大国行列中的一员。作为保卫世界和平的力量，它不可动摇地屹立在世界的东方。这一切证明了中国走社会主义道路的充分必要性和正确性，验证了马克思主义科学的普遍有效性。

世界随时都在变化，国际资本主义在变化和改良着自己，中国和国际社会主义也在变化和改革自己。它们两者又互相影响。中国社会主义社会的现实，一方面比以往社会简单了，一方面又带来了新的复杂。旧社会留下的包袱保持着沉重压力，尽管时代进入了社会主义，但人们不会个个都变成圣人，从而与旧制度中的腐败、丑恶绝缘。我们的决策也有失误，往往“一时朝东，一时朝西”，影响了社会生产力本来应有的提高，使社会主义的优越性未能充分发挥。国际资本主义一天生存，就一天不甘心社会主义社会在地球上运转；国际的投资、技术交流，反映了新的时代要求，但国际资产阶级的设计师、出谋者、执行者则掏出资本利润的一小部分用各种名义投入社会主义国家的经济、文化活动，企图用金钱来收买社会主义，使之改行资本主义，而现实生活里不缺少他们的响应者、推销员。事实表明，历史给中国选择了社会主义道路，但并没有规定它就像“周道如砥，其直如矢”，不会发生凸凹曲折，所以社会主义制度需要不断地完善。重要的是，对历史的运动不能只凭鼻子尖底下的一些东西，就能够作出正确的判断。变化的眼光加长远的眼光，才是历史的眼光。

社会主义制度，在今天不过是人类历史新时期的黎明。某些景物迷蒙混杂，乍隐乍现，陌生的人难免要睁大眼睛费力去辨认。但是，既然黎明到来了，时光就不会倒退回去，重度午夜的黑暗。历史给中国选定了社会主义道路，如何尽快学会在这条道路上充满活力地走下去，以及如何善于克服前进征途中必定要碰到的崎岖不平，这是靠当代人和后来者去解决的问题。

照唯物论思考①

一

评价学术研究某种现状，历来为整个研究工作的一部分。其意义在于肯定成绩，指陈不足，明确前进方向。抗日战争研究近些年出版了大批专著，也出版了大批资料书。纪念抗战胜利50周年之际，多处交流、讨论，各有创获。倘若有人下功夫加以批评，就一些问题进行讨论，对于推进往后的研究，定有助益。我看的东西很少，不足以切实参加这项工作，但也觉得有些话可说。一家之言，当否实未可必。

逐一开列成绩账单，繁琐且难准确。概略言之，头一项，学术界在抗日战争性质的研究上打开了新的局面。日本侵略中国，中华民族抵抗日本侵略的民族解放战争，这个性质在全中国人中间从来没有什么不明确、不一致的看法。中国人看法一致，不见得外国人也就看法一致。经过大家的研究与国际交流，中日两国学者首先在这个问题上取得了一致的认识。《中日学者对谈录》一书，记载了双方讨论这个问题取得的共同成果。它在认识抗日战争的性质上是有代表性的。中日学者的共同认识足以充分反映国际学术界的认识。抗日战争在世界反法西斯战争中的地位、作用的研究上也有进展。以前中国学术界本身对这方面的研究重视不足，西方关于第二次世界大战的论著，对中国的抗日或者只字不提，或一笔带过，着意贬低。中国抗战是世界反法西斯东方的主战场。有这个战场才有东方反法西斯战争的胜利。现在的研究有了改变。国共关系、两个战场，是大家研究的重中之重。中共中央党校、中

① 原载《抗日战争研究》1996年第2期。收入《刘大年集》。又以《抗日战争的几个问题》为题，收入沙健孙、龚书铎主编《走什么路——关于中国近现代历史上的若干重大是非问题》，山东人民出版社1997年版。——编者注

共中央文献研究室等单位编辑出版的共产党的文献，毛泽东、周恩来、朱德等人的年谱、传记等，对这方面的研究有特别重要的意义。台湾出版的抗日战史、有关传记、日记等有同样意义。国共关系、两个战场，以前隐而不彰或只呈大体轮廓的地方，现在明朗多了，确切多了，以前只看见局部的，现在比较能够看到全局了。抗战时的国际关系研究也使人增加了这方面的了解，中国抗战靠自己掌握前途命运，也与国际大格局联系在一起。经济、文化等领域的研究，由以前的分散变为比较集中有系统了。所有这些成绩、进步，对于我们今天认识那段历史特有的重要地位，所起的作用是显而易见的。

抗日战争特有的重要历史地位在什么地方？我们多次说过，那就是抗日战争是近代中国历史一个伟大的转折点。中华人民共和国诞生，中国经过百年衰败以后走上了复兴的道路，转折点就来自抗日战争。新中国最初若干年，国家生活处在各种社会改造中。然后又有“文化大革命”十年动乱。中共十一届三中全会以后，中国开始进入了有特色的社会主义建设的崭新历史阶段。社会经济快速发展，综合国力日益提高，表现出中国是在复兴的道路上大踏步前进。研究抗日战争，很容易看出这个复兴的历史转折并非来自别的地方，正是来自抗日战争。研究那段历史最突出的意义，就在这里。

历史事实并不处处都是黑白分明的，人们的认识要有一个过程。抗日战争研究取得了很大的成绩，但前进道路上的困难仍不可低估。某些基本数字至今尚付阙如，直接影响叙述的准确性，某些史料真伪杂陈，虚实同在，研究者据以撰文发议论，往往有之。有的人物评论中，看重人物的自我表白，胜过看重客观事实。有的史实评述中，看重局部多，看重全局少。顾虑把共产党的地位、作用降低了的，有之；顾虑把国民党的地位、作用降低了的，同样有之。政治思想认识和对历史的认识，这里显然还夹杂在一起。问题争论、讨论中不乏停留在表层上的，没有解决的远远多于解决了的问题。1991 年抗日战争研究会成立时，胡乔木说，大家的研究很有成绩，但“对这段历史的认识还有许多不深刻的地方”。乔木的话语重心长，今天仍然适合。

抗日战争的历史和整部中国历史一样必须成为科学的客观研究的对象。我们必须把抗日战争的研究建立在坚实的科学基础上，提高它的科学性。何谓科学性，不知有谁下过定义。对于叙述历史，我们主张客观的历史是怎么样，写出来的历史也必须是怎么样。话虽如此，甲认为的“怎么样”和乙认为的“怎么样”往往大相径庭，以至针锋相对。在看待社会历史的许多重大问题上，不同阶级、人群常有各自的“客观公正”，然而这丝毫也不意味着历史客观事实可以依照人们的主观愿望随时改变，更不意味着抗日战争的研究就无法建立在科学基础上了。世界一切事物，连同动辄以光年计算的遥远天体，没有不可以通过科学研究去了解的。现在还不了解的事物，不能排除将来可以了解。抗日战争的基本性质、面貌，事实昭然。如何增强这个领域研究的科学性，此无它，和研究历史的其他领域一样，照唯物论思考问题。

二

抗日战争研究中摆在面前的问题都是实实在在的。我们应当就事论事，去寻求对那些问题、事件的认识。照唯物论思考讲的是一种思想方法论。历史研究中有不同的思想方法论，持不同方法论的研究者，也完全可以在一些方面，在各种具体问题上得出客观实在的认识。照唯物论思考，对待前人和别人的一切科学性成果，是要充分汲取，从而增进自己的认识。历史科学的研究，归根到底，一要坚持以事实为根据，二要具体问题具体分析。这样的要求是客观的，原则上带有共性的。不管你主张唯物论或别的方法论，都要遵循而不能排斥这样的要求。画地为牢，拒人于千里之外，首先就违反照唯物论思考。抗日战争中的矛盾太复杂了，比想象的远为复杂。以事实为根据，具体分析，嘴说容易动手难。而且“异化”那种东西确实存在。人制造出偶像、精神力量，反过来又让它们来统治自己。照唯物论思考，从社会物质生活矛盾出发，减少精神束缚，人对事物的认识可以易于接近实际。试举几个事例，稍加讨论。

蒋介石何以转变抗日的问题

蒋介石从坚决拒绝抗日转到抗日立场上来，原因是什么？一种论点认为，蒋的转变不在“外因”，即不在全国抗日救亡运动的潮流、共产党和人民群众的斗争、推动，而在“内因”，即在蒋所受中国传统文化熏陶、民族主义思想、个性和权力欲望等。也就是说，蒋由坚决反对抗日转变到抗日，他的思想意志是最后起作用的。而且这被认为是一种新的更深刻的观点。

人们对此必定要问：蒋介石的这个思想意志，何以在“九一八”事变时没有起作用，在全国群众性的抗日救亡运动中没有起作用，在丧权辱国、妥协屈服的何梅协定、秦土协定时没有起作用，而要等到西安事变后才终于起作用了呢？蒋去西安，不是为了转变态度，准备抗日，而是为了破坏、镇压张学良、杨虎城与共产党联合起来实行抗日。西安事变前，他对张学良坚决主张停止“剿共”、实行抗日的答复是：“你现在就是拿枪把我打死了，我的‘剿共’政策也不能变。”[①] 何以经过华清池逃跑又被捉拿以后，便一百八十度转弯，接受对方的抗日要求了呢？谁也不会相信，这一连串事实能够用个人意志、感情、性格等作出解说。这一连串事实指出，它必须从个人的思想意志以外去寻求解说。

历史是人自己创造的，是有思想意志的人创造的。个人，特别是掌握极大权力的个人，他们的文化因素、思想倾向、权力欲望等，必定要对事物产生重大影响。谈论历史的人没有哪个看不到这一点。但是个人，不管掌握多大权力的个人，他们的思想、意志、愿望，并不能最终支配历史。如果个人意志最终能够决定历史走向，决定历史的重大事变，数不清的王朝就不会被推翻，古今中外许多居于权力顶峰的人物如梁武帝、袁世凯以下的北洋军阀首领、拿破仑、希特勒、墨索里尼、日本军国主义魁首等，就不会“自我得之，自我失之”，纷纷垮下去，因为那是根本违反他们的意志愿望的。蒋介石在西安事变中发生的转变，第一，是他的思想意志的违反，而不是他的思想意志的实现。从后来张杨的遭遇下场可以知道，那种违反一直被他视为大恶大恨，终生难忘。要说明蒋的抗日取决于他的个人意志“内因”，就要证明他的转变与西安事变无关，以及那场事变不是他的意志的违反。倘若能够作出这样的证明，那早就应该有人提供出来，被视为一个不小的发现了。第二，那种违反和转变也决非简单地是他个人态度的转变。一切主要人物都是一定的阶级的代表。他们的态度最终必须适合于自己阶级的基本利益。蒋在西安事变中发生的转变与他所属阶级的利害息息相关。1935年11月，蒋介石在国民党五全大会上提出：“和平未到完全绝望时期，决不放弃和平；牺牲未到最后关头，亦决不轻言牺牲。”所谓“最后关头”，意味着蒋介石承认对日屈服妥协，要有一个“度”。这个“度”当然就是蒋政权

---

① 申伯纯：《西安事变纪实》，人民出版社1979年版，第105页。

能够生存下去。不过这时他仍坚持“剿共”不变。形势进一步演变，大地主大资产阶级当权势力，在面临民族灭亡大风暴、抗日救亡运动猛力冲击下，何去何从，并不最后取决于蒋个人的态度、意志。他和所有人一样，身不由己。不转变，他所代表的阶级利益、统治权力就有被冲垮、被变换的现实危险。西安事变就表现了这种现实危险。从这里也可以知道，蒋那样痛恨张杨，那样坚决反对共产党，但事后西安事变的成果仍大体保存下来了，没有被推翻，这决非由于蒋有过所谓“人格担保”，而是由于日本侵略所造成的紧张形势，到了他的政权不能生存下去的“度”。什么是蒋转变的内因？适应民族运动兴起大势，保住大地主大资产阶级掌握的统治权力，这就是蒋的内因，这个内因就是蒋的行为与民族利益和全国人民的爱国行为一致起来的内在根据，内在的实质。在涉及整个民族行程的大关节上，把统治阶级的决定性步骤最后归结为某个个人的思想意志、性格等，事情就完全失去了物质的基础，失去了客观的依据。那确实像前人所说的阿拉伯图案，纤细的藤子上开着大花朵，图案很美，花朵非真。从当权人物的思想意志去寻求对矛盾复杂的重大历史事件的解说，这种认识同文明史一样古老。唯物论科学理论教会人应当如何告别那种古老的认识方法。

传统文化、民族主义思想当然很重要，不可忽视。这里不需要一般地说它们的地位与作用。传统文化要分析，民族思想也不是一个脱离一定阶级、人群利益的独立的因素。统治阶级的主要代表人物，肯定没有谁不受传统文化熏陶的；也很难说，他们之中谁压根儿就不曾有过民族主义思想或近似观念的。但近代中国历史却证明，大地主、大资产阶级当权者对外国侵略进行抵抗或屈服的态度，非常大的程度上取决于他们与人民群众的关系、他们对人民群众的态度，而不取决于他们与传统文化的关系以及自我表达过多少民族主义思想、观念。在外国侵略压迫的面前，统治阶级中常常发生抵抗与投降、主战与主和的矛盾分歧。我们可以从人物不同的实权地位、不同的处境和要求去了解那些分歧，根本无法从他们与传统文化的关系去了解那些分歧。民族主义思想、观念既然并非个别当权人物所特有，那么能够作为评价人物重大政治行动根据的，就不是他们这样那样关于民族主义思想的自我表白，而只是他们在帝国主义侵略压迫面前采取的实际行动。此非推论，乃为实事。试看与蒋介石多年打交道的汪精卫：他的传统文化涵养为蒋介石所望尘莫及。他从《民报》时代起，几次扮演革命角色。他发表的民族主义言论不知凡几。

抗日战争中他叛国投敌，在逃往上海的轮船上写的诗，忧国忧民之情可掬。前几年报纸上有文章讲过，如果抽去汪某的大名，有谁不会认为诗的作者是一位可敬的爱国人物、热血沸腾的民族主义者！半殖民地半封建社会当权人物的文化传统，他们自己的某些民族主义表白有另外的意义，但是拿它们作为评定当权人物政治上重大行动的所谓深刻"内因"，则了无实在性，就像海市蜃楼可以看见，了无实在性一样。

共产党斗争对蒋转变的作用问题

共产党的斗争对蒋介石、国民党转向抗日起了怎样的作用？这个问题与上一个问题有相同的地方，有不同的地方。一种看法认为，抗日战争以前，蒋在与国民党其他派系的斗争中屡屡获胜，最后平息两广事变，实力更为增加。共产党那时执行"左"倾路线，力量由发展转为衰落。苏区党丧失百分之九十，白区党丧失百分之百。国共两党实力迥殊，不成比例。以为共产党在推动蒋介石抗日中居于重要地位这种看法，与实际情况不合。事情到底怎么样，应该分别地讲。

推动蒋介石、国民党终于抗日的力量，来自全国抗日救亡民族运动洪流。这个洪流汇集着包括国民党某些派系的各种力量，并非只有共产党一个力量。但共产党与国民党在抗日战争前的十年间一直处在国内政治斗争漩涡的中心；再往前，它与国民党合作掀起过大革命，其政治影响、潜在能量，与民族运动中的其他力量显著不同。共产党最严重的困难发生在丧失江西苏区和红军长征时期。武装力量锐减，白区组织同时遭到大破坏。现在有的文章不叫白区丧失百分之百，叫"左"倾路线"把白区的共产党搞光了"。革命形势岌岌可危。但到 1935 年冬天，共产党已经走出困难的低谷，并很快恢复活力。这表现在红军长征到达陕北，重新建立起革命根据地和立即展开的军事、政治斗争。当时毛泽东曾说，没有这个地方，"我们下不了地"。长征抵达陕北以后，共产党从悬空"下地"了。1936 年上半年，红军与张杨部队实际休战，抗日民族统一战线在西北一角初步形成。如果共产党没有现实的力量和巨大潜力，西北局部抗日统一战线就不会实现，转捩全局的西安事变也无从发生。与此同时，白区党的领导系统破坏了，北平、江苏又都建立有党的"工委""临委"等临时领导机构和外围组织。1935 年、1936 年相继发生的重新掀起全国抗日救亡运动高潮的两大事件，即“一二·九”运动和救国会成立，它们或者是共产党员直接领导的，或者是经过党的临时机构幕后推动产生的。这显示出共产党在白区的大事件中仍然起着火种的作用。推动蒋介石终于抗战的是全国多种力量汇合在一起的全国抗日救亡民族运动，共产党的斗争是这个运动的一部分。这个运动几落几起，共产党的力量也有起落，但它始终是处于漩涡中心和卷起洪流的一部分。力量可以从反面来度量。两广抗日反蒋的事变一经平息，蒋介石便亲率嫡系大军30万赴陕西“剿共”，这是从反面对事实的说明。西安事变、白区抗日救亡运动掀起新高潮，这是从正面对事情的说明。把它们合拢在一起，我们可以看出共产党力量的状况和它在推动蒋转变抗日中处在怎样的地位。

蒋坚持“攘外必先安内”的目的问题

蒋介石坚持“攘外必先安内”的目的是什么？一种观点，认为先安内，后攘外，也有不满意日本侵略，“愿意”抵抗的一面，安内的目的是“立足于最后的打”，或者说，那是争取“国内统一”的战略部署。蒋介石确实是这么说的：“剿共”是为了抗日，抗日必先“剿共”。肯定安内是立足于打，其潜台词也就是蒋介石坚持反共内战，乃属理所应然。

中国要抗日，内部必须先团结起来，不可能一面内战，一面对日抗战。共产党提出抗日民族统一战线，就是要求国共两党和全国各派势力停止敌对，团结一致抗日。共产党提出抗日民族统一战线，并为其实现进行了斗争。内战停止，抗日战争实现，说明共产党的主张反映历史走向的需要。在这个意义上，“先安内，后攘外”，在原则上不但不错，而且必须如此。

蒋介石“攘外必先安内”的政策则是另外一回事。蒋介石讲得很明白：外指“倭寇”，内指“赤匪”。这与新军阀混战中，他要求国民党其他派系“服从中央，维护统一”根本不同。他坚持先安内，是坚持消灭共产党这个坚决主张抗日但威胁到自己统治的势力。后攘外则是对是否抗日所规定的条件，抗日首先要满足这个条件。抗日与否取决于共产党被消灭与否。共产党无被消灭之日，中国也就无抗战实现之时。事情尚不止于此，即使共产党被消灭了，中国肯定也不能就抗日。蒋一则说，要用退让牺牲中国利益，使日本去消化侵略果实，“这至少也得要二十年、十年的工夫”。再则说，“就是从现在起大家同心一致，专在这方面来努力，三十年还是不够。到那时候，说我们想靠物质的力量可以战胜日本，那还是等于做梦”。[①] 照这些说法，中国 10 年、20 年、30 年也不能实现抗日。那以后会怎样，无需去推论。由此可见，蒋所说的“先安内、后攘外”有特定的含义，不能按字面另作解释。蒋介石与共产党的主张实质根本相反。实质就在于认定谁是敌人，谁是朋友。蒋介石的方针是继续内战，把共产党这个抗日力量作为要消灭的头号敌人，共产党的方针是要停止内战，把日本侵略者作为要共同抵抗的民族敌人。

“攘外必先安内”是蒋介石鲜明的阶级政策。近代中国统治阶级多次碰到严重的“内忧外患”交加危机。每当此时，当权人物为了渡过危机，保住统治权力，很自然地要提出自己的阶级政策。对于统治阶级，外国侵略者、革命的人民都损害和威胁它的统治地位，或者可能是，或者现在就是它的敌人。没有哪个当权势力甘心屈服于外国侵略压迫的，也没有哪个当权人物不希望避免在外国人面前卑躬屈膝，以免暴露自己的虚弱，和被指责为投降卖国的。但在同时受到国内国外两种威胁或两个敌人打击的情况下，它必须确定跟谁可以妥协，对谁要去抗拒镇压。当统治者与革命人民的矛盾无法调和、出现一定危险，不敢和不能依靠人民去抵抗外国侵略时，就只有对前者镇压，进行内战，对后者妥协，屈服投降。鸦片战争以后的一系列丧权辱国条约、制度等即由此而来。蒋介石的“攘外必先安内”，是近代历史上统治阶级在“内忧外患”交加中传统政策的继续运用，是那种传统格局的又一次表演。蒋介石说：“外寇不足虑，内匪实为心腹之患。”这连语言也是从他的先辈袭取来的。蒋政权带有自己不同于前代环境条件的特色。其国内战争对手由以前单纯的起义农民变成了共产党领导的红军。它与日本达成的妥协也不叫某某条约，而叫作某某协定了。但整个政策的基础却是与前代反动政权一脉相承的。对日屈服，对共产党和革命人民动员最大力量——第四次“剿共”内战蒋自任总司令，调集兵力 63 万，第五次动员军队 100 万、飞机 200 架——三番五次进攻，维护大地主、大资产阶级专政，就是那个政权阶级政策的实质。

蒋介石讲过一些要抗日的话，也有建筑长江要塞等个别措施。这说明日本的侵略也威胁他所代表的统治权力，是那个统治权力的潜在敌人，他有不

---

①蒋介石:《抵御外侮与复兴民族》，秦孝仪编《中华民国重要史料初编——对日抗战时期》绪编（三）。

甘屈服于敌人的一面。但这并没有改变蒋政权对日妥协，坚持反共内战的实质。他公开发表过“敌乎？友乎？”的对日政策声明，希望日本不要逼得太紧了使他再也无法后退，基调仍是对日妥协。他所说的“敌”与“友”，确切地说，是他那个政权的敌与友，而非中国人民的敌与友。一面集中对内，一面练兵和准备对外防守，以往统治者也是这么做的。蒋政权并非例外。这是因为一般说来，一个国家政权根本无力对外时，也就根本无力对内，不足以维持其存在了。日本的研究者说，安内攘外论，“在本质上带有浓厚的反共反人民色彩”，是“国民政府对日妥协的理论基础”。其目的在于维护国民党一党专政，建立法西斯的“兵营国家”。[1]这个看法指出了事情的本质。蒋介石“攘外必先安内”政策到底立足于什么？与“立足于打”相反，立足于“和”，立足于对日妥协，保住自己的存在严重“内忧外患”、有倾覆危险的政权。

蒋介石国民党与共产党这个敌人本来不能妥协，与日本那个敌人一直在妥协中。最后这种颠倒的关系终于改变过来了。国民党事实上接受共产党的主张，结成抗日民族统一战线，共同抗日了。大地主大资产阶级在“内忧外患”交加中执行的传统政策这一次没有坚持到底。这个扭转航舵的力量来自哪里？——而且这种扭转，不只改变国共关系，也改变了支配中国近代一百年历史的一条定律：外国发动侵略，民族矛盾激化时，统治阶级当权势力多半要站出来进行抵抗；在抵抗遭受失败，而国内矛盾也同时激化时，统治者便很快对外屈服，与外国侵略者相结合来保住政权，人民的反抗斗争则以失败告终。破除那条定律的力量，归根到底来自以共产党为中心的人民力量的发展，来自中国面临被日本灭亡的严重民族危机下，民族运动的蓬勃兴起。不承认发生了这种变革，或承认发生了这种变革而不分清变动走向，就看不出历史的转折前进；承认变革，不首先把目光投在人民力量一边，而只盯住统治阶级的力量、作用，只从当权人物的意志、愿望、告白、宣言去诠释、说明事件，就不能认识转折、前进的力量来自何方。长江大河波涛起伏，激流总在底层。历史运动同样有自己的底层，那就是与统治阶级矛盾冲突的人民力量的存在，它的兴起衰落，动静进退运动。历史矛盾运动的状况，最后取决于人民力量的状况。认识历史就像认识河流，随时要探测出它底层激流的状况一样，要了解人民力量的状况。

---

①〔日〕池田诚等：《抗日战争与中国民众》，中译本，第8页。

正面、敌后两个战场的地位问题

正面战场与敌后战场处在怎样的地位，关系抗日战争的全局，应该深入研究，根据事实作出回答。目前这方面的一些争论令人感到莫名所以。一种观点认为，正面战场始终是抗日战争的主战场。如果把正面战场视为次要战场，就必然要强调蒋介石消极抗日，这对于提高中国抗日战争在世界反法西斯战争中的地位不利。与此相反，一种观点认为，国民党留在敌后的部队没有起多大的作用，敌后战场应该是专指共产党军队的抗战。如果认为国民党也有个敌后战场，就降低了中国共产党在抗战中的地位。这两种观点表面相对立，它们的共同点，是顾虑到"如果"不这样看或"如果"不那样看，将产生严重的后果。也就是说，研究者不是把着眼点放在客观事实上，去弄清事实真相，而是撇开事实考虑到"如果"后面会发生的问题上。前面那种考虑还先设定了一个前提：只有正面战场才能提高中国抗日战争在世界反法西斯战争中的地位，敌后战场没有这个资格。因此，蒋介石即使后来确实消极抗日，也不宜实话实说。这种"如果"式议论与学术研究了不相干，通常说的实用主义，即系此类。

又如八路军平型关战斗究竟歼敌多少，争论的双方，重点也都不在于事实本身，而别有看重。平型关一役，当时报道歼敌 3000 人，以后说 1000 余人。据近来发现的档案，朱德给蒋介石的电报、毛泽东给朱德的电报，均载明歼敌实数为 500 余人。毛给朱的电报特别指出，对蒋介石应如实报告，不要夸张。至今一些论著、回忆仍照抄旧的数字，明显带有"如果"一类的顾虑。也就在最近，台湾有的论者则宣称此役歼敌不过 200 人，并杜撰说那是林彪在某处讲的。几种说法不同，它们的共同点是想通过不同的数字，来表示各自的政治观点：张大共产党军队的战绩或贬损其战绩。抗日初期，国共双方正齐心对日抗战。平型关战斗后，毛泽东、蒋介石的电报都表明了这一点。中国遭受日本多年的民族压迫，积压在中国人心头的抗敌雪耻怒火，这时正喷薄升起，要求举国共同御敌，快打胜仗。平型关的报道宣传，和淞沪战争中八百壮士等的报告宣传一样，就是反映了全民族的这种共同愿望和炽热激情。卢沟桥事变后，日军在华北横冲直闯，气焰异常嚣张。平型关一仗，灭侵略者的威风，长中国人的志气，这就是它的意义。把歼敌多几百人或少几百人看作似乎足以评定国民党与共产党在抗日战争中的地位、作用，完全没有反映出它的意义，反而掩盖了它的意义。

抗日战争中值得讨论的问题远不止这些。就从这些讨论和争论来看，说来说去，科学研究要讲唯物论，要讲辩证法。唯物论要求严格根据事实讲话，实用主义只能破坏科学。辩证法的核心是承认事物矛盾的普遍性。事物只存在于一定的矛盾运动中。否定矛盾的存在等于否定事物的存在。一定形式的矛盾运动规定一定事物的本质。阶级社会不同时期的矛盾运动规定不同时期历史的本质。以前我们一些讲抗日战争的论著，多半强调共产党的地位和作用。近来有些论著又一下子把两者的位置颠倒过去，像电影制作上的剪裁，用小镜头放映前者，用大镜头放映后者，从一个片面走到另一个片面。症结都在于看不见事物固有的矛盾，缺少辩证法。从经济基础、环境条件来说明历史事变，不等于否认人的思想意志、文化传统在大小不同的程度上影响历史事变，正视人民群众的地位和作用，绝不意味着忽视统治阶级、当权人物的重要地位和作用。如此等等。一切事物都有本质的和非本质的，有大局、小局，主流、支流。凡事都有个界限。唯物论辩证法的功能，就是引导人们去认识事物的本质，而又分辨出它的界限在哪里。

三

哲学家朱熹说，谈论历史，最无意思，只是看人相打。朱熹从唯心观点出发，把整个客观世界的运动看作主观世界的运动，使他对历史的认识非常肤浅。他只看到历史的表面现象，而不知道那些现象是由什么样的客观矛盾、社会底层结构造成的。抗日战争的来历、背景，加上现实的环境条件，造成了中国抗日营垒特有的格局。这个格局在中国近代历史上独一无二，在第二次世界大战反法西斯各国中也独一无二。这个格局就是民族矛盾与阶级矛盾并存、民族解放战争与民主革命两个任务并存，国民党与共产党两个领导中心并存，各自带着双重结构或复合板块的特点。它们不是形式，而是历史的基本内容、关键环节。抗日战争的复杂矛盾，它的面貌和最终结局，就来自这些结构上和表现在这些结构或板块的运动上。因此，它们是研究者必须集中注意的问题。不集中探讨这些问题，那就有可能像朱熹说的只看到人们相打，不过是史无前例的大规模人群相打。

关于民族矛盾与阶级矛盾

抗日战争是全国各阶级、各派政治势力团结起来共同抵抗日本侵略的民族战争，抗日阵营内部又屡次出现国民党与共产党分裂内战危机。抗日战争中同时存在民族矛盾与阶级矛盾，这用不着论证。但是，这两个矛盾的作用是单向的还是双向的，它们是结合为一个整体发生作用的，还是各不相谋、各自为政的，一句话，它们的演变与抗日战争的结局是什么关系？对此，有的以前的论著反复讲过，有的至今尚缺少讨论。

民族矛盾与阶级矛盾两个矛盾并存，并非两者地位并重。民族矛盾始终占据主导地位，阶级矛盾始终居于次要地位。前者支配后者，后者服从前者。把握这一条，是认识抗日战争的出发点。

国民党与共产党由十年内战转变为合作抗日，抗战过程中，双方冲突碰撞不断，屡次发生合作破裂的危险。而那种危险又屡次被克服，把合作坚持下来了。根本原因就在一条：日本军队占领着中国，日本将要灭亡中国。国民党人、共产党人代表的阶级利益不同，矛盾对立。他们又都生活在中国这块大地上，是中华民族的组成分子。他们要求保住民族生存的权利，因而也保住自己生存的权利。他们除了团结起来抵抗日本的侵略，别无出路。在国民党那方面，蒋介石从来没有改变过要消灭共产党的方针。他多次把抗日与反共并提，以至认为反共重于抗日。他对共产党的代表说，中共存在是我的生死问题，不去掉中共组织，“我死了也不安，抗战胜利了也没有什么意义”。1940年7月，他对别人明确地说：“如欲抗战胜利，须先消灭共党。”[①] 他这么讲，实际上也是这么行动的。皖南事变时，他准备“彻底制共”，即准备分裂内战。当共产党为向国民党抗议，共产党参政员拒绝出席二届一次国民参政会时，蒋介石公开说，“决定不出席，唯有根本决裂”。但在受到国内外压力时，他又对参加秘密集会的国民党参政员说：国共最终总要分裂的，对此用不着惧怕。单从军事上两个月就可以消灭共产党。目前政治上还是防御。[②]1943

---

① 刘绍唐：《民国大事日志》，第620页。

② 孟广涵主编：《国民参政会纪实》（下），重庆出版社1985年版，第834页；又孟广涵编《国民参政会纪实续编》，重庆出版社1987年版，第281—284页。

年夏，蒋又下令闪击陕甘宁边区，但计划受到阻止未能实现以后，也没有采取新的严重步骤加剧紧张局势。在共产党这方面，对国民党反共的反击是走一步看一步。皖南事变发生，共产党看到了又一次“四一二”的危险。但它很快改变一度打算从军事上去对抗的主意，转而从政治上展开反击，避免了分裂。1941 年 5 月，日军向中条山发动进攻，卫立煌集团损失惨重，共产党应蒋介石要求出兵支援，表示共挽民族危亡。1944 年 12 月，共产党一度设想成立“解放区联合委员会”，但后来放弃了那个设想，因为考虑委员会虽然不叫政府，实际也会造成全国两个政权并立的态势，不利于团结抗战。共产党“七大”期间，毛泽东反复讲，共产党对蒋介石要执行“洗脸政策”，即要求他修改错误的政策。“我们对国民党的方针，是又团结又斗争。讲到斗争，我们是有理、有利、有节的。我们是在自卫的立场上和它斗……自卫的、局部的、暂时的斗争，要有利于团结。国民党天天想打我们，但也不敢和我们作大的决裂”[①]。总之，国共双方斗争不断，谁也不愿从自己这方面跨出合作破裂的门槛。日本军队占领中国领土没有改变，中国遭受日本的民族压迫没有改变，阶级矛盾服从民族矛盾，国共合作抗日的大局就不会改变。这是两个矛盾并存中的一种关系，一个走向，但不是全部关系和唯一的走向。

阶级矛盾居于民族矛盾的从属地位，并非阶级矛盾居于消极被动、任凭支配、无所作为的地位，阶级矛盾的演变，反过去也制约民族敌人的进攻，并支配战争的结局。受制约者同时成为制约者，受支配者最后成为支配者。把握这一条，是认识抗日战争的落脚点。

民族矛盾制约阶级矛盾，并没有消除阶级矛盾。统治阶级与人民群众在反对民族敌人的斗争中，有相同的和利害一致的一面，又有不同的和利害不一致的一面。两种矛盾相加、相交织的结果，造成了中国抗日战争一是民族战争，二是人民战争。人民战争也是民族战争，但它从根本上加强了民族战争。摩天大厦要靠牢固的地基，人民战争正是民族战争这座巍峨大厦的坚实地基。阶级矛盾的演变、战争造成的特有环境条件来自人民的斗争，转过来又把人民的作用带上新的位置。人民战争成长，加强了民族战争的地位，也就是加强了制约民族敌人的进攻，支配战争结局的地位，中国所以最后胜利，是靠民族战争胜利的，日本所以最后失败，是由于与中国全民族为敌失败的。

---

①《毛泽东在七大的报告和讲话集》，中央文献出版社 1995 年版，第 114、118 页。

战争过程中，日本当局忽而宣布不以蒋政权为对手，忽而又宣布仍以蒋政权为对手，翻来覆去。目的就是一个：诱降蒋政权，分裂、瓦解中国的民族战争。日本制造汪精卫傀儡政权，就同出于这一目的，不过很快发现它没有实力，作用甚微。日皇族成员三笠宫当时就坦率评论说，汪政权不过是“日本为掩饰其备受诸外国责难的侵略主义，而灵机一动施展出来的一种小伎俩而已”[①]。日本对蒋政权的“和平工作”多途并进，极力从这方面施展阴谋。从军部、几届内阁首相直至天皇裕仁，都参与或与闻其事，说明民族敌人只可能从中国的统治阶级方面来分裂、瓦解民族战争，而不可能从共产党、人民群众、人民战争方面来实现那样的目的。中国在民族战争中制约敌人进攻，并最后支配战争结局，国民党、蒋介石的坚持无疑是关系全局的，共产党、人民战争的坚持同样是关系全局的。民族战争坚持的过程，也就是中国抗战走向胜利，获得民族解放，日本走向失败的过程。越往后，这个过程越发加快。这是民族矛盾与阶级矛盾并存及其演变的又一种关系，又一个走向。它与前面的那种关系、那个走向，具有同等地位，需要同样看待。两种关系、两个走向是一个整体。撇开了其中的无论哪一面，就没有了事物的整体运动，没有了抗日战争的历史。

民族矛盾与阶级矛盾并存及其演变，表现出了历史的，也是一切事物发展的秘密和基本规律：一分为二，向反面转化。大与小，强与弱，先进与落后，支配者与被支配者，压迫者与被压迫者都转向它的反面。日本发动侵华战争，认定将在最短时间一举灭亡中国，不想最后倾全国之师，血战八年，反过来败到了中国手下。1961年毛泽东说：“日本的南乡三郎见我时，一见面就说：日本侵略了中国，对不住你们。我对他说：我们不这样看，是日本军阀占领了大半个中国，因此教育了中国人民，不然中国人民不会觉悟，不会团结，那末我们到现在也还在山上，不能到北京来看京戏。就是因为日本‘皇军’占领了大半个中国，中国人民别无出路，才觉悟起来，才武装起来进行斗争，建立了许多抗日根据地，为解放战争的胜利创造了条件。所以日本军阀、垄断资本干了件好事。如果要‘感谢’的话，我宁愿‘感谢’日本军阀。”[②]抗日战争把民族灭亡的危机变换成民族复兴的转机，它们相反相成，间不容

---

①〔日〕三笠宫崇仁：《作为日本人对中国事变的内心反省》。

②《毛泽东外交文选》，中央文献出版社、世界知识出版社，第460—461页。

发。毛泽东在这里对民族矛盾与阶级矛盾并存及演变的内在关系作了一次通俗的解说。

抗日战争研究的各种争论中，有一种主张，认为抗日战争的历史阶段起始于“九一八”，不起始于“七七”事变。理由是，“九一八”以后中日间民族矛盾严重激化，东北开始了共产党领导的人民抗日战争和全国抗日救亡民族运动兴起，“七七”抗日即由此而来。拿“七七”以前和以后划分历史阶段，就人为地斩断了事物发展脉络，降低了民族矛盾的决定性。在这个问题上要改变传统观念，遵循新的观点等等。照这样说，如果这个主张确实能够成立，那么，上面关于抗日战争矛盾的特殊性和它的转化与结局的论述就根本不对了，应该抛弃掉，因为它的重点是放在“七七”以后两个矛盾并存特别是两个矛盾的相互关系演变、转化上的。从“七七”往前看，抗日战争是“九一八”日本侵略中国的继续，又是自那时起，中国抗日民族解放斗争的继续。“九一八”空前突出了中日民族矛盾。但是又显然不能把“七七”以前和以后等同起来，看作同一个历史阶段。“七七”以前和以后，中国社会主要矛盾，阶级斗争形势、阶级关系全面的状况，不能离开国共两党关系的状况。“九一八”以后中日间的民族矛盾激化，救亡运动兴起，但这种激化直到西安事变爆发，并没有全面改变国内阶级矛盾的尖锐形势。“九一八”以后，蒋介石不但没有放松，而且更坚决推行“攘外必先安内”的方针，国共内战规模越来越大。与此同时，蒋政权也没有放松对人民抗日救亡运动的镇压，反过去，对日本从东北打到关内则步步妥协后退，直到华北特殊化的部分实现。不论从哪方面看，都无法认为中国这时是在全民抗战中，或者全民族在抵抗日本的侵略。国共关系何时转变的，中国的阶级矛盾与民族矛盾的全局也就是何时转变的。抗日战争是民族战争，“七七”以前中国有没有民族战争？讨论抗日战争，不能回避简单明了回答这个问题。抗日战争是在以国共合作为基础的抗日民族统一战线下进行的。西安事变以前，中国有没有以国共合作为基础的抗日民族统一战线？讨论抗日战争，同样不能回避简单明了回答这个问题。“九一八”以后，“七七”以前，民族矛盾严重激化。东北有共产党领导的人民战争。众多的群众与英雄人物，为反抗侵略者英勇牺牲，可歌可泣。但是毫无疑问，民族矛盾不能与民族战争同一定位，局部的人民战争也不能与后来的民族战争同一定性。国共内战结束，抗日民族统一战线形成，不能离开西安事变。毛泽东说：“西安事变成为国民党转变的关键。没有西安事变，转变时期也许会延长……”“十年的内战，什么来结束内战，就是西安事变。”① 他又说，国共合作“这在中国革命史上开辟了一个新纪元。这将给予中国革命以广大的深刻的影响，将对于打倒日本帝国主义发生决定的作用。……历史的车轮将经过这个统一战线，把中国革命带到一个崭新的阶段上去”②。没有“七七”事变，就没有后来中国抗战胜利的结局，这无可讨论。抗日战争的历史意义是使中国近代历史实现的根本转折，准备了新中国代替旧中国。而这个转折只发生在“七七”之后，不在以前。

历史的上一个阶段与下一个阶段的关系，是因与果的关系。研究历史目的在知道果，也要了解因。二者不可相分，却不能相混。日本学者有主张中日战争十五年说的，或者从日本侵入山东算起，二十四年战争说的，它们考察的都重在抗日战争的因，而非重在果。把历史的因与果平列起来观察，就使人不能认识一定阶段历史的本质特征和相应的地位。这就是我们一些研究者为什么要重视讨论历史分期有何意义，以及分期该应以什么为标志的问题。

事物转化要有一定的条件，中国在抗日战争中以弱胜强有一个天生的重要条件：中国广土众民，历史悠久，文化高度发展，熔铸了中华民族独特的坚韧稳定的性格，使它具有极大的潜在能量。任何外来侵略势力决不能最后战胜它，而只会适得其反。《红楼梦》中探春姑娘说：“可知这样大族人家，若从外头杀来，一时是杀不死的。这可是古人说的‘百足之虫，死而不僵’，必须先从家里自杀自灭起来，才能一败涂地呢！”中华民族就是这样的一个“大族人家”。一切自恃强大、以为不可一世的外来侵略势力，在它的团结面前注定是要失败的。如果《红楼梦》里讲的是中世纪人们的朦胧感受，那么中国近代历史、抗日战争的历史，则证明那个感受根据确凿。

关于民族解放与民主革命两个任务

抗日战争的两个任务是以前的革命斗争留传下来的。中国半殖民地半封建的社会矛盾，规定了中国革命必须（一）赶走帝国主义，取得民族独立；（二）推倒封建统治，争取人民民主，来实现中国近代化。中国人民的这种斗争，至少可以上溯到孙中山领导的革命运动。1905 年，孙中山列举民族、民

---

① 毛泽东 1936 年 12 月 27 日在中共中央政治局会议上的发言。

②《毛泽东选集》第 2 卷，第 364 页。

权、民生三大主义，可以看作是对中国革命两个任务的早期概括。民权、民生可以分开讲，也可以合起来讲，实质上要解决的是民主与国家近代化问题。共产党走上历史舞台，把这个革命称作民主革命，并简要地叫作反帝反封建。大革命时期，土地革命时期，都是两个任务并提的。抗日战争时期民族矛盾与阶级矛盾并存，也就是民族解放与民主革命或民主改革两个任务并存，尽管二者不是同等并重的。

抗日战争中，民主革命或民主改革与民族解放并存的重要地位，在以前的研究中有所论述，但未见充分讨论。现在可以看得很清楚：第一，共产党在陕北和敌后抗日根据地推行的民主改革不只是关系局部，而是关系抗日战争全局的。封建统治制度的存在，根基在农村。抗日根据地能够实行民主改革，当然大后方农村也可以实行。蒋政权为了维护自己统治在农村的社会基础，反对实行民主改革。毛泽东在《论联合政府》中总结当时的情况说："在抗日期间，出现了所谓民族革命阶段和民主民生革命阶段的两阶段论，这是错误的。"国共"两党的争论，就其社会性质说来，实质上是在农村关系的问题上。我们究竟在哪一点上触怒了国民党反人民集团呢？难道不正是在这个问题上面吗？"[①] 共产党在农村的民主改革，从经济上限制封建剥削到政治上建立"三三制"人民民主政权，极大地改变了旧的农村关系、农村秩序，确立起了新的农村关系、农村秩序。广大农村以农民为主体的人民群众，就是这样充分发动起来，成为坚持敌后战场支柱的，人民战争就是以这个秩序为基础展开，在全民族战争中顶住了半边天的。新的农村秩序同时也给中国社会指出了新的方向，指出了抗日战争正在打开的前景。这一些，正是关系抗日战争全局的。不能只从地域的局部性去看待它的意义。

第二，大后方民主党派活动展开和民主运动兴起，表明推进民主改革的动力不止来自农民群众，也来自其他民主阶级。1943 年民主政团同盟主席张澜致书蒋介石，强调国内政治形势恶劣，"察其症结，皆在政治之未能实现民主"。一切只有党意官意，没有民意。国家前途，大可忧危。那是大后方民主运动兴起的重要信号。1944 年，共产党提出建立"联合政府"，废除代表大地主大资产阶级利益的国民党一党专政，把民主改革的政治目标明确起来了，也使各民主党派的力量集中起来了。从抗日根据地开始的民主改革运动，到

① 《毛泽东选集》第 3 卷，第 1076、1077 页。

这时发展成了一个带全国性的运动，只是斗争的环境条件和侧重点不同。

第三，蒋政权在民主改革问题上与民主势力站在根本对立的位置上。它反对共产党在抗日根据地的民主改革，当然更反对“联合政府”那样对它性命攸关的民主改革，因为一切实质的民主改革，都必然要改变大地主大资产阶级统治现有的政治、经济权益，改变以至危及其政权地位。抗战初期设立国民参政会等，带有改革意义，不过那并不损害当权者的地位。蒋政权反对共产党、反对民主改革是一回事，它不能与共产党公然决裂，对抗日根据地的民主改革，对大后方的民主运动，有无力量制止住，反对掉，又是一回事。皖南事变后不久，前此担任蒋介石政治顾问的欧文·拉铁摩尔在《太平洋事务》上发表的一篇题为《四年之后》的报告中说：在中国，如果得到外国政府的援助和支持，右派政府就能够得以生存下去，但是，如果敌国的进攻力量大于外国援助的话，政府不与革命合作，就会寸步难行。不然，政府也许将在革命中被抛弃。“对中国人民来说，这四年的历史，既是争取民族独立的历史，又是国内革命的历史”[①]。中国抗日战争是“争取民族独立和国内民主革命相结合的战争”。整个抗日战争充满激烈复杂的斗争，内容极丰富。拉铁摩尔关于中国抗日战争是“争取民族独立和国内民主革命相结合的战争”这个说法，符合历史。他所说的“右派政府”不与革命合作就寸步难行，是指蒋政权不能与共产党分裂，把对日抗战变为内战，而不是认为它在民主改革问题上与革命有什么“合作”。如果与革命合作来进行民主改革，那至少要算中间政府，不成其为“也许将在革命中被抛弃”的“右派政府”了。不用说，蒋政权完全没有力量完成和最后阻止抗日根据地的民主改革，也没有力量阻止大后方的民主运动。它采取各种手段打击压制民主力量，坚持一党专政，再加上军事上抗战消极，其结果原来跟着走的人由多变少了，原来抱有幻想的人变得幻想破灭了。为什么蒋政权在抗战中力量由上升变为下降了，就因为民族解放需要民主改革，而它与民主改革相对立，这就是民族解放与民主革命两个任务在抗日战争中并存而不同步且矛盾冲突不已的情况。抗日战争就是在这种矛盾斗争中进行的。中国社会各阶级在民族解放与民主改革上，在这里充分表现了它们谁个怎样，谁个不怎样，谁是什么，谁不是什么。

民族解放与民主革命两个任务并存，各个时期矛盾焦点不同，两个任务的

---

① 拉铁摩尔：《四年之后》，《太平洋事务》第 14 卷，1941 年 6 月号，第 151 页。

主次也不同。民主革命的最终目标，一般说，是要废除封建土地所有制，扫清资本主义发展、国家工业化的道路。孙中山提出“平均地权”“耕者有其田”，共产党领导土地革命，理论即由此而来。抗日战争中的民主改革没有提及封建土地制度问题。这是由于废除封建土地制度是更深刻的社会变革。抗日战争必须团结包括地主阶级在内的各个阶级去进行争取民族解放的斗争，而不可能两个任务同等并重，同时并举，不能一次性地把帝国主义、封建阶级两座大山通通掀掉。以敌后抗日根据地为基轴的民主改革，保证和推进了争取民族解放斗争的胜利，而这个胜利反过来又把整个民主革命推进到了更加接近全部行程的终点，其中正有废除封建土地制度这个更深刻的社会变革。所以中国民主革命的两个任务始终是联结在一起的。

关于国民党、共产党两个领导中心并存

抗日战争的领导权问题，争论最多，也最激烈。现在知道的有国民党领导说，共产党领导说，国共共同领导说，国共分别领导说，领导权由国民党向共产党转移说，等等。众说纷陈，没有哪种主张被认为基本上可以确立。有的研究者由此发出慨叹：这样一场伟大战争，总不能没有一个领导吧！对于这个问题，我的看法是这样：

第一，国民党与共产党的领导权，是由抗日战争前它们是两个敌对政治实体的关系嬗变而来的。抗日战争开始，双方各自作出妥协让步，实现了合作抗日。国民党发挥了领导作用，共产党也发挥了领导作用。双方各自让步的根本内容，是共产党放弃武装推翻国民党、取消苏维埃政权，国民党则实际上承认共产党合法存在。以前彼此敌对的关系，现在改变成了相互合作，共同抗日的关系。但这并没有改变各自的阶级立场，也没有改变它们原有力量、组织的领导指挥系统。国民党实际上照旧运作没有改变，共产党在新的情况下依然独立运作，也没有改变。共产党控制的陕甘宁边区政权，改为国民党全国政权下的地方政权了，但它与通常意义上的地方政权截然不同，仍然是共产党领导的政权；红军改为全国统一序列的八路军、新四军了，依然是共产党领导的军队。它们的发展、壮大，就是遍布华北、华中敌后的抗日民主政权，和由几万人成长为上百万人坚持敌后战场、进行人民战争的人民军队。说国民党发挥了领导作用，是因为它掌握着民族战争所必需的、国际国内承

认的统一政权，它指挥二百万军队，担负着正面战场的作战。它积极反共，但没有放弃抗日。说共产党发挥了领导作用，是因为它坚持抗日民族统一战线，使民族战争所必需的国内团结能够维持下来，指挥八路军、新四军担负着敌后战场的作战。就像正面战场是全国抗战不可缺少的基本部分，敌后战场同样是全国抗战不可缺少的基本部分。只要这些众所周知的事实是可以确认，无法否定的，国民党、共产党在抗战中各自的领导地位、作用，就是可以确认，无法否定的。它们就像地球有二极，并非只有一极。

第二，抗日战争是一个整体，局势瞬息万变。国民党、共产党都起了领导作用，但国民党坚决排斥共产党参加领导，共产党坚持独立自主。它们又不可能离开战争的整体运动去采取大的行动，又没有某种力量协调于其中。它们是依照什么规则，或遵循什么轨道运转，来实现对抗日战争的领导的？如果存在某种规则或体系的话，那又是怎样的一种规则、体系？

实际的情况，看来是这样：国民党、共产党所处的地位不同，能够起作用的范围不一样。它们在相关的行动上，有统一的，一致的；有又统一、又矛盾斗争的；有彼此相反，始终对立的。双方一致的地方，是认定一个政权对外。共产党尽管不赞成这个对外的是一党专政的国民党政权，批评它的对外方针，但也只限于此。这不是共产党有无发言权的问题，而是抗日战争是民族战争。只要这个政权是对外抗日、对内承认国共合作与抗日民族统一战线的，它的对外地位就是应当得到承认的。双方又统一，又矛盾斗争的地方，是在两个战场的关系上。国民党领导指挥正面战场作战，共产党领导、指挥敌后战场作战，它们起着互相配合的作用，客观上它们的行动是统一的，一致的。1943 年 7 月发表的《中共中央为抗战六周年纪念宣言》说：“整个中国战场上，六年来的作战，实际上是被划分为正面与敌后两大战场，这两个战场的作用，是互相援助的，缺少一个，在目前就不能制止法西斯野兽的奔窜，在将来就不能驱逐这个野兽出中国。因此必须增强这两个战场互相援助的作用。”① 这对国民党、共产党在两个战场行动上的统一性说得很明白，事实确切。也就在这里，双方又存在着无法解决的矛盾。共产党在敌后发展抗日力量，国民党反对共产党在任何地方发展力量。两个战场的存在、演变，关系着抗日战争的全局，是最足以说明双方在领导上的地位和关系实质的地方。

①《中共中央文献选编》第 2 册，中央党校出版社，第 240 页。

双方立场相反，始终对立的，是共产党要求实行民主改革，国民党反对民主改革。要说明国民党、共产党领导作用是怎样实现的，从这种种情况，看不到它们有某种形式的共同领导或与之相反的分开领导。从这种种情况，明显地可以看到，它们的领导作用是从又统一、又矛盾斗争中来实现的。对于这种状况，如果给它安上一个系统或法则，那就可以叫作对立统一运动系统或法则。很可能这个说法把复杂的事情简单化了。但简单的表述往往更能说明事情的实质。国民党、共产党如何领导抗日战争的问题解决了，它们谁领导了和谁没有领导的问题当然也就解决了。道理很明白：名者实之宾，行与事相连。事实在先，说明在后。没有国民党与共产党各自起了领导作用的事实，又从哪里找出它们运动的规则、体系呢！

民族矛盾与阶级矛盾并存，支配着国民党与共产党要遵循一定的规则行事。这绝不表示它们在每个方面的作用处于同等地位，也无法证明它们的作用各占百分之多少，或者恰好一对一拉平。国民党掌握中央政权，力量明显占有优势。在正面阻挡敌人进攻和保持住后方基地，缺少一项，抗战就难以持久撑持下去。但它本身的消极因素把优势大半抵消了。共产党的武装力量最初远少于国民党，但它始终坚持统一战线的一条基本方针：独立自主。这个方针决不只是关系保持共产党的独立性与涉及国共关系的，而是在根本上关系抗日战争全局的。关于这个方针的全局意义，许久没有被人们所重视。共产党的这个方针制定于1937年8月的洛川会议。毛泽东说明必须坚持独立自主的原则时，强调要尖锐地提出谁领导谁的问题，指出在全国必须反对投降主义，在党内要反对已经出现的右倾危险，坚持独立自主原则是把抗日民族革命战争引向胜利前途的中心一环。王明从苏联回国，反对独立自主原则，认为统一战线的核心在于国共两党的一致，不要提什么领导权的问题。他主张用“一切服从统一战线”“一切经过统一战线”代替独立自主原则。按照这种主张，不用说，最后就是一切服从、经过蒋介石、国民党，服从蒋介石、国民党的统一领导，统一指挥。王明这一套理论打着“共产国际”旗号，从中不难窥见苏联对华政策的影响。苏联希望中国在东方牵制日本，使它无力北进，自己可以在西线对付德国进攻，避免两面作战。中国共产党坚持独立自主，蒋介石可能增加顾虑，抗日消极。这与苏联政策利益不符。不过王明的话缺少透明度。1940年斯大林对来华军事使团负责人崔可夫的秘密谈话却彻底讲透了。他说，苏联的目的，是援助蒋介石，来紧紧捆住日本的手脚。“照理，中国共产党人要比蒋介石对我们来说更亲近些。照理，主要援助应该给予他们……但是，这种援助看起来像是向一个我们与之保持外交关系的国家输出革命。中国共产党和中国工人阶级要成为反侵略斗争的领导者，还显得太孱弱。要把群众争取过来需要时间，到底需多长时间，很难说。此外，帝国主义大国未必容忍中国共产党取代蒋介石。”“中国共产党在国内的地位还不巩固。蒋介石可以轻而易举地联合日本人来反对共产党。共产党同日本人是不可能联合的。蒋介石有美国和英国的援助。毛泽东是永远得不到这些大国的支持的。”“蒋介石一旦感到有丧失政权的危险或者我国和西方大国拒绝援助他时，那他立刻就会效法汪精卫，寻找同日本军国主义妥协的途径。”① 斯大林这一大段话的错误，是对共产党的力量，对共产党在抗日战争中的地位、作用估计严重不足。它对于蒋政权与英美的关系、与日本的关系等等的分析又是丝丝入扣的。但是蒋政权到底没有与日本妥协，为什么？共产党独立自主的斗争，是参与形成抗日战争的全局，也制约着抗日战争的全局的。蒋政权不能脱离这个全局去运转和选择前面的道路。共产党如果不是坚持独立自主的原则，一切要与国民党一致，一切服从蒋介石、国民党统一领导，统一指挥，那么敌后抗日根据地、抗击敌军半数和几乎全部伪军的人民军队、人民战争——一句话，整个敌后战场就不会出现，不会存在，因为：那一切是违反蒋介石、国民党的强烈愿望的，是在它始终坚持反对，采取诸如发动皖南事变、用上十万军队包围陕甘宁边区、在后方实行特务统治的情况下出现和存在的。如果没有共产党根据独立自主原则进行斗争参与形成的抗日战争全局、与对全局有力的制约，或者再加上没有苏美的一定援助，蒋政权为保住自己的统治，就必然走上与日本妥协一途。那时整个抗日战争的面貌和结局，就根本不会是我们现在所知道的样子。共产党坚持独立自主原则，是怎样关系抗战全局，成为把抗日战争引向胜利的中心一环的，现在我们应该看得很清楚，给它以客观的估价了。我们可以作出这样的判断：说国民党、共产党各自起了领导抗日战争的全局性作用，而它们所起作用的方面、重点不同，合乎事实。

第三，双方争取领导权的斗争，贯串在抗日战争的全过程里。它们各自作

① 〔苏〕崔可夫：《在华使命——一个军事顾问的笔记》，新华出版社 1980 年版，第 35、36 页。

用的大小高低，要从抗战的全过程观察，不能孤立地论一时一事。从抗战的全过程中可以看出：（一）它们的领导地位、作用是不断改变的。抗战前期、中期和后期，双方各自发表的纲领、政策文献如《抗日救国十大纲领》与《抗战建国纲领》、《新民主主义论》与《中国之命运》、《论联合政府》与国民党六大文献等，反映了全国开始抗战御侮到临近战争胜利的过程，也反映了国共关系的变化。共产党提出废除国民党一党专政，建立联合政府，突出表明了国民党领导地位的下降，共产党地位的上升。（二）双方地位的变化，根源在于战场上的变化。前期、中期、后期双方在战场上的力量大小不同，发言地位也就不一样。国民党后期明显消极抗战，导致豫湘桂大败。1945 年赫尔利对蒋介石说："等到对日战争结束，你那些装备优良的师团就可以轻而易举地战胜共军了。"[①] 这是看穿了蒋介石消极抗日的危险用心和赞同那些用心。国民党领导地位削弱，后方人心大变，就是由于它在战场上的地位削弱。共产党与之相反。（三）前期苏联援华置身于国共斗争之外，后期美国援华介入国共斗争之中。美国的介入说明共产党在抗战中的领导地位、作用为举世所公认，也使共产党遇到了新的对手。从抗战的全过程看，双方地位、作用的大小、高低，不均衡，不稳定，不断改变。总的趋势是人民力量增强，历史性地改变了国内政治力量的对比。它是对国民党与共产党在抗日战争中的领导地位、作用最终的说明。

第四，国共两党在抗日战争领导权上这种双头并存的、在不断的矛盾斗争中统一运转的状况，屡次掀起惊涛骇浪，民族战争险遭夭折。人们据此或者要说，那是不合理的，不适合民族利益需要的。中国在抗战中遭受重重磨难，内部矛盾对立，不能与这种领导状况无关。但是我们知道，历史事件是具体的。历史事件以某种形式存在、运转，达到某种结局，都取决于一定的环境条件，取决于前段历史的准备。历史学只讨论已经发生的事情，认识那些事情要分析，也只能分析。人们只能从历史分析中，认识什么是必要的，什么是不可避免的，而无法说出它应该怎么样，不应该怎么样。人们可以不顾客观环境条件、凭着自己的好恶感情，提出这样那样自以为正确的、合理的设想，须知那与历史实在、与人们对历史的客观认识毫不相干，毫无意义。由

---

① 〔美〕迈克尔·沙勒著，郭济祖译：《美国十字军在中国》，商务印书馆 1982 年版，第 208 页。

于抗日战争时期，蒋介石、国民党基本上掌握着全国政权，抗日战争不能没有国民党、蒋介石参加，也就是不能没有它参加领导。蒋政权参加抗战，实现了民族的团结，带来了它在民族战争中的领导作用，也带来了大地主大资产阶级统治利益不许改变的要求，反对共产党，反对民主改革。而且它在民族战争中并非没有动摇性。日本几次诱降的"和平运动"，蒋介石、张群、孔祥熙等都曾秘密参与其事。那些活动有的为人所知，以致1940年冬重庆政府不得不发布一个此地无银三百两的公告：凡是谈论中日和平的中国人一律以汉奸看待。但蒋政权到底站在民族立场上把抗日战争坚持到胜利了。排除了蒋介石、国民党的领导地位，全民抗战也就不存在了。共产党在抗日战争中是人民力量的组织者、鼓舞者、坚定的政治代言人。抗日战争不能没有共产党参加，也就是不能没有它参加领导。中国能够坚持抗日战争并取得最后胜利，其力量的深厚根基不在别的地方，就在全国广大人民中间。排除共产党的领导地位，抗日战争力量的深厚根基也就不存在了。普鲁士历史编纂家利奥波德·冯·兰克说，历史是国王的科学。我们不好反过来简单地说，历史是人民的科学。但是我们必须说，离开了人民这个主体就没有抗日战争的历史，是人民的实践创造了抗日战争的历史。抗日战争在中国历史上实在太重要了。它真正关系中华民族的生死存亡、前途命运。敌强我弱，困难矛盾诸多。中国当时的社会现实中，没有哪个阶级、哪个政治力量能够独力担负起领导这场伟大战争的任务。国民党独力担负不起来，共产党独力担负不起来，其他社会力量也担负不起来。国民党、共产党又没有形成共同领导的结构，又没有某种形式的谁先领导谁后领导的过渡，于是不平衡、不稳定的对立统一中运转的领导状况，就成为必要的，不可避免的了，成为唯一可行的、无可代替的了。抗日战争中，并非人民的一切牺牲都是注定不可减少的，也并非人民的一切痛苦、憎恨、愤怒都是注定要发生的。而它们终于没有减少，终于发生了。但是在付出那种种巨大的代价之后，实现了一个全民族的衷心愿望：伟大的民族解放战争最后胜利了。这说明国民党、共产党的领导都是需要的，不可缺少的。它们都在民族解放战争中做出了载诸史册的贡献。尽管它们的作用不均衡，不符合各自的主观愿望，也并非在每个地方都一样。

否认共产党在抗日战争中发挥了领导作用，更不用说发挥了全局性领导作用的论点著作，过去有，现在也不鲜见。例如最近台湾出版的《中华民国抗日战争图录》所载国民党党史会主持人所写的序言，就很有代表性。序言说:“大陆上的出版品几乎千篇一律的把战功据为己有，对真正领导抗战的军事委员会委员长蒋中正，则又诽谤辱骂，无所不用其极。最近情形改变了不少，但距抗战的真实面还有不短的距离。……坦诚言之，抗战时的中国政府是中华民国政府，被认为是抗战时期最高统帅的人是蒋中正委员长，国军（中共贬称为‘国民党军’）担当了正面主战场作战任务，蒙受重大的牺牲，这都是无法更易的事实，怎可视而不见？”① 这些颇带感情的叙述，说到底，就是一句话：抗日战争是蒋介石、国民党“真正领导”的，凡与此相异者，一概为隐讳欺世谬说。

如此说来，抗日战争的领导权简直没有什么可研究的，因为今天大陆上的出版物，大概没有不认为此时中国政府是国民党政府，蒋介石是国民政府军事委员会委员长和“国军”担任着正面战场作战任务的。但是，实在地说，不论如何强调和重复战时是哪个政府，最高军事领导人是谁，都没有接触到抗日战争的根本问题，都不能使人对这段历史得出基本的认识。抗日战争是民族战争，人民则是民族的主体。研究这段历史，不去强调对它们深入分析，得出认识，那就像指挥打仗没有进入情况，或者像演戏没有进入角色。国民党、共产党都在抗日战争中发挥了领导作用，研究这段历史不能离开对它们的分析和评价。而且这种分析和评价必须客观对待，不管贬低哪一方、拔高哪一方，都不能实现科学研究任务。拿国民党和蒋介石掌握最高指挥权，来论证国民党的真正领导地位，当然是认为“法统”“政统”“合法地位”等是最有权威的。这些权威在国民党一边，也就证明了领导权在国民党一边。但是人们知道，历史只能根据事实去了解，而不能根据一个政权自己或别人给它贴上怎样的“法统”“政统”“合法地位”等标签去了解。封建时代的历史学照例采用“书法”“正统”等去界定是非，但那些界定从没有告诉过人们历史真相如何。也就是说，“法统”“法定地位”等在谁手里，根本不足以证明实际领导权在谁手里。商品的价值取决于它所包含的社会劳动量，而不取决于所贴的商标。抗日战争中的领导权与“法统”“政统”的关系，正与此类似。

抗日战争是中日间的战争，日本进行侵略战争的种种自然都在研究、了解之列；抗日战争是在复杂的国际关系中进行的，国际风云中有关的种种自然也都在研究、了解之列。但是抗日战争的面貌和结局，最终是由中国社会结

---

① 李云汉主编:《中华民国抗日战争图录·序》,（台北）近代中国出版社 1995 年版。

构底层的矛盾、当代历史运动形成的社会阶级力量的配置所决定的，即由前面所讲的民族矛盾与阶级矛盾并存、民族解放与民主革命两个任务并存、国民党与共产党两个领导中心并存和它们的运动、相互作用所决定的。对它们的存在与运动的研究，集中起来，就是如何认识我们这个民族，如何认识中国人民。《文心雕龙》有云："摛文必在纬军国，负重必在任栋梁。"抗日战争研究如果也应该在认识领域发挥某种"纬军国""任栋梁"的功能，我以为，那就是在这样两个主题上：认识我们伟大的民族自己，认识我们伟大的人民自己。

四

唯物论有自己的思想体系。照唯物论思考提出的认识，当然不像在法院打官司，可以凭律师辩护取得胜利，或者最终由法官宣判了结。但是根据这个思想方法论去进行研究，肯定足以有助于提高科学水平，使人们更接近认识历史的本质。

有人会说，历史研究重在如实记述事实。中国古人不闻唯物唯心之名，照样写出名著，何必一定强调唯物主义呢？

古人，不论中国外国的古人，与我们今天的环境条件各异。凡长久流传的历史书，如《史记》、塔西陀《编年史》、普鲁塔克《传记集》等，皆因其史料珍贵，叙事生动引人入胜。但是它们终究限于搜集片断事实，写出历史过程的某些方面，而无法对社会历史各个领域，即无法对经济基础、阶级斗争和整个上层建筑领域统一起来去认识。在中世纪以前狭窄的社会生产状况下，只能如此。近代工业生产出现，环境条件改变，打开了人们的眼界。历史是什么？不唯书，不唯上，现在我们可以指出，它是人类社会以生产力与生产关系的矛盾统一运动为基础的、由人的思想意识活动作用于其中所驱动的整体运动的过去，是当前整个社会体系的昨天和前天，它的由来。苏联人波克罗福斯基曾经下定义说："历史是过去的政治。"波克罗福斯基被认为混淆历史与现实，大受批判。实际上，那个说法的错误，不在于讲了"过去"的政治，而在于只讲政治，撇开了社会经济基础、整个社会体系。以前有人称马克思为社会学家，完全正确。马克思主义的历史唯物主义，就是建筑在对社会整体运动的认识上的。它从社会整体或整个体系的主体部分，即生产力与生产关系的矛盾统一运动出发，去认识、解释社会历史的种种现象，而不同于用思想的意识的活动，用虚幻的超自然的精神力量的活动，最后解释自然和社会的种种现象。它们两者，就像一个是脚踩地、头顶天，顺着看世界，一个是头顶地、脚朝天，倒立着看世界。早期西方先进思想家里有人说，人类理性最重大的任务在于认识自然规律。那时人们因为受上帝创造人的神学思想支配，还不敢提出认识人类社会历史运动的规律。历史唯物主义不同，它是迄今为止可以引导人们去寻求对社会历史得出规律性认识的思想理论体系。如果说，理论必须符合事物的本性，历史唯物主义就是符合社会历史客观运动本性的理论体系。倘若系统论可以看作最现代的科学，那么，历史唯物主义就是人类社会历史学说的系统论。

世界太复杂了，人类认识史是一部又曲折又艰难的斗争史。人们的认识每跨进一步，都要经过严重的斗争。先进思想大凡最初出现，必定遭到重重歪曲，遭到无情的反对；历尽艰难崎岖，而最后它的成果又总会被接受下来，不管要经过多少反复，以及漫长的时间。围绕天体运行理论上日心说地心说的斗争、生物学上进化论传播的斗争，都是这方面人所共知的事例。由于发展日心说，布鲁诺遭火刑焚死，伽利略在囹圄中度过余生。伽利略的案子过去四百余年以后，梵蒂冈法庭前几年重新审理，“落实政策”。结论是：日心说是对的，伽利略跟着哥白尼去宣传是错误的。不怕你啼笑皆非，这确是近在眼前的事实。但是尽管如此，美国无人驾驶飞船“伽利略号”已经飞近木星，对太阳系内行星外层大气进行实地探测。毕竟现在也没有人愚蠢到指责这是触犯上帝禁脔了。关于社会的思想理论方面的斗争，更加复杂尖锐。马丁·路德把《圣经》从拉丁文译成德文，写下大量评注。他被皇帝宣布为“不受法律保护者”，人人都可以打死他。据说还有个魔鬼站在他的写字台边，横加威胁。但是，马丁·路德仍然成功地掀起了宗教改革运动。他翻译的《圣经》，以其特有的充满力量的语句，明确的表达方式，最后成为德语基础了。历史唯物主义触犯世人的利益与灵魂偏见，比马丁·路德翻译的《圣经》不知要严重多少，尖锐多少。普列汉诺夫说，马克思主义问世以后，反对它的人像海底的沙一样多。今天反对历史唯物主义的人未必比海底的沙少些。对它嘲骂以为时髦的，表示不屑一顾的，目为老生常谈的，冷眼旁观的，各种各样。众多人的思想认识，在很大程度上仍受当今世界资本主义生产关系的严重锢蔽，现实的利害关系使人不能从锢蔽中解放出来。这说明历史唯物主义今天仍在经历着一切先进思想理论所走过的道路，它也必将与一切先进的思想理论一样，最终广泛地为人的理智所接受下来，更深刻地去认识现实、解释历史。

作为一个科学思想体系，唯物论并没有把历史长河、社会生活中的种种问题说完，也没有人试图去说完，而且永远不会说完。一部世界历史，无处不是检验、充实、阐发历史唯物论和辩证法的场所。哪里社会矛盾尖锐复杂，人民力量兴起，斗争规模宏大，历史运动剧烈，哪里就是检验、充实、阐发历史唯物论和辩证法的大好场所。中国抗日战争特有的格局，它的复杂性，无论从哪方面来看，都是发挥历史唯物论的思想力量最好的和令人最饶有科学兴味的场所。善于探索者尽可以去开发，去掘进。

照唯物论思考，不用解释，是说要讲唯物主义历史观。这是讨论学术问题，而非其他。抗战前夕，日本军国主义分子小矶国昭、石原莞尔等狂妄宣称：历史和地势说明中国不能统一，必须分成几个地区由日本治理；中国不具备成为现代国家的能力，要由日本为之主宰，等等。现在日本政界某些人把日本进行侵略战争说成不但无罪，而且有大功，是“正义”的。与之相唱和，某些自封的“中国问题专家”，也特地搬出小矶、石原等当年吞并中国、殖民地化中国的军国主义的理论、逻辑，大事宣扬挥舞。他们在《产经新闻》专栏《正论》、《经济学人》等报刊上发表文章，指责中国维护国家领土主权、统一台湾是“得陇望蜀”；说从日本来看，“中国必须分裂”。对于他们，历史学研究者应该说的，是提醒他们赶紧去治疗军国主义复活狂热症，或者军国主义失败健忘症，根本不存在什么讨论历史观的问题。这是不言而喻的。

顺便也提到一下，我国新闻媒介刊载的对外发言，常常指出日本政界某些人抱有错误的历史观，不可不注意。这是完全必要的。但说那些人的言论是错误历史观的问题，则不正确。日本成百万军队侵入中国，占领大半个中国领土，血腥屠杀中国人民，对中国进行殖民统治，战败投降。时间距今不过 50 年，某些政界人士、“中国问题专家”，又起来给军国主义翻案，宣传当年日本准备吞并中国、要求对中国分而治之的理论与强盗逻辑，意欲何为？他们自己明白，中国人也明白。如果一定要说那是什么观点，请恕直言，那是地道的军国主义观，超级强盗观，法西斯观，而非历史观。

当前近代史研究的几个理论问题①

中国近代史领域目前引起研究者重视的问题不少。我在这里就其中带有共同性的几条说点想法。各条多寡不求相近，有话则长，无话则短。无以名之，姑且叫作方法论问题。

近代科学与近代方法论

自然科学与社会科学各有自己的方法论。过去是这样，现在也是这样。

方法论讲指导思想，也讲基本的研究方法。科学研究的结论，只能来自研究的末尾，不能来自开头。科学研究一开始，怎么就能够提出指导思想呢？可是我们知道，人们了解任何一件事物都是在前人积累下来的知识、经验上开始的。那些知识、经验有可靠的，有不可靠的，它们是人们了解任何一件事物的前提。科学研究的指导思想或理论，就是对前人取得的有关知识、认识的总结、提高，是对那些知识的理论化、系统化。科学研究没有思想理论指导，就会成为盲目的、原始的，前人早就指出过这一点。事实上人们对社会历史的了解、认识，常常不受这种思想倾向影响、左右，就要受另一种思想倾向影响、左右，区别只在于自觉与不自觉。有人热衷标榜讲历史要“浩然中立”，只讲事实，不讲指导思想，那不过是表示他拒绝某种指导思想，而偏爱另外的指导思想。

近代历史科学或整个社会科学的方法论必须是一个足以阐明从社会经济基础、人的地位作用到上层建筑的辩证运动的科学思想体系。而且这体系必须是开放的、非封闭性的。今天我们现有的知识中从哪里去寻找合乎这个要

---

① 原载《近代史研究》1997 年第 1 期，原题为《方法论问题》。又收入沙健孙、龚书铎主编《走什么路——关于中国近现代历史上的若干重大是非问题》。《人民日报》1997 年 1 月 11 日转载时有删节，改为现题。后收入《刘大年集》，沿用现题。——编者注

求的方法论呢？中国传统历史学的方法论，有必须继承发扬的值得珍惜的部分。孔子传播《春秋》，对“义”与“事”两者平列。司马迁在《史记》上提出“义”与“法”并重。“事”是“义”的根据，“义”就是观点、主义，“法”则是具体方法。《春秋》一书的精华后人把它归结为“尊王攘夷”。翻译为现在的话，就是维护国家统一，抵抗外来侵略。它是孔学对中国历史最伟大的贡献。人们推崇孔学这样那样了不起，不讲这一条，好像尚未抓住要点。但孔学集中讲伦理哲学，而对社会生活的基础完全缺乏认识理解。孔子反对学稼、学圃，即反对讨论社会生产问题。整个《论语》除了孔子的一个学生名字叫“商”，没有“商”字。把社会物质生产、生活排除在认识社会历史之外，这是孔学根本的弱点。照现在的话来说，就是缺少唯物论，没有经济学思想。人们批评孔学这样那样糟，不讲这一条，好像也尚未抓住要点。孔学整个体系是建立在小农经济基础上的血缘关系、等级制度的封闭体系，这不必证明。西方讲哲学，讲历史方法论的学说、观点，从过去到现在，传到中国来的不胜枚举，这里无法一一论列。简单地讲，那些学说、观点，或者在某方面存在合理性，带有先进性，或者能够讲出一番道理，是与非兼而有之，其中有糟粕充斥，转瞬即逝的，有一直受人注目的。但是，它们之中，没有哪一家是上面说的几个要素俱全，足以成为一个科学思想体系的。迄今为止，有此一家，那就是马克思主义历史唯物主义。历史唯物主义当然不止是讲中国近代史的思想方法论。中国近代史有一个非常特殊的地方，民族矛盾与阶级矛盾两个矛盾并存；半殖民地半封建社会迅速下沉，与近代工业出现并微弱上升两种趋向并存。由此我们可以这样说，抓住近代中国两个矛盾，社会变动中的两种趋向这个特点，应用历史唯物主义，认识由它们构成的矛盾运动、各种事变、社会势力、人物，他们之间的相互关系，及其演变发展过程和结局，这就是研究中国近代史的基本思想方法。迄今为止，只有它够得上现代的方法论。

中国近代史上两个基本问题

中国近代 110 年的历史基本问题是两个：一是民族不独立，要求在外国侵略压迫下解放出来；二是社会生产落后，要求工业化、近代化。两个问题内容不一样，又息息相关，不能分离。

关于民族不独立。鸦片战争以前，中国独立于世界的东方，政治上、文化上对周围地区广有影响。英国用鸦片和大炮打开中国大门之日起，情况发生了根本性变化。中国在战争中遭受失败，割地赔款，受到不平等条约束缚。国家衰败下来，民族不独立了，社会开始逐渐走上半殖民地道路。民族矛盾从此成了社会生活里的基本矛盾之一。

中国近代最突出、令人睁眼就能够看到的，是一场接一场连绵不断的战争。其中一类，是列强发动侵略，施加民族压迫，中国抵抗侵略的对外战争。从鸦片战争到1945年抗日战争结束，包括英军进攻西藏、日本两次出兵山东与“九一八”占领东北等，列强侵略中国的战争共12次，历时16年又9个月。也就是说，近代中国每十年里，就有一年半的时间是在外国侵略者发动的战争中度过的。这一类是中国各阶级共同起来直接抵抗侵略的战争。大地主大资产阶级当权势力，多半先出来组织或参加抵抗，然后屈服退出。抗日战争中蒋政权没有中途退出，那是人民力量兴起和国际环境影响造成的例外。再一类是对内战争，如太平天国、辛亥革命、北伐战争、共产党领导的第二次国内革命战争、第三次国内革命战争等。这些战争好像不是对着外国的，但实际上都是在外国侵略压迫的背景下出现的。对外对内两种战争直接针对的对象与参加者不同。前者是各阶级联合起来抵抗帝国主义，后者是人民对帝国主义与中国封建势力同盟进行革命，那个同盟的盟主正是帝国主义。两种战争来回改变的只是民族矛盾与阶级矛盾哪个为主为次，暂时哪个最尖锐，而不是改变民族独立的目标，不是改变民族矛盾的存在。两种战争集中到一点，是强调说明了中国的近代首先存在民族不独立，中国要求在外国侵略压迫下解放出来这个基本问题。

关于近代化。近代化的核心是工业化。从落后的封建社会进到工业化，是与资本主义分不开的。中国封建经济相当发达，走上资本主义，实现近代化，是历史发展的一种趋势。但是中国的资本主义还没有来得及露头，就受到外国侵入的沉重压制。中国的近代化由此陷入了困境，多灾多难。外国资本主义侵入促使封建经济解体，给中国资本主义生产创造了某些条件和可能，例如机器设备输入、技术引进等。外国既然要利用中国的原料和廉价劳动力，利用中国作为倾销产品的市场，就必须把某些设备、技术带进中国，为自己的利益服务。不那样做是不可能的。然而外国侵入的本来目的，不是要听任中国发展资本主义，而是要变中国为殖民地半殖民地，奴役压榨中国人民，是要阻止中国发展民族资本主义，阻止中国实现国家工业化。他们为了自己的利益，不这样做更是不可能的。

中国资本主义工业挣扎着冒出地面的时候，中国的海关掌握在外国人手里，外国人自由地在中国开设银行、工厂，列强的兵舰商船自由地在中国沿海、内河航行，日英美法意等国的军队驻扎在中国土地上，中国的广大地区成了列强的势力范围，而且一国得利，各国均沾，外国租界更遍布中国许多城市。中国产业与外国产业在华资本相比，外国资本远远超过中国资本。不仅如此，外国资本是商业掠夺性的，它依靠帝国主义的特权，利用投资获取最大的利润。中国资本根本没有力量竞争，处处要仰外国资本鼻息，求得生存。中国的工业中主要又是轻工业，重工业几乎等于零。以钢为例，1936 年全国除东三省外，钢的产量不足 5 万吨。1949 年全国钢产量也只有 15.8 万吨，相当于英国 19 世纪初的水平。科学文化教育的落后人所共知。政治黑暗没有民主，更不待言。所有这些，集中到一点，是强调说明了中国的近代存在社会生产落后，中国要求工业化、近代化这个基本问题。

中国近代史上的民族独立与近代化，这两个基本问题是什么关系，又如何去解决呢？

民族独立与近代化，是两件事，不能互相代替。民族独立不能代替近代化，近代化也不能代替民族独立。它们紧密地联结在一起，不是各自孤立的。没有民族独立，不能实现近代化；没有近代化，政治、经济、文化永远落后，不能实现真正的民族独立。中国人民百折不回追求民族独立，最终目的仍在追求国家的近代化。1949 年，毛泽东说："夺取全国胜利，这只是万里长征走完了第一步。"第二步、第三步是什么，那就是解决近代化问题了。但是民族独立与近代化毕竟是两个不同的问题。它们各有各的特定内容。民族独立是要改变国家民族被压迫的地位，推倒半殖民地半封建统治秩序。从根本上说是要解决生产关系的问题。近代化则是要改变中国经济、文化落后的地位，要发展以近代工业生产力为主干的社会生产力。从根本上说是要解决生产力的问题。两个问题的内容不同，解决的方法也就不一样。人们无法来实现两任务同时并举，或者毕其功于一役。那么，先从发展工业、发展资本主义入手，实现中国的近代化，然后去解决民族独立问题，行不行？人们不是没有这样想、这样做过。工业救国、教育救国、科学救国、物质救国的主张者，都从这方面作过了努力。但是不行！为什么？就因为有帝国主义与封建主义相勾结，使中国处在殖民地半殖民地半封建统治秩序下，就因为那种统治秩序竭力保护的生产关系，使中国变得越发贫穷落后，生产凋敝，民穷财尽，严重阻碍着中国新生产力的发展；就因为帝国主义的侵略压迫，大片国土沦丧，民族生存尚且不保，中国这时哪里来的工夫、力量去实行近代化？帝国主义怎么会允许你去实行近代化？事实摆在这里，此路不通。剩下的唯一解决办法，就是走革命的路，推翻半殖民地半封建统治秩序，取得民族独立，为中国实现近代化打开新的天地。历史就是沿着这条路行进的，而且终于走通了。这说明它是一条唯一正确的道路。

以前我们把中国近代史叫作“民主革命”时期的历史。“民主革命”里面有民族独立的要求，没有直接的工业化的要求。这当然不是表示革命者们不要求实现近代化，而是表示他们知道中国的近代化要从解决民族独立问题来突破难关。难关一旦克服，中国实现近代化的办法就形成了，前进的道路就打开了。这就是中国近代历史曲折地走过了110年的道路和结局。

社会性质

如何看待近代中国的社会性质。前代人根据种种调查、研究、论证，认定近代中国社会是一个半殖民地半封建社会。这个认识已经为全部革命实践和历史发展所检验、证明。现在一些出版物上有说“两半论”是所谓毛泽东的“失误”，影响了中国反封建任务完成的；有说外国侵入破坏中国领土主权，并不能改变中国社会性质的；有说辛亥革命以前为封建社会，以后为资本主义，无所谓“两半”的；有说“半封建”不准确，妨害与“境外”同行交流接轨的，等等。对历史上传流下来的学术概念有疑问，应当讨论、阐述，但事实终归无法改变。

半殖民地指民族不独立，国家领土主权遭到破坏，重点讲的对外一面；半封建指长期的封建制度开始崩溃，但没有成为独立的资本主义，重点讲的对内一面，它们互为表里，密不可分，取消其中的一面就不存在另外的一面。中国现在多了一个外国侵略，少了一个民族独立，多了一个外国支持的封建统治势力，少了一个工业化、近代化。中国社会历史要前进，必须反帝反封建，取得民族解放独立，打开走向近代化的道路，认定中国近代社会是半殖民地半封建社会，就是指出这个历史真理，这就是它的意义。说什么提出“半封建”延误了中国反封建任务的完成，那么，这个“全封建”除了共产党领导人民废除了的封建土地制度和推翻了的蒋政权又是什么呢？说外国破坏中国领土主权不能改变社会制度，那么，英国占领香港、日本占领台湾和东三省，算不算把那些地方变成了殖民地？说辛亥革命以前为封建社会，以后为资本主义，那岂不是说辛亥以前以后都不存在帝国主义侵略中国的踪影了吗？这一些，不管出于什么设想，实在是不通之论！科学研究只追求对事物的客观认识，与“境外”境内是否接轨全不相干，就像中国革命、中国历史走自己的路，与“境外”态度如何，毫不相干一样。

半殖民地半封建社会是一个过渡性社会。前面是封建社会，后面是社会主义。如果它始终被旧的社会力量所压倒，而不能从内部酝酿出新的力量，那个过渡就不会实现。种种否认半殖民地半封建的说法，徒然各逞臆见，不顾后面留下了什么问题。中国近代历史上存在着一个特殊的矛盾现象：在民族遭受压迫和民族工业出现上存在着虽不相等却是明显的两个走向、两条路线。一条是急剧的下降线，半殖民地半封建统治秩序不断加深，中国最后被推到了接近亡国的险境。一条是曲折而微弱的上升线，19 世纪六七十年代中国近代工业出现，20 世纪初短暂地显现出一个小小的浪潮，尽管也只限于轻工业。这个浪潮在第一次世界大战结束，帝国主义再次加紧控制以后成为过去，但是直到日本发动全面侵华战争，民族工业也仍多少保持增长倾向。这个事实表示什么？这个事实表示中国社会的经济基础出现了微弱的部分的但是前所未有的变化。它是中国历史上的最新事物。伴随着它，中国出现了新的社会力量，出现了民族资产阶级、工人阶级、近代知识分子。它们的地位、作用不同。其中工人阶级是近代工业的生产劳动者，最富于革命性、创造性；民族资产阶级有软弱妥协的一面，有要求革命的一面；近代知识分子并非同一色调的群体，但主流是反映时代走向的。因此，它们是不同于旧的社会力量、不同于大地主、大资产阶级的，后者在一定条件下可以参加反对外国侵略的斗争，但最后又或者对外屈膝投降，或者动摇妥协，终归是以保住自己的统治权为目的而行事的社会力量。这些新的社会力量，各自凭着自己的作用，再加上占人口最大多数、强烈要求反对剥削压迫的农民群众，才构成了争取民族独立、解放的最后支柱，中国历史才由此最终打开了前进的道路。

这些新的社会力量，一般说，和民族工业的出现与存在直接间接，或多或少是相联系的。半殖民地半封建社会和其他任何社会一样，是一个整体运动过程。民族压迫与近代工业同时存在的下降与上升两条线，两个走向的矛盾运动，是中国半殖民地半封建社会整体运动的两个方面，两种方向。帝国主义与封建势力相结合，把中国推进了黑暗深渊，民族工业、新的社会力量出现，给中国前景带来了光明。否定半殖民地半封建社会存在，那既是否定中国在帝国主义侵略与封建统治下在黑暗深渊里下沉，也是否定经济基础变化、新的社会力量出现推动了中国开始朝着光明的前景行走。照那些否定半殖民地半封建社会的说法看来，中国近代110年的正反两面，实际上什么都不再剩下，只剩下了漆黑一团或者白茫茫一片。

阶级分析

私有制社会里，人们由于在生活资料谋得方式、生产资料占有关系上的不同，形成了地位不同的社会阶级。研究私有制的历史，阶级分析是基本的分析方法。所谓基本的方法，是说不能牵强附会，把什么都拉到阶级上来解说，反过来，也决不可以丢掉阶级分析去认识、评定历史上一切重要的人和事，去认识看待历史的运转变迁。我们当然知道，讲中国近代史是否采取阶级分析方法，叙述重大事变，评价人物活动，结论是不一样的。但是也不一定就知道，拒绝基本的阶级分析，那完全可以从人们早已达到的合乎历史实际的现实认识，会一百八十度向后转，把颠倒过来了的历史再又颠倒过去，以至比没有加工没有雕琢的唯心史观，显得更加荒唐。现在就有这样的典型事实。

请看下面两个实例：

太平天国是一场农民战争，农民起义，学术界对此早有定论，无可疑义。前几年出版的冯友兰《中国哲学史新编》第6册集中论述太平天国、洪秀全与曾国藩，提出一个根本相反的说法。照冯著上说：近代中国进步的人们都向西方学习，“洪秀全和太平天国所要学习而搬到中国来的是西方中世纪的神权政治，那正是西方的缺点……洪秀全和太平天国如果统一了全国，那就要使中国倒退几个世纪”，“把洪秀全和太平天国贬低了，其自然的结果就是把它的对立面曾国藩抬高了。曾国藩是不是把中国推向前进是可以讨论的，但他确实阻止了中国的倒退，这就是一个大贡献”。[①]“洪秀全宣传基督教，实行神权政治，这在客观上是和西方的侵略起了里应外合的作用”[②]。“洪秀全和太平天国的对立面，名义上是清朝皇帝，实际上是当时的湘军统帅曾国藩”[③]。曾国藩的《讨粤匪檄》中说“太平天国‘乃开辟以来名教之奇变，我孔子孟子之所痛哭于九泉，凡读书识字者又乌可袖手安坐，不思一为之所也？！’这几句话说出了曾国藩、罗泽南等人共同的激愤和目标……照这些话看起来，曾国藩和太平天国的斗争，是中西两种文化、两种宗教的斗争，即有西方宗教斗争中所谓‘圣战’的意义。这是曾国藩和太平天国斗争的历史意义。曾国藩认识到，在这个斗争中所要保护的是中国传统文化，特别是其中的纲常名教”[④]。“在对付太平天国的问题上，曾国藩和清廷的目的是相同的，但其出发点不同。清廷的出发点是维持自己的统治，曾国藩的出发点是保卫传统文化。他和清廷是同床异梦，同归殊途”[⑤]。“曾国藩的成功阻止了中国的后退，他在这一方面抵抗了帝国主义的文化侵略，这是他的一个大贡献”[⑥]，如此等等。

拿冯友兰《新编》第6册上这些论述和历史事实对照一下，我们马上就知道：

（一）否认太平天国农民战争的性质是撇开历史的本质，掩盖事实真相。太平天国袭取西方宗教皮毛组织动员群众，但在它的全部斗争中从来没有对外国侵略者损害中国主权利益的要求屈服过，它所到之处，破坏清政府与西方签订的损害中国利益的条约。它几次进攻外国军事控制的上海，在浙江和整个苏南地区，一直与清政府雇佣的实际是外国侵略军进行着大规模战争。只是在外国侵略者干涉下才最终遭到失败的。这说明太平天国期间农民群众是反对外国侵略的主力军。太平天国的性质不取决于它奉行袭取基督教皮毛而创立的拜上帝教那种形式。拜上帝教是否与基督教相合，当时西方传教士、

① 冯友兰：《中国哲学史新编》第6册，自序，人民出版社1989年版。

② 冯友兰：《中国哲学史新编》第6册，第71页。

③ 同上书，第73页。

④ 同上书，第75页。

⑤ 同上书，第93页。

⑥ 同上书，第76页。

外交官争论不休，那都毫无意义。太平天国的性质是由广大贫苦农民构成运动的基本队伍,《天朝田亩制度》等纲领政策和运动一开始就把打击目标指向整个封建统治秩序所决定的。《天朝田亩制度》的核心，是从根本上否定封建土地所有制，没收地主土地，平分给农民耕种。否定封建土地制度就是挖掉地主阶级生存的根基，这是封建统治阶级必须拼死相争的。虽然《天朝田亩制度》事实上不可能实行，却是最突出地表现了农民群众要求摆脱封建统治剥削的强烈愿望。太平军所到之处，给封建势力以打击是毫不留情的实实在在的。宗教的形式是它的外壳。农民运动要以宗教作为组织形式，很容易理解。《中国哲学史新编》上其实对这个问题讲得十分清楚了。它说："中国历史中的农民起义向来都以一种宗教为组织形式，因为农民是散漫的，如果没有一种宗教作为中心，它们就组织不起来。洪秀全等人用拜上帝教组织农民，这是农民起义的规律，和黄巾起义用太平教作为组织形式完全一样。不过洪秀全等人适逢其会，自己先受了西方传教士的影响，先信了基督教，所以就利用基督教组织农民。这正说明西方的传教士已经在中国社会中发生了影响……"[①]"在封建社会里，农民的生产是个体生产。在地主阶级的剥削和压迫之下，他们被剥夺了学文化的权利。农民起义往往要依靠一种宗教组织起来，借用一种宗教的观念，表达自己的要求和愿望"。这说明《新编》著者也清楚地知道太平天国也不过是"借用一种宗教的观念，表达自己的要求和愿望"。它之所以"借用"基督教不过是"适逢其会"而已。既然这一点是明确的，太平天国的农民反对地主统治的斗争当然也是明确的。不从这里立论，完全离开实质，掩盖了事件真相。

（二）说太平天国是外国的工具是对太平天国、清政权与外国侵略者三者的关系的根本歪曲。清政权最初对太平天国袭取基督教的外貌，是否与外国有什么联系，多少有过疑虑。但当英法发动第二次鸦片战争经过一些冲突试探以后，清政府那种疑虑消失了。那就是发现"夷人并无他志"，即并不想推翻清政权取而代之，是可以合作的。于是与打着传播基督教文明的西方国家相结合来镇压太平天国农民起义就成了它的基本方针。在西方一面,《北京条约》签订以前，英法等国还伪装"中立"，实际支持清军，打击太平军。在那以后，它们马上撕去伪装面纱，站在清政府一边，进攻太平天国。1862 年 3

---

① 冯友兰:《中国哲学史新编》第 6 册，第 71 页。

月，英国下院正式作出决议，以太平天国为敌人，并准备同中国再进行一次战争。《泰晤士报》发表社论，欢呼“我们很高兴地说，下院对中国那些祸水（太平天国）的本质以及应该怎样对待它们的问题，看法完全一致”。英国政府接连采取措施，支持英国军人在中国训练清军，英国议会有人指出，清政府现在成了英国“新的被保护人”。俄国、法国也向清政府提供武器，并表示愿意派兵帮助清军作战。基督教的西方国家竟然与清政府联合起来攻打被认为是基督教侵略中国的“里应外合”工具的太平天国，也就是说，基督教自己打倒自己，西方文化跟西方文化自己开仗！试问这不是太过荒唐了吗？拿曾国藩来说，在第二次鸦片战争中，他没有动用过一兵一卒去对付外国侵略者。第二次英法联军向北京进攻，清政府慌忙号召各地“勤王”，他也无动于衷。《北京条约》签订以后，他马上赞成借用洋兵作战，说“目前资夷力以助剿济运，得纾一时之忧”[①]。1862 年，湘军主力在南京城外遭到太平军包围，曾国藩同意由白齐文率领“常胜军”从上海前来增援，由于英军司令作梗，没有实现。这时曾国藩节制的李鸿章的淮军进攻苏、常，在很大程度上靠了戈登统领的“常胜军”协助。怎么能够说曾国藩这是对西方宗教作战，而不是与外国侵略者联合起来对中国的农民革命作战呢！国内农民与地主的阶级战争，变成了中国与西方两种宗教、两种文化的战争，国内战争变成了对外战争，地主阶级与西方侵略势力联合起来镇压起义农民变成了农民充当西方工具对中国进行文化侵略，捏造错乱，孰甚于此！

（三）所谓宗教、文化战争是随意割裂《天朝田亩制度》和《讨粤匪檄》而来的。《天朝田亩制度》的基本内容是全面地逐一地对封建社会的秩序从经济基础到上层建筑、意识形态的彻底否定，因此，曾国藩《讨粤匪檄》针锋相对，是全面地逐一地对《天朝田亩制度》所设计推行的从经济基础到上层建筑意识形态的极力批驳，“农不能自耕以纳赋，而谓田皆天主之田，商不能自贾以取息，而谓货皆天主之货”。强调君臣父子、上下尊卑自古以来是谁也不能改变的。太平天国居然自称天王，下至士兵，“皆以兄弟称之，谓惟天可称父，此外凡民之父皆兄弟也、凡民之母皆姊妹也”，毁灭人伦，冠履倒置。然后才是“士不能诵孔子经，而别有所谓耶稣之说，新约之书”那句话。《新编》置前面的全面逐一反驳《天朝田亩制度》的文字于不顾，单单挑出后面那句话

① 《曾文正公全集》第 12 卷，奏稿，传忠书局版，第 58 页。

来做文章，说曾国藩是保卫中国文化，进行“圣战”，那岂不是说他并不重视保卫封建土地私有，并不重视保卫君臣父子上下尊卑统治秩序，并不重视毁灭人伦，冠履倒置。《新编》知道两种文化的战争难于成立，于是又把湘军首领曾国藩与清朝皇帝镇压太平天国离奇地区分为两种不同的出发点。依照这种乱说，就先要承认清朝皇帝并不强调孔学教义，不需要利用它来挽救统治危机，而曾国藩只关心保卫程朱道学、纲常名教，并不看重维护地主国家的整个统治。事实是，在太平天国暴风骤雨般的进攻面前，最早抬出孔学教义来整饬内部，笼络民心的是咸丰帝自己。50年前范文澜评论曾国藩的时候就讲过此事。这是有案可查的。对于地主阶级的代表曾国藩，保卫孔学纲常名教是他的出发点，维护清朝统治同样是他的出发点。孔学纲常名教与封建统治秩序，本来是一回事，不是两回事。给曾国藩与清朝皇帝各自安上一个出发点，意味着对清政权镇压太平天国的战争一分为二，从这方面看是一个部分、一种性质，从那方面看又是一个部分、一种性质。这个部分是中国反对外国侵略的战争，另一个部分是中国内部的阶级战争。这实在教人不可思议。

（四）曾国藩在西方文化侵略面前是投降者，也不存在所谓理学的“气学”讲唯物论，反神学的问题。曾国藩与西方直接打交道最重要的事件，是他作为直隶总督办理天津教案。他抱定媚外宗旨，一到天津，就滥捕无辜，严刑逼供，判处二十人死刑，二十五人充军，知府知县交刑部治罪。群众闻讯大哗，齐呼曾国藩为卖国贼。清政府中不少人也指责曾是“强人就案”，“杀民以谢敌”。北京的两湖人士要求撤除湖广会馆中夸耀曾国藩的牌匾，把他从会馆里除名。清政府不得已改派李鸿章处理此案。曾国藩事后也只得承认，“但冀和局之速成，不顾情罪之当否”，“庇护天主教，本乖正理”，“内疚神明，外惭清议”。曾国藩一死，地主阶级中就有人评论他“和洋罪大，早死三年是完人”。“和洋罪大”，即投降外国罪恶不轻！所谓曾国藩“抵抗帝国主义的文化侵略，这是他的一个大贡献”从何说起呢！

冯著强调曾国藩爱民，关于曾国藩“爱民”的问题，可以看谭嗣同《仁学》上怎么说的。冯著强调他讲“礼”、讲“诚”、讲“仁”的伦理学思想。“曾国藩的礼学，是将礼与诚、仁融合为一体，而不是就礼论礼”[①]，意思是曾国藩掌握的传统文化、程朱道学与太平天国相比是进步的。这里是老问题

① 冯友兰：《中国哲学史新编》第6册，第79页。

重提：究竟用什么观点看待程朱道学那些封建伦理的说教？就这个问题说下去，会把事情扯远了。《新编》作者主要是说，曾国藩奉行道学中的气学，用唯物主义与洪秀全的宗教神学作斗争。这是由于“只有气学的‘气’不可能曲解为类似上帝的东西，而理学的‘理’和心学的‘心’都有可能解释为类似上帝的东西，所以只有气学可以与洪秀全的‘上帝’划清界限……这一点，用我们现在的话说，就是，只有唯物主义才能彻底反对宗教”①。可是曾国藩却毫不客气反驳了这个论点。《讨粤匪檄》上说，“自古生有功德，没则为神；王道治明，神道治幽……粤匪焚郴州之学宫，毁宣圣之木主，十哲两庑，狼藉满地。嗣是所过郡县先毁庙宇，即忠臣义士如关帝岳王之凛凛，亦皆污其宫室，残其身首，以至佛寺道院，城隍社坛，无庙不焚，无像不灭。斯又鬼神所共愤怒，欲一雪此憾于冥冥之中也”。曾国藩在这里顶多是用土宗教、土迷信、土上帝，反对洪秀全半洋半土的宗教、迷信和中西合璧的上帝，它们同样是宗教神学，何以就成了彻底反对宗教的唯物主义呢？一句话，《中国哲学史新编》认定曾国藩与太平天国之间的战争是两种宗教、两种文化的战争，曾国藩阻止了历史的倒退，纵然别出心裁，独创新说，却是从根本上颠倒了历史。

冯友兰先生的《中国哲学史新编》对于古代的部分有写得很深刻，讲出了唯物论辩证法的地方，极具学术价值，应该加以珍惜和发扬。何以到了晚年，要写出一本书把曾国藩这个半殖民地半封建中国统治阶级中的重要代表人物全面肯定下来，这里不去讨论。但结果是一清二楚的，那就是把外国侵略者和中国封建统治者的作用，中国人民反抗外国侵略，反抗封建统治的地位作用，来了一个从头大颠倒。这也许是作者最初没有预料到的。原因就在于一条：拒绝对中国近代复杂的历史事变作基本的阶级分析，彻底否定阶级分析。

请看再一个实例：

蒋介石代表大地主大资产阶级，在他建立南京政权以后，这很容易说明，不存在疑义。前几年英国出版的《中国季刊》上刊载一篇研究性长文上坚决反对说蒋介石是大地主大资产阶级的代表。该文根据上海工部局和一些外国确凿资料叙述说：1927 年 3 月底，蒋到上海与同他以前在上海一起当过证券

① 冯友兰：《中国哲学史新编》第 6 册，第 80 页。

经纪人的同事、这时在统治上海商业的宁波帮财阀虞洽卿等人达成协议，由资本家出资300万元支持蒋镇压上海组织起来的工人运动。“四一二”反共政变后，又再付给700万元。但蒋与武汉政权对抗，需要大批款项而资本家不愿再付。蒋于是采取高压政策，5月1日发行国库券3000万元。蒋从南京亲自到上海督促对资本家挨家挨户指定承购数目。如上海钱业公会、闸北水电公司、华商保险公司、内地自来水公司、南洋烟草公司、粤侨商业联合会等十多家大公司，分别派购十万元、数十万元到一百数十万元不等。最富有的上海总商会会长傅某，被派购1000万元，傅不答应。蒋亲自下令逮捕，没收财产。傅被迫屈服。大批著名商家、工厂主、钱庄老板，纷纷以各种罪名被捕，没收财产。在他们各自认捐十万、数十万以后又无罪释放。蒋特别利用同他关系密切的上海流氓集团青红帮，对资本家发动恐怖浪潮。先施公司总经理三岁的儿子被绑票，勒款50万元，大棉布商徐某的儿子被绑票，勒款67万元。资本家们或者在家中被捕，或者在大街上神秘失踪，他们任何时候都没有经历过这样的恐怖统治。据估计蒋靠这种手段，筹款约5000万美元。中间蒋一度下野。1928年1月，蒋重新上台，再度掀起绑架、镇压资本家的高潮。1929年以后，情况才缓和下来。据此种种事实，文章作者的结论是：“蒋介石国民党占领统治地位的领导是反资本家的。”

《中国季刊》该文所述事实不假，然而它的结论却是完全错误的。道理很简单：此时共产党领导的人民革命力量仍然强大存在，南京与武汉的斗争胜负未决。1928年蒋再次上台，地位也不巩固。对于蒋介石只有两条道路可供选择：极力加强南京政权，把共产党最后打下去，保住大地主大资产阶级统治，或者相反，看看人民力量发展，在全国出现一个“反资产阶级”政权。蒋选择了前者，即牺牲资产阶级局部的暂时的利益，换来保护这个阶级的长远利益。这说明蒋确实是大地主大资产阶级最得力的代表人物。该文作者眼光短浅，见不及此，而得出蒋介石“反资产阶级”的结论。根本原因也就在一条：拒绝对中国近代复杂的历史事变作基本的阶级分析，否认阶级分析。

上述冯著《新编》第6册与《中国季刊》长文论述的事件广狭不同，前者教人一眼就看出其谬误所在，后者可以令人发生迟疑。然而它们论及的太平天国、中国大革命失败都是些近代历史上最重大的事件，它们都是肯定或基本肯定反动统治阶级代表人物活动的。结果都是使人辨别不清中国的基本矛盾是什么，中国历史到底应该走向何处！拒绝阶级分析，根本否认阶级分析，他们向人展现的结果，其实是苦果。事情就是如此。人类社会是一个复杂集体，阶级、阶级斗争这个概念，与现象常常呈现出某种差异，或者不相符合，而且在实际斗争中某些现象是可经常变动的。用贴标签、简单化的办法看待阶级、阶级斗争，到处乱套，只能破坏唯物论辩证法。但是冯著《新编》、英国《中国季刊》把历史上人所熟知的完全合乎客观实际的认识又无谓地颠倒过去。这里只是强调指出：阶级分析方法，是历史分析的基本方法。讲近代史研究方法论，不可丢掉，或者所谓“淡化”这个基本方法。

革命与改良

革命与改良方面的问题，报纸上有专文论述，不去重复。有两点在这里强调一下：

（一）什么是中国近代史的脊梁或者说是贯穿于其中的主旋律？回答是革命运动，人民起义。中国严肃的历史著作是这么叙述的，西方严肃的关于中国近代史的著作也是这么讲的。因为事情的本来面目就是那样。美国首屈一指的中国问题学者费正清 80 年代出的一本主要讲孙中山、共产党领导革命斗争的书，题目就叫《伟大的中国革命》。他更靠后出版的一本书题目叫《观察中国》，叙述中国革命一直讲到“四人帮”垮台。他说，美国人不了解中国，主要是由于不了解近代中国历史，中国近代历史的基调是革命。“基调是革命”确实讲到了中国近代史的点子上。谈论革命与改良，首先必须抓住中国近代历史的脊梁或者基调。人们不管赞成与否，对此是无法否定，也无法顾左右而言他的。

（二）帝国主义的侵略压迫把中国变成了半殖民地、半独立国。但中国除了部分地区，到底又没有变成外国殖民地，这与历史的脊梁即革命运动、人民起义又是什么关系？——叙述这些历史事件，大概要写一本书。在此且看看义和团这个由农民群众掀起，直受人贬责的历史风暴。义和团抱着排外思想，带有不少封建愚昧的东西，最后被地主阶级统治者出卖而告终。尽管如此，它却起了阻止甲午战争以后中国面临的列强瓜分，变为殖民地的历史作用。八国联军占领北京前后，对于是否要或者如何瓜分中国，讨论和争论不休。这时，担任中国海关总税务司已经 37 年的西方侵略中国的谋主、代言人赫德说，瓜分中国行不通。“不论中国哪一部分领土被分割去，都必须用武力来统治。像这样，被分割去的领土越大，治理起来所需要的兵力就越多，而骚乱和叛乱的发生就越是确定无疑。中国如被瓜分，全国就将协同一致来反对参与瓜分的那几个外国统治者”。话讲得相当透彻。换一个说法，侵略者面临的问题是如何协同一致来反对中国人民，而不是瓜分中国，把它变为一块块帝国主义的殖民地。赫德又说，义和团“这个运动已经掌握了群众的想象力，将会像野火一样烧遍全中国，简单说来，这是一个纯粹爱国主义的自发自愿的运动，其目标是使中国强盛起来”。“这个运动对于世界其余各国不是吉祥之兆，但是中国将有权利采取行动，中国将贯彻它的民族计划”。[①] 这些话都是一个意思，中国人民的反抗对帝国主义是“不祥之兆”，但又是无法加以阻止的。义和团运动以后七八年，孙中山同他的英国老师某人讨论中国形势，提到列强瓜分阴谋。对方回答说：“在吾西国，则此等言论已成为明日黄花。盖自日本败中国之后，西人见如此地广民众之国，乃败于蕞尔弹丸之日本，各国之野心家，遂大倡瓜分中国之议。谓：‘支那人乏于爱种爱国之心，而富于服从媚异性质……’无何，而‘扶清灭洋’之义和拳起矣，其举虽野蛮暴乱，为千古所未闻，然而足见中国人民有敢死之气。”“近数年来，西土人士，无贤不肖，皆知瓜分中国为必不能行之事；倘犹有言此者，世必以不识时务目之。不意中国人士至今尚泥于拳变以前之言，真可谓不识时务者矣！”[②] 孙中山深有感于其言，把自己的文章题目叫作《论惧革命召瓜分者乃不识时务者也》。后来孙中山继续评论义和团的功绩说：“其勇锐之气，殊不可当，真是令人惊奇佩服。所以经过那次血战之后，外国人才知道，中国还有民族思想，这种民族是不可消灭的。”这一些，就是赫德和西方其他人士和孙中山告诉我们的义和团起义。为什么中国没有由半殖民地变为殖民地，而且最后终于摆脱了殖民地、半殖民地统治，恢复了民族独立？根本原因就是一条：有包括人民各种反抗斗争在内的整个革命运动，有革命这个历史的主旋律。不管人们赞成与否，对此同样是无法否定，也无法顾左右而言他的。

中国近代历史上自有革命起，就有反对革命的声浪起。革命残酷流血呀！革命不如改良、不如开明专制呀！革命破坏稳定呀！革命过激呀！等等。革

---

①《“黄祸论”历史资料选辑》，中国社会科学出版社 1979 年版，第 152、145、146、148 页。

②《孙中山全集》第 1 集，中华书局 1981 年版，第 382 页。

命的态度从来是相应不理，向着时代指引的目标、道路前进，曲折反复，直至达到某种解决。中国革命是这样，其他国家的革命也是这样。所谓时代目标的某种解决，是社会从基础到上层建筑实现一定的或者非常深刻的变革，旧的制度、秩序靠边或者消失，新的制度、秩序树立起来。革命于是宣告胜利了，历史由此再展开一个新局面。因此，世界上没有哪个伟大民族、先进国家是不把自己历史上的革命引以为光荣的。美国隆重的国家节日是独立纪念日。法国的国庆是大革命中群众攻占巴士底狱的日子。俄国有十月革命节，有卫国战争胜利日。中国革命是中国历史的光荣，我们没有理由、也没有权利妄自菲薄！一些论者反其道而行之，把帝国主义、封建主义统治及其代表人物的假丑恶，像变戏法一样，描绘成为真善美的化身，而对于推动历史前进的革命运动则说成仿佛是中国穷困落后，黑暗纷乱的祸首与根源。它与学术研究不沾边，但确实是一种在讲历史的名义下制造的社会舆论。“历史无用论”被人们说了很久似乎已成定论，现在看来也不尽然。

中国当代与近代

中华人民共和国诞生，中国历史翻开崭新的一页。近代中国历史上的民族不独立，社会落后，无法工业化、近代化那两个基本问题，现在发生了以前几代人梦寐以求的变化。

关于民族独立，从150年前开始使中国沦为半殖民地殖民地的世界列强，如今不再是与旧中国那样的关系了。再过二百几十天，英国就要把香港交还中国了。日本政府首脑去年“八一五”对日本侵略中国表示了道歉；前此，日本天皇也特地对中国进行了正式访问。中俄两国边界条约和一系列有关协定的签订，把双方的关系建立在长期互利合作基础上了。德国、法国与中国早已不存在任何历史遗留问题。中国是联合国安理会常任理事国，也是核俱乐部一个成员。这就是中华民族今天屹立于世界民族之林的地位和状况。关于国家工业化现代化，前进的道路打开了，尽管中国要赶上发达国家还有很长的路要走，但小康已经在望，举世共认，不需要细叙。但是如果以为中国近代史那一页一经翻过去，就再也没有必要加以回顾，加以过问了，再也没有必要加以认真研究了，或者即使回顾，那也无非是历史的过去，任凭你去怎么解释，怎么编造，与我们今天也没有多大关系，说不说由他，信不信由你，何必大惊小怪，小题大作，如此等等，是完全错误的。我们知道，新中国不是从天上掉下来的，它是从昨天即从近代史上一步一步走过来的。现在中国的社会主义道路不是由任何其他什么决定的，是近代110年历史反复斗争，反复选择而来的。你认为它合理也罢，不合理也罢，你无法去改变历史。事实上只有了解过去的历史，才能认识我们所走道路的总体上的合理性。我们只有知道近代，才知道今天前进了多少，只有知道近代也才了解应当如何去克服前进道路上的种种困难。这与我们经常说的爱国主义，提高思想认识水平存在直接的重要的关系，一点也不假。这是现代史与近代史关系的一个方面一个部分。但还不止这个方面，这个部分。

现代的中华民族独立了，国家近代化的道路打开了。历史的经验告诉我们，中国的现代化必须坚持改革开放，坚持行之有效的一切对外经济合作，文化交流，坚持接受世界上一切先进的事物。这是毫无疑问的，不可改变的。历史和一切其他事物一样只存在于矛盾运动中，旧的矛盾克服了，新的矛盾又会出现，而且有些旧的矛盾也可以在新的形势下存留下来，兴妖作怪。现在摆在我们面前的，仍有继续捍卫民族独立，不受外敌侵犯的问题，仍有保卫国家现代化在中国特色社会主义道路上继续前进的问题，也就是说与中国近代史上的两个基本问题有关的斗争今天还在继续，而且这种斗争还会在相当的时间里继续下去。举世共知，冷战结束以后，美国企图独霸世界，抱着帝国主义霸权主义的态度对待世界，也对待中国。它公开宣布把中国作为“假想敌国”，宣布要所谓“遏制中国”。它在中国领土台湾、西藏和其他一系列问题上干涉中国内政，制造两国间的麻烦和事端。它必欲改变中国的社会制度，使中国变为适合美国统治利益需要而后快。日本在侵略中国的8年或14年战争中遭受失败投降，50年过去了。现在日本随着经济势力的增强，不甘心于当经济大国，要当政治大国。军国主义势力又蠢蠢而动，越来越嚣张，妄图重温“皇军赫赫战果”的旧梦。前人早就说过历史是可以重演的，尽管不会一模一样地重演。我们切不可以忘记，与中国近代史上两个基本问题有关的斗争今天还在继续这个现实，不要自我麻痹，自我陶醉。历史发展过程中，常常出现种种不可预料的情况。近代史领域美化帝国主义侵略，美化封建阶级统治的议论愈出愈奇，其中有些来自两个继续的背景，恐怕是无法否认的。

关于过去现在的关系，不妨这样说，一个人要生存下去不能只有躯壳，没有灵魂，一个民族要生存、兴旺发达下去也是这样。一个民族的牢固性，取决于它的以经济、文化发展水平为基础的灵魂的牢固性、顽强性，它表现在现实中，更表现在经过千锤百炼铸成的历史里。我们讲中国历史，说到底，就是要讲出我们这个民族所以生存下来，还要发展下去的灵魂。为什么我们总是强调要研究近代史、学习近代史，这绝不是什么个人或专业兴趣问题，从中国当代与近代中国历史上两个基本问题的密切关系上来看，讲中国近代历史、讲中国由衰败到复兴的过程，显现出我们这个民族的灵魂是怎么样的，这对于人们当前和今后继续捍卫民族独立、复兴，捍卫现代化建设加速进行，决不是可有可无的事。这就是为什么我们要把近代和当代联在一起，来讨论近代史的方法论问题。

勇敢坚持真理，勇敢追求真理

马克思主义历史唯物主义是一个科学理论体系，作为一个体系整体——不是指个别的局部的论点，它是科学真理。我们说的坚持真理，就是指坚持这个科学理论体系。

马克思主义科学理论体系的内容，人所共知，如果简单重复几句，那就是它以人类社会任何共同生活里的基本事实，即生活资料的谋得方式为出发点。第一，它找到了人类社会存在和历史运动的物质存在、物质基础。人们依赖一定的生产力并结成相应关系进行解决衣食住行需要的物质资料生产，来开始自己对历史的创造。其他一切创造都起源于和最终依赖于这个创造的存在和继续。这是认定历史运动是独立于人的意志的客观过程的头一个也是决定性的根据。第二，它指出了社会生活中经济、政治、意识形态几个领域是不可分割的，以及它们的各自的作用和相互关系。人们的社会关系同时表现为经济、政治和意识形态的关系。它是一个统一的社会关系客观体系。人们按照自己的意志创造历史，但人们不能脱离物质生活环境条件，而必须受物质环境条件的制约从事创造。这解决了人们以前何以只从人的思想活动说明历史总是漂浮无根，落不到实处的问题。第三，人们对于在社会生活中多种多样的活动，以前似乎是不可能加以任何系统化的。现在被综合起来，归结为完全可以从物质上量化查考的社会经济结构系统了。这就是归结为物质生产体系结构中不同利益人群，即不同阶级从量化上可以考察的状况，以及由此而来的不同地位作用上。一定的质必定表现为一定的量，社会生活中不能以某种方式量化的事物，就很难确认其质的地位。它不同于“历史是由个人创造的”那种空洞的观点，而是指出了个人活动是由什么社会环境决定的，使人认识到社会历史过程，最终也是自然历史过程。第四，科学上一般是通过客观事物的重复性来认识事物的规律性。现在，这个理论告诉我们，那也是认识历史运动规律的基本途径。物质生产过程，产品交换分配，同一经济形态下的生产力与生产关系矛盾，不同范围不同形式的阶级、阶级斗争，一种社会制度代替另一种社会制度等等，无不处在重复中。社会历史中的重复性正是常规性。与自然界的事物不同，历史运动规律要通过有思想意志的人的活动、斗争来实现。但多得不可胜计的重大历史事件表明，历史运动方向并不随着权力人物的意志愿望改变，这说明人们的意志只有与重复性所表现出的客观规律性相适应才能起作用。否则无济于事。

科学研究的任务是一要坚持真理，二要追求真理。而且原则上应该说坚持真理是为了追求真理。德国启蒙时代的大思想家、文学评论家莱辛说：假如上帝一只手拿着真理，一只手拿着追求真理，问我要哪一个，那我就说，要追求真理。因为真理是不能穷尽的，是认识不完的。同样意思的话，恩格斯在《反杜林论》上强调地反复地讲过，在此不去详述。客观世界的运动没有完结，人对它的认识就不会完结，就存在追求真理的问题。

真理是一个很大的词，真理又是具体的。它不会凭谁的自封而拥有，也不会因人的反对而消失。在这里，我们是讨论中国近代的历史。上面讲的指导思想、基本矛盾、社会性质、阶级分析、革命与改良、近代与现代等问题，都存在坚持真理与追求真理的问题，都需要进一步研究讨论下去。追求真理与无谓的翻案把本来正确的认识再颠过去是绝缘的。那种由前进变为倒退，是没有出路的。追求真理，不等于有人所说的讲近代史要所谓“淡化是非”之类。那是谬说。外国侵略中国，中国人抵抗外国入侵，统治阶级残酷剥削压迫人民，人民起来反抗，大是大非，如何“淡化”呢！追求真理，有时要研究重要的细节，但不等于要用种种无谓的细节去代替掩盖大节，等等。中国古人讥笑胶柱鼓瑟、刻舟求剑，追求真理是我们不要为古人所讥笑。清代汉学家在考据学上强调“解蔽”，追求真理就是要求思想认识上“解蔽”，照现在的话说就是解放思想。我们要支持讨论、争论。事物的存在、运转是有条件的，不能什么都“放之四海而皆准”，我们要同一切不赞成马克思主义的研究者讨论问题。要排除宗派主义，反对门户之见。不要怕对立面的反驳，应该欢迎反驳。一反驳就垮了，这说明你的观点本来与真理相悖谬或者似是而非，应该垮掉；驳不倒，则说明你的观点似非而是或者部分地站得住脚，有益于自己继续追求下去。要承认人对事物的认识需要有一个过程，越是复杂的事物，认识需要的过程可能就越长。人的认识又是有矛盾有反复的，正确的和错误的认识往往交织在一起，不可以看得太单一。

总而言之，追求真理，不是为了怀疑科学，而是为了认识新的真理，推进科学。追求与坚持真理，两者相区别，又直接相联。坚持是追求的前提，没有坚持，就谈不上追求，追求是坚持的继续，不追求，就会停滞下来，最终落后下去。马克思主义理论体系的唯物论辩证法，就说明了这个道理，坚持要有勇敢精神，追求同样要有勇敢精神。前怕狼后怕虎，连走在阳关大道上也难免提心吊胆。马克思说科学的入口处就是地狱的入口处。它永远是科学研究者的座右铭。真正的科学创造、突破，无疑地不是可以信手拈来，轻易取得，轻易言之的。但是后人总要学习、继承前人，又不断超越前人。对于一切有抱负、有作为的研究者，科学的王国永远敞开着大门。

历史学研究中的几个问题①

一、历史学的研究首先要讲以马克思主义为指导

这里要强调的是马列理论体系，而不是讲某些语句，不是某些观点，甚至于某些重要的观点。如马克思主义认为社会主义会马上在西方资本主义国家实现，但没有实现，不正确。但是，我们是一种科学研究，它也不是宗教。宗教是神学，神支配一切，不可以讨论。神学是无法用实践来检验、论证的。经过实践检验是错误的，就要放弃。放弃那种不符合事实、实际的。但是他这个体系是个科学体系，尽管个别理论过时了，事实证明是过时了。

马克思主义体系的一个基本特点就是：它是建立在人类生存必不可少的需要的基础上。人类生活要从生产自己所需要的物质开始的，人类首先是生产使得他能够生存下来的物质资料才能够生存下来。狩猎、捕鱼，这些劳动都是生产。从事生产，生产自己所需的物质资料。生产首先要制造工具，所有工具都是人手的延长。

人生产物质资料不同于动物的生产，他要结成一种相互关系去生产，而不是单个生产。这种关系可以是平等的，如原始共产主义社会，平均分配的关系。以后，随着生产力的发展……必须要有生产关系，结成人与人之间的关系。这种生产关系随着生产力的发展越来越复杂。生产力是没有止境的。随着生产力的发展，生产关系也发展变化。南美奴隶拍卖站。美国南北战争废除奴隶制。但不是每个国家都要经过五种阶段。

资本主义总的说来是少数人垄断生产资料，而大多数人失掉社会财富，这绝对不是人类的理想社会。

---

① 本文为作者手稿，未刊。文末注："1997年9月1日下午4点至6点，木樨地。"应为作者构思一篇文章的提纲。标题为编校者所加。——编者注

马克思主义的体系是建立在人类要生存[①]。他如何谋得生存的方式。方式就是生产力与生产关系，两者结合起来就是生产方式。这个东西是推不翻的，所以说它是一个科学体系。

其他从某一个局面某一个侧面而作出解释的可能有一定正确的，但从物质基础来解释社会现象还是马克思主义是第一次。现在，还没有一种理论能够代替它这个体系。所以，讲历史学，就是要坚持马克思主义的思想体系为指导。

可以参看《方法论》，还有讲翦伯赞的。[②]

我始终不渝地坚持这一条。

马克思主义理论体系运用到历史学上就叫唯物论。什么叫唯物论？唯物论这个“物”是什么？生产力是唯物论。生产工具、机器等，这就是物。生产力是人的劳动力。劳动对象不能包括到生产力里面去，如矿山。劳动工具也是生产力的一部分。生产力是可以看得见、摸得着，可以量化的。劳动力可以出卖。使用机器的人，生产的人是物，意思是人不劳动时，不产生生产力，就不能作为物，只有当人在劳动时，产生生产力，才成为参加生产的物。因此，唯物论的物第一个是指生产力，生产力包括生产者、生产工具。他们是看得见、摸得着、可以量化的。量化不了的不能成为物。

唯物论的物第二个是讲生产关系。生产关系也是物，它是一种看不见、摸不着，但是不能违反，而且可以量化的物。例如地主与农民的关系，出租与租用。如果不缴租，就不存在这个关系。但是农民缴租，又可以量化。凡是违反这个关系，就要破坏这个关系，就要受惩罚。不能违反是表示客观存在。又如资本家与工人的关系。地心吸引力是看不见、摸不着的，但是不能违反，而且可以量化。十层高楼往下跳不是好玩的。

唯物论的物是生产力与生产关系的结合、运动。一切历史的运动都是从生产开始。“如果生活在沙漠里，皇帝也失去一切权力”。物质异常丰富以后，共产主义就可以实现。

生产力与生产关系的矛盾和运动，有时是适合的，有时是不适合的。

坚持马克思主义，就是坚持马克思主义科学体系。

---

① 原稿如此。——编者注

②《近代史研究》1997年第4期。

二、研究历史必须是实践性和科学性相统一

实践性也就是马克思过去讲的革命性。列宁说马克思主义是革命性和科学性的天然统一。但现实生活中，革命性与科学性往往不统一。因此，掌握马克思主义不是一句话就能说得清的。“文化大革命”是马克思主义与实践性不统一的表现。那时，只讲生产关系，不讲生产力。“大跃进”后强调抓生产关系，以为解决了生产关系就解决了生产力。解放后，开头几年抓生产力还可以。后来，科学性与实践性不统一。

学术研究不是靠热情和主观意愿，而是靠事实和对事实的了解。历史研究一定要强调联系现实，科学研究要建立在充实的史料根据上，这样才能发挥史料的作用，也是联系现实最基本的一种途径。历史类比、影射根本不是历史。也不能把历史解释政治任务。讲历史，总要回到现实之中。一个是不能不联系现实，一个是不能勉强联系现实，牵强附会。范老[①]解放前的类比史学后来放弃了。他骂蒋介石比得不对。要按照历史本身来讲，不能超过历史本身这个界限。马克思主义如果不与现实联系，就没有什么作用了，就是“沙龙”马克思主义。马克思主义的实践性。

古今中外，历史与现实联系在一起。北宋司马光讲三国时称魏国为正统，南宋朱熹则称蜀国为正统，皆因联系现实故。

历史研究被用来为政治服务，马克思主义历史学则不能这样，要还历史以真实面目。脱离现实，违反历史，只能让人们造成混乱。

三、研究历史要追寻历史运动的本质

历史规律是什么？要先找出本质，才能追寻规律。

1. 从低级到高级。2. 阶级关系中间的相适应又相矛盾是推动历史运动的基本规律。3. 一个国家一个民族一个时代有某些具体的规律。

近代中国的民族矛盾与阶级矛盾，民族矛盾高涨时、尖锐时，阶级矛盾服从民族矛盾。当外敌压迫严重时，首先是抵抗，抵抗不了，就要妥协，而人民群众始终是抵抗的。

---

① 即范文澜。——编者注

追寻规律可以参看《历史研究的对象》。追寻到底。

历史研究开始是弄清事实。罗尔纲一辈子的工作就是史料工作。一弄清事实，二这个事实是什么意思。这是历史研究的两件事。分析要摆到一定环境中，如义和团，是农民，但很落后。

从前面后面的比较，从演变中间认识各个社会力量、社会阶级的本质。一切事物只有从它的变动中才认识出它是什么，不是什么。不变动无法认识。如瓷器一摔破才知其脆。历史是过去、现在，即古今。司马迁“通古今之变”。历史研究的根本规律是从变动中认识历史的走向。历史不包括现在，但对现在有联系。历史是塑造人的人生观、道德观、世界观的教科书。

一切都是变的，只有变是不变的。所以，我们的认识也要变。

四、我们对一些问题的认识要跟着时代去前进，要回答或说明时代变动中的一些最新的事情

马克思主义是开放的，不是封闭的。阶级分析是基本的观点，但现在的阶级分析与以前根本不同了，现在还没有人对现在的这些阶级作出完美的说明。例如资本主义社会中白领工人的出现。新的情况的出现。地主与农民的关系已经不再存在了。

例如社会主义，现在半边天就垮掉了。改革前后，方针大不相同。因此，对新出现的情况，要有新的说明。另外，要有新的材料。

中国的马克思主义要发展，一要研究当代的资本主义，一要研究当代的社会主义。

80年代讲马克思主义指导时，列举的材料是六七十年代的，现在要讲就必须引用八九十年代的。要有新的观点。《历史要分析》要作为一个较好的例子。这个观点要搞清。

消灭差别，社会主义历程看得太短不对。社会主义是一个长期的过程。把社会主义的要求提得太高，好像把按劳分配也要消灭，平均分配。其实，社会主义是从低级到高级逐步发展。认为社会主义只有一个模式，没有另外创造一个模式。毛泽东这种要求更急的模式显然是行不通的。

现实中有些问题不是历史能够解决的。凝固的、不动的历史不符合历史，生产力每天都在发展、变化。

马克思主义是史学研究最根本的方法①

中国近现代史的研究需要加强。其必要性用一句话来回答，就是中国近代以来的历史和我们今天的社会生活的联系太密切了。我们建设有中国特色社会主义，有很多问题要从历史上来说明。今天的生活、今天走的道路，是由近代史演变下来的，历史不能割断。

近代历史到底有些什么问题，与今天的生活、与建设有中国特色社会主义有着密切的联系呢？

一是近代中国社会的根本矛盾。近代中国社会的根本矛盾或者说基本问题是什么？我想无非是两个：一是民族独立，二是近代化。如果不是这两个问题，为什么从鸦片战争起会有一次又一次接连不断的运动？有一种说法，说中国近代不发达是由于动荡太多、社会太不稳定，一直在斗。这一说法是完全不正确的。问题在于是谁要斗？是中国人打到外国人头上去还是外国人打到中国人头上来？是中国侵略、压迫了别的民族还是别人侵略、压迫了中华民族？是封建统治阶级中的斗还是统治阶级压迫中国人民引起反抗的斗？这个账要好好算一算，动荡斗争是怎么引起的？矛盾来自何方？

二是靠谁来解决中国民族独立、近代化问题。可以分析一下，每次斗争后是谁推动了中国历史的进程？

三是用什么手段推动历史的进步。有一种说法说过去的搞法不对，纯粹是讲革命、讲阶级斗争，所以中国落后，要是渐进、搞得慢一点就好了。有些同志说戊戌变法失败就是因为激进，辛亥革命也是激进，共产党就更激进了。

上述一系列问题与今天社会主义建设是有直接关系的。我们这个国家是从哪里来的？我们的社会主义道路是谁选择的？对这些问题的研究不是到了

---

① 原载《高校理论战线》1995年第8期；《人民日报》转载有删节，见1998年6月20日5版《学术动态》。此文又收入沙健孙、龚书铎主编《走什么路——关于中国近现代历史上的若干重大是非问题》。——编者注

尽头了，而是还要展开。

这其中就涉及历史观、方法论问题。

比如民族独立问题，西方就有人认为中国近代的问题不是民族独立问题，而是接受西方文化的问题，只要接受西化，问题就解决了。从民族独立问题开始，还有一系列问题都有不同的观点。对此，除了在理论上、思想上进行认真的讨论之外，还应进一步做一些具体的事情，比如把以往对近代史的研究问题清理一下，把我们认为是好的东西、直到今天还站得住的东西整理整理，同时，从鸦片战争起写一些文章，针对现实思想情况，把哪个对哪个不对、为什么对为什么不对讲清楚，然后编些书，供社会上使用。

历史观问题不管近现代史、古代史研究都要讲，这是历史研究的方法论的根据，至少在座的许多同志都会认为该拿马克思主义作为根据。我想讲关于近现代史的历史观、方法论还是要讲马克思主义。但是马克思主义不是神学，而是科学体系。在现实生活中马克思主义也碰到了几个问题：一是我们曾经认为，我们很快就要过渡到共产主义。我们要搞“大跃进”时，把共产主义到来的时间说得很短，苏联的历史上也讲过很快要向共产主义过渡。现在看来，社会主义是个很长的历史阶段，苏联和我们都把这个过程讲得太短，对资本主义的生命力也估计不足。过去所说的行不通，这对人们的思想形成了冲击。二是苏联的解体形成了另一个具体冲击，马克思的社会主义学说还灵不灵？三是马克思主义是一个科学的体系，它是先有科学的体系，然后才有群众运动，最后才有政权。有了政权后，政权便与学说结合起来了，政权是个权威，这给马克思主义的科学学说加了一个权威。政权是什么都要管，所以到处都套用马克思主义去解释。这样把许多事情庸俗化了。这个结果，就影响了马克思主义的威信。

我认为，尽管如此，马克思主义的基本观点、立场和方法仍然是颠扑不破的真理。如马克思主义认为经济基础决定上层建筑，这个理论就推翻不了。马克思主义关于生产力、生产关系的学说，在现在，也没有什么学说可以代替它。还有对阶级社会的阶级和阶级斗争，虽不能乱贴标签，不能简单化，但也不能说没有阶级，没有阶级斗争；可以说有不同的斗争形式，但不能说没有。所以马克思主义关于阶级和阶级斗争的学说也没有过时。还有人民群众的革命运动是历史发展的火车头这一基本观点，历史上是不是这样？对这一观点有过争论，至今没有结果。我认为，我们的解放战争、抗日战争、辛亥革命，若不讲人民群众的作用就解释不清楚，所以这一基本观点也推翻不了。

总之，我们要对马克思主义学说进行具体分析。有些人产生怀疑并不是不可理解，但即使有这些问题，我们并不能说马克思主义就不是一门科学了，它还是指导人们研究社会历史的科学。马克思主义带给这个世界的改造运动，是前所未有的。历史发展的最基本规律是不平衡，有高有低，以前英国是日不落之国，第二次大战使英国落下去了。资本主义发展有高潮与低潮，社会主义发展也是如此，到现在为止，社会主义还是黎明，不是充分发展的高潮，高潮还在后面。所以，马克思主义的思想体系是科学的，仍然是我们研究历史的指导思想。

马克思主义哲学社会科学的历史使命[①]

五十年前，我来到中国科学院近代史研究所工作。那时是一名小学生、一名实习生。时间过去了半个世纪，我仍然是一个小学生、实习生。虽然老迈龙钟，还是抱着与各位一起学习、交流的愿望。

我是主张马克思主义对哲学社会科学研究的指导作用的。中国马克思主义的社会科学研究，从五四运动算起，到现在已经八十年。五四以后逐渐形成的马克思主义的社会科学研究者群体，特点显著，很值得回顾一下。

第一，研究者们都相当年轻。文史哲经等基础科学一些著名的马克思主义学者，都是在近来几年里由大家或者给他们做百岁诞辰纪念，或者祝贺百岁生日。他们引人注目的著作，都发表在二三十年代之交，说明他们当时是朝气蓬勃的青年知识分子。第二，国家多难，他们都是满腔热忱的爱国者，各自在不同条件下参加爱国斗争，最终都走上了革命的道路。第三，他们是在物质生活匮乏，政治上遭受歧视、压迫的环境下去追求真理的。少数人当教授，生活也极不稳定。马克思主义当然是不可能公开讲的。看看30年代的出版物上各种隐晦的书名、人名等就可以知道那种状况。第四，创造性研究，直接间接联系现实，是他们著作的特色。他们就这样给文史哲经等领域开了一种生面，把中国传统文化、现实生活的不同方面与马克思主义结合到了一起。

中国近代历史上的基本问题、主要矛盾斗争，一是民族丧失独立，要求从帝国主义侵略压迫下解放出来，二是社会生产、生活落后，要求实行工业化、近代化。马克思主义的社会科学研究，一开始就是和这两大矛盾斗争、两大潮流直接间接联系在一起的。其所以产生这种联系、它的要求和目标，用马克思主义一句高度概括性的话来说，那就是科学性与革命性的统一。在实践当中，两者在多大程度上实现统一，显然因人因时而异。但从主流来看，它

① 本文原为1999年9月24日在中国社会科学院举办的“新中国社会科学五十年学术报告会”上的报告，题为《与同志们交流》。刊于《光明日报》2000年4月7日《历史周刊》版。后收入《刘大年集》，改为现题。——编者注

是趋向一致的。它由增强科学性来增强革命性，在推动历史前进潮流中发挥作用。要求科学性与革命性相统一，这是中国马克思主义社会科学研究的力量、作用和最大意义所在。

新中国代替旧中国，民族独立了，给中国走向近代化打开了道路。但是民族独立了，不等于捍卫民族独立不受侵犯的斗争，就从此消失。中国的现代化还有很长的路要走，不可中途被打断。旧的矛盾过去了，新的矛盾斗争又会出现。而且旧势力也可以卷土重来。如今新殖民主义猖獗，否认独立国家主权，到处使用新炮舰政策。美国一直借口"人权"干涉中国内政。最近美国权势政客发表宣告，声称要"保卫台湾"。中央情报局工作报告，中国是它的五个重点国家之一，与美国一直在进行侵略颠覆的伊拉克排列在一起。日本修订"安保条约"，进一步加强与美国的军事同盟，共同部署战略防御导弹系统。同时制定"周边关系事态法"，为在全国实行战争动员作准备。一向是日本军国主义标志的"君之代"等，也通过法律肯定下来。面对诸如此类的情况，中国人民群众，首先是广大青年知识分子，新的爱国思想情绪高涨，要求自己有所作为。旧矛盾、新形势，斗争远没有完结。

老一辈马克思主义研究者已经完成他们的任务。谁来继承他们开拓的更新科学文化知识与善于解说国家前途命运相统一的传统，并加以发扬光大之，那当然就是今天我们现在年力旺盛的，特别是八九点钟太阳的青年学子；是今天成熟的爱国者；是今天那些顽强执着、不怕艰难辛苦、勇于追求真理、勇于创造的人。这也就是说，回顾前代先进知识分子的传统，今天年轻的和未来的马克思主义社会科学研究者，从新的社会实践中汲取智慧，处理自己面临的问题，取得远超过老一辈马克思主义研究者的成就，是理所当然的。

众所周知，国外和国内一些人，异口同声，认定马克思主义早就过时了。那它怎么还能够成为社会科学研究的指导思想呢？我想这不是一个凭口舌争论来解决的问题。

马克思主义是资本主义生产力与生产关系存在、资本主义社会制度存在的产物。说它"万古长青"，那不符合马克思主义原理。看看《共产党宣言》就可以明白。说它早就过时了，那就请看看资本主义世界的现实。去年是《共产党宣言》发表一百五十周年。各国学术界、西方媒体讨论热烈。美国主流报纸《华盛顿邮报》去年 3 月 31 日刊载的美国事业研究所研究员詹姆斯·格拉斯曼的一篇题目叫《卡尔·马克思的手》的文章，对于我们了解资本主义世界现实，可以有所帮助。去年我在一篇文稿里引用过，现在再略加介绍如下：

“马克思的革命主张首先是：至今一切社会的历史，都是阶级斗争的历史，而目前的，也是最后的阶级斗争是在‘两大敌对阵营’……（即资产阶级和无产阶级）之间展开的；第二是：在控制着一切，但最终必将消亡的国家体制之下的集体主义是社会的最好的组织形式。”“即便是在美国，我们也依旧按照马克思的划分办法把我们自己划归某一个阶级。在1996年的一项调查中，45%的美国人自称是‘劳动阶级’（即无产阶级），45%的人自称是‘中产阶级’（即资产阶级）。”“在《共产党宣言》中，马克思把‘征收高额累进税’——也就是美国今天实行的这种所得税——作为无产阶级取得统治地位、‘夺取……资产阶级的全部资本，把一切生产工具集中在国家手里’的第二号药方，这不是偶然的。”“马克思的思想在集体主义和国家控制这方面的影响最大，也最不为人所注意。一个证据是：直到不久前，人们还确信由政府管理的养老金制度——称为‘社会保障’——应当为所有美国人提供退休金。”“马克思的影响依然存在的另一个例证是认为政府应当——通过税收、规章和补贴——掌管经济决定的看法，在欧洲，特别是在亚洲，此类政策大行其道。”

归纳一下这几段话，它的要点是：（一）阶级、阶级分析与美国现实情况相符合；（二）无产阶级夺取资本家的全部资本问题，美国今天就在实施高额累进税制；（三）人们确信政府应当为全体美国人提供社会保障；（四）国家应当掌握社会经济，这种政策在欧洲、亚洲正在施行。

什么是资本主义世界的现实？从《卡尔·马克思的手》我们可以知道，各种不同形式所表现出的资本主义制度下生产力与生产关系之间无法解决的矛盾，依然是当今资本主义世界根本的现实。只要这个现实是客观存在，而非唇舌文字所能推倒的，反过来，它就是对种种马克思主义过时论最强有力的反驳。对待马克思主义，要摒弃教条主义，不把自己变成“古之人！古之人！”同时，要承认科学的指导思想。

资本主义制度下生产力与生产关系的矛盾，处在经常的剧烈运动演变中。科学技术的迅速革新不可阻挡，资本主义社会出现某些社会主义成分，也就不可阻挡。什么东西不符合资本主义生产、市场竞争的需要，人们就不会长期接受。它就迟早要改变，去适应用最新科学技术装备起来的充分现代化了的资本主义生产的运转。其中有许多具体的内容、过程，我们并不知道。我们必须认真、全面地研究它们，保持马克思主义的科学生命力。一切科学研究必须从解决具体问题入手，而我们的视界应当更加寥廓。马克思主义是从解剖他那个时代的资本主义开始，又以研究资本主义的结论为基础，全面建立起现在我们所知道的这个科学思想体系的。马克思如果复生，来到今天这个世界上，他也一定要全面研究现代资本主义，加上全面研究现代社会主义，极大地丰富、发展自己的伟大学说。这强调说明，今天马克思主义哲学社会科学的历史使命，应当就是全面研究现代资本主义，加上全面研究现代社会主义，来攀登上一个全新的制高点，回答人们期望得到回答的当代社会生活中一些重要的问题。

西方媒体、评论界对现代资本主义的看法各种各样。法国现任总理若斯潘说："资本主义的目的就是攒钱。""资本主义的敌人就是资本主义。"这话很精辟。现代资本主义越是用最新科学技术装备起来，就越是加速走向自己的极限。人类全部文明史的经验告诉我们，这不是像天体认识上，宇宙到底有边还是无边那个至今人们还无法确认的难题。

我这个社会科学院的老实习生，虽然没有放弃还想做点什么，实在够不上老有所为了。就说这一些，算是与各位一起学习、交流！